U0947433

《李调元研究》（第四辑）编辑委员会

德阳市罗江区文化广播电视和旅游局 李调元及地方历史文化省级社科普及基地 支持出版

李调元研究

第四辑

LI TIAOYUAN YANJIU

四川省民俗学会 中共德阳市罗江区委 罗江区人民政府 编

四川人民出版社

图书在版编目（CIP）数据

李调元研究. 第四辑 / 四川省民俗学会，中共德阳市罗江区委，罗江区人民政府编. -- 成都 : 四川人民出版社，2025. 1. -- ISBN 978-7-220-13888-1

Ⅰ. K825. 6—53

中国国家版本馆 CIP 数据核字第 2024JR9421 号

LI TIAOYUAN YANJIU（DISIJI）

李调元研究（第四辑）

四川省民俗学会　中共德阳市罗江区委　罗江区人民政府　编

出 品 人	黄立新
责任编辑	邓泽玲
封面设计	四川胜翔
版式设计	张迪茗
责任校对	北京圈圈点点文化发展有限公司
责任印制	祝　健
出版发行	四川人民出版社（成都三色路 238 号）
网　　址	http://www.scpph.com
E-mail	scrmcbs@sina.com
新浪微博	@四川人民出版社
微信公众号	四川人民出版社
发行部业务电话	（028）86361653　86361656
防盗版举报电话	（028）86361653
照　　排	四川胜翔数码印务设计有限公司
印　　刷	四川华龙印务有限公司
成品尺寸	170mm×240mm
印　　张	26.5
字　　数	429 千
版　　次	2025 年 1 月第 1 版
印　　次	2025 年 1 月第 1 次印刷
书　　号	ISBN 978-7-220-13888-1
定　　价	108.00 元

目录

以调元文化助推罗江振兴
——在四川省第四届李调元学术研讨会上的总结发言　章玉钧　/ 001

第一篇　李调元研究的时代价值

宜宾博物馆《四季乡愁》陈列对罗江李调元纪念馆业务发展的启示
高大伦　/ 006
李调元晚年乡居生活实践与乡村发展关系初探　郭建勋　/ 011
谈谈建设李调元民间传说故事村的几点意见　徐　君　/ 020
试述李调元家族两百年清廉家风的形成与发展传承　尹帮斌　/ 045

第二篇　李调元与民俗学和民间文学

李调元粤东采风考述
——《粤风》研究之一　江玉祥　/ 054
《粤风续九》与《粤风》公案平议
——《粤风》研究之二　江玉祥　/ 071

李调元的民间情怀及相关问题辨析
——以《粤风》为视点　李祥林　/ 084
李调元节日诗歌刍议　李建中　/ 094
李调元《新搜神记》述论　周　明　/ 107

第三篇　李调元诗歌研究

李调元诗的艺术渊源与风格　谢桃坊　/ 122
略论《看云楼集》之价值　尹　波　郭　齐　/ 135
岱庙所见李调元、何晋茹诗碑重辑考补　李剑锋　/ 154
李调元与赵翼的交往及互赠诗文考论　郑家治　/ 161
李调元《雨村诗话》闺秀条目笺补　赵厚均　袁子墨　/ 193
酒与诗：李调元诗歌对李白的接受　鲍　蕾　/ 211
李调元谒靖侯墓祠诗解析　周　荣　/ 232

第四篇　李调元的经学和理学研究

“蜀中三才”之一李调元的经学成就特质　刘平中　/ 240
从乾隆顺天府同知李化楠殉名探其理学思想　赖安海　/ 251

第五篇　李调元和川剧

李调元《雨村剧话》管窥
——乾嘉士林观剧风气与翰林班的演出活动　张学君　/ 258
从李调元和范朴斋看四川戏剧的传承与发展　牛会娟　杨代欣　/ 267

第六篇　李调元与川菜

从李调元与袁枚的饮食观念及实践比较看川菜的平民性　杜　莉　/ 276
李调元饮食文化遗产的保护与传承　张　茜　/ 285

第七篇　李调元与域外文化的传播

李调元《南越笔记》与清代康乾时期广东域外文化的传播

谢元鲁　/ 298

未能为将能为使

——李鼎元出使琉球概说　尹帮斌　/ 310

第八篇　新发现的李雨村《精选幼学对偶读本二集》研究

略论李雨村《精选幼学对偶读本二集》　牛会娟　/ 320

清中叶以来内地文化在汶川羌族地区的传播与影响

——以李调元《精选幼学对偶读本二集》及所附手稿为中心

张葳西　/ 329

第九篇　李调元故里面面观

享誉乾嘉文（诗）坛的醒园　赖安海　/ 344

关于李调元稿《罗江县志》中的几点质疑　杨中俊　/ 387

第十篇　李调元行踪与墨迹

李调元与凌云山　唐长寿　/ 402

李调元传世书迹略谈　唐　林　/ 407

编后记　/ 412

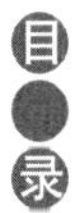

以调元文化助推罗江振兴

——在四川省第四届李调元学术研讨会上的总结发言

2023年10月20日

章玉钧

四川省民俗学会在十七年前建立了李调元专委会，先后在罗江开了四次学术研讨会。创会会长百岁廖老这次很想来，被家人劝阻，派秘书听会，回去跟他汇报。永寿同志在外地，来不及赶回。我听了一天发言，翻看了参会论文集，感受到大家都热爱文化、关爱桑梓的满腔至诚，研史论学，出谋献策。应罗江区委、区政府的要求，大部分发言都侧重于把调元文化与德阳市罗江区乡村振兴、文旅繁荣贯通起来，巴心巴肝地提建议，实打实地出真招。区长和文旅局领导在场听会并表态，将把专家们的见解和主意归纳整理，供市、区领导决策之用。

赖安海同志发言中引用李调元晚年小诗说得好："立定足跟需择步，放开眼界看施为。人间多少当行事，做出来时始见奇。"中央刚刚召开了思想文化工作会议，正式提出并系统阐发了习近平文化思想。总书记近年来视察三苏祠、三星堆、古蜀道及各地文博单位的谈话，都给我们提供了深刻的启示。李调元是省里认定的四川历史文化名人，为德阳、罗江留下了丰厚的精神财富，当然也具有超越德阳、罗江地域的文化价值。期待并相信这次会议发扬调元文化，助推罗江振兴的研讨成果，能被市、区领导采纳，在党政军民学同心协力下，统筹安排，择优量力，逐步变成现实，助推罗江“大同予共”——“大和谐、同富裕、予自信、共筑梦”的理想成真。这里，归纳会上的发言谈四点：

（一）大家共同认为，要传承好薪火，让李调元活在当下，助推德阳、罗江经济文化开新篇。罗江是德阳辖区，经济文化都要纳入德阳统筹规划。巴蜀文化专家谭继和与李调元专委会主任赖安海为此地谋划的定位是“明德向阳，锦罗绣江”，“文心画境，万卷书楼”，“风俗醇美，万安仙乡”。祁和辉教授以诗描绘这方的胜景：“二山双水润德阳，四李文采照罗江。石屏雨村风韵在，行游妙趣漫城乡。”省委、省政府一直着力推进成、德、眉同城化，已形成一条长达一百多公里的城市中轴线，从三星堆、金沙到三苏祠，旅游者纷至沓来。德阳境内也可形成一条旅游线：上午看三星堆，中午游白马关、庞统祠，下午观调元故里、看种子芯谷，晚餐吃醒园家常菜，欣赏李调元班传承下来的川剧，五光十色，内外兼修，不亦乐乎！

（二）李调元是百科全书式的文宗巨子、“球形天才”，品高学渊，多才多艺，家风清廉，文化贡献巨大。他是诗人、词人、经学家、音韵学家、训诂学家、方言学家、书法家、教育家、民俗学家、方志学家、博物学家、神话学家、笔记小说家、旅行家、烹饪家、农艺学家、戏曲家、藏书家、编辑出版家，是海内外（朝鲜等国）知名学者，桂冠很多。三十多年来，罗江从归属市中区、建县到建区，体制三变。市、区领导和专家学者为建设调元文化之乡做了许多实事，成绩斐然。但长远通盘的规划还欠缺，建设和维护管理经费不足，建筑和塑像制作质量欠佳，作为调元文化主要载体的物质文化遗产急待保护、维修、管理和有效利用，调元文化相关的非物质文化遗产资源更需要搜寻、开发、传承与普及。在专家、乡贤的发言中提出了许多很好的建议，这里不再一一重复。相信德阳市、罗江区定会“博采精择作规划，人才物配套做项目，一张蓝图绘到底，调元故里变新貌”！

（三）李调元一生极富传奇色彩，为专题博物馆建设提供了丰富内容和创意空间。李调元读万卷书，行万里路，为民办实事，与邪恶抗争，历经仕途险恶，受尽人间冷暖。他的学识通古达今，雅俗共赏；他的性格正直率真，机智风趣；他与底层百姓平等对话，心心相通。他在家乡，在川内，以至江浙、广东、北京等地都留下许多脍炙人口的民间故事和佳联趣对。李调元存世的楹联作品有二十多件，流传的趣对诗话五六十条，各地已搜集的民间传说蔚为大观，民间流传亟待抢救的故事还有不少。李调元搜集或撰述的民间百戏和诸多娱乐、体育、游戏等“耍法咡”更多，见于“弄谱百咏”。李调元诗、词、赋都有相当高的艺术成就，仅诗一项就存世2448首。李化楠和鼎元、骥元诗也颇有可观。李调元对川剧的形成和发展做出过重大的贡献，排演的剧目、编写的剧本，都有传存。学者专家们认为，所有这些丰富多样的文化财富，都可以通过巧妙构思安排在李调元（或醒园）博物馆里，通过书画展陈、艺术表演、声光影像、解说互动等方式，让八方游客喜闻乐见，兴趣大增。高大伦会长举宜宾博物馆“四季乡愁”主题展为例，说明如把罗江岁时节俗等生动多样地表现出来，就很接地气、长见识。他认为到德阳，不仅要看三千年（三星堆），也要看三百年（李调元），要让考古文物亮起来，也让民俗传承活起来。徐君秘书长用生动的课件介绍了全国四个民间传说故事村的经验，对如何建设李调元民间传说故事村提出了六条建议，希望对罗江有所帮助。

（四）李化楠、李调元家风值得进一步研究，并广泛宣扬和传承。罗江李氏是清代中期一个耕读传家的名门望族，从李化楠的祖父、父亲两代起辛勤创业，乐善好施。李化楠在浙江做官时回奔父丧，撰族谱、刻孝经、制族规、办义学，培植了一脉相传的好家风，百余年间子弟十九人登科甲，“一门四进士、三翰林”名冠巴蜀。四李皆清廉为官，自强不息，刚直不阿，忧国忧民，孝老敬亲，成为名儒乡贤。这次会上好几位学者探讨了李氏家族的家训、家风、家德、家法这些治家、齐家、教家之道。挖掘、宣扬和传承这些作为国文化基石的家文化，对社会治理、社会教化，尤其是对反腐倡廉、正风肃纪有重要的示范教育作用，在调元故里建设中要把它作为重要内容来发掘和建设。

最后，庆祝第四届李调元学术研讨会的圆满成功！祝福调元文化之乡建设得更加美好！

（章玉钧：四川省民俗学会名誉会长，四川省政协原副主席）

第一篇
李调元研究的时代价值

宜宾博物馆“四季乡愁”陈列对罗江李调元纪念馆业务发展的启示

高大伦

我国经过改革开放以来40多年的高速发展，奠定了雄厚的经济基础，促进了新世纪后的文化迅猛发展。文化迅猛发展的一大特点是从中央到省市县镇，文化场馆图书馆、文化馆、大剧院、科技馆、博物馆如雨后春笋般涌现。以博物馆为例，仅新世纪以来，从数量上来讲，新建博物馆超过此前100年的总和。① 而且近几年来还在以每周新诞生一座馆的速度发展。数量多和发展速度喜人的背后，我们也该看到明显存在的若干短板，那就是种类比较单一：历史文物类博物馆占绝大多数，其中考古类文物又成为绝对主力，自20世纪90年代后期，博物馆种类单一现状逐渐有所改善。② 但受限于种种主客观条件，从博物馆种类的丰富性上来说，我们和世界先

① 清末状元、实业家张謇1905年建成的南通博物苑是我国有博物馆之始。

② 我们认为，历史文物类博物馆偏多，国有的自不必说，连民间的博物馆也是如此。例如，以笔者所知，四川申请成立汉陶博物馆的不下10家，全国申请成立青花瓷器博物馆的恐怕有上百家（其中申请成立元青花博物馆的恐怕就有10家之多）。这种现象与我国是文明古国有关，也与新中国成立之初，国家文化部文物局重点工作放在历史考古上有关。改革开放以来，这种状况有所改变。例如，20世纪90年代以中国科技馆带动了全国许多省市（四川、广东、浙江、深圳）的科技场馆的建设，上海自然馆开馆带动的浙江、成都、深圳等地的自然馆建设。其他如生态博物馆、地震博物馆、昆虫博物馆、警察博物馆、烟草博物馆的新种类是在改革开放后诞生的。但是，新种类还有很大的拓展空间。

进国家还有不小的距离。一说到新成立博物馆，多数人都会联想到有无藏品和展品——藏品是博物馆成立的基础，这是博物馆人必须坚持的。与历史考古类博物馆相比，有一类博物馆，藏品展品比较好获得，而又为许多地方所必需，这就是民俗类博物馆。

设立民俗博物馆，是收藏和展示一地风俗传统的好举措。俗话说一方水土养一方人：就本地人来说，需要保存传统，5000 年到 100 年的优良文化传统都不可偏废；就外地人而论，入乡问俗是必修之功课，所以很多国家地区都比较重视民俗博物馆建设。国外如日本、韩国为奥运会建设而配套专门民俗博物馆，在全世界都享有盛誉；国内则有河北民俗博物馆、关中民俗博物馆及地震后建设的北川羌族民俗博物馆等，在业界都有较高的知名度。就整体来说，我国历史悠久，疆域辽阔，民族众多，气候物产地形差异较大而形成了十里不同风、百里不同俗的多样文化习俗。因此，仅有这些零星民俗博物馆是远远不够的，每个省都该有一个以上民俗博物馆。

以现有的经济条件和各级政府对文化的重视，要实现每省建一个以上民俗博物馆并非难事，难的是展陈有特色。我所见过的民俗博物馆，基本都是简单的展品摆放，在侧重利用展品讲故事的当下，显然已远远不能满足广大观众的要求。近期开馆的宜宾博物院主题陈列之一的“四季乡愁”展，属于民俗类展览，观展后令人耳目一新。

该展览面积约 1000 平方米。展览主题——“四季乡愁”，细分为“春生、夏长、秋收、冬藏”四个单元，恰好表现出生产、生活习俗的四季变化。除了四季生产和节日外，还将少女从提亲到出嫁的过程安排在四季中叙述，也将小孩四季游戏、四季歌谣、老人四季常讲故事等穿插在四季中，让各个年龄段的男女都能在四季中找到自己的身影，整个展线显得动感十足，故事性极强。在形式设计上则是每个单元单独分割出一个独立空间，以绿、红、黄、白不同颜色装扮春、夏、秋、冬四个单元空间。虽然展品不到 1000 件，但多个场景复原和几乎是全开放的陈列，并不让观众觉得单调和枯燥。开展以来广受好评，还入围 2022 年全国十大精品陈列奖，最后获得单项奖。[①] 文博界都知道全国十大精品陈列奖多在展品丰富、财

① 2023 年 5 月，宜宾博物馆基本陈列（含四季乡愁——宜宾民俗专题陈列），获全国十大陈列展览精品推介优胜奖。2023 年 3 月 21 日，中国文物报刊登《在宜宾博物院读懂宜宾》，对“四季乡愁——宜宾民俗专题陈列”等内容进行了介绍。

力雄厚、专业人员富集的省级以上博物馆和沿海博物馆中产生。宜宾博物馆“四季乡愁”获奖的秘诀在于创意：民俗主题、多个故事配以多条故事线，各年龄段兼顾，儿童游戏、童谣、民谣等展品穿插，以及开放式陈列和多个场景式复原，徜徉其间仿佛走进了川南民间大众生活之中。

这样一个开馆即广受好评，观众持续热捧的展览能给我们哪些启发呢？

首先将其放在全省大背景下来观察：四川是一个大盆地，在这相对封闭的地理空间，数千年的民族融合特别是明清以来持续百年的“湖广填四川”移民潮，塑造了在全国独具特色的巴蜀风。姑且不论节庆和九宫十八庙活动，仅川茶、川酒、川戏、川烟（主要指土烟）、川菜文化习俗就博大精深，老百姓喜闻乐见，外地人品味后也想一探究竟。我们虽有川菜、川茶、川酒一类专题博物馆，但还没有以文化角度来观察、从民俗大视野来审视的民俗综合博物馆，这是很遗憾的事。

全省建不建、如何建民俗博物馆，那是上层综合谋划的大战略。作为文博界最基层的单位①，是否也可以在民俗文物资料收集展示上有些作为呢？答案是肯定的。

我们有李调元纪念馆。李调元是清代闻名天下的四川才子，还在近年获评四川历史文化名人殊荣。他所生活的时代距今不到300年，正好是民俗研究重点、民俗文物重点收集范畴。一般说来，基层单位的博物馆纪念馆本来就是一方专类文物的收集保存机构，特别是名人纪念馆，如果只收集与该名人直接相关的文物，那这个馆从馆舍建设、人员编制到财政供养，就显得比较浪费。我以为名人纪念馆还应该承担的一个重要任务就是收集与该馆主旨相近的同时代文物或当地尽可能多的历史见证物，特别是明清以来的名人纪念馆更要把收集这个时代的民俗文物作为重要任务。四川的任何名人也是从小穿开裆裤，听熊家婆龙门阵，玩老鹰叼小鸡游戏、藏猫猫成长起来的，任何名人在成名之前特别是儿童少年时期所处的生态、文态、风俗环境对其成长和性格塑造作用甚大，所以这也是纪念馆理应努力，应该加以收集、保存、研究的主要方向。当藏品积累到一定程度后，办一个纪念主人所在地的民俗展，或与其时代相近的民俗展览，相信

① 我国的文物体制，文物保护管理机构设置是从中央到地方：国务院－省（区、市）－市（州）－县，县级文物保护管理机构是文物管理最基层的机构。

能让观众更好地理解“一方水土养一方人”，也让名人更加真实鲜活、可亲可爱，令名人活起来了。[①]

从李调元纪念馆所处的德阳现有博物馆纪念馆来看。德阳辖中江、绵竹、什邡、广汉、罗江、旌阳六个县（市、区），罗江和它们的距离不过数十公里。广汉有蜚声海外的三星堆博物馆；什邡的船棺博物馆也是省内县市级博物馆中的翘楚；绵竹的年画博物馆特色鲜明；剑南春酒文化博物馆依托名酒企业，实力雄厚；德阳文庙为国保单位，体量硕大，建筑精美；中江古塔和志愿军特级英雄黄继光纪念馆古今辉映；罗江只有李调元纪念馆这一文化牌可打。这副牌花色和其他几副牌大不一样，恰好可以互补，避免同质化竞争，和其他几个馆错位发展。

李调元是大才子，高中进士，官授翰林编修。李调元除学问外，性率直、机智幽默、兴趣广泛，特别为人所道的是他推动了川菜和川戏的形成，用今天的话来说他特别接地气。这正是罗江以李调元为抓手，将纪念馆作为舞台，大搞本地民俗得天独厚的有利条件。

建议以李调元纪念馆为舞台，加快打造出德阳民俗展馆，以展馆为窗口，配套成规模的特色川菜、川戏和乡土味重的各类文化生活服务，以吸引北上蜀道旅游、南下三星堆参观的群众。初期阶段哪怕以上过客中只有百分之几的人来也是成功，逐渐发展成为：去三星堆体验蜀道文化，来李调元大饱民俗口福。

特别指出的是，根据宜宾博物馆的“四季乡愁”展的筹备策展过程来看，相对于文物来说，民俗藏品展品的征集并不难。文物征集中，文物难寻觅、价位高，征集过户手续繁杂，政策性限制很多，但民俗馆展品，很多就是一些老物件，易寻觅，价位不高，区域性要求没考古出土文物那么严——可以跨地区征集，只要同风同俗地方的见证物都可为“我”所用，更没有多少政策限制，在博物馆藏品中就是参考品或实物资料。当今民俗展览成败的关键在主题大纲要有独特的创意，以及新颖有美感的形式设计。

以上设想已超出罗江李调元纪念馆目前的专业范围，牵扯面也多，这类提议对其他的县区来说，定会感到难以落地实施。但在罗江来说，其实

① 同样的观点请参看高大伦：《关注李调元也关注李调元所处的时代》，载四川省民俗学会、中共德阳市罗江区委、罗江区人民政府编：《李调元研究》第三辑，四川人民出版社，2021年。

不难。要成大事，天时地利人和缺一不可。天时，我们遇上国家乡村振兴、文化自信、文旅融合多种政策叠加的好时候；地利，罗江处于声名如日中天的蜀道末端和举世闻名的三星堆遗址博物馆之间，正所谓左右逢源；人和，罗江党政领导对文化、对李调元的高度重视，以及和省民俗学会多年合作结下的深厚友谊。省民俗学会有省内最权威的民俗专家和博物馆展陈、川菜川戏及其文化研究、文创开发专业人员，与许多学会不同的是，其中不少专家实际操作经验丰富。因此，可以说，省民俗学会是协助民俗文物征集及场馆建设和相关餐饮文创开发最合适的团队。

我们传承名人文化，是通过文物征集保护文化，通过文物的研究挖掘历史价值，通过文物的展示和一系列的文创活动，让文物活起来，让李调元事迹家喻户晓。要吸引更多的游客来罗江，参观纪念馆，听李调元故事，了解罗江民风民俗，品正宗川菜，看原味川戏。彰显出罗江特色，做大做强罗江文化，让文化融进旅游，广纳天下游客。

（高大伦：山西大学考古文博学院院长、南方科技大学社科中心客座教授）

李调元晚年乡居生活实践与乡村发展关系初探

郭建勋

2015 年，中共中央在《关于加大改革创新力度加快农业现代化建设的若干意见》中提出，“创新乡贤文化，弘扬善行义举，以乡情乡愁为纽带吸引和凝聚各方人士支持家乡建设，传承乡村文明”。2018 年，中共中央在《关于实施乡村振兴战略的意见》中再次提到新乡贤的作用问题，“积极发挥新乡贤作用。推动乡村治理重心下移，尽可能把资源、服务、管理下放到基层”。之后，新乡贤群体的地位以及如何发挥作用的话题得到学术界的重视，出现了许多研究成果。在已有的研究成果中，涉及对新乡贤与传统乡贤的关系、新乡贤类型与特征、新乡贤与新时代背景下社会需求特别是与乡村振兴战略中具体目标的关系。[①] 从实践层面来看，有学者开始探索新乡贤在乡村治理中作用实现的路径问题。[②] 本文尝试从新乡贤与乡村发展的关系出发，以李调元晚年乡居生活及其实践的作用为例，探讨新乡贤的内涵、功能，新乡贤的实践背后隐含的乡村发展的社会文化逻辑、动力等。

① 张兴宇：《礼俗化：新乡贤的组织方式与文化逻辑》，《民俗研究》2020 年第 3 期。

② 左雯敏：《新乡贤与有效治理：中国士绅传统再反思》，《原生态民族文化学刊》2023 年第 2 期。

一

作为研究类型或学术概念的乡土中国，自20世纪以来，成为学者认识中国、改造中国和发展中国的学术研究概念，乡村或村落成为人文社会科学研究以及现代化发展实践的重要对象。关于中国乡村特性与发展模式，出现了许多研究成果，其中，乡贤绅士在传统乡村中的地位作用的研究成果丰硕。随着区域社会研究的深入，乡绅社会理论也不能解释更多问题。研究者发现，绅士集团也是高度分化的阶层，甚至有人认为，从绅士集团自身发展来看，他们并未在国家与社会间起平衡作用。[①] 从行动层面，自20世纪20年代乡村建设运动中对乡绅作用的尝试，代表了“走近乡村”、“建设乡村”的一种实践探索。

在传统时代，士绅将财富、权力、名望等要素集于一身，他们受过比较高的教育，能说会写，知书达礼，借助于乡村礼俗和地方信仰的规范性，治理乡村基层社会。他们是通过科举制与皇权体制产生联系的一群人，占据着在皇权与基层社会间的枢纽转换位置。[②] 20世纪20年代，晏阳初、梁漱溟等人认为，社会组织建设以及乡村精英的培养是乡村建设的重点。[③] 费孝通认为，在中国传统社会中，乡贤士绅作为一种特殊的中介，将中央集权和地方自治两套独立系统有机衔接。[④] 20世纪60年代到80年代，英语世界的研究者从各个角度对中国士绅进行全面研究，有的研究士绅的角色与功能，有的研究士绅的社会流动，有的研究士绅的收入状况，还有的研究士绅与现代国家的关联。[⑤] 20世纪80年代以后，士绅研究吸收了区域社会经济史的研究范式，形成了“地方精英模式”。地方精英除了持有功名的士绅，还有其他形形色色的地方精英人物，包括地方长老、商人、经纪人、教育家，甚至是军事强人。[⑥]“地方精英模式”更加关注精英

---

① 参见彭宗峰、许江：《新乡贤治村的理解模式构建：反思与出路》，《北京社会科学》2023年第1期。

② 费孝通：《皇权与绅权》，载《费孝通全集》（第六卷），内蒙古人民出版社，2009年，第238—248页。

③ 梁漱溟：《乡村建设理论》，上海人民出版社，2006年，第118页。

④ 费孝通：《皇权与绅权》，载《费孝通全集》（第六卷），内蒙古人民出版社，2009年，第238—248页。

⑤ 左雯敏：《新乡贤与有效治理：中国士绅传统再反思》，《原生态民族文化学刊》2023年第2期。

⑥ ［日］佐藤仁史：《近代中国的乡土意识：清末民初江南的地方精英与地域社会》，北京师范大学出版社，2017年，第18—19页。

的统治策略、国家角色、精英竞技场、地区差异、历时性变迁等方面的内容。[①] 当下，我们又提出乡村振兴中新乡贤的定位和功能命题。总之，从传统士绅、地方精英到新乡贤的变迁，都提供了思考乡村发展关系的推手及行事逻辑的线索。

新乡贤作为新时期的地方士绅，与传统士绅既有重要区别也有明显延续。传统社会阶层中的士绅消失了，但在共同体构建意义上的中间阶层并未消失，承载历史文化传统和士绅精神的地方士绅的社会功能依然存在。地方士绅通过自身的社会位置、道德威望和实践能力整合乡村社会，激发内生动力，组织公共事务，塑造乡村风气，是乡村社会现代化变迁的重要力量。当然，作为新时代的新乡贤，不是传统地方士绅的简单翻版，必然要与新时代的社会文化相合，有其新的时代特征、行动路径和实践逻辑。

二

李调元晚年乡居生活的活动、价值与作用，学术前辈已有丰硕的研究成果，在此不再赘述。这里需要重视的是，李调元晚年的实践活动，个人的行为背后有其社会文化传统和行动逻辑。这一社会文化传统和行动逻辑，对于认识当下乡村振兴的路径、中国传统乡村社会发展，乃至中华文化的传承都有重要的参考价值。

从大的中国社会文化发展的历史过程看，乡村所在的民间文化的繁荣发展大致有三次高峰时期：一次是在两宋，一次是在晚明，另一次是在清中叶以后。清朝初年，统治者在进行政治秩序重建的同时，大力进行传统伦理道德秩序的重建，一时间文化趋于保守，但社会经济发展的趋势不可逆转。商品货币经济的发展程度逐渐超过明中后期，江南市镇的发展在清乾隆时代迎来第二次高潮，使得文化教育事业得到发展。清中叶以后，民间文化出现新的发展高潮，如地方剧种比明代更加丰富多彩，民间寺院在基层社会组织中所起的作用日益增大。在小说戏曲或生活习俗上，追求声色，体现出天然去雕饰的自然清新品格。从乡村地位和传统社会分层及社会结构看，传统文人注意到中国社会中礼与俗、上与下的关系，因而对民间社会中的民俗文化的记载和记录一直很重视，地方志书乃至正史中都出

① 左雯敏：《新乡贤与有效治理：中国士绅传统再反思》，《原生态民族文化学刊》2023年第2期。

现了有关风俗的专述。这些对风俗事象的搜集、记载和研究的传统，主要目的一是出于统治的需要，通过向民间观风问俗，知上层统治的得失，以便上层做自我调整。第二个重要目的就是社会教化，礼俗互动，以文化人。上下贯通成为统治者一直的追求，随之而来的便是士大夫、文人强烈的移风易俗的责任感、使命感和道德理想追求。士大夫在乡则移风易俗，这表明士大夫认识到民风民俗在社会秩序中的重要性。[①] 上述因素是李调元晚年乡居生活实践的重要历史文化基础，潜移默化地影响到李调元的所作所为。李调元作为清代中叶的大学者、戏曲理论家、诗人等，成果丰硕。他晚年归隐回乡，集大学者、官员与地方士绅多重身份，对于罗江乡村社会发展乃至四川的文化建设的促进作用，与一般意义上地方士绅的作用不可同日而语。

19 岁时，李调元考中秀才，26 岁时中举人，30 岁时中进士，授翰林院庶吉士，入庶常馆任编修，此后历任吏部考功司主事、文选司员外郎，后担任过广东学政、直隶通永道道员。李调元为官耿介清廉，曾因参奏两名府、县官得罪权臣永保等人，后来终被他们借故革职，充军伊犁。后经友人直隶总督袁守侗等人营救才中途被赦，以赡养老母为名回归今天罗江的南村坝故里。李调元回到家乡后，游历乡野，搜集资料，晚年更寄意于山水，遍走当时的成都、汉州、绵州、潼州、简州、资州、遂州、嘉州等地，拜名人故里，登名山大川，游风景名胜，与各种人士交往，搜集乡土资料、史地资料。同时，主要做了如下事情：

（一）著书立说，继续编刻大型丛书《函海》。《函海》收集了 3150 多种有关巴蜀文化的著作。李调元在翰林院任职的时候，正值乾隆皇帝决定编修《四库全书》，他因工作之便而阅读到许多“天府藏书”。在他担任通永道道员时，便将平生搜集到的有关四川的许多书籍，以《函海》为总书名陆续雕版印行。在获罪流放交付万金赎免后，又到处筹款将《函海》雕版运回四川家中，悉心修补，终于使这套卷帙浩繁的巴蜀文化丛书得以四十函的装帧刊行问世，《函海》雕版藏在自家的万卷楼。这座万卷楼，也是李调元父子为了振兴巴蜀文化，集平生精力经营的一座藏书楼。重建的万卷楼为三楹楼房，楼上楼下共设四十个书橱，将藏书分别按经、史、子、集分类收藏，以便取阅。他还整理旧作，刻印了自己撰写的《雨村诗

① 赵世瑜：《眼光向下的革命》，北京师范大学出版社，1999 年，第 62—66 页。

话》《雨村剧话》《童山诗集》《童山文集》《雨村曲话》等著作，辑印了《建兴以来朝野杂记》40卷、《蜀雅》30卷、《古文尚书》10卷、《易传灯》4卷、《江南余载》2卷等书籍，内容上涵盖了经史、考古、文学、语言、音韵、戏曲、金石、书画、农艺、庖厨、民俗等方方面面。

李调元编刻《函海》，与清代中叶以来全国整体的社会经济发展，尤其是印刷出版业高度发达、文化典籍充分积累、藏书兴盛、文献整理工作全面展开的背景紧密相关，也与《四库全书》的国家文化工程相呼应。同时，经过明末清初的历史社会变动，由五方杂处的移民构成的四川历史和文化也需要重建。无论外出做官还是乡居在家，李调元都非常注重搜集四川乡土文献、先贤著作，既出资购买也自行抄录，将自汉代以来未入《四库全书》的川人著作160余种辑刻成《函海》。这部《函海》，既是对《四库全书》的补充完善，也接续了四川的文化历史，重建了四川的地方文化。

同时，李调元对民间文化和乡村社会的重视，是中国传统风俗志书写传统的延续，也是社会经济发展到一定阶段的必然产物。李调元回到四川后，结交的主要是普通民众，对四川各地的饮食也很感兴趣。《醒园录》中记载借鉴了江浙等地的饮食，也收录了许多四川民间饮食。《醒园录》记载的“糟鱼法”“腌肉法”“做甜酱法”“做大蛋法”“白煮肉法”“炒野味法”“风板鸭法”“做辣菜法”“蒸莴菜糕法”“做满州饽饽法”“夏天熟物不臭法”等121种，涉及烹调、酿造、食品加工、储藏等方面。李调元对四川民间饮食文化的格外重视，对于川菜的技艺和品格产生重要的指引作用。该书不仅是当时饮食文化的集大成者，所载的饮食也间接反映了当时四川经济发展的情况。当时远近之人纷纷前来万卷楼传抄学习，书中记载的许多菜品及制作方法，至今仍在四川民间流传。李调元所载的源自家乡的菜品，至今仍在罗江乡村传承发展。

另一方面，李调元将饮食与伦理道德、社会关系结合起来，他认为，家常饮食有其珍美之处，而自己的饮食应力求简朴，但对长辈则尽量要用美味食品，待客要丰盛。李调元在《醒园录序》中写道：先大夫自诸生时，疏食菜羹，不求安饱，然事先大父母，必备极甘旨”，“居家宜俭也，而待客则不可不丰”，“自食宜淡也，而事亲则不可不浓”。[①] 上述论述，充分表明他的观点，饮食不是小事，既与人的健康有关，更与社会等级和礼仪道德有关，在日常生活中以文化人，在饮食活动中实现社会关系的修复、社会秩序的稳定和乡风文明。

李调元《醒园录》的书写及对饮食的观念，还体现了中国饮食文化发展的一些特色。《醒园录》中的菜肴体现了社会分化和区域差异，这是文化和政治方面存在社会分层的标志。弗里曼认为中国菜肴的出现是在宋代，且有三个前提条件：一是可能获得多种原料，以及各式各样的食谱，是大都市的产物；二是菜肴需要一伙善于评论和喜欢冒险的食客，不仅包括宫廷顾客，还包括范围更广的精英人士，他们多由官员和商人组成；三是将快乐放在首位的态度。还有一个最重要的条件是农业和商业的发展：商业化农业的发展有助于乡村的生产和城镇的消费，大众消费和精英消费的模式发生了变动。杰克·古迪进一步认为，饮食的分化建立在更早的生产和分层的体系基础上，与密集农业生产有关。将书写用于广泛的经济、行政、文学和实用的目的，读写能力与烹饪、膳食一起得到发展。[②] 上述学者的论述，核心是强调饮食的发展，背后的主要因素是社会经济文化的发展，社会交往交流的加深，社会分层与整合的双向运动等。饮食中的上下文化互动，区域文化的紧密交流，反映的是经济繁荣、社会稳定和文化发展。清中叶以来，川菜作为一种区域性的菜肴，其发展与清代乾隆以来的社会经济发展紧密相关，体现了文化发展的活力。《醒园录》中记载了一些整合和转化其他地方的食物与异域外国人的烹饪方式。就社会阶层和菜肴而言，菜肴与阶层的关系越复杂，表明社会交往越广泛，视野越开阔，社会越有活力。川菜作为一种菜系，不只有富人的特色，也通过餐馆进入大众的生活圈，使家境一般的人，也能举办宴会庆贺家庭节日。[③]《醒园录》等对菜肴的书面记载和表述，多吸纳的是精致的烹调文化[④]，这体现了中国的国家传统。它以上层和发达地区的菜肴为基础，但也吸纳了来

① 江玉祥：《李化楠、李调元父子与〈醒园录〉》，载四川省民俗学会、中共德阳市罗江区委、罗江区人民政府编：《李调元研究》（第3辑），四川人民出版社，2021年，第226—227页。

② ［英］杰克·古迪：《烹饪、菜肴与阶级》，王荣欣、沈南山译，浙江大学出版社，2010年，第134—135页。

③ ［英］杰克·古迪：《烹饪、菜肴与阶级》，王荣欣、沈南山译，浙江大学出版社，2010年，第144—146页。

④ ［英］杰克·古迪：《烹饪、菜肴与阶级》，王荣欣、沈南山译，浙江大学出版社，2010年，第155页。

自民间的许多菜品，体现了中国社会中礼俗贯通的特点。

（二）晚年的李调元在致力传播雅文化的同时，充分发挥了士绅和文化精英对文化的创造性转化作用。他致力于戏曲等艺术形式的内外交流与地方化过程，并将共有共享的道德、价值观念有机融入地方戏曲发展中，融入当地普通大众的节庆、庙会和日常生活中，以身载道，以文载道，知行合一，贯通礼俗文化，实现社会的上下联动，提高了乡村社会文化发展的整体水平。李调元对民间戏曲很有兴趣，时有涉猎，但直到退隐故乡后，才得以全身心投入戏曲艺术理论探索与创作实践中。李调元对川剧五大声腔中的雅部昆曲着力尤多，组建新的花部伶班，平常在家乡演出，有时他还带着戏班到各地流动演出，也着手改编了不少传统剧目。李调元的所作所为对川剧艺术的形成产生了重要影响①，也对家乡乃至四川的民间文化建设和丰富精神文化生活，起到重要的推动作用。

李调元回归罗江老家后，开办教授梨园曲目的伶僮戏班，决心将自己余生献给戏曲。李调元的乡居生活沉浸在敲击檀板、浅唱低吟的乐趣之中。他置办伶班，教习地道的昆曲艺术，招收的学生全是四川儿童。每年举办庙会时，戏班就会去与李调元所居南村一水之隔的北河村文昌宫，酬神献艺，南北两村及附近各村的百姓争相看戏，看完戏后留下满地的蔗皮。② 伶班还到今天成都的浣花溪、绵竹、安县、梓潼、什邡等地演出。因伶僮功底好，演艺精湛，人称“翰林班”。李调元为使四川人听懂昆曲，采取许多本土化措施，使之符合四川百姓的视听习惯。经过百余年的发展，各省移民逐渐融合，这与兼收并蓄的有“新四川”特色的川剧、川菜文化等地方文化的形成有莫大关系。这些“新四川”文化的形成，既是新四川区域社会形成的标志，也是四川社会经济发展的产物。李调元这样的地方精英人物的引领、参与和身体力行的实践，起到重要的推动作用。

三

李调元主要生活在清乾隆时代。这个时期政权稳定，经济发展，文化繁荣，《四库全书》已编出，地方志编纂之风兴起，朝廷出台一些繁荣曲艺的政策。但就四川而言，清初战乱，人口稀少，典籍文档破坏严重，经

---

① 张学君：《李调元与乾嘉时代的川剧》，四川省民俗学会、中共德阳市罗江区委、罗江区人民政府编：《李调元研究》（第3辑），四川人民出版社，2021年，第159页。

② （清）李调元：《罗江县志》清嘉庆七年版，卷九。

济不振。到李调元生活的时代，虽然四川的经济全面恢复，但地方文化发展水平落后于全国，“新四川人”的文化建设任务尚未最终完成。如何接续四川地方文化与中华文化，挖掘地方传统又吸纳和改造清初移民带来的多元文化，是李调元生活的那个时代士大夫或地方精英的重要使命之一。李调元注意搜罗历史典籍，尤其是关于四川的史籍，这类经、史、子、集文化，是中华民族的主流文化。一方面李调元等让四川的区域文化接续上了中华传统文化，另一方面，他回乡后采集风雅，在饮食、戏曲等方面吸纳消化外来的高雅文化，最终促成了上下贯通、内外交融的“习俗相染”的“新四川文化”的形成。最后，通过他在乡村生活中的示范和实践，新的雅俗共享、内外互通的新四川文化有机融入当地百姓的物质与精神生活中。李调元的乡居生活及系列实践活动，充分体现了传统社会中，士大夫或地方精英在文化上“礼俗互动”、社会组织中“上下联通”的枢纽作用。

有学者认为，王朝时代，乡村不仅是士大夫阶层生活和精神关注的中心，也是培养这个担负社会组织功能阶层的温床。为了实现一体化的上层官僚组织的管理功能向农村基层的延伸，广大儒生必须住在乡村，成为中下层组织的骨干。一旦城市过分发展，商品经济过分繁荣，地主进城，乡间控制功能减弱，整个社会组织的乡村中心就会动摇。王朝时代，社会一直保持着乡村中心。[①] 19 世纪末 20 世纪初，中国士绅城市化，对中国社会结构产生重要影响。20 世纪以来，中国的现代化进程和社会变革中，乡村在整个中国的地位、发展路径和城乡关系等一直是重要议题之一，也有诸多认识模式和具体实践经验。而今，在摆脱二元思维和线性发展思路之后，乡村的地位得以重新定位，乡村振兴成为当下及今后中国式现代化建设的重要任务。

新的时代，农业农村农民问题是关系国计民生的根本性问题。没有农业农村的现代化，就没有国家的现代化。从中华民族共同体这一更高层次的共同体建设目标而言，没有乡村社会的发展，没有城乡的协调发展，难以实现中国式现代化，难以推进中华民族共同体的建设，更难以实现中华民族伟大复兴。上述目标的实现，需要广大乡村的全面振兴，需要全社会的广泛参与，新乡贤是其中不可或缺的重要力量。

---

① 金观涛、刘青峰：《开放中的变迁：再论中国社会超稳定结构》，法律出版社，2011 年，第 14—15 页。

当然，新乡贤的构成群体、来源、素质、居住地及功能作用，与传统地方精英相比有了许多新变化，在乡村振兴的整体规划和建设目标的指引下，需要进一步探讨新乡贤的构成、功能和实践路径等。无论是乡绅角色，还是人员构成更复杂的精英群体或新乡贤，对于乡村基层社会的发展而言，都处于关键的枢纽位置。如何在当下流动性、乡村建设的多重行动者和行动逻辑中，鼓励乡村中走出去或成长于异乡对乡村有感情的能人、贤人、知识分子、商人、新村民等发挥内引外联、上下贯通的作用，以自身的学识、声望、资金或实践，服务当下的乡村振兴工作，李调元晚年乡居生活及文化实践的经验就有一定参考价值。从李调元的经历及当下时代特点而言，新乡贤要发挥在乡村振兴中的作用，依然要有细腻的地方经验和情感，有普遍的、超越地方的知识和更高的关怀。既可居乡间，也可居城市，还可游历四方，只要心有乡情，有一技之长，德位相配，知行合一。李调元晚年的乡居生活实践经验，更需要在新时代的乡村建设实践中创新性发展，在精英主导、社会资本、经纪代理和行动网络四种功能模式基础上，在党和政府的统一领导下，在乡村的公共领域建设及基层治理共同体的思路中[①]，进一步发挥其在乡村经济建设、社会建设、文化建设和社会治理中的重要作用。

（郭建勋：西南民族大学民族学与社会学学院副院长、教授、博士生导师）

① 彭宗峰、许江：《新乡贤治村的理解模式构建：反思与出路》，《北京社会科学》2023年第1期。

谈谈建设李调元民间传说故事村的几点意见

徐　君

2023年罗江县申报的李调元民间传说被列入第六批四川省非物质文化遗产名录。早在三年前，也就是2020年10月，被称为清代文学家、诗人、戏曲理论家、藏书家的四川德阳市罗江县清代人——李调元，成功被列入第二批四川历史名人名录。李调元作为历史名人的地位和民间传说的民间文学价值以这两种形式获得了省级最高的认定。这是四川省德阳市罗江区文化部门及科研工作者们在多年挖掘和整理李调元生平事迹及其各方面影响取得丰硕成果基础之上，有关李调元研究及现实价值赋能的一次质的提升。

20世纪80年代，学界掀起了对李调元的研究热潮，对其在清代传承中华文化、复兴蜀学的成就和贡献进行了深入研究和讨论，对其在中国文化史上的历史地位给予了充分的肯定。德阳市罗江区结合丰富的历史文化资源，在以江河文化、路桥文化、古城文化、三国文化和李调元文化汇聚结合为独具特色的地域文化基础上，特别以李调元文化作为地域代表性文化资源进行挖掘和打造。1990年，德阳市罗江镇（今德阳市罗江区万安镇）启动了李调元故里公园建设，文星乡（1994年改文星镇，2006年改调元镇）启动了李调元故里文化旅游区建设。与此同时，开展了李调元研究，在四川省民俗学会的支持下，罗江成立了李调元研究专委会，组织召开了四次李调元学术研讨会，出版了三辑《李调元研究》（第四辑正在编辑中）。

相对而言，过去对于李调元研究多着眼于史料诗文的考证与挖掘，注重其研究和学科的意义，对于李调元文化及李调元作为历史人物的当代价值讨论和着墨不多。然而，随着新时代背景下乡村振兴的全面推进，把文化振兴作为乡村振兴的重要方面，如何在挖掘传统地方文化资源的基础上，充分发挥文化遗产的资源优势，就变得非常重要。具体到德阳市和罗江区而言，如何把历史名人李调元的历史文化影响赋能地方乡村振兴，成为摆在从事李调元研究的学者和地方实务工作者面前的迫切任务。

罗江区结合地方实际与现有的乡村文化振兴经验，以李调元的著述、思想学说为主干，其生平行事、历史遗存、民间传说的传播与演变等诸多衍生现象为分支，建设以李调元家乡村落为基础的李调元民间传说故事村。然而如何把书斋里的研究成果转化为服务地方文化振兴的有效资源，即如何把李调元民间传说故事村建设提上日程，并建设成功，从事李调元研究的学者与地方实务工作者尚未形成可行的方案。基于此，我们梳理五批国家级非物质文化遗产名录（分别是 2006 年、2008 年、2011 年、2014 年和 2021 年公布的五批国家级项目名录），从中选出与李调元民间传说及李调元民间故事打造密切相关，且有借鉴意义的三个国家级非遗故事村和一个真实历史人物传说作为参考分析对象，以对这几个国家级非遗文化传承的故事村打造和历史人物传说的当代价值，赋能地方社会经济发展和推动地方文化复兴的建设情况的梳理为出发点，期望通过对这几个故事村及历史人物传说非遗化资源利用经验的梳理与总结，为李调元民间传说故事村建设提供一些参考价值。

一、几个著名国家级民间文学类非遗项目的情况

国务院先后于 2006 年、2008 年、2011 年、2014 年和 2021 年公布了五批国家级项目名录，包括民间文学、传统音乐、传统舞蹈、传统戏剧、曲艺、传统体育、游艺与杂技、传统美术、传统技艺、传统医药、民俗等十大门类。我们统计出民间文学类共计有 251 项，即 2006 年第一批有 53 项，2008 年第二批有 79 项，2011 年第三批有 58 项，2014 年第四批有 40 项，2021 年第五批有 21 项。民间文学涵盖民间故事、民间传说、神话故

事、英雄史诗、叙事长诗、民歌民谣、民间说唱、谚语谜语等类型。五批民间文学类国家级项目中，民间故事类有25项、民间传说类有117项（包括新增项目和扩展项目），主要以人物和地域为叙事主题，具体见表1和表2。[①] 四川省被列入国家级非物质文化遗产民间文学类代表性项目有7项，见表3。

表1　民间文学·民间故事类

入选时间（批次）	数目	项目名称
2006年（第一批）	7项	耿村民间故事、伍家沟民间故事、下堡坪民间故事、走马镇民间故事、古渔雁民间故事、喀左东蒙民间故事、谭振山民间故事
2008年（第二批）	6项	巴拉根仓的故事、北票民间故事、满族民间故事、徐文长故事、崂山民间故事、都镇湾故事
2011年（第三批）	3项	锡伯族民间故事、嘉黎民间故事、海洋动物故事
2014年（第四批）	6项	回族民间故事、广禅侯故事、解缙故事、壮族百鸟衣故事、阿凡提故事、广阳镇民间故事
2021年（第五批）	3项	满族说部（孙吴县满语故事）、鄂温克族民间故事、包公故事
共计：25项		

表2　民间文学·民间传说类

入选时间（批次）	数目	项目名称
2006年（第一批）	15项	白蛇传传说、梁祝传说、孟姜女传说、董永传说、西施传说、济公传说等
2008年（第二批）	34项	刘伯温传说、杨家将传说（穆桂英传说）、陶朱公传说、木兰传说、八达岭长城传说等
2011年（第三批）	35项	赵氏孤儿传说、天坛传说、柳毅传说、苏东坡传说、庄子传说、泰山传说等
2014年（第四批）	24项	鬼谷子传说、东海孝妇传说、刘阮传说、孔雀东南飞传说、伯牙子期传说等

① 根据国务院关于公布国家级非物质文化遗产代表性项目名录的通知目录整理，来源于中华人民共和国中央人民政府网 https://www.gov.cn.

续表

入选时间（批次）	数目	项目名称
2021 年（第五批）	9 项	藏族民间传说（年保玉则传说）、八大处传说、禅宗师祖传说（六祖传说）、老司城传说、玄奘传说等
共计：117 项		

表 3　四川省民间文学类国家级非物质文化遗产代表性项目

入选时间（批次）	项目名称	类型	申报地区
2006 年（第一批）	格萨（斯）尔	英雄史诗类	四川省
2008 年（第二批）	彝族克智	诗体口承文学类	四川省美姑县
2011 年（第三批）	禹的传说	民间传说类	四川省汶川县
2011 年（第三批）	禹的传说	民间传说类	四川省北川羌族自治县
2011 年（第三批）	羌戈大战	英雄史诗类	四川省汶川县
2014 年（第四批）	毕阿史拉则传说	民间传说类	四川省金阳县
2014 年（第四批）	玛牧	诗体口承文学类	四川省喜德县
共计：7 项			

综合考察这些被列入国家级非物质文化遗产代表性项目，发现 2006 年第一批被列入非遗项目的 7 个故事村（即河北藁城区耿村、湖北丹江口市伍家沟、湖北宜昌市夷陵区下堡坪、重庆市九龙坡区走马镇、辽宁省大洼区古渔雁、辽宁省喀喇沁左翼蒙古自治县喀左东蒙、辽宁省新民市谭振山民间故事）中的三个，即河北藁城区耿村、湖北丹江口市伍家沟和重庆市九龙坡区走马镇故事村，以及 2008 年第二批国家级非物质文化遗产名录里浙江文成县、青田县“刘伯温传说”的地域文化特色及后期资源挖掘打造经验，对李调元民间传说故事村的建设具有借鉴意义。尤其是“刘伯温传说”与李调元民间传说故事村具有相似性，两人都是历史真实人物。刘伯温原名刘基（1311—1375），字伯温，世称“刘青田”“刘诚意”“刘文成”，青田县南田乡（今属浙江文成县）人。刘伯温是元末明初的政治家、文学家、军事家，明朝开国元勋，“明初诗文三大家”之一。“刘伯温传说”是基于历史真实人物的现实文化塑造，对同样是历史真实人物的李调元文化地方赋能极具参考意义。因此，我们选取国家级非物质文化遗产名录中的三个民间故事村——重庆市九龙坡区走马故事村、河北藁城的耿村

故事村和伍家沟民间故事以及浙江文成县、青田县“刘伯温传说”作为参考案例进行解析，通过这几个被列入国家级非遗文化传承的故事村及历史人物赋能地方社会经济发展和推动地方文化复兴的建设情况，梳理一些经验，以期能为李调元民间传说故事村建设提供几点参考意见。

（一）河北藁城耿村故事村①

河北藁城耿村被誉为“中国故事第一村”，获文化和旅游部命名为“民间故事之乡”，是石家庄市的“十大城市名片”之一。朱元璋时代就有“北有京津，南有耿村”、“一京二卫三耿村”的说法，又因其村户人数少，而集市作坊多，又有“小村大集”的美誉。

耿村原名为看坟庄，因耿村村南曾经有一座巨大的坟丘，相传是明太祖朱元璋义父耿再辰之墓，朝廷派本县靳氏七人来此看守坟墓，逐渐发展成村庄，故名看坟庄，后改名为耿村。

耿村地处山西阳泉到山东德州的交通要道上，自古以来就是商贸繁盛之地，农历逢一逢六的集市十分繁华。特别是在每年农历四月初一到初四，为纪念耿再辰设立的耿王庙会期间，方圆百里内的乡民和各路商贾汇聚于此，沿街表演各种舞蹈、打鼓等民俗节目，热闹非凡。1940 年代，耿村仅有 400 余人，却有大小店铺、作坊 100 余家（座），耿王庙会期间临时摊点更是数不胜数。来往商客在推动贸易繁荣的同时，也带来了四面八方的故事、歌谣。一些外出游历、当兵返乡的耿村人也将来自天南地北的故事和传说带回来。因此，经商与讲故事成为耿村的两大古风。

耿村故事内容涉及社会学、伦理学、历史学、宗教学、哲学和文学等方面，崇尚传统的忠臣、清官、孝子，提倡仁义礼智信。作为一种传统民间文化，耿村故事包容万象，上自开天辟地神话、风物传说，各朝各代的人物和史实传说，下至民国、抗日战争、解放战争和新中国成立后的新生活、新人物。耿村故事形成一条历史长链，涵盖二十多个省区市、一百七十多个县市，串联起来即是一部比较完整的中国历代野史。

（二）湖北丹江口伍家沟民间故事②

伍家沟民间故事是湖北省丹江口市地方民间文学，2006 年被列入第一批国家级非物质文化遗产名录。

---

① 资料采引自百度百科“耿村民间故事”词条，引用日期 2023 年 10 月 10 日。

② 资料采引自百度百科“伍家沟民间故事”词条和十堰市人民政府网 2015 年 12 月 28 日“伍家沟民间故事”，引用日期 2023 年 10 月 1 日。

图 1　伍家沟入口石刻碑

伍家沟距武当山金顶 70 里，处于武当山道教腹地，又是历史上楚文化的中心。伍家沟民间故事不仅受武当道教影响，更有历史上楚文化的传统底蕴，历经积淀，自成脉络。其故事种类齐全，内容丰富，分神话、传说、故事、寓言、童话和笑话等六大类别。核心以“忠孝”为本，兼有“慈、爱、惠、清静无为、力作而食”等丰富的道教文化内涵。其中又分为人物传说、地方传说、动植物传说、风俗传说及其他传说。故事又分为本真状态故事、神鬼精怪故事、风俗俗语故事、生活故事等。故事提倡孝道，主张勤俭持家；扬善弃恶，宣扬有恩必报，重视朋友兄弟之间的义气；歌颂至死不渝的爱情，希望有情人终成眷属；尊重读书人，推崇智慧，重视技艺。在当地村民的信仰、风俗、生产方式、衣、食、住、行、婚丧嫁娶，以及民歌、民间故事中，皆留存有许多古老的风俗，如先秦楚人的拜日、崇火、尊凤、招魂，与尚东、尚左的信仰与风俗，表现了荆楚文化在民间文学中的传承与发展。

（三）重庆九龙坡走马镇和走马故事村①

走马故事村 2006 年被列入第一批国家级非物资文化遗产名录，走马镇 2008 年被国务院命名为第四批“历史文化名镇”，走马故事与走马镇成为当地的双遗产。

走马镇与耿村具有相似性，历史上都是交通便利、集市繁荣、各地客商云集的小镇。走马镇的历史，可追溯到汉代，至明代中叶开始逐渐鼎盛。走马古镇尚存有古驿道遗址、古街区、铁匠铺、老茶馆、明清古戏楼

① 转引自百度百科“走马镇民间故事”词条，引用日期 2023 年 9 月 20 日。

和孙家大院、慈云寺遗址等。走马古镇因其北属巴县、西临璧山、南接江津，有“一脚踏三县”之称，是重庆通往成都的必经之地，也是成渝路上的一个重要驿站，往来商贾、力夫络绎不绝，也留下了“识相不识相，难过走马岗”的民谚。历史上作为交通要镇的走马镇，各路客人为了消除旅途疲乏，会在茶馆客栈歇脚、摆起龙门阵，交流旅途见闻和故事，久而久之，逐渐形成一种以“走马”（赶马）为职业的人群口头创作并传承的民间故事，人们通常将其称作“走马故事”，也是驿道民间文化。虽然无法考证走马镇民间故事起源的确切年代，但从走马场建立于明末清初并很快得以兴盛的情况，可推算出走马故事应是与之同步发展，也就是说走马故事也至少有四五百年的历史。

在20世纪八九十年代当地流传着“故事家家户户讲，男人讲，女人讲，娃娃也能讲”，“山歌年年月月唱，台上唱，坡上唱，处处都在唱”的对联，以及“躲子山下一匹坡，坡脚有个故事窝，大人细娃都能讲故事，男人女人都能唱山歌”的民谣。走马古镇盛行喝茶、看川剧、说故事，街上随时能看见老茶馆里一群人围坐在一起，喝茶讲故事。

走马镇民间故事内容庞杂、类型多样，基本包括了民间传说故事的一般类型，如神话仙话、风物传说、动植物传说、民俗传说和生活故事等。故事内容丰富，互不重复，多具巴蜀文化特色，如巴人图腾龙蛇的传说。走马镇民间故事构思巧妙、情节生动，朴素明快、形神兼备，想象奇特、揆情说理。以生活中鲜活的口头语言为媒介，句式简短灵活，整句和散句相结合，通过对语言的艺术处理，包括对口语的语音、语义、语调、节奏和韵律的处理，来唤起听众的想象，完成说、听双方心灵的感应互动。同时又是唱叙结合、“表叙表唱”，即在叙述故事的过程中辅以适度的摹拟表演，生动再现故事的场景；有时会穿插山歌，丰富故事的表现力，使故事更加有趣味。

（四）刘伯温故事①

刘伯温（1311—1375），名刘基，字伯温，以字行，浙江青田县（今属浙江温州文成县）人，祖籍陕西保安（志丹），传为东汉明帝孙彭城考王刘道之后，南宋抗金将领刘光世的后人。他是元末明初军事家、政治家、文学家及诗人，通经史、晓天文、精兵法。他以辅佐明太祖朱元璋完

① 转引自百度百科“刘基”词条，引用日期2023年9月20日。

成帝业、开创明朝并保持国家安定而驰名天下，被后人比作诸葛武侯。在中国民间广泛流传着“三分天下诸葛亮，一统江山刘伯温；前朝军师诸葛亮，后朝军师刘伯温”的说法。元至顺四年（1333），刘伯温举进士，先后任江西高安县丞、江西行省职官掾史、江浙行省儒学副提举、浙东元帅府都事、江浙行省都事、郎中等职，后因遭排挤愤而辞官，回乡隐居著述。至正二十年（1360），应朱元璋之请，至应天（今南京）任谋臣，参与机要决策，并针对当时形势，提出时务十八策。朱元璋称帝后，他任御史中丞兼太史令，参与制定历法、奏立军卫法。洪武四年（1371），因与左丞相胡惟庸交恶，被胡所谮，赐归乡里，洪武八年，忧愤而死。

刘伯温除了在军事、政治上智谋超群，在明初文坛上也占有重要地位。刘伯温出生于一个书香世家，自幼博览经史、天文历法诸书，精象纬之学，以诗文见长，尚儒家“诗教”，倡文风“师古”，在文学上有着广泛涉猎和深厚造诣，和宋濂、方孝孺合称“明初散文三大家”，亦和宋濂、高启合称“明初诗文三大家”，著有《覆瓿集》《写情集》《犁眉公集》等传世作品。

图 2　刘伯温历史画像

图 3　刘伯温现代塑像

刘伯温传说是以浙江青田、文成等浙南地区为核心流传地，并流布辐射全国。刘伯温传说故事以刘基的一生经历为依托，包括其生平家世、聪明好学、神机妙算、除暴安良、开国功勋，以及其家乡的风土人情等方面，有着较高的文学价值，在我国民间文学史上有着很大的影响。其中占有很大比重的智慧故事，有着重要的认知价值。传说中的刘伯温，是传统道德的典范，他的故事有一定的道德教化作用。由于传说中包含着的一些历史因素，能弥补正史对刘伯温记载的不足，因而具有一定的史学研究价值。

“刘伯温传说”与地方实物及史实相结合，以独特的意境、自然流畅的叙述方式，塑造了刘伯温作为一位思想家、军事家、政治家、文学家的形象。刘伯温传说故事蕴含着山地文化的印记、惩恶扬善的意愿、功业的赞颂和智慧的寄寓，传达了浙南人民物质与精神文化的方方面面，也反映了中国人民的传统文化心态和审美需求。

二、民间故事与人物传说作为文化资源的再塑造

以上所选取的几个民间故事和人物传说案例，被列入国家非物质文化遗产名录后，都经历了文化资源再塑造的过程。这个过程通常包括民间传说故事的文本化、影像化和展演化三种形式，也经过了把民间故事资源通过跨媒介叙事方式、新媒体多种形式进行跨界转化的过程。

跨媒介叙事是21世纪初新兴的理论方法和研究视角。通常是基于一个优质的源故事、故事核或故事原型进行跨媒介叙事，每种媒介“各司其职”，甚至融合共生。一般是先从口头到文本，再从文本到影像，再到融合媒介。从几个案例情况看，各地都借助越来越多元的传播媒介把民间故事资源进行转化，采用越来越多样的出场方式使民间故事在现代社会发挥着作用。整体上看，民间故事资源的跨媒介转化策略包括但不限于文本化、影像化、展演化三种类型，依赖不同的媒介将民间故事资源转化成不同的叙事形态和创意作品。[①]

（一）文本化：口传民间故事写定为书面文本

民间故事文本化是指以书面文字媒介形式呈现民间故事，所有的民间故事村和历史人物传说等都经历了从口传到文本化的过程。民间故事与民间文学的其他叙事门类之间是具有相通性的，因此，民间故事文本化不仅

① 徐金龙：《跨媒介叙事：民间故事资源的转化策略》，《华中师范大学学报》（人文社会科学版）2022年第61期。

可以转化成单纯的散文文本，还可以转化为可以歌唱、表演的韵文文本，使民间艺术如民间小戏、民间说唱等有了精彩的故事文本支撑，进一步扩大了民间故事的传播范围，同时也加强了对市民阶层的吸引力。民间故事同时也是作家文本的素材来源，作家利用民间故事的内核进行改编再创造，可以衍生出众多优秀的作家文本，表现出民间与精英的双重视野，受众市场更加广阔。下面我们以选取的三个民间故事村及刘伯温传说的个案为例呈现文本化情况。

1. 耿村故事的文本化

耿村故事文本化自 1987 年开始，当时由国家、省、地、县专家学者组成普查队伍进驻耿村开展民间故事普查。专家学者先后在耿村进行了 12 次大规模普查，整理出 7000 余篇故事，约 7370 万字。耿村原本只靠村民口口相传的故事被整理成了《耿村民间故事集》《耿村民间文化大观》《耿村一千零一夜》《耿村民间故事精选》等 20 多部，共计 1025 万字，内部印刷或公开发行。[①]

2. 伍家沟民间故事的文本化

伍家沟为民间故事老人建立档案，整理民间故事 2000 余个，民歌 1000 余首，拍摄录像近 150 盘，共收录民间故事家原声故事 1000 多篇，记录民谣 800 余首，出版了三本故事集、一本民歌集，并拍摄了专题片。

3. 走马镇民间故事文本化

走马镇的民间故事在悠久的传承历史中，主要依靠生活在当地的人们将众多的口述信息，不断完善形成较为固定的故事文本，最终经由地方知识精英和其他普通讲述者共同传承下来。[②] 在走马镇编撰的“民间文学三套集”中，采录汉族民间故事目录达 10915 个，实际记录完成 9714 则，另汉族民间歌谣 3000 余首，谚语 4000 余条，歇后语、俗语等 4000 余条，记录故事、歌谣录音磁带 450 盒，文字资料 700 余万字。

4. 刘伯温传说的文本化

刘伯温传说流传极为广泛，除在汉民族地区有传说外，在一些少数民族地区也有刘伯温传说的流传，韩国、日本、新加坡等东南亚国家及世界

① 《耿村民俗文化有趣多样　村民 600 余年传承演绎民间故事》，凤凰网，引用日期 2019 年 3 月 4 日。

② 穆昭阳：《民众记忆、文化身份与故事讲述传统——以重庆走马民间故事为例》，《地方文化研究》2015 年第 5 期。

各地的华人区也有流传。文成县刘基文化研究会历经5年，搜集到刘伯温传说400余篇，后选录300来篇结成《刘伯温传说故事集成》出版。值得一提的是，刘伯温传说文本化还借助了现代互联网技术使文本化过程中就有了广泛的传播。2003年9月浙江工贸职业技术学院成立了刘基文化研究所，创建了中国刘基文化网站，后网站移至文成县和青田县所属的温州市图书馆，以“刘基文化旅游”为主题，设置关于刘伯温的专门网站①，辟有刘基“生平简介”“文化旅游景点”“乡土民俗”“刘基遗物”“刘基研究”等板块，每个板块下又细分很多相关子板块。如在“刘基研究”板块下又细分为刘基世系、刘基先人、刘基后人、刘基嫡亲、刘基谱牒、研究著作、研究机构及刊物、风水术数等子板块。该网站信息全面、搜索方法简便，普通人可以非常容易地通过网络路径获得刘伯温传说的相关资料。

另外，在民间故事文本化的过程中，还有一种与图画相结合的图文文本，这类图文文本不是指带有少量插画的民间文学或作家文学文本，而是指以图文相结合的方式来传达故事的漫画、绘本、立体书等。例如，2022年12月，重庆出版社出版了《中国故事走马镇》绘本，选择9个代表性的故事，插图63幅，首次将走马镇民间故事以绘本形式出版。图画在这类文本中所起的作用有时甚至大于文字，既具有便利性，又进一步扩大了接受群体范围，成为许多孩子的启蒙读物。

（二）影像化：电子视听媒介对民间故事的延展

伴随着电子试听媒介的产生与发展，民间故事得以转化为具体可感的视听影像。有深度的影像资料可以“达到主体与客体的即时互动，人与人之间的物理、生理与心理的深度沟通与交流”。民间故事影像化的转化方式大致有三种类型：真人影视、动画影视、电子游戏，其中以前两种方式为主要转化形式。

真人影视就是由真人出演的音影作品。比如2023年5月12日在喜马拉雅音频平台上线《耿村民间故事儿童版》，以真人音频加音效的形式讲述耿村民间故事，讲述人是藁城区文化馆副馆长李倩。此次音频版从耿村民间故事中选取了适合儿童的39个优秀故事进行专业录制，覆盖了神话、传说、幻想故事和生活故事等，向听众宣传和传达耿村民间故事文化内

---

① 网站访问地址为：http://ljwhly.db.wzlib.cn/；也可查温州市图书馆新版网址 https://wzlsmr.db.wzlib.cn/detail.html?id=111998&isTopic=1，访问时间2023年10月24日。

涵。耿村民间故事儿童版可以通过微信扫码直接收听。同年6月26日，耿村民间故事音频在河北旅游文化广播频道以《旅途故事会》为题开播，点击文字链接就可以直接收听。

动画影视是借用动画技术制成的由虚拟人物构成的动态影像。比如重庆市挖掘走马故事中具有民族共性部分的经典故事，包括动植物的传说、民俗的来历、人物和历史典故传说等13个故事，以5—11岁儿童观众为对象，开发创作了三维动画片“走马民间故事”104集，每集10分钟，2014年6月1日在中央电视台少儿频道开播。2015年9月19日在爱奇艺影视平台上映了一部动漫动画《耿村民间故事》，也属于动画影视类型，该系列动画一共26集，每集独立成章，内容上以耿村民间故事为蓝本改编制作，故事情节曲折离奇，画面引人入胜，语言通俗易懂，均以“惩恶扬善、歌颂正义”为主题，以宣扬我国古代人民勤劳勇敢、大公无私的崇高精神为主旨。

网上搜索“耿村民间故事”“走马故事”视频，目前活跃的各种视频平台如爱奇艺、优酷视频、腾讯视频、哔哩哔哩、好看视频等都有相关故事短视频可观看。

（三）展演化：媒介互动融合对故事资源的再造

民间故事展演的方式同样多种多样，包括在现代舞台上的演出，在旅游景区里的展示等。现代舞台的展演方式主要借助以现代科技为依托的舞台技术，融合多种传播媒介，表演者在传统的镜框式舞台布景下展现表演艺术，而民间故事利用现代舞台技术转化为舞台表演形式，在叙事表达上更具艺术效果，生动形象。与舞台演出相比，旅游景区的山水实景演出带给观众的沉浸感更强，可以打破传统的舞台边界，提升展演的观赏性和互动性。比如重庆市走马镇开创的“走马观花旅游文化节”，以“十年观花、百年故事、千年走马”为主题，展示本土民间文化特色，文化节期间会开展各种巡街表演，散点表演。比如有《走马故事》情景舞台剧，走马故事讲述，传承人现场讲故事，民间工艺展示活动，民俗文化体验活动，走马故事作家风采等活动，增强节会的参与性和趣味性，让游客角色从舞台的观赏者转变到演艺的参与者，沉浸式体验文化旅游。

从旅游产业开发的角度来说，景区的形成依赖于对民间故事的挖掘，将广泛流传的名人故事、仙话传说、历史轶事转化为可观可感的具体景点，使景区富有历史文化内涵。

耿村打造“故事一条街”和走马古镇再现“五驿四镇七十二堂口”也都是民间故事展演的有效路径。

1. 耿村“故事一条街”

耿村选出 100 余个传统故事、典故，刻画在村内一条主要街道墙上，形成一道长约 500 米的故事墙，称为“故事一条街”。把耿村村委会正房设为“故事厅”，以图片及图说的形式向人们展示耿村故事如何从炕头、街头、地头到案头的发展历史。

图 4　石家庄市藁城区常安镇耿村街道两侧的故事图画（图片来源于河北文明网）

图 5　杞人忧天故事画

图 6　殃及池鱼故事画

2. 走马古镇再现“五驿四镇三街子七十二堂口”

历史上走马古镇是成渝古驿道上一个重要驿站，见证着曾经商贾士卒往来不绝的繁华，留下了诸多珍贵的历史遗迹、史实故事，有着深厚的历史文化积淀。当地景区为了提高旅游质量和推动文旅产业发展，深入挖掘走马古镇的历史文化资源，采用历史再现的形式，以成渝驿道为脉络，以发生在古镇最有名的十个著名历史故事为蓝本，打造“五驿四镇三街子七十二堂口”，穿越百年时空再现古镇车水马龙生活长卷，包括“古道结缘”“忠义千秋”“驿道印巷”“故事走马”“书香四季”“时代回响”“灵泽驿路”“秋水凭阑”“驿风古韵”“同行逐梦”十处景观，每一处景观各具特色。

图7 走马镇故事画（图片来源于九龙坡生活网）

文本化、影像化、展演化是民间故事资源跨媒介转化的主要传播策略和发展路径。创新故事叙述相关的民间故事内容生成、传播和消费模式，可以为读者、观众、玩家、游客带来互文性体验和审美性愉悦。民间故事资源可以通过不同领域、不同平台、不同载体，转化成不同的叙事形态和创意产品。以上考察的几个民间故事和传说的案例，基本呈现出一致性，即都采用了以上三种传播策略，经历了文本化、影像化和展演化的发展路径，从而使民间故事与传说变得可听、可看、可感。且充分利用融媒体多种形式，尤其是适应新的文化消费习惯，紧跟着流行的声像呈现形式，采用短视频、有声书等方式，拓展传播路经与影响范围。

（四）文旅开发综合化

把民间故事与人物传说作为文化资源进行再塑造，除了以上三种路径之外，再就是作为文旅资源进行综合性开发，进行文旅综合性开发才能真正实现文化资源赋能地方社会经济发展的目标。

相对于耿村、走马镇、伍家沟等民间故事村的文旅综合开发实践，刘伯温传说地所进行的文旅综合开发经验最值得借鉴。早在十多年前，就有学者汇集刘伯温相关的文化旅游基本资料，包括历史上真实的刘伯温、景点文物遗迹文化、非物质文化遗产刘伯温传说、刘伯温饮食文化、刘伯温相关的风俗风土文化等，出版有《刘基文化旅游大观》①，并据此设计刘基

① 参见吴高宏编：《刘基文化旅游大观》，人民出版社，2011年。

文化旅游线路，同时提供温州地区旅游服务指南。一书在手，人们就可以了解刘伯温传说相关旅游资源，并可能付诸具体旅游实践。2014 年温州市图书馆专门设立以“刘基文化旅游”为主题的网站，列出刘基相关的“文化旅游景点”，包括刘基庙、刘基墓、刘府旧宅、刘基外婆家、刘伯温纪念馆等。随着微博、微信、小红书等新媒体形式出现，有关刘伯温传说文旅信息有了更多的传播路径。比如刘伯温传说主要流传地文成县的“文成旅游”“温州旅游”“浙江旅游”等公众号都会同时发布相关信息。

图 8　浙江文成县刘伯温传说文旅综合开发海报①

刘伯温传说地文成县，以刘伯温传说及刘伯温历史影响为切入点，开发了一个以“刘伯温故里考神季”为主题的夏季综合文旅项目。以 2023 年夏天举办的“刘伯温故里考神季”为例，相关活动设计从高考结束后到新学期开学前，即 7—9 月，贯穿整个夏季。20 余家涉旅企业联合打造，通过各种优惠活动，吸引游客参与。关于该活动信息也采用多平台宣传，不同渠道同时发布，有浙江旅游、文成旅游、省市县地方新闻网、官方微博、微信公众号及个人小红书、个人微信等。

① “刘伯温故里 · 明潮考神季来袭！文成多家景区推出中、高考毕业生专属优惠”，引自“浙江旅游”微信公众号，2023 年 7 月 12 日。

贯穿整个夏季、为期3个月的“考神季”活动，分为五大系列，分别是刘伯温文化节、“百万学子游文成”、“明潮晚市”烤神市集、户外露营音乐节、大型实景演艺秀。每个活动都采取文案宣传与实景照片、短视频结合，图文并茂，动图与实景结合，具有极强的视觉冲击力和吸引力。同时标明每个活动的内容、相关景点的开放时间、联系电话、门票信息等，周边景点、周边美食、周边住宿信息等点击链接就有图有文，不仅清晰明了，可看可感，更是一键可查，获取信息方便快捷。

活动文案宣传也极具吸引力，如“刘伯温文化节”文案以国家级非物质文化遗产“太公祭”为核心。活动类型丰富，涵盖了非遗表演、非遗市集、穿越明潮、考神印绶、共植状元林等特色项目。“百万学子游文成”文案为“公开向全国百万学子发出诚挚邀请，集结长三角地区百所高校千名学子来文成实地体验‘考神季’的个性化体验线路，参与当季各类活动”、“探访刘伯温人文故里，寻山水之中百丈漈，了解山水人文背后的故事与秘密体验”！“明潮晚市”烤神市集文案为“全大自然露营风格近百个网红小吃打卡点，让美食在你的味蕾律动起来”！“带你嬉戏带你嗨——户外露营音乐节”文案为“与文成旅游君一起回归大自然的怀抱，天空为被，草地为席，住进山野，野游鹅村。用帐篷支起一方天地，与家人、朋友共享快乐时光。听着蝉鸣和微风，仲夏夜的浪漫”。“大梦千年·穿越明潮”大型实景演艺秀文案为“真实情境融合《刘伯温传说》和‘打铁花’两大国家级非物质文化遗产，以刘伯温传说为背景，将非遗项目打铁花和现代声光电技术融入繁华盛世、边疆犒军、对话古今等三个主题篇章”。

在基本活动介绍后，各种优惠活动可通过微信二维码扫描轻松查找获取。

活动内容、图文并茂，动图与实景结合，极富吸引力，如“刘伯温故里景区·刘基庙”文案介绍：

> 七月的刘基庙，或清幽或热烈寻觅幽然寂静中的凉意。穿梭此中，古今名家匾额琳琅满目，楹联鳞次栉比，妙笔追思，丹青怀远，值得驻足细细品读。
>
> 嗨玩刘伯温故里景区·刘基庙，一起打卡家门口的宝藏旅行地。

又比如美食图文宣传：

最受欢迎的“伯温家宴”，
每一道菜都和刘伯温有关，
一道菜就是一个故事。
此外，还有三元及第、高山田螺、
文成粉丝、糯米山药……
也都是伯温家宴上的拿手好菜，
绝对让你吃到很满足。

让川长桌宴

畲族长桌宴是畲族特有的饮食文化，
畲族人民以大山为伴，
靠山吃山，
经过长期的发展形成了自己独特的饮食文化。

图 9 让川畲家畲族长桌宴实景引自（图片来源于“文成旅游”公众号）

各式各样的农家食材被做成美味的畲家菜肴，
百米长的桌子上 4 个人 1 个小竹箩，
有 4 道小凉盘和 8 道热菜，
都是畲族农家特色美食。
有畲家薯粉、牛腩萝卜，
大山笋干、本地豆腐、畲家玉饺等等，
精致且美味。

三、李调元民间传说故事村建设资源

（一）李调元及李调元故里文化

李调元（1734—1803），字羹堂，号雨村，四川绵州罗江（今四川省德阳市罗江区调元镇）人，清代著名的思想家、朴学家、文学家、文艺（戏剧）理论家、民俗学家、教育家。在清代学术史上，他也是一位兼有文献学家、音韵学家、诗学家、诗人等多重身份的重要学者，其著述宏富，遍及经、史、子、集四部，被后人称为清乾嘉时期中华文化集大成者、百科全书式学者、通才。李元调编辑刊印综合性丛书《函海》，共收入 150 种书，至今流布海内外，推动了古代文献的整理与传承，因而被誉为“海内藏书之宗”。归居乡里后，组织川剧伶班，编纂第一部川菜菜谱《醒园录》，为扶持和推动川剧兴起，复兴蜀学，推动清代学术繁荣、传承中华文化做出了突出贡献。

李调元故里位于四川省德阳市罗江区，地处成都北部，金牛古道的主要途经地。建于唐中叶的古城因罗江（古称潺水、罗纹江，又称罗江、纹江）流过得名，泞水、灖水、黄水河、芙蓉溪环绕罗江古城，在城南汇聚并流后入涪江。境内有保存完好的白马关金牛古道、罗江城东太平桥、三国时蜀将庞统祠墓以及诸葛将台，有古蜀开明时期孱方国遗址、汉至西晋的孱亭遗址、晋末至唐初的万安县城遗址，因而罗江拥有独具特色的江河文化、蜀道路桥文化、古城文化、三国文化和李调元文化。在罗江地区以江河、路桥、古城、三国、李调元为主的五大地域文化中，以李调元文化最具有地域的唯一性和代表性。

李调元文化是指以李调元的著述、思想和学说为主干，生平行事、历史遗存、民间传说的传播与演变等诸多衍生现象的产生和影响为分支，且自成体系的一种特色文化。

（二）李调元文化资源及转化

1. 李调元民间传说故事及其文本化、影像化

李调元一生充满传奇，逸闻趣事随着他的足迹流传长江南北。据 20 世纪 80 年代全国开展的中国民间传说故事普查资料，有关他的民间故事流传地域不仅在四川、重庆，还包括北京、浙江、江苏、广东、广西、江西、安徽、湖南、湖北等地。从清至今，关于李元调的研究论著颇丰。李调元的故事最早出现在清乾隆末年朝鲜诗人李德懋所著的《清脾录》里，之后

出现在嘉庆元年（1796）江南诗坛泰斗袁枚的《续随园诗话》，以及嘉庆二十年（1815）《罗江县志》卷三十五《外纪》中。20世纪20年代，《北京报》副刊中第37、39两期作为专号集中刊发了李调元故事，其中第35、36、45、46期亦刊有李调元故事；1932年，浙江绍兴民间出版了《李调元故事集》；20世纪80年代，四川省文化馆、德阳县（1959年3月罗江县并入德阳县，1996年12月复县）政协、山西出版社分别出版了《李调元佳话》专集①；1990年前后，“三套集成”（《中国民间故事集成》《中国歌谣集成》《中国谚语集成》）资料卷和《中国民间文学故事集成》（四川卷）中德阳、绵阳、遂宁、宜宾等市和地区都收录有李调元传说故事；1996年罗江县政协等编撰出版了《李调元佳话》等书。

自新世纪以来，李调元及李调元文化研究进入了新阶段。地方学者赖安海先后编辑出版了《李调元编年事辑》（2005年）、《李调元文化研究述论》（2008年）；刘良国出版了长篇小说《巴蜀奇才李调元》（2005年）；罗其银、冯小平编辑出版了30集电视连续剧剧本《李调元传奇》（2006年）。与此同时，四川省民俗学会对李调元研究给予了大力支持，不仅帮助罗江地方成立了四川省民俗学会李调元研究专委会，还前后四次组织专家学者对李调元及李调元文化进行专题研究，出版了三辑《李调元研究》（分别为2007年、2015年、2021年）；2008年，教育出版社出版了《李调元民间传说选编》（罗江县文化体育局编，曾加华、吴倩主编）；2010年，华文出版社出版的《罗江非物质文化遗产集成》收入李调元传说26篇。《德阳日报》副刊、《龙门阵》杂志亦连载了12期李调元民间故事。

李调元民间传说的图像文本化起步比较早，2006年中国文史出版社出版了《李调元民间传说》《巴蜀才子李调元》民间传说故事连环画。2010年天津美术出版社出版了《李调元趣对传奇》连环画、《李调元川菜佳话》连环画。

创编了川剧音诗《文豪还乡》、川剧唱段《醒园三弄》；重新排演了李调元《春秋配》折子《掀涧》；拍摄并在全国影院公映了以李华楠、李调元父子《醒园录》为线索的电影《天下第一宴》故事片。②

① 分别为聂云岚、罗良德、刘仁铸等编：《四川群众文艺民间文学选辑（一）·李调元佳话》，四川省群众出版社，1981年；袁箴：《李调元佳话》，山西人民出版社，1984年。

② 赖安海：《以传承中华文化、复兴蜀学为己任——清乾嘉四川文坛主盟李调元》，四川省民俗学会、中共德阳市罗江区委、罗江区人民政府编：《李调元研究》（第3辑），四川人民出版社，2021年，第13页。

2. 李调元文化资源转化工作

围绕李调元在文学、戏剧、川菜、民间文学的成就，以及李调元文化遗产的利用与地方经济发展等方面的情况，召开了四次李调元学术研讨会，不同学科背景学者进行了广泛而深入的探讨，出版了三辑《李调元研究》。2022 年李调元研究也获得了国家社科基金项目支持。学术研究有力地推动了李调元文化资源转化。

作为具有地域唯一性的李调元文化原生地的四川省德阳市罗江区，多年来致力于以李调元民间传说故事为载体的文化建设，重视对李调元故里文化遗存的保护与利用，筹建了李调元纪念馆文化普及基地，将搜集到的李调元《函海》复印本及其著作，有关李调元的民间传说、文学及书法美术作品、研究文献皆陈列于内，并为其塑造雕像。在文旅建设方面，罗江县政府启动了文星镇（后改调元镇）醒园、云龙山李氏宗祠遗址《李氏敦本堂存赎》摩崖石刻、观音岩（李调元曾重修）、鹳鸰寺（李调元读书处）等李调元故里文化旅游区建设，让文物活起来；同时，还重视李调元与川菜、川剧文化发掘与弘扬，创立了具有本地特色的李调元川菜常珍菜品“吃在中国、味在四川、珍在罗江”的美食品牌；并力争本地川剧活动常态化，留下李调元川剧导源之根，以促进文化旅游产业发展。

在围绕李调元文化资源的数字化开发中，当地利用跨媒介叙事再塑造李调元文化资源，根据李调元的个人经历、家庭与家族的兴衰，将文化背景和历史事件相结合，创造了以李调元民间传说为载体的本土文学艺术作品、影视剧本、主题文化节等。从 2006 年至 2017 年，中国作协《诗刊》社、四川作协《星星》诗刊社与中共罗江县委县政府在罗江共举办了 6 届中国·罗江诗歌节；2018 年至 2020 年，罗江区人民政府，市商务、文旅部门连续三年在罗江承办了“德阳市川菜川剧文化周”，在此期间还开展了“调元杯川菜厨艺大赛”、“李调元川菜川剧思想学术报告会”等活动，以发掘和弘扬李调元川菜、川剧文化遗产，建设李调元文化之乡。

相比较而言，罗江李调元文化资源开发利用时间早，1990 年时德阳市市中区的罗江镇（今德阳市罗江区万安镇）就启动了城东玉京山景乐宫为主体的李调元故里公园建设，于 2004 年建成“罗江四李”《文峰函海》大型石雕。李调元故里文星乡（1994 年改文星镇，2006 年改调元镇）启动了云龙山李调元宗祠遗存、醒园、观音岩庙、李调元读书处鹳鸰寺为主的李调元故里文化旅游区建设；编制《文星李调元故里文化旅游区规划》，打造文星镇李调元故里文化旅游区，并于1994年正式对外开放；同期举办大型“纪念李调元诞辰260周年”纪念会及会后采风活动，被誉为“田野文化旅游新星”；还成立了股份制“李调元故里文化旅游区管理委员会”；2007年以李调元纪念馆为主体，成立罗江县博物馆。2010年增设了李调元生平馆、书画陈列馆、文物陈列馆、李调元手迹《童山书序》碑刻馆；2019年在雨村西路潺亭水城建成李调元与罗江餐饮、川剧艺术生旦净末丑玻璃钢佛雕艺术墙，陆续将李调元父子所著《醒园录》食谱再现化，并申请列入区级和市级非遗名录。

2020年6月5日，李调元入选第二批公布的四川省十位历史名人之一(为清代之唯一)；2023年，李调元民间传说被列入四川省非物质文化遗产名录。这是挖掘和研究李调元文化现实价值赋能的一次质的提升。

四、李调元民间传说故事村建设的几点建议

从走马故事村、藁城耿村、伍家沟故事村民间故事传承与建设情况，以及历史人物刘伯温传说非遗化发展情况与经验，结合对李调元文化资源开发利用情况的梳理，发现李调元文化及李调元民间传说故事文本化、影视化及展演化起步比较早，且做出了令人瞩目的成绩。然而，从目前德阳罗江地方大力促进乡村振兴，尤其是文化振兴的角度，李调元文化及其民间传说故事的现代价值意义尚有值得深入挖掘、拓展的空间。尤其是李调元民间传说故事村建设，可在吸取已有故事村建设经验的基础上，从以下几个方面着力：

第一，应突破李调元民间传说故事村建设是以故事村或乡行政区划为单位的界限。虽然称故事村，但故事村建设却非村（自然村或行政村）或乡一级事务，而是区市甚至是省相关单位、涉旅企业等共同的事，应该把李调元文化、李调元故里文化资源与李调元民间传说故事联合为一个整体，纳入总体规划，进行打造。浙江温州市文成县刘伯温传说文旅资源开发的经验就值得借鉴，围绕每年一度的“考神季”，有30余家涉旅企业和单位参与，资源有效整合，从而合作共赢。具体到罗江也可以避免再出现之前有关潺亭水域美食街及《梦潺亭》沉浸式文艺演出计划夭折的情况，或者某些原本是地方民众共享的资源被个别企业垄断，而导致资源价值降

低甚至丧失的情况。①

第二，树立精英与民众互动结合、官方引导推动与民间自发组织及主体性有效发挥有机结合的意识。李调元文化及李调元民间故事传说，经过过去几十年的文本化、影像化与展演化过程，已经奠定了很好的基础。现在应重点着力于如何把握新时代融媒体特点，借用能够被大众接受且资源信息被大众容易获取的新媒体传播方式与渠道，扩大宣传，提升影响力，具体可以考虑地方文化精英与普通老百姓互补结合的方式。由地方文化人士负责对外的声像录制传播，模仿河北藁城耿村的民间故事的讲述方式——由河北藁城区文化馆副馆长李倩亲自以录制音频的方式对外讲述耿村故事。罗江地区同样也有这方面的现成资源，用音效播音的标准形式，突破地域、语言局限，扩大影响力。同时，地方民众尤其是李调元传说故事的讲述者，则在地方开展各种活动时，以现场讲述的形式，使参与者直接获得沉浸式体验。

以前，罗江人对李调元才华过人、励志、启智，惩恶扬善，折服酸腐文人、官吏的故事几乎家喻户晓，无论男女老少，农夫、挑夫、走贩、士子、女媛，口口相传，大都能讲述一二。曾搜辑整理出版了《李调元民间传说选编》及连环画，但今日罗江除文化工作者外，民间能完整讲述一两个故事者几乎难觅，口头传承濒危。当地政府可以采取措施组织、引导、培训一批乡村基层李调元传说故事的讲述者，扶持一些讲述者成为故事村文化载体，助力包装打造几位代表性的故事讲述传承人。民间故事的发展和传承不仅仅要依靠个人，同样也需要强有力的讲述群体，而那些致力于采录、传承、保护这些故事的人们是能够保证其得到很好保护和传承的重要人群。与故事村具体家庭发展结合起来，发挥具体家庭谋求经济提升的主观能动性，实现官方引导推动与民间百姓主体性发挥的有机结合。

第三，把李调元民间故事传说与李调元文化精髓相结合，把李调元文化精髓以民间故事传说的形式进行再创造，拓展融媒体宣传途径、加大融媒体的宣传力度，在再文本化、再声像化的同时，着重其多种形式的展演化。前面梳理耿村故事村、伍家沟故事村、走马故事村和刘伯温传说，都呈现比较一致的情况，就是以这些故事村的新媒体载体的宣传，平台多、

① 参见赖安海：《加大“中国李调元文化之乡”建设力度》，四川省民俗学会、中共德阳市罗江区委、罗江区人民政府编：《四川省第四届李调元学术研讨会参会论文集》（会议论文集），第10页。

载体多，且信息获取便利，非常切合当下人们文化消费习惯。相反，罗江围绕李调元及李调元文化打造，从20世纪就开始着手，并具备了非常好的硬件基础条件。然而在软件提升，尤其是围绕李调元及李调元文化的宣传拓展上，基本还是十多年前的老方法、老路径。笔者利用搜索引擎，输入“李调元”，除了百度百科“李调元”词条有非常翔实的介绍，还有官方发布的围绕李调元的活动信息简单报道外，在融媒体众多资源平台上，如微信公众号、微信视频、抖音视频、优酷视频、小红书等很难搜到相关信息。即使偶有一些相关信息，也都是碎片零散的，难以形成整体的印象，而且是民间的，没有公信度高的官方信息。尤其缺乏简短易获取的音频、视频信息、参观线路的设计建议、相关的食住行的链接基本情况等。

此外，李调元研究开展40多年来，以及对其生平事迹、学术贡献、故里文化推动等有了比较深入和全面的认识，李调元被称为集大成者、通才、巴蜀文宗等。这些可以体现李调元文化精髓的主题，都应该成为现今文明的重要组成部分，至少成为文旅项目打造的主题内核，发展出类似刘伯温传说故乡文成县的“考神季”一样的文旅活动项目。

第四，李调元传说故事的文本化既要基于原真性的资料收集和整理，同时也要注重李调元文化资源转化的通俗化。要将学者研究、精英文化认识，编写为通俗易懂的文本，从而将李调元传说故事文本传播到包括文化精英和普通民众在内的多个群体。由此，可采用融媒介叙事的手段和方法，突破民间故事资源转化的范围，将其进一步影像化、展演化。

第五，传统民间故事有很多中华民族的传统美德及优秀的思想道德的传承。中小学生阶段也正是各种观念形成发展的关键期，深入挖掘优秀民间故事中的教育资源，在学校课程教育活动中融入民间故事，不仅可以为学生提供各方面的知识经验，还有助于潜移默化地学习和传承其中蕴含的文化精神，对学生的全面发展有着重要意义。李调元民间故事中蕴含着许多具有教育意义的故事内容，可以学校为平台，以课堂为载体，进一步把李调元民间传说故事融入校本教材，尤其应该应用到中小学校本课题中，尝试以历史剧、短剧等形式展开教学活动，在潜移默化中引导学生学习和传承其中蕴含的文化精神，推动学校传统文化课程的建设。

第六，从旅游产业开发的角度来说，景区的形成依赖于对民间故事的挖掘，将广泛流传的名人故事、仙话传说、历史轶事转化为可观可感的具体景点，使景区富有历史文化内涵。因此，可以将李调元民间传说故事与以李调元文化为主要载体的历史文化遗存，以及罗江区的山水自然生态、民风民俗等其他旅游资源结合起来，构成以李调元文化为主题的人文生态旅游风景区，通过多种媒介的展演，实现游客从观光式旅游到沉浸式体验的转变。例如，李调元民间传说故事村以李调元民间传说故事为题材，打造相关旅游演艺项目，把故事转化为体验的场景，通过文化记忆深化观众的沉浸体验，实现体验内在文化价值的转化。

据悉，李氏家族子孙文脉绵延，李调元谱系清晰，现有李调元第八代子孙李晓强是绵阳市安州区宝林小学的副校长。作为李氏子孙，及为人师者，应鼓励李氏子孙牵头讲述好和传播好李调元民间传说故事，并积极推进李调元故事与校本教材结合，选编易于传唱的李调元故事或诗歌、戏剧等在校园里展演，以当地学校为传习基地，设置专门进行说唱李调元传说故事的培训班。

传统的民间故事中蕴含着许多中华民族的传统美德及优秀的民间文化，富含深刻的教育意义，在学校教育中有着非常重要的应用价值，将民间故事与课堂教学相整合，进一步推动了民间故事文本化的创新发展。走马镇从2000年开始创建民间文化特色学校，将走马镇民间故事引进走马小学校园。走马小学依托当地丰厚的民间故事文化，与课堂教学相融合，整合成了地方文化课程资源。2018年江苏人谢轮在走马镇西南关客栈还创办了走马镇民间故事传习所，以九龙坡区走马镇小学作为传承教育基地，之后又创办了体验古镇民间故事和民俗活动志愿团队，从而宣传走马镇民间故事。此外，伍家沟所在六里坪镇小学也开展了《伍家沟民间故事》进课堂活动，并收集编写了校本教材《伍家沟民间故事选》，成为该校学生每周必读的教材。在教学过程中，教师可充分运用这些民间故事资源，通过讲故事、情景剧、课题研究、成立伍家沟故事表演队等多种形式，让民间文化在师生中传承。

五、结语

民间传说故事总是指向特定的历史人物，使其具有地域性特征，而地域性又使故事与地方、群体之间形成了一种互动叙事空间，成为地方文化建设和地方文化认同的关键。鉴于此，李调元民间传说故事本身就是立足于德阳市罗江地区历史真实人物的地方性文化资源，当地人在世代相传的过程中均参与到讲故事与听故事的行列里来，围绕李调元的生平事迹、活动及贡献，将口口相传的李调元民间传说故事文本化，从精英的文本到大众的文本，在罗江当地形成了浓厚的讲述环境。这种讲述环境同时也建构了一个集体的记忆之场，因为，“在历史记忆里，个人并不是直接去回忆事件，只有通过阅读或听人讲述，或者在纪念活动和节日的场合中，人们聚在一块儿，共同回忆长期分离的群体成员的事迹和成就时，这种记忆才能被间接地激发出来”。以李调元民间传说为载体的各种文化形态及其衍生出的众多文化景观将停留在语言与文本和历史遗迹中的集体记忆，凝聚成集体的文化记忆，并作为一种地方文化传统代代延续下来。

民间传说故事作为地方文化的重要组成部分，是地方民众精神与情感的传递与表达。在罗江地区民间广泛流传和讲述李调元传说故事不仅是对传统历史文化记忆的再现与重构，也是对地方文化认同的一种表达和实践；通过讲故事的形式完成特定群体的精神叙事，也实现了特定空间的认同性想象。因此，“讲故事是支持记忆、保存过去，激活以往体验乃至构建集体认同的一个根本要素”。

［徐君：四川大学历史文化学院（旅游学院、文博学院）教授、博士生导师］

试述李调元家族两百年清廉家风的形成与发展传承

尹帮斌

一、李攀旺留给子孙"吃得亏"祖训

和川人大半从湖广等地迁入不同，李氏先祖是四川土籍。按照李化楠《文林郎英华府君行述》（英华，李化楠父李文彩字）的记载，李攀旺的父亲名叫李厚，"家居罗江之云龙坝"，因"兵燹后谱系散亡，自曾王父（李厚）而上，靡得而详焉"。因此，李氏是世居罗江的土籍，但是因为明末清初战乱的原因，在明代及以前的情形没有留下记录。

李攀旺（1627—1700），字美实，罗江云龙坝人。三岁时父亡，其母王氏再适同邑李云卿，于是李攀旺随母亲在李家生活。当时正值张献忠入蜀，人民大多逃亡。李家多财，但不久李云卿病死。李家有一个仆人叫何齁齁的对李攀旺说，你不是李家的嫡子却要继承李家的财富，李氏家族一定会很愤恨，如果不离开，他们一定会杀了你，于是李攀旺又归宗李氏，这时他已经23岁了。当时兵燹之后，李氏宗族散尽，为了躲避乱兵，李攀旺和两三个乡邻逃往到石泉（今北川县）。

在石泉县，李攀旺"采树皮草子为饼充饥"，经历了两年的颠沛流离生活，其间多次陷入绝食的窘境。其中一次，三日三夜没有吃东西，在空宅中得到一只猫，将猫"烧食"，赖以活命。还有一次，李攀旺和宋有联因为躲避乱兵，认识了宋有联的妻弟张养心。有一天，他到张养心处，养心招呼他一起吃东西，没有碗，就用瓦片盛肉。李攀旺尝了尝，觉得肉的味道很怪异，马上就明白过来，他们吃的是人肉！但是李攀旺不敢明说，趁张养心不注意的时候，把肉倒掉了。这件事，成为李攀旺的一块心病，“心影成疾，腹膨久不愈”。后来，经过擅长针灸的渡夫王五夫妇的治疗，又吃了王五夫妻剩下的鱼头鱼尾，李攀旺心理上的阴影才得到消除，身体也渐渐恢复了。

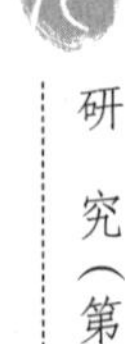

蜀中平定以后，李攀旺归住河村坝，“时土旷多年，田地在荆棘中，公开荒刈草，独力经营。又历十余年，粗有积蓄，始娶妻，即吾（李化楠）祖母李氏也，时年四十一矣”。在泞水流域（今罗江区调元镇、安州区塔水镇），李攀旺先后居住在河村坝、毛家坝、南村坝，“前后三迁，皆就伴居住”。李攀旺与李氏育三子：长子李文彪；次子为孪生，一为李士逵，一为李文彩，李文彩即李化楠之父。

李攀旺大半生饱尝艰辛，备受磨难。李化楠在《美实公传》中说：“公为人忠信浑朴，不较是非，凡事退让。人有犯者，辄温语谢之。”他曾经对人说：“吾昔在兵劫中，踰越险阻，冲冒锋刃，野居露处，朝不保暮，自分必死。今幸上天之眷，祖宗之灵，已有其身，得延李氏之一线，吾何求哉！吾唯有‘吃得亏’三字，可以保身，可以遗后。愿世世子孙守而勿失。至于机巧变诈，是吾所短，然亦休而弗为也。”

“吃得亏”、“机巧变诈”弗为，是李攀旺一生保身经验的总结，也是他留给子孙家风传承的核心要义。李攀旺“治家以勤，当役差徭繁重时，怠惰者多失业，而公未尝缺之。遇戚党有恩，贫者多所周济”。他以自己朴实的处世哲学，在乱世中站稳了脚跟，为李氏家族未来的发展奠定了基础。

二、李文彩对儿子“毋玷清白”的告诫

李攀旺三子，都对乃父“吃得亏”的家风有深刻的认识，而且身体力行地努力践行这个家风。

李文彪（1670—1751），字才华，为李攀旺长子。李攀旺去世后，他“下有二弟，均在若龄。时人烟稀少，田地半属荒芜。豺虎之迹，满于道路。罗邑地当首冲，差使络绎，供应浩繁，稍不奋勉，即无以自保。公殚力经营，门户之役，以身独任，令二弟从师读书”。到两兄弟成年分家的

时候，“分析田地山林，三分均分。论开创守成，公之劳绩实茂，而终不以此求多者，盖公之宽厚而仁恕也”。李化楠在评价这位伯父时说，“（公）力田自给，不贪荣利，延师课子，务尽忠诚”，“崇俭约，敦退让，雍雍有君子风，人以美实公之家法未坠云”。“家法未坠”，即是李攀旺留下的“吃得亏”三字。

李士逵（1688—1745），字鸿飞，与李化楠父亲李文彩为孪生兄弟，“幼读书，能属文，试辄不售，因弃而就武”，是李家的第一个武秀才。“与人交，必尽其欢。朋辈相狎者，每一见必留连款洽，忘尔汝形。居心耿直，于人无所回护，人皆惮之”。因为年近四十未有子息，“惟修身行善以俟命而已”。“自是益加勉励，周济贫乏，修治桥梁，装饰佛像，补葺庙宇，凡可以迓福凝庥者，靡不为之”（后李士逵连得二子）。李士逵是一个耿介孝友的人，虽然行善有求子的用意，但是“出处兄弟间，怡怡友爱，白首无间言，邻里咸称道焉”。

李文彩（1688—1757），字英华。在李化楠为其父撰写的《文林郎英华公传》中，虽多溢美之词，但是“吃得亏”的家训却体现得十分鲜明：“束发受书，通大义。值时事艰难，弃而力耕。喜宾客，好施舍。计田中每岁入，疏布足自给，余悉以饷客。遇人方窘急，辄设法周济，或代出名立券。后虽赔息偿，无怨悔。有谭世民者，侨寓村中。闻公好善，因以急需告公，为代借数十金以应。已而谭挈家逸去。公设措代还。越数年，有自金堂来者，云谭在其处，公置不问。其阴德长厚类如此。公天性过人，孝友纯笃，兄弟之间，欢然无间。分居析产时，公重自损抑，田取其远而瘠者，地取其不毛者，谓少服于是，不须更易。祖遗旧屋，让归长房，偕鸿飞公（李士逵）另自营屋而居住。乡党侃侃直言，为人排难解纷，悉悦服。又度量豁达，不与人较是非。遇有非礼相干之事，旁人代为不平，公付之一笑而已。”

李文彩因为其子李化楠中进士，并到浙江为官，所以其家训里多了一条告诫“官箴”：“吾家世本布衣，今朝逢圣主，得叨一命，幸矣！惟做好官，可以报答国恩。要做好官，必以清为主。我虽老，粗衣淡饭，尚自不缺，无需禄养。尔其勤劳王事，毋玷清白，以辱祖宗。”“勤劳王事，毋玷清白”，是李文彩对为官之道的朴素认识，也深刻地影响着李化楠、李调元父子，李鼎元、李骥元兄弟的宦途。

三、李化楠“不贪，不虐”的廉能典范

李化楠是清代罗江第一位进士，也是清代四川外任官员为官清廉、勇于任事的著名人物。李氏一门，先后担任京官、地方官员的有近10人（除“四进士”外，还有李鼎元弟李本元、李调元甥冉玉嘉、李调元婿张怀溎等），均政声卓著，青史留名。

这里重点说说李化楠任事爱民、清廉为官的情况。

李化楠（1713—1768），字廷节，号石亭。乾隆七年（1742）进士。先后补浙江余姚县令、调秀水、署平湖；进秩司马、署沧州牧、旋署涿州；荐升天津府同知、署霸冀两州牧、补宣化府同知、调顺天府北路同知兼署密云县事，前后“任府厅、州、县十一处”。李化楠为官，最突出的是“能”与“廉”。

李化楠小时候就立志做“名宦”，并显示出超群的组织能力。李调元在《诰封奉政大夫同知顺天府北路事石亭府君行述》（李调元《童山文集卷十八》）中写道：“先是府君垂髫时，已立志为名宦。与群儿戏，自为‘假官’，旁列书吏皂役。使两儿设为两造，各以讼呈。有狡黠不以理述者，即变色重扑之，群儿往往受杖而泣。先王父窥之，谓人曰：‘吾儿他日必为老吏，观断狱可知也’。迄今追忆，乃知其验。”

李化楠的“能”，建立在他对政务的熟稔和勇于任事、为善爱民的基础上。首先是精律例、熟案牍、事躬亲。“（公）精律例，刑名不请幕宾。处繁剧，一切文案，皆手自批发。尝谓人曰‘做官有六字诀，眼到、心到、身到，得此诀则阍人无权，而一应舞弊事庶可稍清’。敏于禀启，每倚案起草，数胥誊真，尝苦不及。与友人书，寥寥数语而详明周到，苏黄尺牍不逮也。”在署理浙江平湖县令时，“前令七年积案三千有奇，化楠自立程限，每日分辰、午、申三时讯之，时各数事，二月尽理。谳狱不事刑求，使尽其情，虚衷以听之。令洞开门庭，任人观听，有未惬众心者，咨询得实，立时更正。仁心惠政，脍炙人口。离去之日，平湖民送者万人，顶香跪道，以灰涂壁书：‘七年如云烟，两月见青天。’”官员离任，得到的是好声名，好口碑。其次是精九章、善城工、爱民生。李调元说其父，“精算法，归除、因乘，俱极错综变化之理。居官时丈量仓储，有积年老吏不能算，而府君弹指数声，毫厘不失者”。在承办监督密云、怀安城工，及居庸关、碑亭等处工程时，“上台每踌躇不得人，人辄曰：‘非老李不

可。'" 他很爱惜民力民生，"所在约束，吏役维严。公事或需车驴应，以吏役家所有而厚其值"。在审理案件的时候，"不轻勾摄，曰'堂上一点硃，民间一点血也'"，"其所治率极冲，时巡秋狝，供顿立办，无浮费，无浮派也"。因为清廉直率、耿介不羁的为官风格，被乾隆称为"强项令"。

李化楠为官，一直践行其父李文彩"清白为官"的信念。张邦伸《锦里新编·李化楠传》中说他，"性介洁，绝饷馈如浼。每监视临境工程，粟粒不扰，家人亦不受一钱"。李调元赞扬乃父："府君素清廉，两次监密云、怀安城工，及居庸关、碑亭，皆自携饼饵，凡地方供给皆不受，即家人亦不敢受一钱。是以上台器重信服。"

为了表明自己为官的初心和准则，李化楠将自己的居所命名为"万善堂"，诗集定名为《万善堂集》，这样的用意是"力于为善，期积一累万"，并且常常对人说，"白日莫闲过，必多作有益之事，庶不负此光阴耳"。他把自己的书斋命名为"六不斋"，还特别写了一篇小文《六不斋说》，说明自己为官的六条原则：

> 余辟地治斋。既成，颜曰"六不"。客问余曰："有说乎?"对曰："有。不贪，不虐，不违道干誉，不勤始怠终，吏胥不宽纵，案牍不停留：六者，皆余所未逮，然窃有志焉。出而行之，入而思之，稍或愆焉，用自责也。"客曰："如是，信可以名矣！"遂书之。

李化楠作为李氏家族的第三代，将清白家风的传承推到一个新的高度。除了为官期间践行"勤劳王事，毋玷清白"的父训外，他还修族谱、定家法、建祠堂、培祖墓、置祭田、明祭祀，为家族传承良好家风制定规范。

其弟李化樟，也是一位仗义疏财、公正贤能的名士。《罗江县志·人物志》（嘉庆二十年版）有《李化樟传》，传中说他"生而沉毅，好读书，弱冠列上庠。家贫，好行善事，凡邻里告急者，无不量力以应。然性严介，寡言笑。为乡里排难解纷，人服其公正。后以屡应乡荐不售，自知不投时好，乃弃而学贾。共事三人，君掌出入，无毫厘私。阅一载获利千金。归至成都，有故人子杨四知者，负官项系狱，杖病殆死，即解囊偿之，出之狱。人皆服其仗义"。

李化樟育有三子，并皆有成：李鼎元、李骥元为进士，李本元为举人，其孙李朝凯亦中举人。乾隆五十年（1785），李化樟参加了著名的“千叟宴”，并作《纪恩诗》，成为整个李氏家族的荣耀。

四、李调元为公“不行贿”与李鼎元出使“却金”

李调元（1734—1803），是著名学者，清代四川文化复兴的代表人物之一，第二批四川历史名人。乾隆二十九年（1764）考中进士后，李调元为官 20 余年，其间经历了翰林唱和、吏部任职、丁忧还乡、服阕返京、典试广东、议稿得罪、督学广东、任职通永道、下狱赎归等一系列宦海沉浮的事件，差点丢了性命。究其原因，一方面是由于他廉洁不阿、洁身自好的性格，另一方面是受到李氏勤劳王事、清白无秽的家风影响。

乾隆三十一年（1766），李调元翰林院庶吉士散馆，改任吏部文选司主事。这一年，李化楠服阕来到直隶，听说这件事后，写信给李调元说：“此清华职也，古谓之冰镜。天下候选，皆出此门。职任甚众，慎以清白自矢。此方谓之供职，非翰林但以词章为职也。勉之!”这是李化楠对儿子的谆谆告诫，也成为李调元日后为官的基本遵循。

乾隆三十二年（1767），李调元实授考工司主事，仍兼文选司主事。考工司主事的职责是“掌管进呈，交查簿”，即掌管进呈百官升降签粘履历循环簿，每月初一、十五日与宫内专职太监在乾清宫右门上交并换回乾隆帝钦审的簿册。吏部员外郎刘尊以陋规相告：“凡新任司员不向专职太监送礼将遭责难。”李调元答：“余独不畏。”当时，内掌太监高云从以李调元不循旧规，每交簿借故不出。四月初一，日始晡，高云从出，谓李调元误时刻，大加训斥。李调元厉声相对：“余位虽卑，乃朝廷命官，有罪自有司法，汝何擅骂!”扭其衣欲与面圣，适礼部侍郎德保自宫门中出相劝，高慌忙持簿去，自后私窥礼（银四两，对联一副、荷包一匣）遂废。不久，被皇上所知，查出高云从泄露循环簿事被处以极刑，大员株连者众，京中官员皆佩服李调元刚直不阿。

李鼎元（1749—1815），字和叔，号墨庄，乾隆四十三年（1778）进士。李鼎元以诗知名当世，也以出使琉球不辱使命、拒收贶金为后人称道。

嘉庆五年（1800），以翰林院修撰赵文楷为正使、内阁中书李鼎元为副使的中国使团到琉球参加国王尚温的册封典礼，使团“（1800）五月七日自闽开洋，十二日抵中山。十月二十五日自中山开洋，十一月朔日归闽，来去皆六日”，勾留近半年时间。

在琉期间，李鼎元展示了公正无私、依例办事的外交官形象。同来的闽安镇都司陈瑞芳，福建泉州人，五月二十四日病痢，后来“痢痊而病转深”。陈瑞芳自恃壮年（43岁），不服药，屡劝不听，八月三日，陈瑞芳不幸病逝琉球。琉球世孙（时尚温尚未受册封礼）派耳目官（琉球官名）送来安家银五百两，耳目官欲将银两交赵文楷带给陈瑞芳的儿子。李鼎元说：“都司殁于使事，世孙宜具奏，即以此银叙入，渡海后移交督抚转其子，使者礼无私受。”后来耳目官将此事报告世孙，世孙即按李鼎元说的办理。

在回国前夕，琉球国王派法司官（琉球官名）为两位使臣各送来赆仪五千两。赆仪，是临别时赠给人的路费或礼物，取与不取，全在使臣。鼎元与赵文楷商定不取这笔费用，并且把兵役召集到一起，对他们说：“承国王厚意，虽属成例，然使者百事仰给于官，无所用金。况我皇上体恤外藩无微不至，使者尤当仰体。住近五月，已糜费矣，又复多赆，是使者德薄才庸，忠信之心不能见谅于国人，而上负圣天子柔远之恩也，心窃自愧。今故集兵役，并汝等同官，明告以不受之故，非有所嫌疑。归谢国王，无劳往返!”却赆金一事，树立了中国使团公正廉明的形象，在琉球国内产生了良好的影响。

李鼎元的二弟李骥元（1755—1799），乾隆四十九年（1784）进士，选翰林院庶吉士、充山东副主考、升左春坊左中允，入直上书房。李骥元耽学笃厚、忠勤王事，退无私交，后在任上劳瘁病逝。

乾隆五十四年（1789），李骥元丁父忧回到故乡罗江。编修温汝适，为骥元会试同年榜，来川典试，后道过罗江见访，已行至祠堂，兼欲观醒园，骥元既不迎迓，亦不备餐，温怅然而去，骥元若不闻，其板拗如此。性甘淡泊，不以功名介意。

李鼎元的三弟李本元，丙午科（1786）举人，以截取[①]入都。选贵州清平令，历任数县，尽心民事，弗问家计。尝语人曰：“吾以清白吏遗子孙也。”后卒于任。及榇归蜀，行箧中唯书册而已。

① 清制，根据官员食俸年限及科分、名次，核定其截止期限，由吏部予以选用，称为截取。又举人于中式后经过三科，由本省督抚给咨赴吏部候选，亦称截取。

甘于淡泊、为官清白，是李氏第四代子孙的共同特征。自此，李氏家声日衰，传承近两百年的清白家风因为缺少历史记录，逐渐不为人知。

中华优秀传统文化，既随着时间推移和时代变迁而不断与时俱进，又有其自身的连续性和稳定性。注重家风传承，是我们推进社会伦理道德建设的重要课题。李氏家族为人处世“吃得亏”，居官任事“毋玷清白”“家人不敢受一钱”，处理公务“不行贿”“不收礼”，都完美地诠释了中华优秀的家风文化传统和为官“清廉”之道，值得我们借鉴学习。

（尹帮斌：德阳市罗江区作家协会主席、德阳市罗江区文联副主席）

第二篇
李调元与民俗学和民间文学

李调元粤东采风考述

——《粤风》研究之一

江玉祥

自古以来，中国就重视对风俗的调查，将之看作生活中的头等大事，所谓“入竟（境）而问禁，入国而问俗，入门而问讳”（《礼记·曲礼》），乃古代礼仪首先必须遵循的原则。自周代始就有采风制度，这是官方主持的风俗考察。《汉书·艺文志·六艺略》曰：“古有采诗之官，王者所以观风俗，知得失，自考正也。”也就是古代的统治者将采风当成了解社情民意的手段，通过“观风俗”，知道政治得失，从而考核纠正实行政策措施。《汉书·食货志》曰：“孟春之月，群居者将散（谓各趋农亩也），行人（遒人也，主号令之官）振木铎徇（铎，大铃也，以木为舌，谓之木铎。徇，巡也。采诗，采取怨刺之诗也）于路，以采诗，献之大师（掌音律之官），比（比谓次也，加上）其音律，以闻于天子。故曰王者不窥牖户而知天下。”这是采风的时间和方式。每年的正月，群居猫冬的农夫开始走向田间耕作，这时帝王便派出了解民情的使臣（行人、遒人），手摇木舌大铃，巡行乡间，采录老百姓歌唱的怨刺的民谣，然后献给掌音律的太师，太师将收集到的民谣谱上曲子，再唱给帝王听，所以古代帝王足不出户也能了解天下劳苦百姓的疾苦。汉应劭《风俗通义·序》：“周、秦常以岁八月遣輶轩之使，求异代方言，还奏籍之，藏于秘室。”輶轩，是一种轻车，使臣所乘之车。就是说，采风的时间不但春天要采，秋天也要进行。每年到采风的时候，最高统治者就会派遣一些使臣乘坐轻便的车子（輶轩），到各地去采集诗歌、方言。所以汉扬雄《方言》全称叫《輶轩使者绝代语释别国方言》，后来将采风问俗的使臣便称之为“輶轩使者”。汉代皇帝按时“分遣使者至州县观采风谣”（《后汉书·李郃传》），中央派出的太守、刺史这些享受二千石俸禄的官员也有“采风问谣，然后乃进”的任务（《后汉书·刘陶传》《后汉书·蔡邕传》），并且作为皇帝陟罚臧否官员之参考。直到清代，李调元提督广东学政，他认为“此古太史輶轩采访之职也”。

李调元对粤东风俗的考察有两次：第一次是清乾隆三十九年（1774），李调元奉命为广东副典试，往还6个月时间，所见所闻，全以采风诗形式记载于《粤东皇华集》一书中。程晋芳（鱼门）乾隆四十一年十二月为该书序曰：“甲午（乾隆三十九年，1774）夏，（李调元）奉命为广东副典试，往还六阅月，凡所经历悉以诗。删汰改易，又二年而刊成，属余为之序。”即《粤东皇华集》刊成时间为清乾隆四十一年（1776）。

第二次是清乾隆四十二年（1777）八月十六日李调元奉旨提督广东学政，九月十二日自京起程，十一月二十二日到任首事，至乾隆四十五年（1780）冬任满回京，李调元在广东有三年的时间。据李调元《南越笔记·序》说：“岁次丁酉之冬，复来视学，此古太史輶轩采访之职也，遂得遍历全省诸郡县。”李调元利用视学之便，对粤东（今广东）的风土人情包括草木鸟兽进行比较全面的考察。考察中，他对照前贤的记载，征信核实，决定去取，最后编辑成十六卷《南越笔记》。以下分别述评李调元两次粤东风俗考察，从而说明李调元《粤风》一书编辑的文化背景。

一、《粤东皇华集》中的广东风俗描写

乾隆三十九年（1774）五月二十五日，李调元奉命典试广东，任副主考，六月初六日出都，八月初一抵广东，九月十一日回京复命，十一月十六日还京。往还历时六个月，在广东时间只有一个月零十一天，而这一个多月的时间也仅在五羊城（广州）游览而已。李调元第一次对粤东的风俗考察，基本上保存于他在旅途中写的采风诗歌。

（一）李调元使粤驿程

《粤东皇华集》卷一《六月初六日出都》云："简书捧到五云端，略整行装便跨鞍。直省有官共铨镜，偕行无客不金銮。（是日福建典试编修汤辛斋，同部王晓庄同出都。立斋与春甫同官，余与晓庄同官而皆出庶常，故云。）路从海上分遥近，衣在箱中备暑寒。谁解观星知汉使，应言此日发长安。"

途经直隶良乡县、涿鹿（《涿鹿感怀三十韵》："南省奏始下，使车日轣辘。持旌指岭南，分道先由涿。"）、新城、雄县、任邱、赵北口莲花、献县、恩县（贝州）、山东茌平、东阿县、东平州、汶上县、兖州、邹县、滕县、昭阳湖（微山湖）、江苏徐州（彭城）、宿州、安徽临淮、定远、舒城、桐城、潜山、太湖县、湖北黄梅县、江西浔阳（九江）、建昌县兴渡亭、乌石镇、德安道中、瑞州（今高安）、临江府（今清江市临江镇）、新淦县、峡江县、吉水县、吉安、万安、赣州郁孤台、南康（今赣州市南康区）、大庾县（即今大余县、古称南安府治）。

清顾祖禹撰《读史方舆纪要》卷八八《江西六・南安府》："南至广东南雄府百二十里""北至京师六千六百七十五里。""《禹贡》扬州地，春秋属吴，战国属楚。秦属九江郡，两汉属豫章郡，三国吴属庐陵郡，晋属南康郡，宋、齐以后因之。隋属虔州，大业初属南康郡，唐仍属虔州。宋淳化元年始置南安军，治大庾县。元曰南安路，明初改为府。今领县四。府南扼交、广，西距湖、湘，据江西之上游，拊岭南之项背。《史记》：'秦始皇三十三年使屠睢将兵十万守南埜之峤。又汉武帝元鼎六年遣将军杨仆讨南越，出豫章，下横浦。'今郡城南去庾岭不及一舍（三十里），为南北要冲，行旅往来必取途于此，盖犹秦、汉故道矣。"

宋周去非撰《岭外代答》卷一《五岭》条云："自秦世有五岭之说，皆指山名之。考之乃入岭之途五耳，非必山也。自福建之汀，入广东之循梅，一也；自江西之南安，踰大庾，入南雄，二也；自湖南之郴入连，三也；自道入广西之贺，四也；自全入静江，五也。乃若漳潮一路，非古入岭之驿，不当备五岭之数。"

李调元入粤，乃走"自江西之南安，踰大庾"，入南雄这条古道。李调元《粤东皇华集》有两首诗记过大庾岭：

《过大庾岭》："雄关百丈郁嵯峨，为探梅花上绿萝。拔地梯遥蛇倒推，搀天峰迴雁难过。云霾荒垒传萧勃，日落残山吊尉陀。远望珠江犹隔水，星槎何日达秋河。”

《梅关和德定圃座主题壁韵》：“秋风吹我上层颠，直探鸿蒙手握天。人拨乱云驴背上，僧敲古月鸟栖前。地开梅销通秦日，路忆蚕丛入蜀年。不是曲江贤相辟，何人解识净蛮烟。”

清顾祖禹撰《读史方舆纪要》卷一〇二《广东三·南雄府》：“梅关，在大庾岭上。两崖壁立，道出其中，最为高险。或以为即秦之横浦关也。”从“人拨乱云驴背上”句，可知李调元是骑驴过大庾岭。出京城一路走来，大路以乘车为主（《涿鹿感怀三十韵》：“南省奏始下，使车日轣辘。”），窄路或坐篮舆（《桐城道中绝句四首》之一：“南邦山水首龙舒，叠翠浮青百里余。云密不知溪路仄，山鸡飞过小篮舆。”）。过了大庾岭，就进入粤东的南雄府治保昌县（今广东韶关市南雄市），乘舟顺着浈水（浈江），经始兴，到韶州（韶关），再顺着溱水经韶关、英德，清远至广州。

清顾祖禹撰《读史方舆纪要》卷一〇二《广东三·南雄府》记载，南雄府北至京师六千七百四十五里，“府当庾岭要口，为南北噤喉。秦王翦降百越，谪戍五万任守五岭。汉武平南越，遣杨仆出豫章下浈水，即此地矣。南汉置雄州，为北面重镇。宋末叛将吕师夔以元军度岭，败宋军于南雄，遂取韶州。旧记云：州以雄名者，盖控带群蛮，襟会百越，岭南气息，仰此一州也”。

南雄府下韶州的水道为浈水、凌江水。清顾祖禹撰《读史方舆纪要》卷一〇二《广东三·南雄府》记载：“浈水在府城西。一名保水。源出大庾岭，东南流复折而西南，至城西与凌水合，又绕城而南出，入始兴县界。萦迴城邑，如腰带然。”李调元《粤东皇华集》有两首诗，记登舟南行：

《保昌登舟》：“方愁险仄度梅关，又喜扁舟到越蛮。分付篙工休着力，老夫借此要看山。”

《凌江行》：“我来雄州髀无肉，解鞍江浒身始畅。饮仁亭子凌江滨，门前两两舟横放。今年七月苦无雨，蛟螭不遣秋潦涨。凿凿白石浅浅沙，水势欲下舟欲上。篙师叫绝双凫飞，虽非陆地如奡荡。县官坐衙集龙户，送舟南行悉丁壮。——赤脚立滩中，令严那顾鱼腹葬。嗟尔小黎勿过忧，我虽使臣不鞭杖。饱闻兹山有洪涯，为我历历指青嶂。”

（二）李调元所见所闻的粤东风俗

一过梅关，进入粤东的南雄界，就进入古代所谓“蛮烟”之地。周朝时期，中原地区的民族自称为华夏，周边地区分别被称为南蛮、北狄、东夷、西戎。南蛮是先秦时代中原王朝对中原以南各部落族群的称呼。清屈大均著《广东新语》卷七《人语·真粤人》：“自秦始皇发诸尝逋亡人、赘壻、贾人略取扬越，以谪徙民与越杂处；又适治狱不直者，筑南方越地；又以一军处番禺之都，一军戍台山之塞；而任嚣、尉佗所将率楼船士十余万。其后皆家于越，生长子孙。故嚣谓佗曰：‘颇有中国（中原）人相辅。’今粤人大抵皆中国种。自秦汉以来，日滋月盛，不失中州清淑之气。其真鄹发文身越人，则今之瑶、僮、平鬃、狼、黎、岐、蛋诸族是也。”

李调元在保昌登舟，首先遇见的是县官征集来操舟楫的“龙户”，即是“蜑户”。

屈大均《广东新语》卷十八《舟语·蛋家艇》：

诸蛋以艇为家，是曰蛋家。其有男未聘，则置盆草于梢；女未受聘，则置盆花于梢，以致媒妁。婚时以蛮歌相迎，男歌胜则夺女过舟。其女大者曰鱼姊，小曰蚬妹，鱼大而蚬小，故姊曰鱼而妹曰蚬云。蛋人善没水，每持刀槊水中与巨鱼斗，见大鱼在岩穴中，或与之嬉戏，抚摩鳞鬣，俟大鱼口张，以长绳系钩，钩两腮，牵之而出，或数十人张罛，则数人下水，诱引大鱼入罛，罛举，人随之而上；亦尝有被大鱼吞啖者，或大鱼还穴，横塞穴口，已在穴中不能出而死者。海鰌长者亘百里，背常负子，蛋人辄以长绳系枪飞刺之，候海鰌子毙，拽出沙潬，取其脂，货至万钱。蛋妇女皆嗜生鱼能泅汙，昔时称为龙户者，以其入水辄绣面文身，以象蛟龙之子，行水中三四十里，不遭物害。

蜑，又作蛋、但、疍、蜒等写法，首见于《淮南子》，是我国南方少数民族之一。宋范成大著《桂海虞衡志·志蛮》：“蜑，海上水居蛮也。以舟楫为家，采海物为生，且生食之。入水能视，合浦珠池蚌蛤，惟蜑能没水采取。”宋周去非《岭外代答》卷三《蜑蛮》：“以舟为室，视水如陆，浮生江海者，蜑也。钦之蜑有三：一为鱼蜑，善举网垂纶；二为蠔蜑，善没海取蠔；三为木蜑，善伐山取材。凡蜑极贫，衣皆鹑结，得掬米，妻子共之。夫妇居短篷之下，生子乃猥多，一舟不下十子。儿自能孩（《说文》孩作咳，小儿笑也），其母以软帛束之背上，荡桨自如。儿能匍匐，则以长绳系其腰，于绳末系短木焉，儿忽堕水，则缘绳汲出之。儿学行，往来篷脊，殊不惊也。能行，则已能浮没。蜑舟泊岸，群儿聚戏沙中，冬夏身无一缕，真类獭然。蜑之浮生，似若浩荡，莫能驯者，然亦各有统属，各有界分，各有役于官，以是知无逃乎天地之间。广州有蜑一种，名曰卢停，善水战。”蜑与我国古代的采珠业有密切关系。周去非《岭外代答》卷七《宝货门·珠池》：“合浦产珠之地，名曰断望池，在海中孤岛下，去岸数十里，池深不十丈。蜑人没而得蚌，剖而得珠。取蚌，以长绳系竹篮，携之以没。既拾蚌于篮，则振绳，令舟人汲取之，没者亟浮就舟。不幸遇恶鱼，一缕之血，浮于水面，舟人恸哭，知其已葬鱼腹也。亦有望恶鱼而急浮至，伤股断臂者。海中恶鱼，莫如刺纱，谓之鱼虎，蜑家所甚忌也。”

从李调元《凌江行》诗中：“今年七月苦无雨，蛟螭不遣秋潦涨。凿凿白石浅浅沙，水势欲下舟欲上。篙师叫绝双凫飞，虽非陆地如奡荡。县官坐衙集龙户，送舟南行悉丁壮。一一赤脚立滩中，令严那顾鱼腹葬。”我们看见这些操舟龙户的辛苦。“嗟尔小黎勿过忧，我虽使臣不鞭杖。”这说明李调元对龙户充满同情。“饱闻兹山有洪涯，为我历历指青嶂。”是说龙户舟子指点如屏的青山，向李调元讲述仙人洪涯的传说。李调元在舟中所见所闻的南国奇风异俗，一一记入他的采风诗《岭南舟行杂诗十首》中，摘其较著者，以见一斑。

1. 牡蛎墙

《岭南舟行杂诗十首》之一：“自日边来百越乡，语音殊异听难详。使舟日日浈江曲，半靠人家牡蛎墙。”

李调元舟行期间，“长立船头到日西”，观察两岸的景物，首先引起他注意的是浈江两岸的牡蛎墙民居。

牡蛎（即蠔）壳墙是岭南民居中一种独特的建筑工艺。珠江三角洲富含牡蛎。在古代加工技术还不十分成熟的情况下，牡蛎吃完后留下的壳基本集中，作为建筑材料出售。在建造房屋时，牡蛎壳与黄泥、红糖、蒸糯米混合，层层堆叠，不仅具有隔音效果，而且冬暖夏凉，坚固耐用，具有抗打击、防水防潮、防风蚀、防虫害、防盗贼、消热祛暑的功能。牡蛎壳墙不均匀，阳光斜射在墙上，线条感和雕塑感特强。屈大均《广东新语》卷二十三《介语·蠔》："蠔，咸水所结。……以其壳累墙，高至五六丈不仆。壳中有一片莹滑而圆，是曰蠔光，以砌照壁，望之若鱼鳞然，雨洗益白。小者真珠蠔，中尝有珠；大者亦曰牡蛎，蛎无牡牝，以其大故名曰牡也。""番禺茭塘村多蠔，有山在海滨曰石蛎，甚高大，古时蠔生其上，故名。今掘地至二三尺，即得蠔壳，多不可穷。居人墙屋率以蠔壳为之，一望皓然。"

2. 操舵蛋家少妇的装束

《岭南舟行杂诗十首》之三："碧波漾漾走银沙，蒻笠长年各有家。少妇舵楼金齿屣，两鬓还插素馨花。"舵楼：船上操舵之室，亦指后舱室。金齿屣，即齿木镶嵌黄铜金属的木屐凉鞋，又叫"金齿屐"。李白《浣纱石上女》："玉面耶溪女，青娥红粉妆。一双金齿屐，两足白如霜。"蒻笠：用蒲蒻编成的帽子。素馨花，《与编修王春甫分赋岭南草木三十首·素馨》云："珠江南岸村名，庄头悉种素馨，摘以昧爽，向人髻上乃开。云南汉美人葬此，故他处独无，粤中名花也。"诗曰："萦丝绕髻人人艳，结楼穿灯处处忙。十里珠江香不断，可怜半吐在斜阳。"素馨花乃粤中名花，无论汉族或其他民族均作为发髻上装饰品，此外粤中汉族以外的女性常常戴扶桑花。《与编修王春甫分赋岭南草木三十首·扶桑》云："枝叶全似桑，花有红黄二种，花皆重台可食。粤人作蔬，一名爱老，反言也。蜀人以朱槿当之，误也。"诗曰："日落扶桑叶尽遮，无端天半见朱霞。蛮娘髻上枝何艳，笑杀西川木槿花。"扶桑花又叫佛柔然，也作为瓶中插花，李调元在舟行的船上便看见这种花。《岭南舟行杂诗十首》之四："怪道蹇帘蝴蝶入，舟中瓶有佛桑然。翻嫌未是春三月，不见开花到木棉。"

3. 榄豉乾鱼兼水饭

李调元从南雄乘舟下广州期间，日日和船夫生活在一起，比较了解他们的生活。《岭南舟行杂诗十首》之九便是描写"櫂郎"生活难得的诗章："櫂郎黔面亦堪怜，撑尽篙篙袙（pà）两肩。榄豉乾鱼兼水饭，生来不识有炎天。"櫂郎：船夫。黔面：黑色的面孔。篙篙：撑船的竹竿，又叫篙竿。袙两间：袙：通"帕"，头巾；袙两肩：船夫两肩披着头巾，以免篙竿磨伤皮肤。榄豉：古代南方少数民族食品，系以橄榄制成。民国《崖州志．舆地志三·果类》："乌榄，生黎山，一名木威子。黎人取其肉腌为菹，名曰榄豉，色如玫瑰。"今广西一带民间尚食之。《广东新语》卷十四《食语·菹》："广中隆冬时，常得鲜蔬十余种，故人家绝少咸菹，谚曰：'冬不藏菜'。宾客至，以菹荐之，谓之不敬。诸果亦然，率以鲜者不以干，荔枝之脯，橄榄之豉，羊桃之蜜煎者，人面之醋渍者，皆不登于器。"水饭：稀饭。

4. 摸鱼歌

李调元乘舟进入粤东，最大的感受是一路上处处听到民歌声。《岭南舟行杂诗十首》之五："每逢滩急下深沱，七尺乌篷快似梭。昨夜修仁渡头泊，隔船时送摸鱼歌。"《岭南舟行杂诗十首》之六："五里支堠十里双，铜钲声应落船窗。蛮童不识官人至，短笛乌犍自度腔。"《英德道中》："问程逢蜑语，近市起蛮歌。"《清远晚泊与编修王春甫联句六首》："蛮曲无腔信口歌（雨村），琵琶秋怨别离多（春甫）。"

由于百越之乡"语音殊异听难详"，船行中的李调元对于岸上飘来的无腔信口歌的"蛮曲"多半要通过船夫的翻译才能了解歌曲的大意，然而那骑在黑色水牛背上牧童短笛自度腔的画面是令人神往的。尤其是"昨夜"在修仁渡头停泊时，邻船不时送来的摸鱼歌声更使李调元沉醉。

摸鱼歌：本名木鱼歌，简称木鱼，清康熙年间诗人王士禛《南海集·广州竹枝》之一："潮来濠畔接江波，鱼藻门边净绮罗。两岸画栏红照水，蜑船争唱木鱼歌。"蛋民所唱的歌叫木鱼歌，有人说"蛋有三种：蠔蛋、木蛋、鱼蛋也"。"木鱼歌者，木蛋、鱼蛋之歌也。"[①] 也叫摸鱼歌，清康熙年间人吴淇（1615—1675）辑《粤风续九》中《沐浴歌》题解曰："'沐浴'，东粤之歌名也。浔在粤西，土旷人稀，流寓于兹者，粤东人尤多，故亦习为此歌。其辞甚似元人弹词，以三弦合之，每空中弦，以起止，盖太簇调也。又一种，句法类诗余，如云'一笑千金难买，行来步步莲生。脸似桃花眉似柳，话语最分明'之类，俱篇长不及载。"木鱼歌是广东省的传统说唱艺术之一，属于弹词系统。流行于广东省珠江三角洲、西江和南路一带，起源于明末，清代以后兴盛。早期的木鱼歌都是随编随唱，后

① 转引自谭正璧、谭寻编著：《木鱼歌潮州歌叙录·曲海蠡测》，上海古籍出版社，2012年，第31页。

来才记录曲词，辗转传抄，或刻印传唱木鱼歌流行于晚明，到清代以后极为兴盛。木鱼歌的抄本或刻本，叫木鱼书，既可作演唱的脚本，也可供阅读。屈大均《广东新语》卷十二《粤歌》曰："（粤歌）其歌之长调者，如唐人《连昌宫词》《琵琶行》等，至数百言千言，以三弦合之，每空中弦以起止，盖太簇调也，名曰摸鱼歌。或妇女岁时聚会，则使瞽师唱之，如元人弹词曰某记某记者，皆小说也。其事或有或无，大抵孝义贞烈之事为多，竟日始毕一记，可劝可戒，令人感泣沾襟。其短调蹋歌者，不用弦索，往往引物连类（意思指引证或引喻某一事物。而连带及于同类的其他事物。），委曲譬喻，多如《子夜》《竹枝》。如曰：'中间日出四边雨，记得有情人在心。'曰：'一树石榴全著雨，谁怜粒粒泪珠红。'曰：'灯心点著两头火，为娘操尽几多心。'曰：'妹相思，不作风流到几时？只见风吹花落地，那见风吹花上枝。'《蜘蛛曲》：'天旱蜘蛛结夜网，想晴只在暗中丝。'又曰：'蜘蛛结网三江口，水推不断是真丝。'又曰：'妹相思，蜘蛛结网恨无丝。花不年年在树上，娘不年年作女儿。'《竹叶歌》：'竹叶落，竹叶飞，无望翻头再上枝。擔伞出门人叫嫂，无望翻头做女时。'《素馨曲》：'素馨棚下梳横髻，只为贪花不上头。十月大禾未入米，问娘花浪几时收？'凡村落人奴之女，嫁日不敢乘车，女子率自持一伞以自蔽。既嫁，人率称之为嫂。此言女一嫁不能复为处子，犹士一失身，不能复洁白也。梳横髻者未笄也，宜笄不笄，是犹不肯在花棚上也。十月熟者名大禾，岁晏而米不入，花浪不收，是过时而无实也。此刺淫女，亦以喻士之不及时修德，流荡而至老也。有曰：'大姐姐，分明大姐大三年。擔欖井头共姐坐，分明大姐坐头边。'言女嫁失时也，妹自愧先其姊也。有曰：'官人骑马到林池，斩竿筋竹织筲箕。筲箕载绿豆，绿豆喂相思。相思有翼飞开去，只剩空笼挂树枝。'刺负恩也。有曰：'一更鸡啼鸡拍翼，二更鸡啼鸡拍胸，三更鸡啼郎去广，鸡冠沾得泪花红。'有曰：'岁晚天寒郎不回，厨中烟冷雪成堆。竹篙烧火长长炭，炭到天明半作灰。'有曰：'柚子批皮瓤有心，小时则剧到如今。头发条条梳到尾，鸳鸯怎得不相寻。'有曰：'大头竹笋作三椏，敢好后生无置家。敢好早禾无入米，敢好攀枝无晾花。'敢好者，言如此好也。其蛋女子荡恣，如吴下唱杨花者曰绾髻。有谣曰：'清河绾髻春意闹，三十不嫁随意乐。江行水宿寄此生，摇橹唱歌桨过滘。'桨者摇船也，亦双关之意。滘者，觉也。如此类不可枚举，皆以比兴为工，辞纤艳而情深，颇有风人之遗，而采茶歌尤善。"

李调元在夜泊修仁渡头听到的摸鱼歌，应该是无弦索伴奏的短调蹋歌。这可以从《粤东皇华集》中几首采风诗的格调，看出李调元所受摸鱼歌的影响。

《蜘蛛曲》

蜘蛛白（曲）者，粤中踏歌不用弦索，往往引物连类，可劝可兴，其词长短不一，余合採之，而为此曲。

蜘蛛曲，妹相思，花不年年在树上，妹不年年作女儿。天旱蜘蛛夜结网，想晴惟有暗中思。

《竹叶歌》

竹叶昨日飞，休望叶上枝。女儿昨日嫁，无望女儿时。

《绾髻谣》

三十犹未嫁，绾髻随意低。夜来明月里，高唱过前溪。

《素馨曲》

棚下梳横髻，素馨香满头。笑娘此花过，花浪也应收。

《踏月歌》

竹箕青帕覆，倒箸摝作书。借问踏月姊，月圆定何如。

《浪花歌》

摇桨过郎船，滴水上郎身。语郎勿相怪，水是郎媒人。

《怨曲》

斩竿筋竹作筲箕，持载绿豆偎相思。相思有翼忽飞去，只剩空笼挂树枝。

此典那忍歌，此歌那忍闻。劝君一杯酒，此怀谁与分。

李调元第一次对粤东的采风基本上是在舟行时进行的，时间短，接触面不广，仅限于所见所闻。正如他在《南越笔记·序》中说："予自甲午典试粤东，惜所游览仅五羊城而止，虽欲征之前贤所记而未逮也。"也就是说他的采风诗仅模仿沿途听到的民歌腔调，而未查对前贤如屈大均（1630—1696）刻成于康熙二十六年、二十八年间的"享有广东百科全书"之誉的《广东新语》，更没有看到吴淇采辑的情歌集《粤风续九》。理由是清两广总督李侍尧于1774年（乾隆三十九年）罗织检举，奉旨查禁屈大均著作，以屈大均"托名胜国，妄肆狂狺，其人实不足取，其书岂可复存"为由，所有著述书版一概焚毁。还要发棺戮尸，因没有找到坟墓而作罢；最后，竟将收藏其书的两个不识字的孙子"从宽"处斩。乾隆三十九年即是李调元第一次到广东典试任副主考之年，在这种情况下，李调元是很难看到屈大均《广东新语》，更不要说查对了。虽然《蜘蛛曲》中那句"天旱蜘蛛夜结网，想晴惟有暗中思"。之前王渔洋《渔洋诗话》也引过，既然李调元说"虽欲征之前贤所记而未逮也"，当然也包括王渔洋的《渔洋诗话》《池北偶谈》在内。李调元《蜘蛛曲》题序云："蜘蛛白（曲）者，粤中踏歌不用弦索，往往引物连类，可劝可兴，其词长短不一，余合采之，而为此曲。"他确实利用舟行的机会，向蜑民船夫做过采集粤东民歌的工作。

二、《南越笔记》透露的《粤风续九》的信息

李调元第二次对广东的采风是利用他奉旨提督广东学政的三年时间，遍历广东全省诸县的难得机会进行的。采风的成果全部记在李调元辑录诸书编辑而成的《南越笔记》中。《南越笔记》共十六卷，记载了广东天文地理、风土人情、矿藏物产等内容。

他的这本书大量抄录屈大均的《广东新语》。屈大均（1630—1696），初名邵龙，又名邵隆，号非池，字骚余，又字翁山、介子，号莱圃，广东广州府番禺县（今广州市番禺区）人，明末清初著名学者、诗人，与陈恭尹、梁佩兰并称"岭南三大家"。屈大均的前半生致力于反清运动，康熙二十二年（1683），郑成功之孙郑克塽降清，屈大均大失所望，即由南京携家眷归番禺，终不复出，著述讲学，移志于对广东文献、方物、掌故的收集和编纂，著有《广东文集》《广东文选》《广东新语》等作品。其中《广东新语》一书为屈大均的传世之作，向有"广东百科全书"之誉。《广东新语》刻成于康熙二十八年，此书二十八卷，每卷记述事物一类，凡广

东之天文地理、经济物产、人物风俗等，无所不包，内容丰富，记载翔实，是一部饶有地方特色的笔记著作。此书记述的史事，是经著者作过调查的。屈大均友人潘耒为《广东新语》所作序文说，此书是作者“考方舆，披志乘，验之以身经，征之以目睹，久而成《新语》一书。其察物也精以核，其谈义也博而辨，其陈辞也婉而多风。思古伤今，维风正俗之意，时时见于言表。游览者可以观土风，仕宦者可以知民隐，作史者可以征故实，摛词者可以资华润。视《华阳国志》《岭南异物志》《桂海虞衡》《入蜀记》诸书，不啻兼有其美”。清雍乾两朝大兴“文字狱”，屈大均包括《广东新语》的著述遭到禁毁，但是有价值的书，很难禁绝，民间私藏的康熙三十九年（庚辰）木天阁原刻本和另一种乾隆年间的翻刻本，一直流传至今。实际上，李调元在粤三年，遍历广东全省诸县，应该看到了屈大均著《广东新语》。有研究李调元的学者说：“李调元的《南越笔记》一书是由屈大均的《广东新语》删节而成。”[①] 其实，《南越笔记》许多重要的内容，李调元是一字未改，全文照抄。例如《南越笔记》卷一《粤俗好歌》与《广东新语》卷十二《粤歌》完全相同；《南越笔记》卷一《广东方言》与《广东新语》卷十一《土言》无一字不同。这两条内容极其丰富，包括了广东民俗相当重要的内容，例如“坐歌堂”和“打糖梅”的婚俗；同时披露了未收入四库全书的《粤风续九》的信息。

（一）“坐歌堂”和“打糖梅”的婚俗

屈大均《广东新语》卷十二《粤歌》：“其娶妇而亲迎者，婿必多求数人，与己年貌相若而才思敏给者，使为伴郎。女家索拦门诗歌，婿或捉笔为之，或使伴郎代草，或文或不文，总以信口而成，才华斐美者为贵。至女家不能酬和，女乃出阁。此即唐人催妆之作也。先一夕，男女家行醮，亲友与席者或皆唱歌，名曰坐歌堂。酒罢则亲戚之尊贵者，亲送新郎入房，名曰送花。花必以多子者，亦复唱歌。自后连夕亲友来索糖梅啖食者，名曰打糖梅，一皆唱歌，歌美者得糖梅益多矣。”（李调元《南越笔记》卷一《粤俗好歌》同）

糖梅，即糖渍梅子。屈大均《广东新语》卷十四《食语・糖梅》：“自大庾以往，溪谷村墟之间，在在有梅。而罗浮所产梅花，肥大尤香，予诗‘罗浮山下梅花村，玉雪为骨冰为魂’。他处花小，然结子繁如北杏，味不

① 见孙文刚：《乾嘉才子李调元研究》，中国社会科学出版社，2017年，第202页。

甚酸，以糖渍之可食。段公路云：‘岭南之梅小于江左，居人以朱槿花和盐曝之，其色可爱，曰丹梅。’又有以大梅刻镂为瓶罐、结带之类，渍以棹汁，味甚甘脆。东粤故嗜梅，嫁女者无论贫富，必以糖梅为舅姑之贽，多者数十百罂，广召亲串，为糖梅宴会。其有不速者，皆曰打糖梅。糖梅以甜为贵，谚曰：‘糖梅甜，新妇甜，糖梅生子味还甜；糖梅酸，新妇酸，糖梅生子味还酸。’糖榄亦然，有糖梅必有糖榄，榄贵其有雌雄，雄者花而雌者实也。凡女既入门，诸媵妗相与唱歌，其歌曰解。解糖梅者，词美新妇；解糖榄者，词美新郎。”

李调元《南越笔记》卷十六《糖梅》：“自大庾以往，溪谷村墟之间，在在有梅。而罗浮所产梅花，肥大尤香，苏诗‘罗浮山下梅花村，玉雪为骨冰为魂’。他处花小，然结子繁如北杏，味不甚酸，以糖渍之可食。段公路云：‘岭南之梅小于江左，居人以朱槿花和盐曝之，其色可爱，曰丹梅。’又有以大梅刻镂为瓶罐、结带之类，渍以棹汁，味甚甘脆。东粤故嗜梅，嫁女者无论贫富，必以糖梅为舅姑之贽，多者数十百罂，广召亲串，为糖梅宴会。其有不速者，皆曰打糖梅。以甜为贵，谚曰：‘糖梅甜，新妇甜，糖梅生子味还甜；糖梅酸，新妇酸，糖梅生子味还酸。’糖榄亦然，有糖梅必有糖榄，榄贵其有雌雄，雄者花而雌者实也。凡女既入门，诸媵妗相与唱歌，其歌曰解。解糖梅者，词美新妇；解糖榄者，词美新郎。”

（二）广西狼（俍）、瑶婚俗

李调元未到过广西，他对广西狼（俍）、瑶婚俗的了解完全得自屈大均《广东新语》卷十二《粤歌》条的记载：

> 东西两粤皆尚歌，而西粤土司中尤盛。邝露云：“峒女于春秋时，布花果笙箫于山中，以五丝作同心结及百纽鸳鸯囊带之。以其少好者结为天姬队，天姬者，峒官之女也。余则三五采芳于山椒水湄，歌唱为乐。男子相与蹋歌赴之，相得则唱酬终日，解衣结襟带相遗以去。”春歌正月初一、三月初三，秋歌八月十五。其三月之歌曰浪花歌。赵龙文云：“傜俗最尚歌，男女杂遝，一唱百和，其歌与民歌，皆七言而不用韵，或三句，或十余句，专以比兴为重，而布格命意，有迥出于民歌之外者，如云：‘黄蜂细小螫人痛，油麻细小炒仁香。’又云：‘行路思娘留半路，睡也思娘留半床。’又云：‘与娘同行江边路，却

滴江水上娘身。滴水一身娘未怪，要凭江水作媒人。’傜语不能尽晓，为笺译之如此。”修和云：狼之俗，幼即习歌，男女皆倚歌自配。女及笄，纵之山野，少年从者且数十，以次而歌，视女歌意所答，而一人留，彼此相遗。男遗女以一扁担，上镌歌数首，字如蝇头，间以金彩花鸟，沐以漆精使不落。女赠男以绣囊锦带，约为夫妇，乃倩媒以苏木染槟榔定之，婚之日，歌声振于林木矣。其歌每写于扁担上，狼扁担以榕为之，又以五采齘作方段，齘处文如鼎彝，歌与花鸟相间，或两头画龙。傜则以布刀写歌，布刀者，织具也，傜人不用高机，无筘无枝，以布刀兼之。刀用山木，形如刀，长于布之阔，锐其两端。背厚而擶，如弓之弧，刃如弦而薄，刳其背之腹以纳纬，而窥其锐，而吐之以当梭。纬既吐，则两手攀其两端以当箸也。歌每书于刀上，间以五彩花卉，明漆沐之，以赠所欢。僮歌与狼颇相类，可长可短，或织歌于巾以赠男，或书歌于扇以赠女，其歌亦有竹枝歌，舞则以被覆首为桃叶舞。有咏者云：‘桃叶舞成莺睆睍，竹枝歌就燕呢喃。’”（李调元《南越笔记》卷一《粤俗好歌》同）

屈大均《广东新语》卷十二《粤歌》条中的“邝露云”见于邝露（1604—1651）撰《赤雅》卷上《浪花歌》：“峒女于春秋时，布花果、笙箫于名山，五丝刺同心结、百纽鸳鸯囊，选峒中之少好者，伴峒官之女，名曰天姬队，余则三三五五，采芳拾翠于椒水湄，歌唱为乐。男亦三五群（一本云三五成群）歌而赴之。相得，则唱和竟日，解衣结带，相赠以去。春歌正月初一、三月初三（一本云三月三日），秋歌中秋节。三月之歌，曰浪花歌。”

屈大均《广东新语》卷十二《粤歌》条中的“赵龙文云”“修和云”见于清吴淇编岭南歌谣集《粤风续九》。这部歌谣集为吴淇于康熙年间（1662—1722）在广西浔州（治所在今桂平）做推官时所采辑记录。原书按种类分为五卷：第一卷“粤风”，按钟敬文、罗香林的考证，就是客家山歌；第二卷“瑶歌”，是瑶族的歌谣；第三卷“俍歌”，即俍人的歌谣，而俍人是现在壮族的前身，所以“俍歌”就是壮歌；第四卷“僮歌”，僮人也是现在壮族的前身，所以“僮歌”也是壮歌；第五卷“杂歌”，系未收入前四卷的歌谣。

《粤风续九》卷之二《瑶歌》为彭楚伯（士报）重辑、何絜（雍南）

订正、程世英（千一）评阅。濠水赵龙文（云章）《〈瑶歌〉序》曰：“按瑶人亦盘古氏苗裔，归化最先，诸种散处粤西诸郡。有板瑶者，妇人黄蜡泥发，以木板为髻，形似今之扇面平置顶上，覆以绣帕，缀以琉璃珠，累累若璎珞然。有箭瑶者，妇人横箭于顶，黄蜡泥发，分作数绺，左右盘结箭上，亦以绣帕覆之，出入丛林间，频侧其首，如穿花蛱蝶，翩翩可怜。头一月一梳，宵寐无反侧。此等种类，不啻十数。至于浔郡诸瑶，虽言语啁哳，而服饰与居民不甚大异，亦于居民婚姻往来，其耕田亦输赋。亦应徭者，熟瑶也。间有输赋而不应徭者，生瑶也。更有一种号山子，不赋不徭，吹山而食，食尽复徙。其人喜猎，伏弩搏虎，涂毒于箭簇上，中之立毙，亦其类也。其风俗最尚踏歌，浓妆绮服，越阡度陌，男女杂遝，深林丛竹间，一唱百和，云为之不流，名曰‘会阆’。自墙（穑）事毕，至明春之花期，皆会阆之期也，余节亦间举，惟元宵与中秋夕为盛。歌与民歌俱七言，颇相类。其不同者，民歌有韵，瑶歌不用韵；民歌体绝句，瑶歌或三句，或至十余句；民歌意多双关，瑶歌专重比兴，其布格命意有迥出于民歌之外者，虽文人捉笔，不能过也。余乃渐辑成帙，歌中土语什三，略为笺译，以附于《粤风》之后，《俍歌》之前，曰《瑶歌》。”

赵龙文引用的三首谣歌见于《粤风续九》卷之二《谣歌》：

> 思娘猛，行路也思睡也思。行路思娘留半路，睡也思娘留半床。
>
> 邓娘同行江边路，却滴江水上娘身。滴水一身娘未怪，表凭江水作媒人。（“邓”是“同”，语气爽快。）
>
> 三表读书治天地，三妹唱价博少年。黄蜂细小螯人痛，油麻细少炒仁香。鸭儿细细着水面，表绿细小爱连娘。

《粤风续九》之三《狼（俍）歌》。这一卷为睢阳修和（惟克）编辑、东楼吴代（叔企）评解、京江谈允谦（长益）校阅。修和（惟克）题《〈狼（俍）歌〉序》曰：“余既得浔江之民歌辑而评之矣，未几又得狼（俍）人所为歌。俍人者，古盘古氏之苗裔，粤西诸郡处处有之，浔州诸狼（俍），自明弘治间，因大藤诸峡乱，自黔中调来征剿。峡平，遂成焉。其人散居三县，各有长，旧隶武靖州，武靖土州久废，今隶郡别驾。

“其俗自幼即习歌，男女皆倚歌自择配。女及笄则纵之野，少年从者且数十，次第歌，视女歌意所答而一人留，彼此相赠遗（男遗女以扁担一条，镌歌数首，字仅如蝇头，间以金彩，作鸟卉于上，沐以漆，使不落，盖土人女子力所必需也。女赠男以绣囊锦带诸物，女所自制者），约为夫妇，各告其父母，乃倩媒以槟榔定之（槟榔以苏木染之，并蒌菜石灰）。婚之日迎亲送女，络绎于道，歌声振林木。女至夫家，合卺，丈夫用拳击女背者三，女乃汲水置甕中（即用所赠扁担汲水）。旋回母家，不与丈夫相见，俟有妊，乃归夫家而偕老焉。（同家另招男子曰野，即与父母同居，待生子则弃野郎而归夫家，故野郎亦曰苦郎。当其在野郎也，本夫至其家，反而奸论；及其归夫家，野郎或至其家，或于母家，及他所，亦以奸论）。今俗亦稍稍变矣，而深山穷谷，尚有存者。大约其歌皆情词，与民间（歌）略同而实迥异：民歌七言四句，狼（俍）歌五言八句；民歌押韵必遵沈韵，俍歌用古韵；民歌押韵必平声，狼（俍）歌平侧（仄）互押；民歌一韵到底，狼（俍）歌用两韵且隔越跳叶；民歌押韵在每句尾，狼（俍）歌于第二句腰或膝藏一韵，而末句则出韵自咏；民歌四句唱时缩作三句（末二句一气连唱），狼（俍）歌唱时叠作十二句（叠法见后）；民歌直述己意者一开一阖，双关两意者，一主一客而止，而俍之为歌，曲折婉转，喃喃呢呢，间有一二佳语，颇类六朝情艳，但其中土字土语，十常八九不译而翻之，不能晓。”

《粤风续九》之五《杂歌》修和题《〈杂歌〉序》：“予因于四种歌之外，又有疍人等歌，于四种人歌之中又有《狼（俍）人扇歌》及《僮人舞桃叶》等歌之辑，然《扇歌》等乃四种之余材别构。而疍人等歌则曹与桧也，故总系之曰‘杂歌’。”

《狼（俍）人扇歌》：“扇歌，书于扇赠所私者。白扇一面花鸟，一面歌，字如蝇头，其词借扇及扇面花鸟寓意，相连百十首，前后起止，皆有章法。有创作，有套本。词多不能悉载，姑取其佳者数首云。”

《狼（俍）人担歌》：“杜少陵曰：‘夔俗坐男使女’，今粤俗亦然。故峒人多用木担聘女，或以赠所私者，式如常。以五彩龡作方段，龡处文如鼎彝然，歌与花鸟相间，字亦如蝇头，文多，姑存其一，以備一体云。”

《瑶人布刀歌》：“布刀者，峒人织布具也。峒人不用高机，无箸无枝，以布刀兼之。刀用山木，形如刀，长于布之阔，锐其两端，背厚而揹如弓之弧，刃如弦而薄，刳其背之腹以纳纬，而窻其锐而吐之，以当梭；纬既吐则两手扳其两端，以当箸也。峒人书歌于刀上，间以五彩花卉，明漆沐之，以赠相知云。”

以上就是屈大均《广东新语》卷十二《粤歌》条披露的关于《粤风续九》的信息，李调元《南越笔记》卷一《粤俗好歌》既然全抄屈大均《广东新语》卷十二《粤歌》的内容，那么李调元在清乾隆四十二年至乾隆四十五年提督广东学政三年期间知道《粤风续九》这部岭南歌谣集，并且仔细过研读过《粤风续九》，是不容置疑的事！

（江玉祥：四川大学文学与新闻学院教授）

《粤风续九》与《粤风》公案平议

——《粤风》研究之二

江玉祥

通过屈大均《广东新语》卷十二《粤歌》条披露的关于《粤风续九》的信息，与李调元《南越笔记》卷一《粤俗好歌》移录屈大均《广东新语》卷十二《粤歌》的内容比较，我们推测李调元于提督广东学政三年期间便知道了《粤风续九》这部岭南歌谣集，并且仔细研读过《粤风续九》，是不容置疑的事！李调元两次至粤东，公干之余，采风问俗，积累资料，也编辑了一本岭南歌谣集《粤风》。

五四运动催生了北京大学发端的歌谣征集活动，使先知先觉的学者开始注意历史上的民间歌谣。1920年当顾颉刚先生翻看《函海》，无意中在第二十三函里发现了《粤风》一种，里面都是当时粤中各民族感情真挚朴素，而具有比兴、声义双关的艺术风格的歌谣，顿时惊喜异常，好像寻到了“沙漠里的绿洲”“荒园中的芳草”。经顾颉刚先生在《小说月报》上介绍，立即引起了“对民间文学颇有嗜癖”的钟敬文先生的高度注意。“饱饫一度后”，钟敬文先生认为《粤风》“确是一部具有很高价值的艺术品呀，可怜掩没在旧书堆里，久被那些不识货的读书人所忽视了！”[①] 为了迅速让更多人了解，钟敬文先生着手标点李调元辑解《粤风》四卷，先将比较好懂的粤歌、瑶歌改分成三部，即粤歌、瑶歌、蛋歌编印出版。钟敬文先生说：“蛋歌只三篇，本来附在粤歌里面的，我因它有可以离开的理由，所以把它区分了。粤歌中的作品，并不是粤土普通民俗的歌谣，乃是一部分居民，名叫客家所唱的‘山歌’——至少，在粤东的情形是如此！”[②] 1928 年 4 月刘乾初、钟敬文合译的《狼僮情歌》出版，于是李调元编《粤风》得到广泛的传播。尽管清永瑢等编的《四库全书总目提要》卷二百《词曲类存目》记载：“《粤风续九》四卷（两淮盐政采进本），国朝吴淇编。淇为浔州推官时，杂采其土人歌谣，又附瑶、俍、僮歌数种，汇为一编。其云《续九》者，屈原有《九章》《九歌》，拟以此续之也。前有淇自序。卷首有孙芳桂撰《刘三妹传》，云是始造歌者。其说荒怪，不足信也。”由于吴淇编《粤风续九》在四库全书中有目无书，使其长期处于湮灭无闻的状态，学术界只知李调元辑解《粤风》，而不晓得吴淇编《粤风续九》，更无从了解二者之间的关系。

1962 年《民间文学》杂志 1 期、3 期发表了游国恩《东园漫笔》一、二，谭正璧《〈粤风续九〉即〈粤风〉辨》，马里千《〈粤风续九〉与〈粤风〉》三篇学术文章，探讨《粤风》的前身来自何处。谭正璧根据陆次云《峒谿纤志志余》和王士禛《池北偶谈》两书所引述的《粤风续九》的材料，以及永瑢等编的《四库全书总目提要》，得出《粤风续九》即《粤风》，《粤风》不是《粤风续九》的节本，而是足本的结论。[③] 谭正璧进一步说：《峒谿纤志志余》引载的《粤风续九》的歌谣所附的原注，也都见于李本《粤风》。由此可见李本《粤风》的那些注文，也是《粤风续九》原来有的。因而，《函海》本署“罗江李调元鹤州辑解”的“辑解”二字大可斟酌研究。[④] 游国恩也认为“今观《粤风》于书名下题‘罗江李调元鹤州辑解’，不知其所辑所解者为何。虽各卷分别注明原辑人姓名，终不

① 国立北京大学、中国民俗学会：《民俗丛书》162，清李调元编、钟敬文重编：《粤风》，朴社，1927 年。

② 国立北京大学、中国民俗学会：《民俗丛书》162，清李调元编、钟敬文重编：《粤风》，朴社，1927 年。

③ 谭正璧：《〈粤风续九〉即〈粤风〉辨》，《民间文学》1962 年第 3 期。

④ 谭正璧：《〈粤风续九〉即〈粤风〉辨》，《民间文学》1962 年第 3 期。

免剽窃之嫌”。[1] 是否如此，因为那时大家都未见到《粤风续九》原书，于是便成了悬案。

20 世纪 90 年代杭州图书馆发现馆藏清康熙二年刻本吴淇编《粤风续九》，2000 年齐鲁书社出版的《四库全书存目丛书补编》第 79 册收录了该书影印本，从此曾被认为失传的《粤风续九》刻本重新面世，才让学术界一睹吴淇编《粤风续九》的真面目，使我们有条件来重新研究李调元编《粤风》与吴淇编《粤风续九》的关系。

一、李调元辑解《粤风》与吴淇编《粤风续九》篇章结构比较

清吴淇编《粤风续九》，包括如下内容：

·吴淇总序　落款为“康熙元年日缠南箕之初度，睢阳吴淇伯其甫题”

·百粤蛮风诗　题“古江州李洁　瀼叟氏”

·百粤蛮风诗　题“古歙吴雯清　方涟氏”

·题粤风四种诗　题“京江何絜　雍南”

·题粤风四种诗　题“黄山程世英　千一”

·百粤蛮风诗　题“古淮阴陈丹　槐庵氏”

·歌仙刘三妹传　题“上谷孙芳桂枝馨甫撰　雪园彭楚伯士报甫笺”

·始造歌者刘三妹遗迹　题“怀城曾光国述　南徐罗汉章阅”

·卷之一　粤风（原注：即民歌也，总专同目），题“睢阳修和惟克甫辑，蠡台沈铸陶庵甫评，西陵袁炯孔鉴甫校”

《粤风》序，落款“康熙元年岁在壬寅摄提贞于孟陬睢阳云卧道人修和惟克甫题”

收录客家民歌《蝴蝶思花》（1 首）、《相思曲》（1 首）、《旧日藕》（1 首）、《日出》（2 首）、《日落》（1 首）、《山蕉叶》（1 首）、《高山种田》（1 首）、《隔水》（1 首）、《妹金龙》（1 首）、《高山放石》（2 首）、《妹同庚》（7 首）、《塘上》（3 首）、《梁山伯》（1 首）、《大石》（4 首）、《实不丢》（2 首）、《山上青青叶》（1 首）、《妹花颜》（2 首）、

[1] 游国恩：《东园漫笔（二）——再谈吴淇和〈粤风续九〉》，《民间文学》1962 年第 3 期。

《妹相思》(2首)、《黄菊花》(1首)、《杂歌》(10首)、《上步水》(1首)、《离一身》(1首)、《竹根生笋》(1首)、《江水白涟涟》(1首)、《好马行》(1首)、《纱窗月》(1首)、《白石山》(1首)、《照梳头》(1首),共53首

·卷之二 猺(瑶)歌,题"雪园彭楚伯士报甫重辑,京口何絜南甫订正,新安程世英千一甫评阅"

《瑶歌》序,落款"濠水赵文龙云章甫题"

收录瑶族民歌20首

·卷之三狼(俍)歌,题"睢阳修和惟克甫编辑,东楼吴代叔企甫评解,京口谈允谦长益甫校阅"

《俍歌》序,落款"睢阳云卧道人修和惟克甫再题"《俍歌》迭唱及叶韵例(两韵跳可用□□分韵)

收录古代俍人(壮族)对歌(唱和)11组

·卷之四僮歌(总粤风也,瑶俍僮不可为风,故有专目),题"四明黄道祯林甫辑,吴江潘穋双林甫评,楚僧本符浑融阅"

《僮歌》序,落款"壬寅四明黄道祯林甫题"

收录僮人(壮族)民歌8首

·卷之五杂歌。题"睢阳修和惟克甫编辑,三山何絜南甫评释,黄山程世英千一甫校阅"

《杂歌》序,落款"康熙二年岁在癸卯暮春之初兰亭修禊日睢阳云卧道人和题"

收录"沐浴歌"1首和题解、"蛋歌"3首和题解、"俍人扇歌"3首和题解、"俍人担歌"1首和题解、"瑶人布刀歌"1首和题解、"师童歌"题解和"乐神之曲"5首

·李洁:题《五溪峒女诗》并序跋《粤风续九》后

·自跋《粤风续九》后,题"睢阳吴淇伯其甫题于招隐香皋"

据我所见的《函海》光绪壬午乐道斋刻本李调元辑解《粤风》四卷内容如下:

卷一粤歌,睢阳修和原辑,收录客家民歌"蝴蝶思花"(1首)、"相思曲"(1首)、"旧日藕"(1首)、"日出"(2首)、"日落"(1

首）、“山蕉叶”（1首）、“高山种田”（1首）、“隔水”（1首）、“妹金龙”（1首）、“高山放石”（2首）、“妹同庚”（7首）、“塘上”（1首）、“梁山伯”（1首）、“大石”（2首）、“实不丢”（1首）、“山上青青叶”（1首）、“妹花颜”（2首）、“妹相思”（3首）、“黄菊花”（1首）、“杂歌”（10首）、“上步水”（1首）、“离一身”（1首）、竹根生笋（1首）、“江水白涟涟”（1首）、“好马行”（1首）、“纱窗月”（1首）、“白石山”（1首）、“照梳头”（1首）、“蛋歌”（3首）、“沐浴歌”（1首），共53首。

卷二瑶歌，濠水赵龙文原辑，收录瑶族民歌2组20首，另有1首“瑶人布刀歌”。

卷三俍歌，东楼吴代原辑，收录古代俍人（壮族）对歌（唱答）11组，另有1组“俍人扇歌”，1组“俍人担歌”。

卷四僮歌，四明黄道原辑，收录古代僮人（壮族）民歌8首。

李调元辑解《粤风》与吴淇编《粤风续九》篇章结构比较结果，可看出李调元《粤风》是将吴淇编《粤风续九》前面两篇歌仙刘三妹传和题诗序跋全部删去，在此基础上又将正文粤风、瑶歌、俍歌、僮歌和杂歌五卷歌谣删减合并归类，重新编辑而成《粤风》四卷。它是吴淇编《粤风续九》的节本，而不是谭正璧先生推测的足本。严格说来，李调元重编本《粤风》已成另一本书，不过按现在编辑惯例，应这样署名：原编吴淇，改编李调元。李调元《粤风序》，公开说明了他的《粤风》是对吴淇《粤风续九》改编而成的。李调元编辑的《函海》丛书有六个版本，《粤风》初见于清乾隆四十七年（1782）刻成的《函海》壬寅本、而《粤风序》仅见于道光五年李调元之子李朝夔补刻《函海》。李调元《粤风序》：

百粤轸翼楚分，虽僻处南陲，然而江山所钟，流风所激，多有仿屈宋遗风，拾其芳草者焉。第战国以前，弗与中国通。秦始皇并百粤之地，以为桂林、象郡，其时者，仅编户之民耳，而雕题凿齿之伦负固者犹故也。浔州介两粤之间，其居民之外，惟傜人服化最早，至僮人之出，自元至正始也。俍人之戍，自明弘治始也。当其闭迹巉岩，老死与民不相往来，似尚不知有秦者，其不变化于今之流俗可知也。歌始刘三妹，见于孙芳桂传。其事颇诞，存而不论可也。余尝两至粤矣，浔江俗尚摸鱼歌，闻而绎之，曰“此风之余也!”适友人以吴淇伯所辑粤歌四种见投，其词粤而古，益信深山穷谷之中，抱瑾握瑜之余波犹在也。遂总勒四卷，解释其词，颜曰“粤风”。古人云，骚者楚风之余也，粤近于楚，而楚无风，风者可以补三百篇之遗乎。①

李调元《粤风序》：“余尝两至粤矣，浔江俗尚摸鱼歌，闻而绎之，曰‘此风之余也！’”李调元两至粤，第一次是清乾隆三十九年（1774），李调元奉命为广东副典试；第二次是清乾隆四十二年（1777）八月十六日李调元奉旨提督广东学政，前后有三年零一个月的时间。两次至粤采风地域仅限于粤东，即今广东省的范围。李调元亲耳听见摸鱼歌，“闻而绎之”，据我们前文的考证，是在粤东的浈江舟行期间，“使舟日日浈江曲”“隔船时送摸鱼歌”。蛋民是粤东（今广东）“浮家泛宅”的汉民族，他们所唱的歌叫木鱼歌，又叫“摸鱼歌”“沐浴歌”。

浔江，江流域西江干流中游河段名称，位于黔江段下游，西江段上游。起于郁江与黔江交汇处，至梧州市西江与桂江汇合口起，流经桂平市、平南县、藤县、苍梧等县市和梧州市。吴淇，字伯其，河南睢州（今睢县）人，顺治九年进士，著有《选诗定论》《唐诗定论》《律吕正论》等书。《粤风续九》是吴淇任浔州（清朝浔州府，府治在今桂平市城区，辖桂平、平南、贵县、武宣四县）推官时编辑的岭南各族民歌集。浔江流域也流行摸鱼歌，《粤风续九》卷五《杂歌》沐浴歌（摸鱼歌）题解记曰：“‘沐浴’，东粤之歌名也。浔在粤西，土旷人稀，流寓于兹者，粤东人尤多，故亦习为此歌。”清代的推官是知府的行政助理之一，主要负责刑名和计典事务，秩为正七品，相当于现在的中级人民法院院长。吴淇编《粤风续九》总序中有两段话：

粤西轸翼荆州之野，楚之余也。虽僻处南陲，然而江山所钟、流风所激，岂无有猎其美稗、拾其芳草者乎？第战国以前，弗与中国通。秦始皇开百粤之地，以为桂林、象郡，其服者仅编户之民耳；而雕题凿齿之伦，负固者犹故也。即以浔州一郡言之，居民之外，惟瑶

① 《函海》道光本笔者无缘得见。此序转引自商壁：《〈粤风〉考释》，广西民族出版社，1985年，第1页。

人服化差早；至僮人之出，自元至正始也；俍人之戍，自明弘治始也。当其闭迹巉岩，老死与民不相往来，似尚不知有秦者，其不变化于今之流俗可知已。

吾意昔年怀瑾握瑜之余波，犹存深山穷谷之中者。间尝作士浔江，讼息事简，居多余闲，友人示余以所辑粤风四种，种种各臻其妙，遣词构思，迥出寻常词人意表。益信深山穷谷之中，抱瑾握瑜之余波犹在云。遂分列四卷，总勒一编，颜曰“粤风续九”。

吴淇《粤风续九》总序“粤西轸翼荆州之野，楚之余也。……吾意昔年怀瑾握瑜之余波，犹存深山穷谷之中者。”这段文字被脚履未至浔江的李调元《粤风序》全文移录，可以理解。正所谓“眼前有景道不得，崔颢题诗在上头”。最后这段叙述《粤风续九》编辑的过程，他说：“间尝作士浔江，讼息事简，居多余闲，友人示余以所辑粤风四种，种种各臻其妙，遣词构思，迥出寻常词人意表。益信深山穷谷之中，抱瑾握瑜之余波犹在云。遂分列四卷，总勒一编，颜曰‘粤风续九’。”同李调元《粤风序》编辑《粤风》的过程也十分相似。吴淇友人所辑粤风四种，可能范围宽泛些，采录粤西各族民歌的首数较现在所见《粤风续九》为多。吴淇的友人都是民间文学的爱好者，他们参加了吴淇在浔州组织的大型采风活动，据邓青、孔亚磊著《〈粤风续九〉研究》（暨南大学出版社2018年版）一书统计，全部参加吴淇团队采集民歌、加上校阅、点评及题跋，编刻者达20人之多，最后由吴淇总其成，其中睢阳云卧道人修和惟克甫出力最多。修和是卷一《粤风》民歌收集者，又是《粤风序》的作者，也是卷三《俍歌》的编辑和序作者，还是卷五“杂歌”的编辑。修和惟克甫者，何许人也？游国恩、谭正璧都说“修和”就是吴淇，我认为不是吴淇“托名子虚”的化名。康熙元年修和撰写的卷一《粤风序》中有一段自叙透露了个中信息，修和说：“余有犹子（侄子），从军粤西，因发南游之兴而未果。会有友人之官浔州，乃随而南。于花朝（农历二月）自夏口买舟水行，迄荷月（农历六月）始入浔境。浔地卑湿，又值严暑，是夕舟泊荒渚，营营白鸟僟啮人寐，重被而卧孤蓬之上。忽有歌声自丛竹中出，和者数人，只闻其声，不晓其字。讯之舟子，佥曰此土人之歌也。方知土人重歌，虽村夫野妇皆能之，至男婚女嫁，耑用此雁帑云。异日至浔，购得若干首，渐积遂多。其体则七言绝句，其平仄或未尽协，而押韵必遵梁沈约氏。其义多用双关，有古《子夜》诸歌意（按：昔汉唐之世，多以绝句为乐府，此其汉唐遗响乎？）”吴淇与修和都是睢阳（今河南睢县）人，“会有友人之官浔州，乃随而南”。这个友人可能就是吴淇，修和是吴淇的同乡好友，随吴淇至浔州府，成为府中幕僚。看来修和是吴淇采风团队中主要主持采风、收集资料、编辑《粤风续九》的人物。姑妄言之，待异日寻到确凿材料，证实推测。至于为何李调元要把《粤风续九》卷一《粤风》改为《粤歌》？屈大均《广东新语》中就把广东汉民族的客家山歌叫“粤歌”，李调元《南越笔记》说“粤人好歌”，好的就是上承《诗经·国风》二南之首，下接《楚骚》之尾的“民歌”，即钟敬文先生称的广东客家山歌。吴淇在《粤风续九》卷之四《僮歌》目录后注：“总《粤风》也，《瑶》《俍》《僮》不可为‘风’，故有专目。”何为《风》？吴淇认为深穷谷中的瑶俍僮族的歌谣，只能称之“歌”，附于《粤风》之后。李调元重编的《粤风》将其平列为“粤歌”“瑶歌”“俍歌”“僮歌”四卷，这种思想观念较之吴淇，亦略胜一筹。

二、李编《粤风》的注解为调元所为吗？

李调元《粤风序》曰：“遂总勒四卷，解释其词，颜曰‘粤风’。”吴淇《粤风续九》总序中没有“解释其词”这句话，但是《粤风续九》四卷民歌都有注解，而李调元重编《粤风续九》而成的《粤风》四卷对原注解的方式，采取四种办法：一是全部移录原注；二是全部删除原注；三是部分节录原注，即删节；四是对原注增添数字。下面仅以卷一粤歌和卷二瑶歌的注解为例说明之。

（一）李调元辑解《粤风》卷一粤歌“解”同吴淇编《粤风续九》原注比较

1. 全部移录吴淇《粤风续九》原注例

《竹根生笋》全文移录《续九》原注：“喜极之词，小令有‘转过雕关（阑）’一阕，正与此相似。”

2. 全部删除原注例

《蝴蝶思花》、《相思曲》、《旧日藕》、《日出》（1首）、《山蕉叶》、《高山种田》、《隔水》、《高山放石》、《妹同庚》（5首）、《塘上》、《梁山伯》、《大石》（1首）、《实不丢》、《山山青青叶》、《妹花颜》、《妹相思》（2首）、《黄菊花》、《杂歌》（5首）、《离一身》、《江水白涟涟》、《好马行》、《纱窗

月》、《照梳头》、《蛋歌》（2首）

3. 部分节录原注例

《妹金龙》原注："土人谓'见'曰'冲'。即《郑风·将仲子》三章之旨。"李解："土人谓'见'曰'冲'。"

《杂歌》第8首原注："言我与你相处声名已彰，纵丢开，人终是疑，不如不丢开也，有何恤于人言意。"李解："言我与你相处，声名已彰，纵丢开，人终是疑，不如不丢开也。"

《白石山》原注："白石山，山尽白石，在郡南五十里，仙书二十洞天。写情竟婉秀可观。"李解："白石山，山尽白石，在郡南五十里，仙书二十洞天。"

《蛋歌》第1首原注："'鱼通水透'与《水经注》'鱼若悬空'同妙，平仄亦协。第四句艳逸，似晚唐佳句。"李解："'鱼通水透'与《水经注》'鱼若悬空'同妙，平仄亦协。"

《沐浴歌》原注："沐浴，东粤之歌名也。浔在粤西，土旷人稀，流寓于兹者，东粤人尤多，故亦习为此歌。其辞甚似元人弹词，以三弦合之，每空中弦，以起止，盖太簇调也。又一种，句法类诗余，如云'一笑千金难买，行来步步莲生。脸似桃花眉似柳，话语最分明'之类，俱篇长不及载。"李解："沐浴，东粤之歌名也。浔在粤西，土旷人稀，流寓于兹者，东粤人尤多，故亦习为此歌。其辞甚似元人弹词，以三弦合之，每空中弦，以起止，盖太簇调也。又一种，句法类诗余。"

4. 对原注增添数字例

《蛋歌》题解原注："蛋有三蛋：蠔蛋、木蛋、鱼蛋。寓浔江者乃鱼蛋，未详所始，或曰蛇种，故祠蛇于神宫也。歌与民相乐，第其人浮家泛宅，所赋不离江上耳。"李解："蛋有三蛋：蠔蛋、木蛋、鱼蛋。寓浔江者乃鱼蛋，未详所始，或曰蛇种，故祠蛇于神宫也。歌与民相乐，第其人浮家泛宅，所赋不离江上耳。广东广西皆有之。"

（二）李调元辑解《粤风》卷二瑶歌"解"同吴淇编《粤风续九》原注比较

1. 无全部移录吴淇《粤风续九》原注例

2. 全部删除原注例

《瑶歌》第5首，"瑶歌"第9首，第10首，第11首，第19首，第20首。

3. 部分节录原注例

“瑶歌”第1首原注：“瑶人呼‘鱼’为‘牛’；‘石大’，‘大’字如字；‘牛大’，‘大’字解作‘游’字；‘陷’是‘不’。言己虽相念之切，不得到身边，犹鱼之游只在水中，不得到石边也。无甚深奥，然比义却切，当可思。”李解删去“无甚深奥，然比义却切，当可思”。

“瑶歌”第2首原注：“‘大岸’是‘隔岸’；‘年儿’未详；‘庚’是‘年庚’；‘水’是‘小’；‘呵岸’是‘对岸’；‘呵花’是‘好花’；‘屯’是‘村’。大意谓一岸厢出名花，一岸厢出美人，所以此唱中生出你十分娇娆也。美女名花是一是二，两两相形，俱见欣羡无已之意。”李解删去“美女名花是一是二，两两相形，俱见欣羡无已之意。”

“瑶歌”第3首原注：“‘断定’是‘期定’；‘表’是‘兄’；‘大’是‘来’；‘陷’是‘不’；‘横’是‘木之多横枝’者，取其能遮蔽，期其同来一处意。分明是说‘表来娘亦来’，却云‘表来娘不来’，‘不来’是反语。横枝掩映处，姗姗欲来，写得幽绝。”李解删去“分明是说‘表来娘亦来’，却云‘表来娘不来’，‘不来’是反语。横枝掩映处，姗姗欲来，写得幽绝”。

“瑶歌”第4首原注：“‘陷’是‘不’；‘卖’是‘有’。人不得而怨命者有之，今乃以‘不共村、巷’之故，两云‘不奈朝廷’，何处说起？然其至妙无加处正在此，极不相干却极迂诞恍惚可思，假令文士捉笔，何处著想？此即《诗》‘室通人远’之意。《诗》不过借‘室通’以形‘人远’，此却又从‘人远’处用‘不共村’，‘不共’若隔于‘重篱’、隔于‘重檐’，一层一层翻成‘室远’，盖‘室远’则人更远矣。于此，悟诗家百尺竿头进步法。”李解删去“人不得而怨命者有之，今乃以‘不共村、巷’之故，两云‘不奈朝廷’，何处说起？然其至妙无加处正在此，极不相干却极迂诞恍惚可思，假令文士捉笔，何处著想？此即《诗》‘室通人远’之意。《诗》不过借‘室通’以形‘人远’，此却又从‘人远’处用‘不共村’，‘不共’若隔于‘重篱’、隔于‘重檐’，一层一层翻成‘室远’，盖‘室远’则人更远矣。于此，悟诗家百尺竿头进步法”。

“瑶歌”第6首原注：“‘陷比’即‘怎骑’。语意奇险，有乐府遗意。马之驮人在脊梁着鞍处，头与尾非受骑之所。辔尖难骑，欲其就到中间凑成双跨之乐也。然一人骑首一人骑尾，两人俱骑不得。今只云‘马辔尖尖妹陷比’，看得自己是现在的大才子。《书》所谓‘先有了一半，肯也’。‘马辔’上著‘尖尖’二字，妙谑。诸歌中最妙者，其思路俱从旁入、俱从曲入，绝不用正面。”李解删“语意奇险，有乐府遗意。马之驮人在脊梁着鞍处，头与尾非受骑之所。辔尖难骑，欲其就到中间凑成双跨之乐也。然一人骑首一人骑尾，两人俱骑不得。今只云‘马辔尖尖妹陷比’，看得自己是现在的大才子。《书》所谓‘先有了一半，肯也。’‘马辔’上著‘尖尖’二字，妙谑。诸歌中最妙者，其思路俱从旁入、俱从曲入，绝不用正面”。

“瑶歌”第7首原注：“‘陷都’是‘不得’；‘宽心’是‘细工夫’；‘博’犹‘赌赛’。‘不奈命’是缦调，妙在委曲而脉络一些不乱；此歌是急调，妙在直径而声气一些不促。”李解删“‘不奈命’是缦调，妙在委曲而脉络一些不乱；此歌是急调，妙在直径而声气一些不促”。

“瑶歌”第8首原注：“‘便能’是‘就如’；‘缌三’是‘妙线’；‘程’是‘织布机头’；‘陷’是‘不’；‘峡’是‘杼’。意不甚深，写得稳切。”李解删“意不甚深，写得稳切”。

“瑶歌”第12首原注：“‘邓’是‘同’。语气爽快。”李解删“语气爽快。”

“瑶歌”第13首原注“‘摇声’者，‘乱鸣’也；‘陷比’是‘不知’；‘世’是‘死’。不情不绪，乍信乍疑，小窗幽怨难明，光景历历可想。古诗‘今日良宴会’，妙在劈首‘今日’二字。此亦妙在‘如今’二字，言昔日郎在觉世界好，如今郎不觉世界恶。触处生憎生厌，更无一物一事可解意者。足见钟情之极。乌鸦鸣，俗以为不祥，‘日夜摇声’正是世界恶处。古人有云‘使世界无花柳，余亦不愿生此世界’，况恶世界乎！真有不愿生之意。然已不愿生者，恐郎之死也，己不即死者，冀郎之生也。不知生死，故死不得，活也不得。乐府《乌夜啼》诸曲，后人拟得滥觞，若运以此意，当另开生面。就此意亦好演作一回绝好传奇。”李解只移录原注开头“‘摇声’者，‘乱鸣’也；‘陷比’是‘不知’；‘世’是‘死’”。其余全删。

“瑶歌”第14首原注：“‘水心’是‘江水’；‘运’犹‘搬运去而复来、来而复去’之意；‘都’是‘得’；‘冲’是‘见’；‘当’是‘当面’。此歌赴约屡见绐而作也。一年之间，江水之去来几遍矣，江边之沙石，水冲而来，水冲而去，亦几遍矣。子之期我亦日久矣，我之来亦数数矣。但我少年又单身，去来非若江水沙石之便，今当面相见，恐前者约我之言又难保其必践耳。”李解只移录原注开头“‘水心’是‘江水’；‘运’犹‘搬运去而复来、来而复去’之意；‘都’是‘得’；‘冲’是‘见’；‘当’是‘当面’”。其余全删。

“瑶歌”第15首原注：“‘药’是‘吃’；‘都’是‘得’。前二句兴而比也，后二句赋。大意谓不得手则恨，得手则思，千万年不忘也。首句奇奥，可以注《易》。”李解只移录“‘药’是‘吃’；‘都’是‘得’”。其余全删。

“瑶歌”第16首原注：“‘刁’是‘悬’；‘陷’是‘不’；‘都’是‘得’；‘布’是‘名’。首三句是比言兄即如深山白藤，今日着了娘身，决不放你。‘离’是横言，‘落’是竖言。纵不相处也落个风流名声，传播九州，纽定不放一些子松。此与前‘十分涂骂’者定是一个人。”李解保留原注“‘刁’是‘悬’；‘陷’是‘不’；‘都’是‘得’；‘布’是‘名’”。其余全删。

“瑶歌”第17首原注：“‘陷’是‘莫要’。字字精炼，可敌晋《子夜》，酷似小女儿声口。”李解移录原注“‘陷’是‘莫要’”。其余全删。

第18首原注：“‘价’是‘歌’；‘立价’是‘造歌’；‘刘三妹’是‘造歌之人’；‘雪世’是‘传世’；‘细衫’指‘唱歌之人’。歌虽古人造，但经妹口中唱出即是妹之歌也。兄倘思唱歌之人而及此歌乎？絮絮叨叨，何等柔婉，何等深挚。不单说唱歌之人可思，而并及于歌，最得进一步法。”李解移录原注“‘价’是‘歌’；‘立价’是‘造歌’；‘刘三妹’是‘造歌之人’；‘雪世’是‘传世’；‘细衫’指‘唱歌之人’”。加“义同红裙”四字。其余原注文字全删。

综上所述，李调元编《粤风》卷一、卷二所谓“解”，同吴淇编《粤风续九》注文相比较，两者别无二致，只有详略之差。要说抄袭，是李调元编《粤风》抄吴淇编《粤风续九》，白纸黑字，不用多替他辩护。平心而论，经李调元重编的《粤风》，注解文字简洁，清爽，好读，比原先的《粤风续九》易于普及流传。自清乾隆三十八年（1773年）纪昀总纂《四库全书》时得到两淮盐政采进的《粤风续九》而未将其选进《四库全书》，只在《提要》中留下书目，逐渐便消失在主流传播渠道，官方视野之中。乾隆四十六年（1781年）李调元在广东得到吴淇编《粤风续九》，将它重编为《粤风》四卷，刻入《函海》丛书，流传了137年才被顾颉刚、钟敬文等前辈学人发现，李调元《粤风》保存清康熙吴淇团队采风成果的功劳，还是不容抹杀的！

有关李氏掠美之嫌，这是他治学粗疏之过，我们应该学习陈寅恪先生，“其对于古人之学说，应具瞭解之同情”[①]，实事求是地分析研究。李调元生在乾嘉时代，但不属于乾嘉学派。乾嘉学人治学谨遵四个字“实事求是”，李调元缺乏乾嘉学派那种谨严的治学态度。清咸丰学者绵州孙桐生评价李调元说：“家有万卷书楼，藏书颇富。诗文敏捷，天才横溢，不假修饰。少作多可存，晚年有率易之病，识者宜分别观之”。[②]“率易”者，即“轻率随便”之谓也！李调元是四川历史文化名人，文化先贤，他以编刻大型丛书《函海》而著名。他遗留至今的为数众多的所编所刻的历史文献和著作，需要我们坐冷板凳，一部一部，先作艰苦的微观研究，再做宏观概括，然后实事求是地评价其历史地位和作用，而不要率易地抛赠一顶又一顶的桂冠。论从史出，这才是李调元研究应有的科学态度！

（江玉祥：四川大学文学与新闻学院教授）

① 陈寅恪：《冯友兰中国哲学史上册审查报告》，《金明馆丛稿二编》，上海古籍出版社，1980年，第247页。

② （清）孙桐生选辑：《国朝全蜀诗钞》，巴蜀书社，1985年，第130页。

李调元的民间情怀及相关问题辨析

——以《粤风》为视点

李祥林

1958年7月，“中国民间文学工作者大会”在北京召开。顾颉刚应邀出席并于14日作大会发言，主要谈了民间文学的价值以及搜集编纂者的功绩。这篇发言稿经刘锡诚保存下来，顾颉刚在发言中指出“中国地大人多，数千年来不知创作了多少民间文学作品”，可是在历朝历代当权者的打压下，将其逐出“大雅之堂”，视之为粗俗的、诲淫诲盗的，“于是，两三千年来的文学只是士大夫的文学”且“永远是正统”。但人民的创造力是旺盛的，他们的作品依然有零星的存世，“这些创作能零星留存下来，还是靠着思想比较解放的士大夫，他们敢于跳出正统文学的范围，向民间文学偶尔瞟一下……直到明末清初，才有一批‘放诞不羁’的文士，敢正视民间文学，把民间文学和士大夫的文学平等看待，从事搜集和编选。其中杰出的一位是冯梦龙……此后，有一位吴淇，他到广西做官，而广西是一个歌海，他欣赏了人民的创作，把听到的采集拢来，编成《粤风续九》一书。这一部书不幸因被人蔑视而失传了，幸而李调元的《粤风》就是根据它改编的，我们还可以借李调元的书看见吴淇到少数民族里采集的功绩”。在顾颉刚看来，罗江才子李调元（1734—1802）也属于这种“敢跳出正统文学”而“敢正视民间文学”者。在介绍了顾文之后，刘锡诚感慨地写道："顾先生在文章中关于中国民间文艺学史的描述虽然简略，但却难能可贵地为我们勾画了一个大致轮廓。时代已经过去了40年，出版社也已经出版了好几部中国民俗史或中国民间文艺学史和民间文学词典，遗憾的是，顾先生当年所提到的一些重要人物（如清代搜集和编定了《粤风续九》的吴淇）和社团（如抗战爆发后成立的通俗读物编刊社），在这些著作里……却没有能够得到进一步的研究，甚至连提都没有提到。"[①] 顾、刘之语的潜台词实际上在提醒我们，正是因为有了李调元出手编《粤风》，在《粤风续九》"失传"的很长时间里，后世才有可能知晓经当时文士之手采录、编辑及传扬的粤地民歌的基本情况，才得以了解民间文艺学史上这不该缺失的信息。就此而言，对于李调元所编《粤风》，我们还应从中华民间文艺学术史角度肯定其贡献。

顾颉刚用"放诞不羁"来指说这种"敢于跳出正统"和"敢于正视民间"人士，对不拘陈腐礼教的他们的所作所为赞誉有加。身在此列的罗江才子李调元，为人耿介，笔下"狂"态时见。他自称"醉舞几曾拘礼法，吾侪原是圣门狂"（《与诸同年谳集大司农王白斋座师赐》其二），他感叹"曰余生也晚，狂愚颇自命"（《读祝芷塘德麟诗稿》），他直呼"古人不得意，大抵皆放颠"（《秋兴二首》之二）。以"蠢翁"自号，"负骨气何曾头略低"的他，"甘遭倾跌"而"懒上攀跻"，返乡归家，"新舍初成，开尊行乐，任我狂歌醉似泥"（[沁园春]《新号蠢翁自赞》）。这种狂，权势者不喜欢，老百姓多欣赏。顾颉刚说，李调元的故事也同杨升庵的故事一样"在民众间流行"，并"希望有人把他汇编起来，使得这一个为正统派所唾弃而和民众们接近的才子有出头的时候"。[②] 巴蜀民间流传的李调元传说不少[③]，其中屡见彰显其戏耍嬉玩、耿直狂放之态的作品，如《文从胡说起》（重庆）、《学而时习之》（荣县）、《巧戏嘉庆皇》（安县）、《三江主考李调元》（西昌）等。才士狂放，盖在性情真率，胸中有块垒。有论者指出，"《粤风》111首，全部都是情歌……歌中大胆追求爱情、自由恋爱、婚姻

① 刘锡诚：《关于顾颉刚的一篇佚文》，原载《中国民俗学年刊》1999年，上海文艺出版社，1999年；此处转引自刘锡诚《民间文学：理论与方法》，中国文联出版社，2007年，第490—491页。

② 顾颉刚：《顾颉刚民俗论文集》（卷一），中华书局，2011年，第341页。

③ 2022年6月下旬，我们一行在四川省非遗保护协会组织下应邀去罗江为当地非遗项目申报省级名录做指导，得知这次罗江拟向省上推荐的项目有《李调元传说》（民间文学类）。据申报书分类，当地李调元传说包括立志、试才、惩恶、戏要、扶正等几类，由此可窥这位罗江才子在当地民众心目中的形象。

自主、女性占主动地位，与中原、江浙等地方的情歌风格大异其趣，充满了健康、乐观、天真、热情、朴质等情绪，是岭南特有的格调，与儒家婚姻由父母作主、存天理灭人欲的观念大相径庭”，究其缘由，这跟李调元的创作观念和美学思想有关。“在文学主张方面，李调元主张‘性情’，‘爽、响、朗’，‘立言先知有我，命意不必犹人’，‘人所到，我不必到，人不到，我却独到’。《童山文集》卷五《张鹤林诗集·序》云：‘诗虽发于情而实本于性。性不笃者，情不真也’。《童山文集》卷五《姜山集·序》亦云：‘诗非出于情之难，出于情而不失其正之为难’。‘作诗之难也，岂非不得，夫情之、正之’。由此可见，李调元的美学主张是‘真性情’，反映人内心的真实情感，反对涂脂抹粉、故作姿态的庸俗文学，故而岭南山歌中追求大胆爱情、要求婚姻自由的诉求才会引起他的共鸣。”[①] 明代中叶以来，主张抒写“真情”的文艺美学观在人性启蒙思潮中旗帜高扬，受左派王学影响而出现了李贽、徐渭、汤显祖、孟称舜等一批成就卓著的文学家、艺术家，《山歌》编者冯梦龙也大声呼喊“文之善达性情者无如诗，三百篇可以兴人者，唯其发于中情，自然而然故也”（《太霞新奏序》）。入清以来，由情而理，礼教再严，时风有所变化。在《曲话·序》中，李调元尽管肯定“情长情短，莫不于曲寓之”，但同时也讲“夫曲之为道也，达夫情而止夫礼义者也”，不免带有研究者指出的某种“道学气”[②]。时风使然，身在“儒门”的李调元笔下少不了也有“出于情而不失其正”乃至“遗音闻正始，韶乐放淫郑”（《读祝芷塘诗稿》）之类话语，但就其目光向下辑录口头文艺、编纂《粤风》《南越笔记》等行为实践看，不能不说是民间文学那种率性而发、畅快抒情的人性本真强烈地感染了他并占了上风，所以从他所编民歌民俗书籍中处处有见敞亮人性的“真情”之作。归根结底，接地气的民间情怀最终使李调元从道学气中脱身出来，以行为实践凸显了他对真情的民间文艺的接纳和赞赏。

顾颉刚是史学家，喜爱民间文学的他在此领域亦贡献不凡。顾氏对《粤风》《粤风续九》及其编者的评价，早在 1927 年为钟敬文整理《粤风》作序时即有见，曰：“民国十年的冬天，我在北京大学研究所国学门里翻看李调元辑刻的《函海》。无意中在第二十三函里发现了《粤风》一种，

① 石丽芳：《〈粤风〉研究》，中央民族大学博士研究生学位论文，2010 年，第 56、65 页。
② 吴毓华：《古代戏曲美学史》，文化艺术出版社，1994 年，第 227 页。

里面都是当时粤中各民族的歌谣。这使我诧异得很，因为我常觉得搜集歌谣是我们这一般人破天荒的工作，如何在一百多年以前竟有人先我而为之呢。”[①] 顾颉刚说的“破天荒的工作”，指的是当年他们在北大成立歌谣研究会、创办《歌谣》周刊征集民歌的事，此在中国新文学史上是觉醒的知识阶层自觉把目光投向民间的“破天荒”之举，用与顾通信交流的舒大桢的话来说叫“破天荒的歌谣研究会”。顾颉刚将李氏编印《粤风》等与新文化运动搜集民歌并提，可见对前者评价不低。当时，由于对《粤风》前身《粤风续九》的情况尚乏知晓，顾称赞“他（李调元）一任歌谣的自然，不加上任何崇隐，而所录的以情歌为特多，这很可能给予读者一种看歌谣得正当的眼光。而且他分了民族去搜辑，世人略窥见猺、獞族的文化。他又不因言语的隔膜而束手，引起读者研究方言的兴趣：这都是极可佩服的事情”。顾颉刚为《粤风》不受正统文化待见打抱不平，说“可怜这一本小小的书，被圣贤文化所压迫，经过了一百多年，没有人提起过；还幸放在从书里，不致散失”。并以打趣的口吻对广东籍的钟敬文说：“你看了四川人搜集广东歌谣的成绩，你以土著的资格，将如何造成一座九层的粤风台，来报答这位客官的好意啊！”[②] 后来，顾颉刚掌握了《粤风续九》及编者吴淇的资料，于1933年撰写了《〈粤风〉的前身》[③]，就相关问题重加说明，肯定了吴氏的首创之功。同时，也没有全然否定李调元“在《函海》里把这书刻出，改题为《粤风》”之举对于辑存民间文学资料所起的承续作用，因为前书被认为“失传”而实际上由于种种原因鲜为世人所知，在此情况下，后者的所作所为依然有其难能可贵之处。客观地讲，《函海》编者之举多多少少也是存留、保护、传扬文化遗产的一种手段，犹如元刊杂剧本和臧懋循整理本之于元杂剧，今天学界研究元杂剧在重视前者的同时也不会忽略后者。况且，当年顾颉刚还认为，《粤风》“凡四卷，每卷各有一原辑人名，而修和（吴淇）所辑仅占一卷”[④]，是不是李调

① 顾颉刚：《顾颉刚民俗论文集》（卷一），中华书局，2011年，第339页。顾颉刚为钟撰写的这篇序言，最早刊发于北大《新生周刊》第一卷第十三期，1927年4月28日。同年6月，钟书由朴社出版。

② 顾颉刚：《顾颉刚民俗论文集》（卷一），中华书局，2011年版，第341页。

③ 该文发表于《民间月刊》第二卷第八号，1933年8月1日。

④ 《粤风》四卷，总题“罗江李调元辑解”，每卷之首又各有原辑人名：《粤歌》是睢阳修和，《猺歌》是濠水赵龙文，《狼歌》是东楼吴代，《獞歌》是四明黄道原。四人分别是河南、安徽、浙江人，顾颉刚曾推测“他们是李调元的幕僚”，此书是他们“在李氏游宦粤中的时候，得到他的指导而辑成的”。

元在编书时又并入了其他人搜集的民歌呢？《粤风》中对所收民歌亦有评语，但“未知是否李调元所加”，诸如此类，依顾氏之见，在弄清真相之前，对于《粤风》编者的辑编、刻印、传扬之功还是应有客观评估，不宜轻易否认。正因为如此，顾颉刚在上述会议发言中说通过《粤风》而知吴淇，可见他对此问题心中有数。[①] 尽管他对李调元编书的具体操作方式有微词，但他对李氏刻印传留粤地民歌以及对李氏能正眼看待民间文学这点并未视而不见。退一步讲，承认《粤风》袭自《粤风续九》也就是以后者为母本，依然无法忽视李调元善待口头文学的民间情怀，因为对这份民间遗产的认可正表明他与前者（吴淇）在审美趣味上有默契和共鸣。

吴淇，字伯其，号冉渠，生于明万历四十三年（1615），卒于清康熙十四年（1675），河南睢州人氏，顺治十五年（1658）考取进士，来岭南时任浔州府推官，康熙四年（1665）升任江苏镇江海防同知。吴生于书香世家，自幼赋资颖异，饱览群书，笔耕不辍，著作有《雨蕉斋诗选》（七卷）、《六朝选诗定论》（十八卷）、《粤风续九》（五卷）等。浔州涉及今之广西桂平地区，据考察，“吴淇任职浔州推官的时间大约是在1659—1665年”[②]。《粤风续九》见《四库全书总目》卷二百集部五十三《词曲类存目》，以及《清史稿》志一百二十三《艺文四》等著录，该书刊刻时间据考是在1665年也就是康熙四年之后。所谓“续九”，有接续屈原《九歌》之意[③]，可见编者推崇粤地民歌之意。关于吴氏其人其书，李调元《粤风》自序有言：“余尝两至粤矣，浔江俗尚摸鱼歌，闻而绎之……适友人以吴淇伯所辑粤歌四种见投……遂总勒四卷，解释其词，颜曰粤风。”[④] 若说李调元编《粤风》是以《粤风续九》为基础，那么，吴淇编此书有没有前在编本作依据呢？有的，如后者在作于康熙元年（1662）的《粤风续九·总序》中所言：“间尝作士浔江，讼息事简，居多余闲。友人示余以所辑粤

---

① 在《〈粤风〉的前身》中辨明吴、李二人事迹后，顾颉刚仍说：“《八纮译史》既无翻刻本，《粤风续九》不知尚有传本否。倘使没有李调元一刻，这部书的影子只能到陆次云的书里去找了！”《八纮译史》四卷，清初钱塘人陆次云著，其中《峒溪纤志·志余》提及吴氏及《粤风续九》，并从后者搜集的歌谣里选了若干载入己书。

② 施爱东：《发现刘三妹：乡绅曾光国的文化交游圈》，载《民族艺术》2022年第3期。

③ 吴淇在《自跋〈粤风续九〉》中说，“战国时，西南诸粤之国，尽服于楚。……余之辑此，亦犹从粤译而楚说云”，并举《淮南子》记载楚国公子游粤地时闻古越女歌而请人以楚语翻译之为例，指出“其原辞良不可解，至以楚说译之，则绝类《离骚》也，岂屈宋之流风欤”，从而说明他以粤歌接续楚辞（续九）之意。

④ 《粤风》后来刻印的各版本中，据陈子艾考证，“除道光五年本能偶见李调元的‘自序’外，余均未见”（《〈粤风〉与〈粤风续九〉研究三题》，见苑利主编：《二十世纪中国民俗学经典·史诗歌谣卷》，社会科学文献出版社，2002年，第159页。

风四种，种种各臻其妙，遣词构思，迥出寻常词人意表。益信深山穷谷之中，抱瑾握瑜之余波犹在云。遂分列四卷，总勒一编，颜曰《粤风续九》。”① 如此说来，吴淇编此书也是在综合友人“所辑粤风四种”成果基础上完成的。当时，参与吴氏编书工作的“友人”有哪些呢？“《粤风续九》除总辑吴淇之外，对民歌进行收集、整理的尚有修和、赵龙文、彭楚伯、黄道等多人；对歌谣加以评解、注释的还有沈铸、袁炯、何絜、程世英、吴代、谈允谦、潘缪、楚僧本符等。”② 也就是说，这是总编挂帅下的集体编纂成果，如此态势甚至有点接近“五四”新文学的歌谣收集。由此可知，彼时“敢于跳出正统”走向田野、留意民间文学的有识见的文士实不止一个两个，他们俨然构成一个志同道合的群体，最终促成《粤风续九》的吴氏则是其中代表者。可以推想，那个时代这种“走向民间”的文化态度，对于到南方边地任职的《粤风》编者自然会有熏染。《粤风》以《粤风续九》为母本，但前者有没有加入编者自己的东西呢？究其缘由，触动李调元编《粤风》的原因有二：一是来到粤地受岭南民歌吸引，一是见到了吴淇的《粤风续九》。有人指出，李对吴书的编辑格式体例不满意，“他之所以对《粤风续九》不满意，一个是因为《粤风续九》对岭南民歌的定位，重在‘续九’即认为是《九章》的补遗，是楚辞的一部分，这是不准确的，掩盖了《粤风》出自岭南，有自己风格的事实；第二个原因是采录的主要是粤歌，只有几首壮歌、瑶歌，并且放在附录，而不是作为民歌之一种并列书中。因此在他编辑的《粤风》当中，各民族的民歌是平等的，粤歌、傜歌、俍歌、僮歌各有一卷，并排列入集中——这是《粤风》与《粤风续九》的根本不同，这说明了两位编者思想境界的差异”。③ 此言不失中肯，可见《粤风》未必像有的论者所言“可以完全确认就是《粤风续九》的摘抄”甚至“剽窃”④。毋庸置疑，“粤风从民歌这一侧面，反映了岭南多民族之间文化交往的悠久、频繁和渗透的深度”⑤。借用多民族观审视粤地民歌有必要，以此进而考量吴、李二人异同，需要冷静的学术分析。此外，《粤风续九》尽管在康熙时即有刊刻，但自乾隆后期以来便长

---

① 吴淇：《粤风续九·总序》，见《四库全书存目丛书补编》第 79 册，齐鲁书社，2000 年，第 371 页。

② 王长香：《〈粤风续九〉研究》，扬州大学硕士研究生学位论文，2011 年 5 月，第 17 页。

③ 石丽芳：《〈粤风〉研究》，中央民族大学博士研究生学位论文，2010 年 5 月，第 55 页。

④ 邓青、孔亚磊：《〈粤风续九〉研究》，暨南大学出版社，2018 年，第 15 页。

⑤ 梁庭望：《岭表之风——〈粤风〉》，《广西民族研究》2003 年第 2 期。

久不见踪影（仅有《四库全书总目》等著录其名及部分文人著作略引其诗），学界亦认为此书失传，故人们对粤地民歌的了解多依据《粤风》。直到2000年，齐鲁书社根据影印出版《四库全书存目丛书补编》，世人才从中见到《粤风续九》全本（杭州图书馆馆藏）。吴氏该书从初刊到再度面世，留下的传播空白是几百年时间，其中原因不得而知。了解这段史事，有助于我们客观认识《粤风》及其编者在中国民间文艺学术史上的地位和作用。

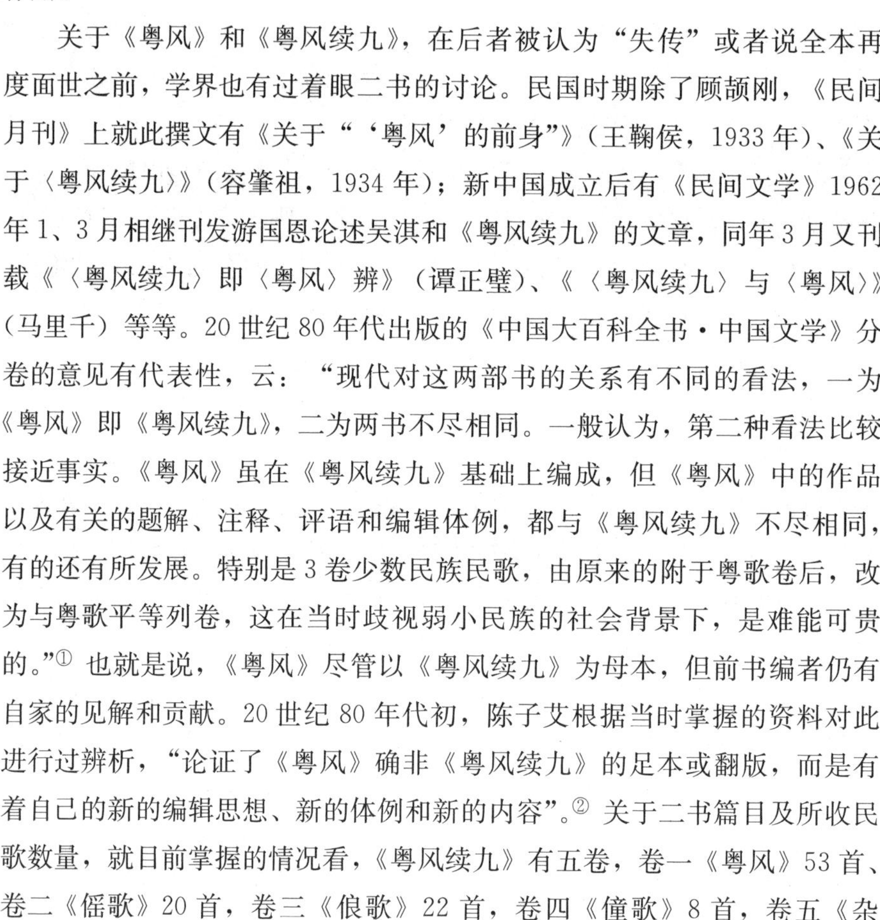

关于《粤风》和《粤风续九》，在后者被认为“失传”或者说全本再度面世之前，学界也有过着眼二书的讨论。民国时期除了顾颉刚，《民间月刊》上就此撰文有《关于“‘粤风’的前身”》（王鞠侯，1933年）、《关于〈粤风续九〉》（容肇祖，1934年）；新中国成立后有《民间文学》1962年1、3月相继刊发游国恩论述吴淇和《粤风续九》的文章，同年3月又刊载《〈粤风续九〉即〈粤风〉辨》（谭正璧）、《〈粤风续九〉与〈粤风〉》（马里千）等等。20世纪80年代出版的《中国大百科全书·中国文学》分卷的意见有代表性，云：“现代对这两部书的关系有不同的看法，一为《粤风》即《粤风续九》，二为两书不尽相同。一般认为，第二种看法比较接近事实。《粤风》虽在《粤风续九》基础上编成，但《粤风》中的作品以及有关的题解、注释、评语和编辑体例，都与《粤风续九》不尽相同，有的还有所发展。特别是3卷少数民族民歌，由原来的附于粤歌卷后，改为与粤歌平等列卷，这在当时歧视弱小民族的社会背景下，是难能可贵的。”① 也就是说，《粤风》尽管以《粤风续九》为母本，但前书编者仍有自家的见解和贡献。20世纪80年代初，陈子艾根据当时掌握的资料对此进行过辨析，“论证了《粤风》确非《粤风续九》的足本或翻版，而是有着自己的新的编辑思想、新的体例和新的内容”。② 关于二书篇目及所收民歌数量，就目前掌握的情况看，《粤风续九》有五卷，卷一《粤风》53首、卷二《傜歌》20首，卷三《俍歌》22首，卷四《僮歌》8首，卷五《杂

---

① 《中国大百科全书·中国文学》，中国大百科全书出版社，1986年，第1217页。有别于少数民族语言的“傜歌”“俍歌”等，“粤歌”是以汉语演唱为主的当地民歌。前人以内地《诗经》之“风”和楚辞之“九”命名边地粤风歌谣集子，即与此有关系。

② 陈子艾：《〈粤风〉与〈粤风续九〉研究三题》，见苑利主编：《二十世纪中国民俗学经典·史诗歌谣卷》，社会科学文献出版社，2002年，第176页。陈子艾是北师大中文系教授，该文最初发表在1982年《民间文艺集刊》第二集，原题《〈粤风续九〉与〈粤风〉的搜集传播与研究》。

歌》17 首，共计 120 首；《粤风》按四编排列，卷一《粤歌》53 首，卷二《傜歌》21 首，卷三《俍歌》29 首，卷四《僮歌》8 首，共计 111 首。其中，《粤风续九》和《粤风》收录的粤歌虽然都是 53 首，但在内容上有差异，如研究者指出，“李调元在重编此卷时，对《粤风续九》进行了增删，计删去原第 21、22、25、26、29 共五首，新增五首”①。新增篇目如《沐浴歌》：“一笑千金难买，行来步步莲生。脸似桃花眉似柳，话语最分明。”又如《疍歌 2》：“疍船起离三江口，只为无风浪来迟。月明今网船头撒，问娘鞍落在谁家。”除了有删有增，关于同一首民歌，李书还提供了有别于王书的异文，如粤歌第 17 首，吴书作“妹有真心兄有意，结成东海一双鱼”，李书作“妹有真心兄也知，结成东海一双鱼”；又如俍歌第 12 首，吴书作“旧钱便好使，旧米好做糍”，李书作“旧钱便好使，旧米便好糍”②。究其缘由，或许跟他俩所见民歌的来源不同有关，这种异文现象在民间文学采录中很常见。此外，二者在对民歌的注释、解题等方面，言语也有出入。看来，关于二书之关系及异同，期待更深入的研究。

说到李调元对待口头文学的民间情怀，又不妨将目光暂时从《粤风》移开，去看看他的其余著作，比如《粤东笔记》。该书十六卷，又名《南越笔记》，内容丰富而地域色彩鲜明。③“越”与“粤”通，广东据《史记》称“南越”而《汉书》称“南粤”，泛指岭南一带。留心民间文化的李调元利用宦居粤地之机，悉心考察岭南的天文地理、矿藏物产、民情风俗，足迹“遍历全省诸郡县”（自序），或征以典籍，或借助方志，或讯于通人，或验以耳目，从而撰就此书，为彼时的岭南地区留下“一部比较完整的民俗调查资料”，从而被视为清代民俗史籍中的“上乘者”。④ 李调元的采录视野开放，如自序所言是“不可以泥于前古或志或不志”，对待民间尤其不带腐儒式偏见。《粤东笔记》中涉及少数民族口头文学的信息不少，如卷一记载“布刀写歌”（瑶族歌俗）等：“东西两粤皆尚歌，而西粤土司中尤盛。大约云峒女丁春秋时布花果笙箫于山中，以五丝作同心结及百纽

① 王长香：《〈粤风续九〉研究》，扬州大学硕士研究生学位论文，2011 年 5 月，第 32 页。

② 或以为这是李氏对王氏引诗的“改动”或“传抄之误”（王长香文），此说未必妥当，盖在不了解异文或多版本化恰恰是口头文学的传播特征。

③ 钟敬文曾撰写《读〈粤东笔记〉》，1924 年 11 月 9 日发表在《歌谣》周刊第 67 号上。刘锡诚说，李调元“这本本来不是很流行、很受人重视的笔记杂书，由于钟敬文的发现、评价和介绍，其在近代民间文艺学史上也变得身价百倍了”（《二十世纪中国民间文学学术史》，中国文联出版社，2014 年，第 178 页）。

④ 刘德仁、盛义编著：《中国民俗史籍举要》，四川民族出版社，1992 年，第 312 页。

怨央囊带之，以其少好者结为天姬队。天姬者，峒官之女也。余则三五采芳于山椒水湄，歌唱为乐。男子相与蹋歌赴之，相得则唱酬终日，解衣结襟相遗以去。春歌正月初一，三月初三，秋歌八月十五。其三月之歌曰浪花歌。……其歌与民歌皆七言不用韵，或三句，或十余句，专以比兴为重，而布格命意，有迥出于民歌之外者。……傜则以布刀写歌。布刀者，织具也。傜人不用高机，无箸无枝，以布刀兼之。刀用山木，形如刀，长于布之阔，锐其两端，背厚而椭。……歌每书于刀上，间以五彩花卉，明漆沐之以赠所欢。”并引歌例若干，如：“黄蜂细小螫人痛，油麻细小炒仁香”，“与娘同行江边路，却滴江水上娘身，滴水一身娘未怪，要凭江水作媒人”，无不质朴生动。该条还提及“赵龙文云，傜俗最尚歌”，这个赵龙文就是前述收集粤地民间歌谣的热心人士之一，同类文字在屈大均《广东新语》中亦见，更早见于吴淇的《粤风续九》卷二，前者实乃从后者“化用”的。[①] 关于《粤东笔记》，世人多以之与屈大均《广东新语》对读而认为前者有袭写后者之嫌，今有论者说“在《广东新语》屡遭禁毁的清朝，李调元在其基础上重加编纂”是“有功于世”的[②]，并指出李在编目、内容、文字等方面亦有贡献。此论可供参考。平心而论，李调元的《粤东笔记》并非只“抄”不“作”，走南行北见闻多的他在书中还是有“述”也有“作”的。[③] 比如，关于清代的“羊城八景”，《粤东笔记》的记载（如“景泰僧扫”、“波罗浴日”等）就有别于同时代书籍（如仇巨川的《羊城

---

① “屈大均编纂此书（《广东新语》——引注）时，吴淇的《粤风续九》与王士禛的《池北偶谈》均已问世。《广东新语》多处化用《粤风续九》，其中《粤歌》关于瑶歌的部分，作者直接提到了化用的源头：‘赵龙文云……’”（施爱东《发现刘三妹：乡绅曾光国的文化交游圈》，载《民族艺术》2022 年第 3 期）。

② 曾肖：《〈南越笔记〉与李调元的民间情怀》，载《李调元研究》第二辑，四川人民出版社，2015 年，第 316 页。《广东新语》成书于屈大均（1630—1696）晚年，“作者处在民族矛盾尖锐的时代，时以反清复明为念，书中颇有借古讽今，指物喻志者。及其去世七八十年以后，清代文字狱再起，两广总督李侍尧于 1774 年（乾隆三十九年）罗织检举，奉旨以屈大均‘托名胜国，妄肆狂狺，其人实不足取，其书岂可复存！’所有著述书版一概焚毁”（《广东新语》之出版说明，中华书局，1985 年）。清代文字狱主要在前期，以顺、康、雍、乾时期最盛。又，关于“东西两粤皆尚歌”的文字亦见于《广东新语》卷十二“粤歌”条，屈氏笔下谈到俍歌时提到“修和”、谈到傜歌时提到“赵龙文”，那么，此处同样会有人问：关于粤歌，对《广东新语》与《粤风续九》之间的关系又该如何评议呢？看来，这些细微问题有待从学术上还原史实，其中多有可供探究、思考之处。辨析这些问题，亦有助于我们客观把握李调元编《粤风》之事以及民间文艺学史上诸如此类事例。

③ 清嘉道年间阮元主修的《广东通志》因史料价值高而得史志家称赞，被视为广东史上 6 部省志中质量最高者。该书在资料来源上所采甚广，如《舆地略·风俗》，除了引府州县志 65 种，还引及《初学记》《述异志》《太平御览》《艺文类聚》《东坡志林》《岭表录异》等 43 种，其中有《粤东笔记》[颜广文、关汉华：《论阮元与〈广州通志〉的编纂》，《华南师范大学学报》（社会科学版）2000 年第 3 期]。

古钞》），一图一景并配有文字说明，留下不可多得的史料。[①] 况且，在以“述而不作”为传统的中国，“抄书”现象在前人笔记类著作中非仅见于李氏之书，而“抄”之缘由也多种多样，对之不宜以现代人所谓“抄袭”标尺作一刀切式简单化评判。对此问题，去读读宋元明清数量众多的笔记类书籍，当不难明白。

纵观《粤东笔记》《粤风》关于民歌、土音、民族艺术、地方风俗的记录，不能不承认，李调元是抱着欣赏态度以由衷热情投入采集和传扬民间文化遗产工作的。唯此，刘锡诚在谈到民间文学的搜集、记录时，不无感慨地对李调元这样的辑录者“酷爱民歌”深表赞赏。[②] 这位罗江才子的民间情怀有多方面体现，笔者曾从不同角度加以论述。[③] 本文选择世人和学界谈论尤多的《粤风》为视点，结合诸家研究，从李调元的民间情怀切入就相关问题进行析说，以供同人参考。不容否认，对于李调元编《粤风》，历来评价甚高，但这些评价是在学界尚未掌握《粤风续九》全貌的情况下作出的。前述《中国大百科全书·中国文学》关于二书的对比迄今看来还是较客观的，但其评语依然是建立在对《粤风续九》缺乏全面掌握的基础上。如今，湮没已久的吴淇之书浮出水面，在带给大家欣喜的同时，问题也来了：此前学界围绕《粤风》对李调元的种种评价在多大程度上还有效？或者说，是不是有了全本《粤风续九》，对于《粤风》也就可以不再留意？今天对读二书，梳理二者关系并辨明二者异同，我们应该怎样认识李调元所做的工作以及如何客观评价李调元的贡献？关于李氏其人其书的认识和评价，又该如何做到既不拔高又不贬低呢？诸如此类，无论对于学界还是对于四川，都是不能回避的。本文梳理相关问题，陈述一己之见，希望能对这项研究有所助力。

（李祥林：四川大学文学与新闻学院教授）

① 谢澜：《从地名的演变看广州的城市特色——兼论地名学上的意义》，载《广东史志》2000年第4期。

② 刘锡诚：《二十世纪中国民间文学学术史》，中国文联出版社，2014年，第178页。

③ 李祥林：《从民间立场看李调元的文化贡献》，载《李调元研究》，巴蜀书社，2005年；《李调元笔下的南越女性习俗及女神信仰》，载《李调元研究》第二辑，四川人民出版社，2015年。

李调元节日诗歌刍议

李建中

李调元是清代乾嘉时期一个全面发展的文人，“诗人”只是他多种身份里的一种，著有《童山诗集》42卷。罗焕章主编的《李调元诗注》[①]，收录了他的主要诗作1000多首。在这些诗作中，有40多首是写传统节日的，本文便以这一部分诗歌作为讨论对象。

一、李调元节日诗歌概况

李调元诗歌中所写的节日，主要包括春节、元宵、清明、端午、中秋、重阳等。其中多数节日诗，在题目上直接冠有具体节日名称；少数虽没有嵌入节日名称，但明眼人一看便知道写的是什么节日，如“三月三日”显然是指上巳节，“九月九日”当然是指重阳节。还有一种情况更加间接一些，比如《游春》，题目与节日无关，但其中有诗句“自因节届清明近，满地乌鸦啄纸灰”，可以归入写清明的诗。再如《观钱塘潮歌》，题目里没有“中秋”和“八月十五”字样，但开篇第一句“八月十五钱塘潮”便点明了是中秋节，何况钱塘观潮本就是中秋节重要的传统民俗活

① 罗焕章主编：《李调元诗注》，巴蜀书社，1993年。

动，所以归入写中秋的诗。

李调元的节日诗歌中，写得最多的节日是春节（包括除夕、元旦及其后几日），共计16首。其中，题目叫《除夕》的有两首，其他分别是《岐山县元日》《辛卯除夕在行唐县作》《壬辰元旦发行唐至定州道中》《除夕狱中寄墨庄》《除夕寄唐尧春》《丁未除夕示龙山弟》《己酉除夕》《元旦试笔》《元旦三首》《初一日南村观捕鱼》《癸丑元旦》《初四日携眷至曹大姑家贺新》《正月初二日题曹大姑壁》《初六日偕何九皋（人鹤）河村观灯》。

写元宵节的诗歌也不少，计有7首。也许是古人懒得在取名字上花功夫的习惯，也许是李调元的随性而为，7首中竟有4首都叫《元宵》。其余3首，分别是《元宵观灯二首》《正月十四日至成都是夜观灯》《十六日夜再观灯》。

写上巳、寒食、清明节的诗歌共有9首，分别是《开制军泰观风锦江书院赋得四时最好是三月得三字》《三月三日游浮山飞鸣禅院访柴豹文和张芗圃明府韵》《寒食出城》《寒食姜诗墓观赛》《清明在成都作》《游春》《和墨庄弟清明诗》《清明偕玉溪础儿至醒园》《三月初四日清明华阳高君若愚同温汉台邀张桐轩、李延亭……至薛涛井并谒其墓……即席得诗十首》。最后一首题目文字太长，说是一篇短文也不为过，所以这里用了省略号。因为这三个节在时间上非常靠近，并且在历史长河中都融入了清明节，所以将它们归到一处。

不知什么原因，李调元写端午节的诗不多，《诗注》里只收入了两首：《端午日在梓州太守徐竹村镇座上作》《端午英德舟中作》。至于七夕，在古代一直不算一个特别重要的节日，《诗注》里只收有一首《七夕在阿城作》。

写中秋节的诗共7首，分别是《观钱塘潮歌》《中秋与唐尧春乐宇看云楼》《和张云谷中秋留别元韵》《桂山和云谷中秋诗有堪笑雨村老居士烛花剪尽尚勾留之句再和答之》《八月中秋同人燕集云谷借树轩分韵得相字》《中秋芝田以乘槎钓月图嘱余题余即用王梦楼先生辛丑五月题图韵作四首留别》《中秋风雨示龙山》。

写重阳节的诗有4首，分别是《九日陶然亭登高和编修曹习庵仁虎元韵》《九月初八日凫塘自粤东回里宴集补过亭》《己未重阳二首》《重阳后一日登半天亭》。

除此之外，李调元各有一首写立春节气和寒露节气的诗歌。但不知为

何，没发现他写冬至的诗歌，冬至在古代和当时一直是一个非常重要的节气和节日。

二、春节习俗最纷繁

从李调元的节日诗歌中，我们会发现：200多年前的节日习俗非常丰富，尤以春节为最。诗中写到的不少习俗保留至今，但也有一部分消失在了时间的长河中。

有一句老话叫“百节年为首”。年，也就是春节，是中华民族最盛大、最隆重、最具全员性和人文意义的第一大节日，是一个立体性的、连续性的大节日。从时间跨度看，通常认为它从腊月初八开始，直至正月十五才结束。李调元诗歌中写到的春节祭祖、放鞭炮、贴对联、拜年、观灯等民俗活动，至今仍广为流传。

放爆竹，是自古就有的春节习俗。在《壬辰元旦发行唐至定州道中》中，有“爆竹声惊五鼓头，人情淡薄客难留”之句；在《丁未除夕示龙山弟》中，有“独有好梅清兴在，深防爆竹在林边”之句；在《己酉除夕》中，有“病躯懒放除妖爆”之句，“除妖爆”，即指爆竹。南朝梁宗懔《荆楚岁时记》载：正月一日，鸡鸣而起，先于庭前爆竹，心辟山臊恶鬼。

拜年是春节期间重要的民俗活动。在《元旦试笔》中，李调元写到了除夕守岁和初一拜年：“守岁儿童慵未起，贺新宾客早来前。”当时的罗江，初一就拜年吗？四川多数地方是从初二开始互相拜年。李调元有两首诗写到了自己去曹大姑家拜年，《正月初二日题曹大姑壁》说：“今年春兴比前超，锣鼓随身破寂寥。高亲家中啖牛哺，曹姑宅内吃猪腰。”《初四日携眷至曹大姑家贺新》写道：“又酌大姑酒，红炉尽室围。”

尽管元宵才是盛大的彩灯节，但实际上，春节期间人们早早就开始了挂灯和赏灯的活动。在《初六日偕何九皋（人鹤）河村观灯》中，李调元便写到了与友人一同观灯的快乐。春节赏灯的高潮在元宵，相关内容将在后面讨论。

李调元诗歌中写到的有些节日习俗，今天已逐渐失传了。如春节悬挂龟蛇图镇宅的习俗今已不存，但从李调元诗歌看，当时大概还有。在《己酉除夕》中，他写有“病躯懒放除妖爆，只把龟蛇镇宅悬”之句①。

---

①《周礼·春官·司常》注：“龟蛇，象其捍难避害也。”

在《岐山县元日》里，李调元写到了春节送饼、挂门钱、拜寿等习俗：

买饼家家送，门钱户户悬。
故乡儿女好，遥忆拜堂前。

这几种过春节的习俗，如今似乎不多见了。买饼送饼，是因为春节有吃饼的习俗。南宋陈元靓《岁时广记》五《岁时杂记》云："元日京师人家多食素饼。"关于门钱，陈元靓《皇朝岁时杂记》云："元旦以鸦青纸或青绢剪四十九幡，围一大幡，或以家长年龄戴之；或贴于门楣。"挂门钱，与《成都通览》里记的"挂挂钱"应该是一回事："正月，过年，放炮……挂挂钱。"[①] 关于拜堂，《岁时广记》五引《风土记》云："正元日俗入拜寿，上五辛盘、松柏颂、花椒酒、五熏炼形。"从李调元诗歌看，这样的风俗当时还有流行，但今天已难觅踪迹了。

《除夕寄唐尧春》中，有"纵有椒盘乡味荐，目前谁是可言人"句。里面说到的椒盘，应该是指春盘。关于"春盘"，宋《岁时广记》引唐代《四时宝镜》载：立春日，春饼生菜号春盘。宋末元初周密在杂史《武林旧事》中说：春前一日，后苑办造春盘，翠缕红丝，备极精巧。因为每年春节总在立春前后，所以立春习俗与春节习俗常常融合在一起。

说到写春节的诗歌，宋代诗人王安石的《元日》当属最著名之一。诗曰：

爆竹声中一岁除，春风送暖入屠苏。
千门万户曈曈日，总把新桃换旧符。

诗中除开篇便写放爆竹外，还说到了喝屠苏酒和换桃符这两种春节习俗。屠苏，是一种草名，以此草浸泡的酒称为屠苏酒，古人在正月初一有家家饮屠苏酒的习俗。桃符，是指古时挂在大门上用于辟邪的桃木板或纸，上面画着门神的形象或写着门神的名字，每年春节时去旧换新。李调元在《除夕》一诗中，也同时写到了屠苏酒和桃符：

① 傅崇矩：《成都通览》之"成都之民情风俗"部分，巴蜀书社，1987年，第202页。

屠苏名虽佳，分明老堪恶。
桃符何必换，转眼门阀故。

在该诗中，李调元虽然表达了自己不喜欢屠苏酒和懒得换桃符的心思，但言外之意，当时是流行这两种习俗的。

三、热闹最是元宵节

所有的传统节日，既有庄重严肃的一面，更有热闹欢腾的一面。如果说春节是家人团圆的节日，那么元宵则是全民欢腾的节日。元宵节的热闹，在所有节日中是排在第一位的，堪称中国的狂欢节。

从李调元诸多的节日诗中，我们会发现这么一个情况：李调元对诸多节日活动的激情其实并不算高，兴趣也不算浓。但元宵节例外，在 7 首元宵诗中，都能看到他激动的身影。元宵节的重头戏当然是观灯赏灯，李调元似乎对此特别有激情，7 首诗里有 6 首都直接写到了灯。尽管元宵才是观灯、赏灯的高潮，但实际上人们早早就开始了挂灯和赏灯的活动。在《初六日偕何九皋（人鹤）河村观灯》中，李调元这样写道：

不到元宵已管弦，况逢狂友更欣然。
虽无宝马香车逐，都把山猿野鹤牵。
赢得春盘先到口，偷随年少共摩肩。
明朝定有人传说，两个诗翁老欲颠。

李调元曾于元宵节前后在成都连续赏灯三夜，写下了三首成都观灯诗。《正月十四日至成都是夜观灯》云：

试灯节届渐闻声，次第鳌山压锦城。
十字楼头星共灿，万家门口月初明。
管弦奏处莺吭滑，帘箔钩时翠黛横。
老病连年游兴浅，衔杯谁与话衷情。

正月十五写的《元宵》云：

灯遇元宵尽力张，暗尘滚滚逐人忙。
烛天火树三千界，照地银花十二行。
宝马长嘶成队醉，油车细碾遍街香。
谁知月到团圆夜，早已微销一线光。

《十六日夜再观灯》云：

明日留君君漫猜，残灯尚可酌金罍。
龙经烧尾犹蟠舞，马为抽心却倒回。
玉漏频催门渐掩，金吾收禁户长开。
倚栏听得游人说，明岁还邀旧伴来。

据相关地方史志记载，明清时四川城乡从正月初五起就开始为元宵节做准备了，城镇中店铺以及各家门前陆续挂出彩灯，除商号门灯外，还有扎成花鸟虫鱼等形状的纸灯，五颜六色。至初八夜（有些地方为初九夜），各地寺庙、会馆、街坊便开始在门前点“天灯”。“天灯”之外，相继挂出的还有“牌坊灯”“过街灯”“走马灯”等，至十五日月圆之夜达到高峰。清代刘沅的竹枝词这样写道：

月团圆处贺元宵，花满灯棚酒满瓢。
不费千金闲得觅，夜深还上七星桥。

从李调元的观灯诗中，我们可以看到，十四日夜已经非常热闹了，到处灯火通明：“十字楼头星共灿，万家门口月初明。”十五夜是元宵节的正日子，清朝时，成都元宵节晚上城门不关，任随龙灯和人流自由出入，将春节和元宵观灯活动推向高潮：“烛天火树三千界，照地银花十二行。”原本应该十五日夜晚烧掉龙灯的，龙灯一烧，意味着元宵节和春节就真正过完了！但成都人或四川人有“过涎皮（脸）年”的习俗①，傅崇矩在《成都通览》中称其为“过厚脸年”②。也就是说，要厚着脸皮把正月十五的元

① 江玉祥：《中国传统岁时节俗》，四川人民出版社，2019 年，第 33 页。
② 傅崇矩：《成都通览》（上），巴蜀书社，1987 年，第 202 页。原文是“十六日……游百病……过厚脸年。”

宵节过到正月十六才觉过瘾。正像李调元十六日夜观灯时写的“龙经烧尾犹蟠舞”那样，生生将烧龙灯的活动放到了十六日夜。但即便如此，不少人依然觉得节兴未尽，留恋不舍，无奈之下，只好相约“明年还邀旧伴来”。

元宵节除挂灯、观灯、赏灯、闹灯外，还有吃元宵、放烟花、看戏曲、猜灯谜等民俗活动，人人乐在其中。李调元写过多首《元宵》同名诗，其中一首中有“元宵争看采莲船”之句，说明那时的元宵节有争看戏曲表演的习俗。采莲船表演时，要舞《采莲曲》。关于采莲船，《宋史·乐志》云：“采莲队衣红罗，生色绰子系晕裙，戴云鬟髻，乘彩船，执莲花。”

在另一首《元宵》诗中，李调元写到了元宵节吃“糖圆”的民俗：“风雨夜深人尽散，孤灯犹唤卖糖圆。”罗焕章在《李调元诗注》中注释说：诗中所说的“糖圆”，即今天的汤圆。到底是不是呢？我们来看一下汤圆或元宵的发展史。

元宵节吃汤圆或元宵，是全国各地的共同民俗。不过元宵节的起源和名称，与元宵或汤圆是没有关系的，元宵或汤圆只是元宵节发展过程中出现的一种节令食品，因节而得名。陈元靓在《岁时广记》卷十一引《岁时杂记》曰：“京人以菉豆粉为科斗羹。煮糯为丸，糖为臛（糖浆），谓之圆子。”通常认为，这“煮糯为丸”就是后来的汤圆。到了清代，中国南北在元宵节都流行吃元宵或汤圆。清末富察敦崇在《燕京岁时记·灯节》里说：“市卖食物，干鲜俱备，而以元宵为大宗。”嘉庆二十一年（1816）刊《华阳县志》载：“十五日，俗谓之‘元宵’。人家碎米为丸，曰‘糖圆’，以相馈遗。”由此看来，两百多年前李调元诗中的“糖圆”，就是今日之汤圆。

四、上巳寒食今何在

今天，我们在阳春三月（农历）要过的主要传统节日只有清明。但在古代，与清明节同时并存的，还有上巳节和寒食节。三个节日的节期相邻，恰如三条并行流淌的河水，李调元便分别有写上巳、寒食和清明的诗。那是不是说明，在清中叶，上巳节和寒食节还在一定程度上存在着呢？

古人有春天临水洗浴以去除不祥的传统，称为“禊祭”或“祓禊”。

上古时以干支纪日，祓禊的时间早期为三月上旬的巳日，故称为“上巳节”。后来，节日时间逐渐固定在三月初三日，故又称“三月三”等。这一天，人们不分男女老少，都要到水边去洗浴，以去除污秽和不祥，让灾厄与疾病随水而去。魏晋以后，崇尚自然、纵情山水的风尚流行开来，上巳节禊祭的内涵大大减弱，而赏春游乐的意味逐渐浓厚起来，并派生出野炊宴饮、曲水流觞等民俗活动。南朝梁宗懔在《荆楚岁时记》中，便有“三月三日，士民并出江渚池沼间，为流杯曲水之饮”的记载。

唐朝时，上巳节成为非常隆重的节日，内容除祓禊之外，主要是春游踏青、临水宴饮。杜甫《丽人行》中“三月三日天气新，长安水边多丽人”的诗句，便描述了当时上巳节的盛况。宋代吴自牧在《梦粱录·卷二》中有“唐朝赐宴曲江，倾都禊饮踏青”之语，说的正是唐朝时在上巳当日，长安城内男女老少穿上节日盛装到曲江畔宴饮、郊游的景象。宋代以后，上巳节逐渐销声匿迹，但在西南部分地区仍有流传。对此，范成大还怀着不舍的心情写道：“三月天气新，禊饮传自古。今人不好事，嘉节弃如土。”在上巳节之名逐渐消散的同时，其民俗活动逐步融入到了清明节中。我们从李调元的两首关于三月三的节日诗中可以发现，清朝中期“上巳”这个名称已基本不用，但三月三郊游、宴饮、驱邪祈福的习俗尚有流传。《开制军泰观风锦江书院赋得四时最好是三月得三字》写道：

韶华传令序，美景恰幽探。
总计时惟四，欣逢月正三。
芳菲迟日丽，淡荡晚春含。
修禊临江上，流杯向洛南。

诗中嵌含了“修禊”“流杯”这两大古代上巳节的民俗活动名称，看起来有名无实，不过显然是在春游。

寒食节，又名禁烟节、熟食日等，也是古代二月的一个重要节日。寒食节的时间在冬至后的第一百零五天，隋唐时多将其定在清明节的前两天。古代寒食节的主要民俗，是禁止生火，只吃冷食，故称寒食节。据《周礼》记载，每当仲春季节，气候干燥，不仅人们保存的火种容易引起火灾，而且春雷也易引起山火。于是，要进行隆重的祭祀活动，把上一年传下来的火种全部熄灭，这便是“禁火”。然后重新钻燧取出新火，谓之

“改火”。在禁火与改火期间，人们必须准备足够的熟食，以冷食方式度日。

但在民间，影响更深远的说法是为了纪念被火烧死的介子推，在介子推被烧死的日子里禁止生火做饭。这个故事虽然是一个附会传说，但因介子推忧国忧民、清明廉洁的政治抱负和功不言禄、功成身退的奉献精神，非常符合古代社会遵奉的伦理准则和广大民众的社会心理，所以深得人心，广为流传。于是，禁烟冷食的寒食节便成为纪念和缅怀介子推的节日，后来又逐步把纪念介子推与早已存在的扫墓祭祖习俗结合在了一起。

唐朝时，寒食节发展成为全国性的隆重节日，还保留着皇帝赐百官新火的仪式。韩翃《寒食》诗曰：“春城无处不飞花，寒食东风御柳斜。日暮汉宫传蜡烛，清烟散入五侯家。”便说到了寒食禁火之后，皇帝亲自钻木取新火赐予百官的情形。唐末时，寒食节影响渐小。到宋代，寒食节的名称还会被人提起，比如苏东坡便写有著名的《寒食帖》。宋以后，几乎没有关于改火风俗的记载了。从李调元的两首寒食节诗歌看，当时还流传着“寒食”这个节日名称，不过相关民俗活动内容基本融入清明节。在《寒食姜诗墓观赛》中，既写到了祭祀，也写到了游乐。《寒食出城》这样写道：

> 出自城北门，踏青人满路。
> 处处纸钱飞，乌鸦啼上树。
> 云龙山下我先茔，遥忆儿孙奠酒羹。
> 只有龙钟老不肖，浪游耽误两清明。

踏青，即春日郊游。《旧唐书·代宗本纪》：大历二年二月壬午，幸昆明池踏青。后泛指春游。这首诗，可以说是用了“寒食”名，写的“清明”实。

上巳和寒食这两个节日在时间上常常重叠，寒食和清明又紧紧相连。所以，三个节日在唐代时便已基本融合在一起了，清明节逐渐包容了另两个节日的民俗文化内涵。唐诗中以“清明”为题的作品很多，内容多同时涉及三个节日的民俗活动。宋代时，上巳节逐渐退隐，寒食节禁火改火的习俗也基本消失，原本并行奔流的三条河水终于合而为一，汇成了清明节这条大江流淌至今。此时的清明不再是一个单纯的节气，而变成了一个盛大的民俗节日。但“清明”没有脱离原来节气的时间和名称而成为另外的民俗节日，而是以一种“大江纳支流”的姿态，把上巳和寒食两个节日的诸多民俗活动收纳到自己名下。这以后的清明节日，具有了农事节气和民俗节日的双重内涵，其民俗活动异常丰富，祭祖和踏青是其中的两大主题。

吸收了上巳节和寒食节内容后的清明节，其诸多的民俗文化活动，既是庄重肃穆的，也是热闹欢快的；清明节既表达着我们对祖先的敬重和缅怀之情，也代表着我们战胜悲伤和困难的勇气以及拥抱春天、积极向上的心态。从李调元的几首清明诗看，既有写祭祀活动的，也有写踏青活动的。

《三月初四日清明华阳高君若愚同温汉台邀张桐轩、李延亭……至薛涛井并谒其墓……即席得诗十首》中，有“不知风土因何变，今岁焚钱尽阿婆”“不识东庵有何愤，竟思哭倒拜坟前”的诗句，着重写了清明祭祀先贤和祖宗的民俗活动。

李调元是一个喜爱游山玩水的人，上巳、寒食和清明时节正逢仲春、暮春之交，他的游兴自然更高。在《清明在成都作》中写道：

清明郭外柳鬖鬖，车马如云有坠簪。
莫向碧鸡坊里去，游人多在百花潭。

诗中透露出了这样的信息：当时的成都人有清明游览百花潭的习俗。碧鸡坊，在成都市西南。《汉书·郊祀志》下云：“益州有金马碧鸡之神。”百花潭，北邻青羊宫，西与杜甫草堂相望，至今仍是成都著名的游览胜地。

五、每逢佳节倍思亲

人们通常以为，只有春节和中秋才是思亲、团圆的节日。其实不然，思念家乡、思念亲友、期盼团圆，是贯穿所有传统节日的主题。唐代大诗人王维先生的《九月九日忆山东兄弟》，便向我们昭示了“每逢佳节倍思亲”这个事实和道理：

独在异乡为异客，每逢佳节倍思亲。

遥知兄弟登高处，遍插茱萸少一人。

从诗的标题我们知道：王维写下“每逢佳节倍思亲”这一千古名句的时间，不是万家团圆的春节，也不是望月思亲的中秋节，而是在九月九日的重阳节。

家的观念是中国人最浓厚的传统观念，我们现存的所有传统节日，几乎都是以“合家团圆”为核心展开的，这是由过去几千年来中国始终以家族、宗族和地域为核心的社会形态所决定的。所以，中国人非常看重亲情，非常重视家人团聚。合家团圆的观念，在春节习俗中表现得最为明显。回家过年，是许多人一年到头的最大心愿。说团圆是春节文化的核心内涵，相信多数人都会认同。对家人团圆的期盼，几千年来早已融入每一个中华儿女的血液之中。

在漫长的古代社会，由于生存的不易，许多人不得不漂泊在异乡做官、经商或游学等，以求得更好的生存和发展空间。又由于交通的不便和信息的不通，所以漂泊在外的游子回一趟家乡是非常艰难的。但只要能够，游子们都会在逢年过节时赶回家中，与亲人团聚。我们常说“节日快乐”，节日为什么快乐？首先就是能够与父母亲人在一起。世界上还有什么能比家人团聚更让人快乐的呢？所以，过年了过节了，远在他乡的游子，无论天涯海角，即便舟车劳顿，都会想尽办法赶回家乡，与父母亲人团聚。

从李调元的节日诗歌看，相聚之乐和思亲之情贯穿了各个节日的始终。在《除夕狱中寄墨庄》中，有“连理来生如再结，同根总在左绵西”之句。在《己酉除夕》中，李调元写下了“却检生衣祀祖先，合家欢庆拜庭前”的诗句。在《中秋风雨示龙山》中，有“隔篱呼取墙头浊，更与龙山一再中”的诗句。“隔篱”一词，来自杜甫《客至》诗：“肯与邻翁相对饮，隔篱呼取尽余杯。”“龙山”，是李调元之弟，两兄弟在中秋节隔篱举杯，欢度佳节。

重阳也是一个思亲、盼团圆的节日。王维写有著名的《九月九日忆山东兄弟》，李调元也写有《九月初八日凫塘自粤东回里宴集补过亭》，其中有“忆弟正遥望，欣闻返故乡”之句。“凫塘”，是李调元的从弟李骥元。

在《重阳后一日登半天亭》[①] 中，有“一枝藤杖蹑云根，前有儿扶后有孙”的诗句，写出了重阳节登高活动中儿孙前呼后拥的天伦之乐。

也许因为李调元是一个追求读万卷书、行万里路的文人，也许还因为他是一位曾四方为官的官员，从他的节日诗歌中我们还会发现这样一个情况：似乎好多节日他都是在外地和旅途中度过的。像《岐山县元日》《辛卯除夕在行唐县作》《壬辰元旦发行唐至定州道中》《清明在成都作》《开制军泰观风锦江书院赋得四时最好是三月得三字》《端午日在梓州太守徐竹村镇座上作》《端午英德舟中作》《七夕（在阿城作）》《观钱塘潮歌》《九日陶然亭登高和编修曹习庵仁虎元韵》《九月初八日皃塘自粤东回里宴集补过亭》等诗作，我们仅从标题就能看出诗人没在家中过节。甚至还有一首名叫《除夕狱中寄墨庄》的诗，表明那个春节诗人是在狱中度过的。

这么说来，李调元是一个特别喜欢“诗和远方”、逢年过节经常“不落屋”的人吗？对此，我们看看他自己是怎么说的。在《和墨庄弟清明诗》中，他这样写道：“清明忽动两眉愁，抛弃家山万里游。有母有妻悬故里，无衣无食寄他州。”在《寒食出城》里，有“云龙山下我先茔，遥忆儿孙奠酒羹。只有龙钟老不肖，浪游耽误两清明”的诗句。在《端午日在梓州太守徐竹村镇座上作》中，有“年年端午日，总是别家筵”之句。在《三月三日游浮山飞鸣禅院访柴豹文和张芗圃明府韵》中，他对自己的个性这样总结道：“好为逍遥游。”在《端午英德舟中作》中，他又做了这样的归纳：“一年多在路，五月是他乡。”

李调元在诸诗中的自白，确实坐实了他逢年过节经常不在家。

按正常的逻辑，因为过节时常常不在家，所以对亲人和故乡的思念之情会愈加浓厚。在少量诗中，李调元也确实表达了这种思亲之情和思乡之情。如《岐山县元日》中，有“故乡儿女好，遥忆拜堂前”之句；在《和张云谷中秋留别元韵》中，有“此夜乡思还倍切，淡烟乔木忆绵州”之句。

不过，我们仔细研读李调元的节日诗歌，会发现这样一个有趣的现象：每逢佳节时，他的思念对象并不囿于儿女家人，甚至主要思念的对象不是家人而是友人。在《除夕寄唐尧春》中，对唐尧春这位师友倍加思

① 为什么重阳节第二日才登高？李调元自注云：“今年雨水较多，自七月至九月，重阳后一日始晴。”

念，有“先生于我似苏黄”之句。在《三月三日游浮山飞鸣禅院访柴豹文和张芗圃明府韵》中，他游浮山飞鸣禅院，访柴豹文和张芗圃明府，发出的是“我友柴豹文，平生所倾盖”这样的感慨。在《中秋芝田以乘槎钓月图嘱余题余即用王梦楼先生辛丑五月题图韵作四首留别》中，开篇即抒发了对王梦楼先生的思念之情：“与君别徐州，相思道阻遏。今我来大梁，又觉清兴发。开图又见君，恰届中秋月。”接着又发出了人生难相见的感慨和对再次相逢的期盼之情：“人世苦参商，抚景嗟华发。何时共泛舟，相濡如鱼沫。”[①] 参商是两个星名，它们在宇宙中各有运行轨迹，参在东，商在西，永不相见。

这种情况该怎么解释呢？也许就是名人和常人的一种区别？也许因为李调元是一个心怀天下的洒脱之人？或者说他是一个特别看重朋友之情的人？

200 多年前的人们是怎么过节的呢？200 多年前的李调元是一个什么性情的人呢？李调元当真是一个不常回家看看、视友情重过亲情的人吗？李调元的节日诗歌，可以作为解开这些问题的一扇窗口。

（李建中：四川省民间文艺家协会副主席，研究馆员）

① 在罗焕章主编的《李调元诗注》一书 184 页引用的该诗中，“泛舟”原文为“泛查”，疑为误。

李调元《新搜神记》述论[①]

周　明

在中国文学史上，明清两代以“小说”成就尤为突出而使得“小说”成为时代的标志。有清一代的“小说”，尤其是清中前期顺治、康熙、雍正、乾隆时期出现的“笔记小说”在整个明清小说中占有非常重要的一页，出现了杂家笔记、轶事小说、志怪小说、通俗小说等多种小说文体，并涌现出众多知名作家和作品。

在志怪小说方面，乾隆三十一年（1766）至乾隆六十年（1796）的三十年间，创作势头尤为迅猛，正如研究者宋世瑞在《清代顺康雍乾四朝笔记小说研究》一文中指出的那样：“（乾隆三十一年——乾隆六十年）《聊斋志异》进入主流传播渠道后，志怪创作兴起，迎来了一个复兴期，较著名者如和邦额《夜谭随录》、沈起凤《谐铎》、佚名《萤窗异草》、乐钧《耳食录》、沈日霖《晋人麈》、俞蛟《梦厂杂著》、曾衍东《小豆棚》、佚名《集异新抄》、纪昀《阅微草堂笔记》、顾公燮《消夏闲记》、朱海《妄妄录》、程攸熙《吹影编》、沈钦道《夜航船》、孙洙《广新闻》《排闷录》

① 本文为 2024 年四川省哲学社会科学基金“古蜀文明与冷门绝学研究”重大专项团队项目（编号：SCJJ24ZD87）阶段性成果。

《异闻录》、徐承烈《听雨轩笔记》、宋弼《州乘余闻》、李调元《新搜神记》、宣鼎《夜雨秋灯录》、屠绅《琐蛣杂记》、袁枚《新齐谐》、屈振镛《云峰偶笔》、邓晅《异谈可信录》、徐昆《柳崖外编》、张太复《秋坪新语》等”①。

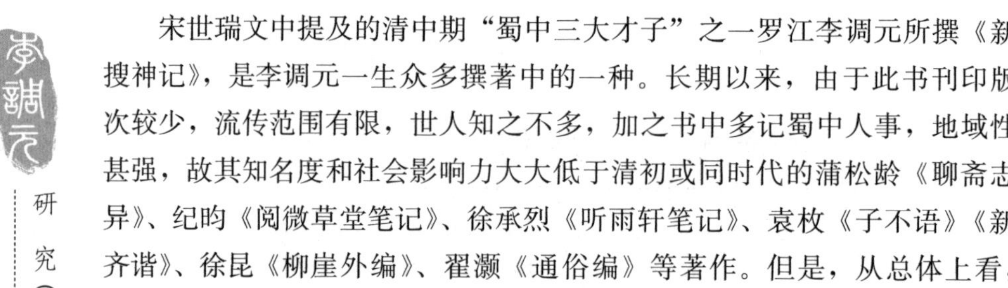

宋世瑞文中提及的清中期“蜀中三大才子”之一罗江李调元所撰《新搜神记》，是李调元一生众多撰著中的一种。长期以来，由于此书刊印版次较少，流传范围有限，世人知之不多，加之书中多记蜀中人事，地域性甚强，故其知名度和社会影响力大大低于清初或同时代的蒲松龄《聊斋志异》、纪昀《阅微草堂笔记》、徐承烈《听雨轩笔记》、袁枚《子不语》《新齐谐》、徐昆《柳崖外编》、翟灏《通俗编》等著作。但是，从总体上看，李调元的《新搜神记》仍不失为一本值得关注和重视的志怪笔记小说。

因此，本文拟就《新搜神记》的版本与著录、内容与特点、成就与影响、缺陷与不足四个方面做一粗浅述论，以利于世人进一步了解此书。

一、《新搜神记》的版本与著录

（一）关于版本

《新搜神记》十二卷，正式见诸刊刻者，据现有文献记载，清代前后共有四个版本，现分述如下：

1. 嘉庆二年万卷楼刻本

关于此书的撰著时间，清道光年间罗江李氏族人自行刊刻的《童山自记》有载，其“嘉庆二年”条云：“是月（十月），《新搜神记》成。”② 但是此处所说之“成”有歧义，可以理解为书稿完成，也可以理解为刊刻完成。因此，在近年的研究中，两种理解都存在。倾向于撰稿完成的，如詹杭伦《李调元著述谱》说：“据《童山自记》，此书成于嘉庆二年（1797）。单行本曾寄余集，余集答谢书称：‘《搜神》则奇诡可喜。’”③ 王川《李调元年谱简编》亦说：“嘉庆二年（1797），64岁。李调元完成《新搜神记》之撰写。”④ 倾向于刊刻完成的，如任继愈主编《宗教大辞典》说：“《新搜神记》，志怪小说，清李调元撰。于道教及民间信仰诸神多所考证，各地

---

① 宋世瑞：《清代顺康雍乾四朝笔记小说研究》，华东师范大学博士论文，2018年，第50页。

② 李调元撰：《童山自记》，收入其《函海》（乾隆四十九年刻本）中，但有目无书，亦未见他书著录。此处转引自詹杭伦：《李调元学谱》，天地出版社，1997年，第106页。

③ 詹杭伦：《李调元著述谱》，载詹杭伦：《李调元学谱》，天地出版社，1997年，第182页。

④ 王川：《李调元年谱简编》，《巴蜀史志》2020年第5期。

神怪灵异亦多记载。有嘉庆二年（1797）万卷楼刊本。”[①] 石昌渝主编《中国古代小说总目》（文言卷）也说：“今有嘉庆二年（1797）万卷楼刊本，无卷数，共一百二十四篇。”[②]

综上所述，窃以为，《新搜神记》书完稿于嘉庆二年应该无误。但以十月完稿，当年即刊刻完成却有相当的难度。嘉庆六年《续函海》本李调元撰《新搜神记序》落款处明确标明“嘉庆二年丁巳十一月初一日雨村居士撰”，充分说明书稿完成于嘉庆二年下半年，与《童山自记》所记相差不大。但其刊行见书，最快应该是在嘉庆三年或以后，只不过刊本年代标注以《新搜神记序》的落款时间为准定在了嘉庆二年，故今国家图书馆藏《新搜神记》单行本的版本标注为“嘉庆二年万卷楼刻本”。

值得一提的是，嘉庆二年版《新搜神记》单行本存世极少，唯中国国家图书馆有藏，然其秘不示人，故得见者寥寥。

2. 嘉庆六年绵州李氏万卷楼《续函海》本

嘉庆六年（1801），李调元将《新搜神记》十二卷纳入其所编《续函海》中刊行，今日人们所见之《新搜神记》，多为《续函海》本。该书现在福建省图书馆、重庆图书馆及日本内阁文库有藏，载其第四函，保存基本完好，偶有虫蛀、缺页或倒装情况存在。

3. 年代不明的抄本、石印本

《续函海》刊行后至清光绪年间，民间陆续有李调元《新搜神记》十二卷的抄本、石印本和影印本出现，版本来源不明。今辽宁省图书馆藏《新搜神记》十二卷清抄本，武汉大学图书馆藏有《新搜神记》十二卷清中后期石印本，这些民间版本的来源无从考证，推想起来，源自嘉庆六年《续函海》本的可能性较大。

4. 清光绪二十三年钟氏校刻本

据詹杭伦《李调元著述谱》记载：“《续函海》除嘉庆六年（1801）原刻本外，又有光绪二十三年广汉钟氏校刻本，分装十二册。”[③]《新搜神记》十二卷即在其中。今查四川广汉市图书馆藏有清刻《新搜神记》十二卷单行本（二册），缺封面和版权页，卷一至卷六有虫蛀和破损，不能确定是《续函海》本还是单行本，但从其每页九行、每行十九字、左右双边、白

① 任继愈主编：《宗教大辞典》，上海辞书出版社，1998年，第916页。
② 石昌渝主编：《中国古代小说总目》（文言卷），山西教育出版社，2004年，第536页。
③ 詹杭伦：《李调元著述谱》，载詹杭伦：《李调元学谱》，天地出版社，1997年，第221页。

口、单黑鱼尾的版式和字体看，应该是光绪年间仿万卷楼《续函海》原本或翻刻本。

总体来说，李调元《新搜神记》自嘉庆二年刊行后至光绪末年的百余年间，除绵州李氏万卷楼刻本以外，并无其他著名坊肆刊刻印行。按嘉庆六年《续函海》扉页标注“万卷楼藏版”的说法，其收《新搜神记》十二卷亦是万卷楼所藏嘉庆二年《新搜神记》旧版，名为两版，实为一版，故其版本并不复杂。

（二）关于著录

如上所述，由于嘉庆二年单行本和嘉庆六年《续函海》本的发行范围较窄、印量有限，因此著录情况较差。詹杭伦在《李调元著述谱》中说：“是书未见著录，盖流传甚稀。”[①] 石昌渝主编的《中国古代小说总目》（文言卷）说：“本书未见著录。”[②] 指的均是未见清以前的文献著录。

近年来，随着古籍整理研究的深入，《新搜神记》才引起学界的重视并给予著录。择其要者，著录者主要有三。

其一，任继愈主编《宗教大辞典》著录，其云：“《新搜神记》，志怪小说。清李调元撰。十二卷。于道教及民间信仰诸神多所考证，各地神怪灵异亦多记载。有嘉庆二年（1797）万卷楼刊本。”[③]

其二，石昌渝主编《中国古代小说总目》（文言卷），其云：“《新搜神记》，（清）李调元撰。本书未见著录。今有嘉庆二年（1797）万卷楼刻本，无卷数，共一百二十四篇。书前自序称其书‘大抵以人事为先，而非以神道设教’，说明作者记神而不信神的意图。”[④]

其三，中国古籍总目编纂委员会编《中国古籍总目》（子部·文言之属·笔记、异闻）云：“《新搜神记》，十二卷，清李调元撰，清抄本，辽宁（图书馆藏）。”[⑤]

实际上，以上所说的著录情况并不完全符合事实或者说有所遗漏，《新搜神记》一书早在清嘉庆时期就有所著录，如清嘉庆年间李桂林纂修《罗江县志》卷三十《典籍志》“杂著类”就明确记载：“《蜀雅》二十卷、

① 詹杭伦：《李调元著述谱》，载詹杭伦：《李调元学谱》，天地出版社，1997年，第220页。
② 石昌渝主编：《中国古代小说总目》（文言卷），山西教育出版社，2004年，第536页。
③ 任继愈主编：《宗教大辞典》，上海辞书出版社，1998年，第916页。
④ 石昌渝主编：《中国古代小说总目》（文言卷），山西教育出版社，2004年，第536页。
⑤ 中国古籍总目编纂委员会编：《中国古籍总目》（子部），中华书局、上海古籍出版社，2010年，第2182页。

《方言藻》二卷、《尾蔗丛谈》四卷、《童山诗音说》四卷、《雨村诗话》前后十八卷、《新搜神记》十二卷、《淡墨录》十六卷，以上皆李调元著。”①这种情况说明，《新搜神记》一书早在百年前就有所著录，而不是“未见著录”，只不过罗江县为地处西南蜀中的一个偏远小县，其县志的著录不为人知罢了。

二、《新搜神记》的内容与特点

（一）主要内容

《新搜神记》十二卷，按其内容来分，可分为两个部分。前十卷为异闻类的志怪小说，共计123篇②，故事时间背景多为乾隆年间，地域范围多为蜀地、少量兼及江浙和其他地区，人物多以蜀人或寓居蜀人为主，内容则以稗官野史、民俗杂记、乡野异闻、杂考笔记等四大内容为主。后两卷，为李调元未刊稿《神考》二十卷的缩编本，分为《神考上》《神考下》两卷附于《新搜神记》十卷后，形成卷十一和卷十二，共计33篇，其内容主要为学术性的杂考笔记。全书共计156篇。

稗官野史方面，即明凌濛初《二刻拍案惊奇》卷三十七所称记叙“那遇神遇仙、遇鬼遇怪，情欲相感之事”③的志怪小说，是《新搜神记》记载的主体内容，相关篇目有《梦神索诗》《掌笺仙史》《张献忠降生》《正阳门灵签》《关帝显神》《阴司会审》《君召》《义石》《铁哥》《蝇妖》《黑木》《半臂私孩》《归魂》《四十六金》《王林见鬼》《菩萨侍女》《变男报恩》《蛇精》《枯柳精》《明伦堂僵尸》《贡院遇祟》《程鱼门谈鬼》《狐请客》《孙公刺狐》《高白云不信狐》《见怪不怪》《吴松纳狐》《胡悦嫁女》《狐治妒》《狐供酒》《僵尸假称贵妃》《箕仙诗》《东山老人》《金刚转世》《蔡守冥判》《白公异绩》《借尸还魂》《桂柏老人》《开元寺石菩萨》《空中神仙》《鹤游坪》《河神投生》《刘乙斋驱鬼》《唐尧春天文》《马镇番赴城隍任》《徐无鬼》《化缘》《武穆三转世》《秦桧魂尚在》《关王讲〈春秋〉》等50篇。这些篇目都为涉及鬼狐、僵尸、精怪、魂灵、冥界、佛教的短小故事，有较强的可读性。

---

① （清）李桂林纂修：《罗江县志》卷三〇《典籍志》，嘉庆二十年修、同治四年重印本。

② 石昌渝主编的《中国古代小说总目》（文言卷）记为124篇，恐有误。《中国古代小说总目》（文言卷）所记仅计算了《新搜神记》前十卷所含篇目，且未计后两卷《神考》上下所记之篇目。

③ （明）凌濛初：《二刻拍案惊奇》，海南出版社，1993年，第522页。

民俗杂记方面，《新搜神记》前十卷搜录了《梦魇》《七姑娘》《看水碗》《扶乩三验》《月忌无害》《马半仙》《乩仙明示科场题》《招魂》《馒首止疟》《僧道不可学戏》《鬼打》《贾公〈急救方〉》《题神》《财神》《黄许镇土地》《土地好戏》《打保福》等17篇故事。这些杂记从民俗世相的角度对清中期蜀中民俗细节进行了详尽的描述，如《七姑娘》记叙的民间正月“请七姑娘”（紫姑神）的具体做法，《看水碗》《扶乩三验》《马半仙》《乩仙明示科场题》等篇记叙的民间法术的具体操作过程，《鬼打》《贾公〈急救方〉》等篇记叙的民间急救方法，《招魂》《打保福》《月忌无害》等篇记叙的民俗信仰，《黄许镇土地》《土地好戏》等篇记叙的民俗活动等，都具有不可多得的史料价值。

乡野异闻方面，与稗官野史的内容相似，但《新搜神记》集中收录了与蜀地相关的人和事，形成独特的乡野异闻，如《成都火灾》《周仓刀》《李壁铜像报》《简公报冤》《贾盐异术》《罗江土地祠》《李芝前身》《蛇异》《死后训子》《汉州城隍》《塑龙行雨》《黑神庙》《秦祖庙》《周孝子》《岳公数学》《土地充军》《郑新惜字》《塔井》《将军坟》《徐都堂墓》《南台寺三佛》《金堂峡水怪》《地震》《桓侯显神》《孙相捞银》《锢金、烧柱》《周鼎昌击贼》《罗仙》《廖氏》《两馆师》《罗义》《李玉》《剪髮辫》《中江文庙金莲》《萧氏孝感》《黄解元梦兆》《龟异》《扁担湾李氏祖茔》《梦呓惊贼》《彭县塔》《杨展射艺》《余飞抗贼》《李半城报应》《李艺圃为神》《红脸生》《鹦鹉诵诗》《茶花妖》《虎害》《桓侯送子》《石佛寺》《石亭公神异》等51篇皆是如此。这些乡野异闻具有浓郁的地方色彩，可补正史记载之不足。

杂考笔记方面，《新搜神记》前十卷计有《金龙四大王》《刘猛将军》《回煞》《铁拐李补传》《貂蝉本吕布旧妻》等5篇，后两卷计有《关帝历代封号》《忠显王生辰》《梓潼帝君封号》《川主》《土主》《药王有三》《灌口李二郎》《赵公明》《王灵官》《五显》《马王》《牛王》《龟蛇二将》《魁星》《太岁非凶》《城隍生辰不同》《壁山神》《萧公神》《晏公神》《张仙》《寿星》《钟馗》《和合二圣》《五道》《五通》《西王母》《水府三官》《灶王》《护法伽蓝》《门神》《阎罗王》《牛头马面》《夜叉》等33篇，合计38篇。这些杂考笔记，与乾嘉学派的文史考据相类似，即依据既有文献进行考说，以得出自己的观点和看法。

（二）主要特点

通过详细梳理和考察，《新搜神记》十二卷156篇，具有以下几个主要的特点：

1. 辑录为主，撰述为辅

从撰著性质上看，李调元《新搜神记》十二卷整体上属于辑录性的著作。其前十卷中有少数篇目为李调元原创，绝大部分为辑录他人著述；后两卷为文献考说，也以文献辑录为主。因此，本书的撰著性质可基本上确定为辑撰，其最大的特点是以辑录为主，撰述为辅。

全书所辑录的篇目，主要来自前朝、清初及同时代的文人著作，如唐赵璘《因话录》、宋洪迈《夷坚三志》、明钱希言《狯园》、朱国祯《涌幢小品》、穆氏编《关帝历代显圣志传》、清郑澍若《虞初续志》、张邦伸《锦里新编》、刘廷玑《在园杂志》、赵翼《陔余丛考》、盛百二《柚堂笔谈》、厉鄂《樊榭山房集》、徐昆《柳崖外编》、彭遵泗《蜀碧》《蜀故》、翟灏《通俗编》等著作。其中尤以其亲家张邦伸的《锦里新编》为取材最多，占了全书的大部分篇目，相比而言，他自己独立撰著的篇幅并不大。

2. 所涉地域，蜀中为要

《新搜神记》前十卷所记人事异闻，绝大部分都以蜀中人事为要，即以涉及蜀人的异闻为主，偶有涉及江浙和京城者，但数量不多。这种带有强烈地方色彩，集中记载某一地域人事异闻的笔记小说，在清朝的笔记小说中非常少见。《新搜神记》篇目中主要人物的籍贯川西、川南、川东、川北各地都有，相当篇幅以作者自身所在的绵州（今分属绵阳、德阳两市）为主，形成地域色彩浓郁的蜀中异闻故事集。

3. 所述人物，真实可考

在《新搜神记序》中，李调元曾表示本书的撰写有向晋人干宝致敬之意，故其编写体例基本上模仿干宝《搜神记》体例，书名也题作《新搜神记》以示沿袭关系，但李调元批评干宝的《搜神记》“所记不尽皆神，且有多昔之谓神，非今之所谓神，故出处、生辰多略而不载”。因此，他说《新搜神记》所纂，“近神独多，然必据正书而核其原委、考其事迹，大抵以人事为先，非以神道设教”①，书中所记叙的人物异闻，其主角都是真名实姓、有据可查的人物。特别是故事主角有相当部分是李调元的朋友、学

① 见（清）李调元《新搜神记》前序，载《续函海》第四函，嘉庆六年绵州李氏万卷楼刻本。

生、亲戚、乡邻，甚至就是李调元本人，如《归魂》中的唐芝田、《贡院遇祟》中的詹守职、《徐无鬼》中的徐蒸远是李调元的朋友，《吴松纳狐》中的赵希璜是李调元的门生，《石亭公神异》中的石亭公是李调元的父亲，《贾盐异术》中的贾盐是绵竹乡邻，《蛇异》中的“余”是李调元本人等等。这种以真实人物为中心讲述的异闻故事，对读者来说有着更强烈的吸引力。

4. 方言俚语，夹杂其间

作为蜀人，李调元《新搜神记》中常常记录一些蜀中方言词汇，从而形成自己的撰著特点，如《七姑娘》记“七姑娘，来不来，莫在阴山后头挨”，“挨”即为方言“磨叽、拖时间”的意思，而非“挨打”之“挨”；再如《罗义》记喇嘛作法，见人杀鸡，便“以手逗其颈接之”，“逗”即为“连接”之一，而非“逗弄”之意；复如《招魂》所记“巫为掏石灰一作”，“掏”音咬，义同“舀”，而“一作”义同“一撮”等，都是典型的方言入文。不了解四川方言的读者，就很难理解作者的表述。

5. 民俗记载，细节详尽

与一般史书或地方志风俗篇关于民风民俗只进行简略记叙的做法不同，《新搜神记》在涉及民风民俗记叙的篇目中，对场景、过程、具体做法的描述相当细致，客观上保留了蜀中古俗的详细资料。如《七姑娘》记述了蜀中女性正月“请七姑娘”（祭紫姑神）的具体做法和大段唱词，《打保福》描述了“蜀人好巫”而“请巫禳解”的作法过程，《土地好戏》记述的绵竹、什邡等地“祭土地”“赛土地”民俗活动的时间、规模及热闹场景，《黄许镇土地》记叙了黄许镇居民门前竖旗杆习俗的由来，《贾公〈急救方〉》中记载的各种民间急救单方和操作办法等。这些详细的描述，为后人了解蜀中古俗提供了不可多得的文献史料。

除此之外，《新搜神记》还有一些诸如时代性强、所记多为乾隆年间事；行文直白，有白话小说的风格，不同于八股文言等特点，限于篇幅，在此不再一一展开。

三、《新搜神记》的成就与影响

李调元一生著述宏富，所涉猎的范围很广，其中尤以其编纂的《函海》和著述的《童山文集》《童山诗集》影响较大，对此，前人已经有了不少研究。相对来说，对于李调元的笔记小说创作，关注的人并不多，研究成果也相对较少。

前面我们曾经提到，李调元撰著活动的主要时期——乾隆时期，是清代笔记小说创作的高峰时期。在这一时期，出现了大量的笔记小说作者和有影响力的作品。受时代的影响，李调元的创作和编纂，也不可避免地要受其影响。

就笔记小说而言，李调元一生曾撰著有十余部作品。其主要者有《井蛙杂纪》十卷、《南越笔记》十六卷、《然犀志》二卷、《尾蔗丛谈》四卷、《制义科琐记》四卷、《淡墨录》十六卷及《新搜神记》十二卷。前六种均收入其编纂的丛书《函海》中，只有《新搜神记》一种十二卷编入其《续函海》中。

从内容上看，《井蛙杂纪》十卷，记“蜀中历代琐事轶文”[①]，为稗官野史类笔记，其间也偶涉异闻志怪，但时代比较宽泛；《南越笔记》十六卷，记南粤鸟兽草木鱼虫及民情风俗，使“草木鸟兽、各从其类”[②]，为地志博物类笔记；《然犀志》二卷，专记广东各类水产，亦属地志博物类笔记；《尾蔗丛谈》四卷，作者自认为“此为续《齐谐》之书”[③]，它记载了明清间有据可依，有时、地可考的怪异之事，亦属异闻类志怪笔记；《制义科琐记》四卷，记明清两代科考轶事，属稗官野史之类笔记；《淡墨录》十六卷，记清初至乾隆以前甲、乙两榜诸位名臣言行、科场条例、轶事奇闻等，也属稗官野史之类笔记。

由此可以看出，在李调元撰述的全部著作中，除了涉及历史、考古、地理、诗歌、散文、戏曲、语言、歌谣、农艺、饮食、旅游、民俗等方面外，还涉及乾隆时期盛行的笔记小说，并取得了不俗的成果。

通过近年来的梳理和研究，学界认为李调元《新搜神记》的成就主要体现在两个方面，一是文学方面，一是史志方面。

文学方面，李调元的《新搜神记》与其他一些笔记小说一起，融入乾隆时期蓬勃兴起的笔记小说创作大潮，并跻身为其中卓有成就者之一。正如研究者宋世瑞在总结乾隆三十一年至乾隆六十年其间笔记小说情况时所

① （清）李调元：《井蛙杂纪序》，载李调元：《井蛙杂纪》卷首，见《笔记小说大观》第19编，台湾新兴书局，1977年，第5249页。

② （清）李调元：《南越笔记序》，载李调元：《南岳笔记》卷首，见《笔记小说大观》第20编，台湾新兴书局，1977年，第6039页。

③ （清）李调元：《尾蔗丛谈序》，载李调元：《尾蔗丛谈》卷首，见《丛书集成新编》第82册，台湾新文丰出版公司，2008年，第715页。

说的那样："在本期笔记小说作家群里，李调元创作、编纂的笔记小说作品包括志怪小说、杂家笔记、地理杂记等达十余种之多（见《函海》），如《新搜神记》《井蛙杂纪》《尾蔗丛谈》《南越笔记》《然犀志》《制义科琐记》《淡墨录》等，数量可观，其创作成绩几与清初张潮、王晫等笔记杂著作家相并肩，且其所著知识更为广博、考证更为详确，已非清初'才子之笔'所能藩囿。"① 学者宁稼雨更是在《中国文言小说总目提要》中称赞《新搜神记》说："书中很多故事构思新颖，匠心独运，加之作者文笔娴熟，下笔流畅，颇能表达其信人不信神之旨，堪称清代志怪小说佳制。"② 这种从其文学表达意义上进行的总结和评述，我以为是较为中肯的。

史志方面，李调元的《新搜神记》和其他一些笔记小说为清代四川地方史志的编写做出了突出的贡献。关于这一点，研究者宋世瑞在其博士论文中有所提及，他说："康乾时期，为了编纂《大清一统志》的需要，清代政府自上而下鼓励纂修方志，清廷分别于康熙十一年、二十二年、二十四年，雍正七年等连续发布诏令，督修方志，雍正帝甚至要求各州县志每六十年一修，'在清王朝的檄催督修之下，各地方志编修蔚然成风，形成中国方志编修的全盛时期。'省、府、县甚至乡里，皆有志书纂修活动。方志的纂修，吸引了一大批未仕文人及学者型官员从事于此类文化建设活动，如孔尚任、章学诚、阮元、章攀桂、张之洞等。纂修方志一方面可以重新整理民间文献，起到补充故典的作用，一方面文人学士参与此项活动，沟通俗雅分界，也为处于社会底层的作家们提供一种被官方认可的文学活动，如《中州杂俎》《吴兴旧闻》《淄乘徵》《青社遗闻》《然犀志》皆为方志之余，它们的作者汪价、胡承谋、毕际有、安致远、李调元皆有从事纂修方志的经历，不过取方志所弃或暂时不用的材料，重新纂辑出版，个人创作的色彩较为淡薄。这种地理类笔记小说为纂修方志之余的现象在前代并不多见，在主政者看来，此类作品类于鸡肋，介于史与小说之间；但其中不乏可采者如《中州杂俎》，体制谨严，搜罗丰富。即使有作品曾单独刊刻，如《五茸志逸》《南吴旧话录》《瓯江逸志》《蜀都碎事》《清波小志》《阴晋异函》《前徽录》等，它们也如前代的地理杂记作品一样，仍

---

① 宋世瑞：《清代顺康雍乾四朝笔记小说研究》，华东师范大学博士学位论文，2018年，第53页。

② 宁稼雨：《中国文言小说总目提要》，齐鲁书社，1996年，第338页。

然具有被编入史乘文献的可能。”①

事实上，宋世瑞提到的这种笔记小说“具有被编入史乘文献的可能”在后来四川地方志的编纂中得到了印证。如乾隆四十九年四月初一日成都发生火灾，《新搜神记》有《成都火灾》一篇详记其事之异，而嘉庆《成都县志》卷六在记载这次火灾时就照录《成都火灾》一文为据；再如乾隆五十一年五月初六日汉源县地震，《新搜神记》有《地震》一篇记其事，而同治《会理州志》卷十二亦全录《地震》一文以作补充；复如乾隆甲寅（五十九年）恩科开考，《新搜神记》有《黄解元梦兆》一文记绵竹参考情况，而清道光《绵竹县志》卷四十六“外纪”亦录《黄解元梦兆》一文作为本县要事。类似的情况在《新搜神记》中还有数篇，兹不赘述。

由此可见，李调元的《新搜神记》不仅作为异闻类的笔记小说在文学方面取得了相当的成就，值得品读和欣赏。更重要的是，他为后世保存了很多具有史志价值的文字资料以补充正史记载之不足，让我们能透过众多鬼灵精怪的故事更好地认识清代社会及这片生他养他的蜀地。

四、《新搜神记》的缺陷和不足

虽然李调元的《新搜神记》在文学表达和史志补充两个方面取得了不俗的成就，但是，作为一个饱读诗书的翰林学士，其《新搜神记》却存在较大的缺陷和不足。

一是治学考据方面，和同时代的著名学者惠栋、戴震、钱大昕、段玉裁、王念孙、王引之等相比，李调元《新搜神记》所进行的神灵考论呈现出单薄乏力的特点。特别是《新搜神记》最后两卷的《神考上》《神考下》，和大多数乾嘉学派学者所体现出的治学厚重、考据有力相比，有着明显的差距。关于这 ·点，占骁勇在《清代志怪传奇小说集研究》一书中有较为中肯的评论，他说：“由于志怪兴盛，此期多半为纯粹志怪集，虽然，志怪已经不排斥轶事，但考据杂史一类求信实的成分少了，如武林黄椿《闻见录》、德清徐承烈《听雨轩笔记》四种、嘉定程攸熙《吹影编》、福山谢显谟《瓜架夕谈》（此书有续《秋灯丛话》的意味）、东莞欧苏《霭楼逸志》、嘉定钱肇鳌《质直谈耳》、吴县朱海《妄妄录》、槜李吴文溥

① 宋世瑞：《清代顺康雍乾四朝笔记小说研究》，华东师范大学博士学位论文，2018 年，第 87 页。

《少见录》、南皮张大复《秋坪新语》、罗江李调元《新搜神记》、华亭钱学纶《语新》、宝坻刘寿眉《春泉闻见录》、昭文屈振镛《云峰偶笔》等书，虽然出现在乾嘉考据学兴盛之时，但内容相对比较整饬，就是称得上校勘学家的李调元、屈振镛也没有在他们的小说中记载考据的心得，这种现象在以前是少有的。”①

事实上也正是如此。我们在《新搜神记》的《神考上》《神考下》33篇考论及前十卷的部分篇章中，只看到一些简单的文献引述和匆匆做出简单按语或慨叹，并没有见到较为深入考证或解读，如《新搜神记》卷十一《神考上》的《和合二圣》篇云：“《游览志余》谓和合神即万回。按《太平广记》引《谈宾录》及《两京记》：‘万回，姓张氏，弘农阌乡人也。其兄戍役安西，父母遣及问讯，朝赍所备往，夕还其家。弘农抵安西万余里，因号万回。’今和合以二神并祀，而万回仅一人，不可以当之矣。国朝雍正十一年，封天台寒山大士为‘和圣’、拾得大士为‘合圣’。按：寒山、拾得，乃唐二诗僧也。”②《新搜神记》中的考论基本上都是如此，因此很难与同时代的其他乾嘉学派学者的治学考论相提并论。

这种情况，也许是受《新搜神记》体例限制所致，但从客观上说，其体现出的学术价值并不太高却是事实。

二是李调元《新搜神记》作为一本有编有撰的编撰性著作，其编的部分所作的他书辑录，在很多时候并没有明确标注资料来源或出处。在辑录的过程中也非照抄原文，而是有所缩略或改写，给人造成是作者原创的错觉。如前所述，《新搜神记》中辑录的资料，多数来源于唐赵璘《因话录》、宋洪迈《夷坚三志》、明钱希言《獪园》、朱国祯《涌幢小品》、穆氏编《关帝历代显圣志传》、清郑澍若《虞初续志》、张邦伸《锦里新编》、刘廷玑《在园杂志》、赵翼《陔余丛考》、盛百二《柚堂笔谈》、厉鄂《樊榭山房集》、徐昆《柳崖外编》、彭遵泗《蜀碧》《蜀故》、翟灏《通俗编》等著作，特别是来源于其亲家张邦伸的《锦里新编》，李调元仅在《开元寺石菩萨》中标明源自《因话录》、在《蔡守冥判》中标明源自《柳崖外编》，其他篇目基本上未标注资料来源。这种做法不仅在《新搜神记》一书中出现，还同样出现在作者的其他笔记小说如《井蛙杂纪》《尾蔗丛

① 占骁勇：《清代志怪传奇小说集研究》，华中科技大学出版社，2003年，第137页。
② （清）李调元：《新搜神记》，载《续函海》第四函，嘉庆六年绵州李氏万卷楼刻本。

谈》中。

更让人觉得不可思议的是，在李调元的学术性笔记《卍斋琐录》十卷中，也时常出现类似情况。正如徐德明在《清人学术笔记提要》一书中指出的那样："《卍斋琐录》十卷，多以《说文》及其他古籍考据名物。……至卷六'花'字，钞自顾炎武《唐韵正》，却不标出处，有掠美之嫌。"① 这种"有掠美之嫌"的做法，也突出地表现在李调元的《新搜神记》中，从而成为《新搜神记》缺陷和不足。

五、结语

尽管李调元《新搜神记》一书存在上述明显的缺陷和不足，但不妨碍他成为乾隆时期重要的笔记小说作者之一，从而跻身于清代著名笔记小说作家的行列，这是罗江的骄傲，也是全体蜀人的骄傲。

从近年来的李调元的研究来看，出现了李调元生平家世研究、李调元诗歌研究、李调元戏剧理论研究、李调元传说故事研究、李调元与清代四川刻书研究、李调元方志思想研究、李调元与川菜美食研究等专题研究，涌现了一大批研究成果。但是，李调元的笔记小说研究并未得到学术界足够的重视，其相关著作的整理出版也还亟待加强。

不过我相信，随着国家新的文化战略的实施和蜀学研究的深入，李调元笔记小说的研究，一定会迎来一个全新的局面并取得丰硕的成果。

（周明：四川省社会科学院神话研究院研究员、《神话研究集刊》副主编）

① 徐德明：《清人学术笔记提要》，学苑出版社，2004年，第79页。

第三篇
李调元诗歌研究

李调元诗的艺术渊源与风格

谢桃坊

一

在清代乾嘉诗坛上，李调元（1734—1802）曾是具有特出艺术风格的诗人。近世学者张舜徽说："调元早岁嗜吟咏，与袁枚、越翼相颉颃。时人有谓调元与袁枚，正如华岳二峰，遥相对峙，风云变幻，两不可测……可知调元之诗，在当时已有定价。"① 李调元著述丰富，于经学、蜀学、文学理论、民俗学和文学创作皆有成就，而所编辑的《函海》丛书在学术界甚有影响。他的历史定位是诗人兼学者，其诗歌创作自14岁迄至去世，历时50余年，存诗2400余首，其《雨村诗话》尤为重要的诗学论著。他的好友程晋芳的《童山诗集序》云：

> 吾友李君雨村，生峨眉秀异处，卓荦自负，于书无所不读，发为诗歌，嵚崟磊落，肖其为人。入冠中乙科，三十而成进士，授庶常既而改官文选主事，君素不好吏事，独以翰林为易读书；即不得以此终，则又往往以诗自雄。虽然悲诧不形，然其中郁折往复之致多矣。

① 张舜徽：《清人文集别录》卷七，中华书局，1980年，第207页。

岁己丑遭尊人石亭先生大故，先生为北路同知权密云事，其殁事虽由疫病，亦有忧患逼之使然者。雨村力疾居表，摒挡后事，艰难怛悼，半载之间，得诗三百余首，以写其悲哀靡诉之情，余三复其诗，泫然闵然，而告之曰：合观全集，大矣美矣，而就其大指论文，改官后工于翰林时，近作则又工于改官时，非所谓逆则成文，非有无憀不平即不能出奇以惊世者耶！雨村相视而笑，以余为知言。①

这叙述了李调元诗创作发展过程及其艺术特色，李调元亦表示同意此论。中国诗体作为民族古典文学的重要形式，它同其他诸种文艺形式一样，存在继承与发展的关系。诗歌的创作若不学习传统的古典名作，不懂得诗体格律规范，则不可能征服此种古典文学形式。我们纵观中国诗歌范式的发展可分为两个时期；一是唐代以前《诗经》《离骚》和汉魏五言诗所建构的古诗范式；二是唐代以来以唐宋著名诗人所建构的近体范式。从元代至清代的诗人们是以学习唐宋著名诗人的作品为艺术渊源而力求形成个人艺术风格的。李调元的诗歌的艺术渊源亦是如此。他的诗学主张："格调宗唐律，抒机采宋人。"② 这是提倡风格学习唐人律诗，诗法学习宋诗。关于取法唐宋诗的具体对象，李调元说：

诗者，天地之花也。花阅一春而益新，诗阅一世而益盛。秾桃繁李比艳争妍，而最高者为梅兰竹菊。唐宋元明，分坛列坫，而大者为李、杜、韩、苏。③

以花比喻诗体因其是植物之最美者，诗体则是诸种文学形式中之最美者。中国文人认为花卉中格调最高者为梅兰竹菊。李调元以为唐代以来诗之成就最高者为李白、杜甫、韩愈和苏轼，故以他们的诗作为自己取法的范式和的渊源。这四家之诗并非李调元独宗之艺术渊源，自北宋诗歌革新运动以来，它们实为诗人们学习古典诗体的取法对象。北宋诗歌革新运动在于

① （清）程晋芳：《童山诗集序》、《续修四库全书》第 1456 册，上海古籍出版社，2003 年，第 149 页。

② （清）李调元：《答王梅溪问诗》、《童山诗集》卷一五，《续修四库全书》，第 1456 册，第 258 页。自此以下凡引用李调元诗篇，均见《童山诗集》，不再一一详注。

③ （清）李调元：《雨村诗话序》、《童山文集》卷四，《续修四库全书》，第 1456 册，第 519 页。

反对宋初学习白居易及李商隐和晚唐的浅近柔靡的诗风，欧阳修主张学习韩愈的诗文，而苏轼则提倡学习李白、杜甫、韩愈和陶渊明之诗。王安石提出的四家诗说的影响尤为深远。王安石于唐诗最推崇李白、杜甫和韩愈之诗，他说："诗人各有所得，'清水出芙蓉，天然去雕饰'，此李白所得也。'或看翡翠兰苕上，未掣鲸鱼碧海中'，此老杜所得也。'横空盘硬语，妥帖力排奡'，此韩愈所得也"。① 他曾编《唐百家诗选》和《四家诗选》，尤以后者引起诗坛的关注，范正敏《遯斋闲览》云：

荆公《百家诗选序》云："予与宋次道同为三司判官，次道出其家所藏唐百家诗，请予择其善者，废日力于此，良可悔也。虽然，欲观唐人诗，观此是矣。"今世所传《百家诗选》印本，已不载此序矣，然唐之诗人，有如宋之问、白居易、元稹、刘禹锡、李益、韦应物、韩翃、王维、杜牧、孟郊之流，皆无一篇入选者。或谓公但据当时所见之集诠择，盖有未见者，故不得而遍录，其实不然。公选此诗，自有微旨，但恨观者不能详究耳。公选杜、欧、韩、李别有《四家诗选》，则其意可见。②

此四家诗是王安石以为从唐代到北宋诗歌成就最高者，其所排列的顺序是独特的，亦引起诗界的争议，但其中李白、杜甫、韩愈三家诗并加上宋代的苏轼诗却成为宋以后诗人们学习的主要对象。与李调元同时的赵翼是学者兼诗人和诗论家，他谈李白诗说："若论文沉刻，则不如杜；雄挚，亦不如韩。然杜、韩与之比较，一则用力而不留痕迹，一则不用力而触手生春：此仙与人之别也。"他论及苏轼与唐诗三家之关系说："以文为诗，自昌黎始，至东坡益大放厥词，别开生面，成一代之大观。今试平心读之大概才思横溢，触处生春，胸中书卷繁富，又足以供其左旋右抽，无不如志。尤其不可及者，天生健笔一枝，爽如哀梨，快如并剪，有必达之隐，无难显之情，此所以继李、杜后为一大家也。而其不如李、杜处，亦在此。盖李诗如高云之游空，杜诗如乔岳之矗天，苏诗如流水之行地。读诗

① （南宋）胡仔：《苕溪渔隐丛话》前集卷五引王安石语，人民文学出版社，1984 年，第 30 页。

② 《苕溪渔隐丛话》前集卷三六引，人民文学出版社，第 242 页。

者于此处着眼，可得三家之真矣。”① 这比较了四家诗之优劣异同，取四家之长，可得唐宋诗之菁华，故成为宋以后诗人们学诗的途径，而在清初以来尤其是一种普遍的传统的风尚。李调元沿袭清初以来的传统，并不像王士禛、翁方纲、沈德潜和袁枚等那样标新立异，别开途径，仍取法唐宋诗的四家杰出诗人，树立高标，构成自己诗歌的艺术渊源。

二

自宋代以来虽然许多诗人学习李白、杜甫、韩愈和苏轼之诗，但认识与学习方法都很难相同。李调元对此四家诗有自己的认识，在学习方面亦善于取舍。

关于李白诗，李调元的评价极高，他说：“太白诗根柢风骚，驰驱汉魏，以遗世独立之才，汗漫自适，志气宏放。故其言纵恣傲岸，飘飘然有凌云驭风之意，以视乎循规蹈矩，含宫咀商者，真尘饭土羹矣。盖其仙风道骨，实能不食人间烟火，故世之负尸载肉而行者，望之张目咋舌，譬如天马行空，不施控勒，其能绝尘而追者几人哉！且太白亦非徒阔落浩荡而无涯涘也，今之人半以子美沉酣六籍，集古今大成，为风雅正宗，使追步者有径可寻，有方可窥，故谭艺家迄今奉为矩矱，视太白若登天然不可企及者，此大谬也。”② 李调元自少年时代学诗最喜爱读李白诗，晚年刻印李白诗集，甚至以为学诗“先从太白问津可也”。他因对李白偏爱故评价过高，又因许多诗人以为李白才气纵横，其诗难学，而李调元却以为宜先学李白诗。他说：“唐诗首推李、杜，前人之论详矣，顾多以杜律为顺，而于李则云仙才不能学，何其自画之甚也。大约太白工于乐府，读之奇才绝艳，飘飘如列子御风，使人目眩心惊；而细按之，无不有段落脉理可寻，所以能被之管弦也。若以天马行空，不可控勒，岂五音六律亦可杂以不中度之乐章乎？故余以为学诗者必以太白入手，方能长人才识，发人心思。”③ 他特别指出李白诗的结构—段落脉理是谨严的，有法度可循，故可学；学李白诗可以增长才识和思想。这亦是他学诗取法李白的精深的见解。李调元今存少年时代的诗篇主要是学李白乐府诗的，例如《巫山高》：

---

① （清）赵翼：《瓯北诗话》，人民文学出版社，1981 年，第 3、56 页。

② （清）李调元：《重刻太白集全序》、《童山文集》卷五，《续修四库全书》第 1456 册，上海古籍出版社，2003 年，第 523－524 页

③ （清）李调元著，詹杭伦、沈时蓉校正：《雨村诗话校正》，巴蜀书社，2006 年，第 12 页。

巫山高，高入云。云中十二峰，五色何氤氲。琪花云树纷难详，遥见碧城开天阊。黄金为门白玉墙，中有云鬟明月珰。含情异态若相望，亦犹藐姑射山旁。飘飘似仙云中翔，阳台何山无斜阳。为云为雨山之常，底事诬山诬襄王。

李调元作此诗用乐府古题，全凭想象，将巫山描绘得神奇瑰丽，有如仙宫，而诗的结尾却又否定了神话传说的虚幻。《古剑篇》亦是李调元早年作的七言古诗，首四句云："夜来雷雨吼飞泉，锋芒上与星斗缠。揭来放出琉璃匣，青霜一道翀云烟。"全诗尤富于神奇的想象。他与李白乐府同题之作的《将进酒》则抒写了青年时代的豪情：

我不如张校尉李轻车，封侯高建牙。复不如谈天衍雕龙奭，于拦相印为说客。不文不武竟何成，旅进旅退终无益。东家车马阗门前，西家歌吹声沸天。壶中有酒且须酌，莫教酒尽求人怜。华亭鹤唳悔何晚，咸阳牵犬事不返。地下应无卖酒垆，世间何事擎空盏。人心如面安可窥，旁人侧目君不知。大江流水有穷日，白衣苍狗无尽时。我当酌，君当斟。呼牛呼马随君意，清圣浊贤知我心。

诗中陆机事，李斯事，直用李白《行路难其三》"华亭鹤唳讵可闻，上蔡苍鹰何足道"；又咏酒事袭李白《将进酒》"人生得意须尽欢，莫使金樽空对月"。然而此诗都又有李调元愤世嫉俗的情绪和冷静的理性的特点，这是他善学李白的诗的杰出作品。

关于杜甫诗，李调元甚看重其艺术成就。他说："杜诗之妙，有意胜者，有以篇法胜者，有以俚质胜者，有以仓卒造次胜者。"① 他更看重杜甫的诗法，以为："作诗之法，少陵尝自言之矣，曰'熟精《文选》理'，言有根柢也；曰'前辈飞腾入，余波绮丽为'，曰'篇终接混茫'言有收束也；曰'新诗改罢自长吟'，曰'老去渐觉诗律细'，夫以李白之才，雄奇跌宕而犹欲细论文，然则细之一字，其诗学之金针乎！"② 从杜诗而求作诗

① （清）李调元著，詹杭伦、沈时蓉校正：《雨村诗话校正》，巴蜀书社，2006年，第16页。
② （清）李调元著，詹杭伦、沈时蓉校正：《雨村诗话校正》，巴蜀书社，2006年，第18页。

的法度这是学杜的普遍现象。李调元是曾熟读杜诗的，从而求得诗法的谨严和细密。《钱塘怀古》是其青年时代的作品：

宋家事业已全销，漫把余杭说故朝。江上只应寒月照，湖边偏见暮云饶。王师不抵黄龙府，帝子空余白马潮。日落诸陵何处是，冬青树老雨潇潇。

此诗结构谨严、对偶工稳、用典贴切，历史沧桑之感表达得沉郁顿挫，深得杜诗之法。此外如《清明二首用杜工部韵》《游杜少陵草堂》《谒杜少陵草堂祠》等篇是学杜并表示景仰之情。乾隆二十七年（1762）李调元于孔庙见古柏作的七言古诗《古柏行》用杜甫诗题，在描述孔庙古柏的霜皮黛色及历史沧桑之后，诗有云：

成均子弟雍容至，摩挲想见先贤意。苍干櫺门映日寒，谁人不向此中庇。君不见汉家崇台何森森，青棠赤榫皆成林。材非骨重谁能器，人至寒凋始见钦。国子先生偶来止，摘叶攀枝吟不已。劝文诸生即尔师，豫章七年正如此。

杜甫于唐代大历元年（766）在夔州咏孔明庙古柏表达“志士幽人莫怨嗟，古来材大难为用”之意。李调元则表达“材非骨重谁能器，人到寒凋始见钦”之意，诗之结尾奉劝青年士子，由古柏而悟得大木“豫章之生七年而后知”的成材之艰难。此诗学杜并且同题，但却超越杜诗而有新意。

关于韩愈诗，李调元对其险怪诗风有特别的见解。他说：“韩昌黎诗云：‘险语破鬼胆，高词媲皇坟。’此是公自先赞其诗，不可传作赞他人诗篇。然皆经籍光芒，故险而实平。”① 韩愈以文为诗特点突出很难学习，李调元深有体会地说：“昌黎云：‘气盛则言之长短与声之高下皆宜。’此可与知者道，难与不知者言也。诗以气行，气盛则诗奇；有奇气者，必能传也。但空疏者不可言气，糅杂者不可言气。以空疏言气，则白话而已；糅杂言气，则粗卤而已。方且抹之批之不暇，何暇观其气乎？空疏者必入打

① （清）李调元著，詹杭伦、沈时蓉校正：《雨村诗话校正》，巴蜀书社，2006年，第19页。

油，粗卤者必堕恶道，势所必至也。”[①] 此所谓“气”是指创作主体的深厚的艺术与学识的积累而于创作中表现的充沛的才华和宏大的气魄。韩诗有突出的“奇气”而形成险怪的风格。李调元指出学韩诗易流于油滑与粗恶。他深知此弊病，故其学人之诗及险怪之风皆显示出学习的成功。乾隆三十四年（1769）李调元在河南孟县作的《谒韩文公墓》赞颂韩愈是“孔孟相传后，惟公是替人”。乾隆四十三年（1778）李调元在广东潮州作《率诸生谒韩文公祠》云：

> 先生教泽至今闻，济济英才画不群。官吏尚携鹦鹉字。儿童能颂鳄鱼文。天留砥柱山长仰，地历回澜水欲分。史部遗风谁似续，还看满壁走烟云。

李调元时在广东学政任，考试诸生。他对韩愈在岭南传播中国传统文化表示钦敬，欲继遗风。乾隆二十七年（1762）李调元在京都任国子监学录，继韩愈和苏轼之后作《石鼓歌》，刻意学习韩诗典重和平、体制宏伟的风格。石鼓是我国的国宝，共十鼓，每鼓刻有篆书四言诗一首，制作年代曾以为周宣王时，但实为秦刻石。它历经战乱，在明清时代仍保存于京都国子监内。韩诗着重叙述石鼓的历史，称颂朝廷之盛世。李调元诗在叙述周宣王刻石纪功之后，对尚能见到的古文形象描述云：“彭亨菌蠢半隐雾，苍藓剥出玉钗刻漏痕。纷如松藤轇轕大蚖走，坐见草虫阜趯相蠹蜉。冰蛇雪鼠蜷宛不知数，中有万岁蟠龙昂首喷。古来鸟迹蝌蚪亦半妄，独与铜盘彝鼎光羲轩。”这是继苏轼之后的描述，形象怪异，多用僻字，甚为险怪。诗的结尾表示对中华神物的敬畏：“君看正襟危坐体自正，肯随诸子拱于礼拜骈肩跟。方今群彦莘莘胄楚楚，八方骐骥各各争云骞。安得博雅江淹识冢器，不教钟山甸服传礽孙。若问吾侪食古谁能化，或者瘦羊博士今尚存。”（后汉建武中，每腊诏赐博士一羊，博士甄宇自取最瘦者。）此在韩诗之后写出新意。李调元其他咏金石碑刻的古体诗，甚有韩诗的险怪。

关于苏轼诗，李调元说：“余雅不好宋诗而独爱东坡，以其诗声如钟吕，气若江河，不失于腐，亦不流于郛。由于天分高，学力厚故纵笔所之，无不精警动人，不特在宋无此一家手笔，即置之唐人中，亦无此一家

---

① （清）李调元著，詹杭伦、沈时蓉校正：《雨村诗话校正》，巴蜀书社，2006年，第71页。

手笔也。公集中无论长篇短幅，任举一句皆具大魄力。如《有美堂暴雨》起笔云：'游人脚底一声雷，满座顽云拨不开。天外黑风吹海立，浙东飞雨过江来。'其声直震百里，谁能有此?"① 苏诗为宋诗之冠冕，在李调元看来不仅其气魄宏大，而尤富于学识，饶有理趣。他说："严沧浪云：'诗有别才，非关书也；诗有别趣，非关理也。'然庐陵文章为有宋一代巨制，刘原父尚讥其不读书。大苏诗雄一代，而与程子言理不合。若非多读书，多穷理，安能善其才与趣乎!"② 自清代初年学者们整理和研究苏诗以来，学苏诗成为一时风尚，但无博大的学识与才华是难于学习的。在李调元诗集中用东坡韵者最多，计十余首，如《登黄楼》《登八境台》《再游峡山飞来寺》《谒南海庙登浴日亭》《二月初一蒙思发伊犁当差是日出狱》等诗。今存李调元诗最早的是十四岁时作的《杂兴》九首皆是寄兴言理的，如其四：

佛氏谈因果，来世生福地，几见初生人，尽记前生事。老子称太上，长生应在世。何以血肉躯，飞升不见坠。吾儒慎追远，礼重宗祖祭。追封拜坟头，安知魂果至。人睡言小死，所异在无气。如与睡其同，死亦可不泪。

此是学苏诗以议论为诗，以理性看待死生问题，批判儒佛道三家之虚妄，但欠乏理趣。其《小孤山》云：

何年海风刮瀛洲，蓬莱吹入西江头。青天浩荡元鼍吼，黑衣浪撼蛟龙怒。丹霞斗立三千丈，斩绝夤缘莫可上。危亭水阁谁扶持，蚪木蔓花空依傍。昔人以孤言其形，今人以姑实其名。洛神湘妃皆被谤，石湖诚斋同此情。我来正值朔风阻，祷神却不祷神女。山灵点头旗脚回，占风舟子夜深语。

此诗结构与思路甚受苏诗《泗州僧伽塔》的影响，由现实观景而引发理性思考，颇得理趣。乾隆二十二年（1757）李调元作《游金山寺》与苏诗同

① （清）李调元著，詹杭伦、沈时蓉校正：《雨村诗话校正》，巴蜀书社，2006年，第20页。
② （清）李调元著，詹杭伦、沈时蓉校正：《雨村诗话校正》，巴蜀书社，2006年，第188页。

题。诗以纪游为顺序抒写所见景物，不如苏诗之奇幻，但结尾无归隐之意，而是再写江中奇绝之景：“中流复见江豚拜，浪花滚起海鸟鸽。回看壁立飞霞散，杳乎巧错天工镵。”这在苏诗之后写出了新意，乃学苏之佳作。

从上述可见，李调元是认真研究与学习过四家诗的，但有自己的独特认识和选择，又常常出以己意；这成为其创作的基本的艺术渊源。

三

李调元的诗歌创作，追求高远宏深的艺术境界，故在渊源上取法唐宋大家，树立高标，由此形成个人的独创的艺术风格。关于传统与创新的问题，他说：“作诗须自成一家言，若徒东摹西仿，千百世后又安知我为谁乎？曾记康熙中，新城最盛，时有戊辰编修金补山以成，会稽进士，未第前以百韵长篇投新城王公。公曰：‘诗家上乘，全在妙悟。’取所订《唐贤三昧集》贻之。补山忽悟曰：‘新诚一生只得到王、孟境界。杜之《北征》、韩之《南山》，岂是一味妙悟者？盖敏妙出自灵府，而沉酣资于学力。’于是独持一论，纵览典籍，刻意辟新，遂成一家。”① 关于诗的独创性，李调元特举了清初诗坛的实例。当时王士禛提倡神韵说，主张妙悟，学习王维和孟浩然之诗。金以成指出王士禛之诗缺乏独创，主张妙悟而乏学力，因而成就不高。因此李调元力求诗的创作自成一家。他曾以花之妍丽比喻诗歌，志于创新：

> 夫花既以新为佳，则诗须陈言务去。大率诗有恒裁，思无定位；立言先知有我，命意不必犹人。诗充于理，要有理趣，勿堕理障；诗通于禅，要得禅意，忽堕禅机。言近而指出，节短而韵长，得其一斑，可窥全豹矣。②

他于诗学是固守传统的，未提出新的理论，但特别强调表达主体的思想，而于艺术构思必须有自己的特点，要有理趣和禅意，诗意含蕴而有韵味：此即是诗的新意所在。显然此论是精于诗艺的，虽不时髦而是艺术的正

---

① （清）李调元著，詹杭伦、沈时蓉校正：《雨村诗话校正》，巴蜀书社，2006 年，第 179 页。

② （清）李调元：《雨村诗话序》，《续修四库全书》，第 1456 册，上海古籍出版社，2003 年，第 519 页。

途。自近世以来诗学界论清诗往往将李调元诗归入性灵诗派，即以为他曾与性灵诗派的领袖有一段交情，因而属于袁枚一派的。[①] 我们仅以此两家诗之艺术渊源的异趣便可否定此说。当时性灵诗派的三大家是袁枚、蒋士诠和赵翼，李调元评论云：

> 近时诗惟推袁、蒋、赵三家，然皆宗宋人。子才学杨诚斋，而能各开生面，此殆天授，非人力也。心余诗学山谷，而去其艰涩，出以响亮，亦由天人兼之。子才自云："余不喜山谷而喜诚斋，心余不喜诚斋而喜山谷。"云松则立意学苏，专以新造为奇异，而稗家小说拉杂皆来，视子才稍低一格，然视心余，则殆有过之无不及矣。[②]

袁枚诗学南宋杨万里，蒋士铨诗学江西诗派黄庭坚，赵翼诗则学苏轼。这三家皆学宋人诗，而李调元诗乃取唐宋四大家诗；他们的艺术渊源是不同的。李调元曾与袁枚的书简中又历评性灵派三家诗，最后谈到与袁诗之异说："先生论诗曰新，调论诗曰爽，先生有《随园诗话》，调有《雨村诗话》，不相谋也。"[③] 他们的诗歌理论是不同的，但这并不妨碍相互的推重与交往。李调元的诗在当时的神韵说、格调说、肌理说和性灵说前后流行一时之际，而有自己的独创风格。兹试举数例，如《鸿门怀古》：

> 野火飞入阿房宇，共逐秦鹿如飞蓬。项王盖世双重瞳，呼吸八斗来江东。赤蛇白蛇争关中，广武连兵决雌雄。亚夫碎斗气填胸，筵前剑舞心不同。生前彘肩目如铜，死且不惧况酒中。两龙不并成汉功，拨乱乃属大度公。至今壁垒颓层穹，战场杀气耿长虹。猛虎啸壑鹰鸣空，翔云绕阵号饥鸿。吁哉腐肉安可通，杯羹一语真英雄。

鸿门在陕西临潼县东，秦末项羽与刘邦宴会处。此诗为七言古诗，每句用韵之柏梁体。诗在叙述鸿门宴史事之后，抒发怀古之情，意象苍茫，

① 谢桃坊：《李调元与学人之诗及性灵诗派》，《西华大学学报》2020年第1期。

② （清）李调元：《雨村诗话序》，《续修四库全书》，第1456册，上海古籍出版社，2003年，第33页。

③ （清）李调元：《寄袁子才先生书》，《童山文集》卷一〇，《续修四库全书》第1456册，上海古籍出版社，2003年，第560页。

而结句表达了卓越有史识而具深刻的意义。《登泰山》二首乃佳作，其一云：

> 果是阳晴各异形，芙蓉尕尕变青冥。鸡鸣海日三更赤，鸟入齐烟九点青。地府意昏飞夜雨，天门白昼走风霆。昨宵偶到层巅宿，亲见云軿信有灵。

此乃描写泰山观日出，表现出神奇变幻的难状之景，借杜诗之意而展开，甚具李调元特色。乾隆四十八年（1783），李调元五十岁，因受陷害入狱，革职，发遣伊犁充当苦役。他作的《五十岁和祝芷塘见祝原韵四首》诗情悲愤激烈，其二云：

> 平生性烈如夏日，有树绝不言温室。但知慎密口若钳，坐此令人嗛入骨。手足皆非应世具，坦途着我皆坑窟。只有一心思致身，不惧三褫夺绶紱。向持此论百不移，今知巧宦始悟必。倘使绕指化为柔，何有锋芒顿吴粤。名者造物之所忌，文章岂果遭天罚。细忖万事不如人，未知减福是何节。迩来顿悟循环理，前因后果才一瞥。得失鸡虫了何时，争持蚌鹬力空竭。风波已过淡如无，成事不说如周粟。愁来心火正相煎，惟应释氏谈寂灭。每听然灰辄摇头，羞为斗米再腰折。感君同心言多中，出语直如矢贯虱。

此诗流畅奇崛，揭露了汉族士人在清王朝政治环境中的艰险，并表现了主体的孤高品格和决心离弃仕途的意志，真正作到立言有我，命意不由人。

李调元诗在体制与题材方面甚有特点。他的《南宋宫词百首》《送别王梦楼先生由翰林侍读出守临安一百韵》《恭祝万寿一百韵》《哭陈蕴山一百韵》《读岳忠武传三十绝句》皆是体大思精的鸿篇巨制，体现出诗才横溢。他咏金石碑刻的长篇《琉球刀歌》《秦镜歌》《宋钱歌》《石镜屏歌》《九曜古歌》《预碑歌》《青羊宫观铜鼎歌》《禹碑歌》《石鼓歌》等，皆体现了博物多识的学者之诗的特点。他描写民间技艺的《弄谱百咏》，以及关注民间底层人民生活和社会民俗的作品如《悼仆朱贵》《乞儿行》《石匠行》《窑户行》《担炭行》《观绳妓歌》《筒车》《豆腐》《龙骨车》《河村戏场》《草鞋》《观高跷灯歌》等，皆为新题材的开拓。我们可见李调元诗的艺术风格和内容题材是很丰富的。在他的诗篇中我们能见到李白诗的飘逸、杜诗的谨严整饬、韩诗的险怪、苏诗的理趣，而又有其新的艺术个性，形成了博雅沉雄的艺术风格。当时李调元的好友程晋芳和赵翼对其诗评价甚高。著名的诗人兼《四库全书》修纂余集致书云：

> 老前辈与随园老人，正如华岳二峰，遥相对峙，风云变幻，两不可测。而老前辈著述既富，兼之好古阐幽，多刻前人遗佚，此又尤胜随园之仅刻其家集矣[①]

这表明在乾隆时期李调元与袁枚为很有影响的两大诗人，而李调元兼为学者则是袁枚所不及的。乾隆四十二年（1777）朝鲜国副使徐浩修对李调元诗的评价尤高，他说：

> 诗学之亡久矣。夫自明末诸君子写景辄动引唐人，叙事辄称苏调，风神或似隽永，淘洗或近精工，而骤读则牙颊爽然，徐看则意趣索如。其弊至于音节噍杀，气象凄短，全失温柔敦厚之义。盖学唐而失其天趣，学宋而去其才情，是皮膜而已，雕琢而已。乃执事之诗，则即以《皇华》诸篇观之，超脱沿袭之陋，一任淳雅之真，非唐非宋，独成执事之言，而若其格致苍健，音韵之高洁，无心于山谷、放翁，而自合山谷、放翁，亦可谓欧阳子之善学太史公。三复之余，不胜敬叹。[②]

这突出称赞了李调元诗的独创精神与很高的成就。然而在清代诗史上，李调元的诗是被忽略的，而且在当时与后世的诗坛上的影响并不大。这造成其诗的成就与影响的强烈反差，究其原因应是：一、李调元诗传统的根基源厚，但创新缺乏，尤其是诗学理论的特点不突出，故不如王士禛、沈德潜、翁方纲和袁枚的新奇的诗风与诗论受到诗坛的关注；二、他在政治与文学上的地位不如以上四家显耀，尤其晚年僻居西蜀而脱政治与文化的主

---

① 余集致李调元书，见《童山文集》卷一〇附录，《续修四库全书》第1456册，上海古籍出版社，2003年，第564页。

② （清）李调元著，詹杭伦、沈时蓉校正：《雨村诗话校正》附录，巴蜀书社，2006年，第11—12页。

流，失去社会性的优势；三、他在社会政治思想方面亦固守传统，缺乏先进思想的光照，以致对社会现实的认识并不深刻。虽然如此，但其诗论及诗的艺术成就，就学理与诗艺而言仍达到了某种高境。这值得我们进一步的探讨，并有待新的评价，以还原童山诗在清诗史上的应有的地位。

（谢桃坊：四川省人民政府文史研究馆馆员，四川省社会科学院研究员）

略论《看云楼集》之价值[①]

尹 波 郭 齐

李调元（1734～1802），字羹堂，号雨村，四川罗江（今四川省德阳市罗江区）人，清代著名学者、戏曲理论家、藏书家、诗人。他继承苏轼、魏了翁等以来的蜀学传统，学术、文学皆与了翁相伯仲，是继杨慎之后出现的又一位川籍百科全书式学术大师，著述之富，费密而外无与匹敌。且以一人之力，耗费毕生精力，完成学术巨著丛书《函海》，影响深远。以“川剧之父”“川菜之父”知名，又为沉香研究专家、对联高手，对巴蜀文化、中华文化研究传播做出了全方位的贡献。素有“锦江六杰”“蜀中三才子”“绵州三李”“林下四老”之美誉，2020年6月，被四川省正式评定为“四川历史名人”。

《看云楼集》是李调元中年编订的第一个自选诗集，具有多方面的重要价值。朝鲜使者曾专门派人登门求书，得此集而归，并产生了广泛影响，其后使者之来皆能诵之。由于调元晚年曾将其诗作重新编订为《童山诗集》，导致此集长期被忽略，流传不广，知见者不多。迄今为止，李调

① 本文为国家社科基金后期资助项目“魏了翁文集整理研究”（项目批准号：22FZXB018）、四川省社科规划重点项目“魏了翁文集整理研究”（项目批准号：SC22A019）阶段性成果。

元研究的代表性成果包括一些著名学者的成果和研究生学位论文皆罕有涉及。如罗焕章等《李调元诗注》选诗范围仅限于《童山诗集》，未及其他。易君模等《李调元咏景诗选》、罗江文体广新局编《李调元著作选》也是同样的情况。詹杭伦《李调元学谱》对此集语焉不详，且未将其列入调元集部著作目录。杨世明《李调元年谱略稿》、孙震《李调元著述系年考略》、赖安海《李调元传略》、肖世德《李调元家世和年谱简编》则均未提及。今唯国家图书馆、中国科学院图书馆各藏一本，几为稀缺之书矣，实有必要作一梳理，表而出之。

一、《看云楼集》的编纂与流传

此集是以李调元任吏部文选司主事时以在京所居楼命名的。关于看云楼的情况，调元《看云楼记》详载云：

> 宣武门东梁家园旧为山左李少农基宅，名“滴翠园”，有石池亭台之胜。以事败，地今为瓦砾场矣。乙酉，官起房以便民居，秋末落成。房在麻线衚衕西口，而东南地势稍低，筑楼三楹当之。先是，京师房未有楼者，兹盖特创也。初为中书舍人武进毛应藻所据，……丙戌，毛登第，授湖南沅陵令。将行，知余心素好之也，乃以授焉。……爰家有万卷楼，故即以名名之。[①]

知其于乾隆三十一年（1766）始得此楼，并以故乡家中原有之楼名名之。[②]《看云楼集》卷十七有《移居看云楼》诗四首（《童山诗集》卷八仅载一首）、《晚登看云楼》一首，知调元移居此楼在丙戌秋。

调元在看云楼住了三年，直到乾隆三十四年冬离职返蜀[③]，为父守制之前方将其转让出去。《童山诗集》卷十三《和程鱼门迟云阁赏雪元韵并序》云：“阁即余向之看云楼也，自余己丑归蜀后屡易主人。”《看云楼集》

---

① （清）李调元：《童山文集》卷七，3b，乾隆绵州李氏万卷楼刻、嘉庆十四年李鼎元重校印《函海》本。

② 调元从弟骥元《寄侄朝础》云：“醒园当日共嬉游，采菊东篱趁晚秋。步月每过延月洞，穿云多上看云楼。”见骥元《李中允集》卷一，12b，嘉庆十七年龙万育刻本。朝础为调元之子，可知蜀中之看云楼在罗江醒园中，或即后之万卷楼。

③ 李调元《童山自记》云：“（己丑）十一月二十日携眷回川。”伍文校点本，《蜀学》2009年第1期。

卷二十二有《晚登看云楼述怀四首》《别看云楼二首》《看云楼玩月用去年中秋韵简唐尧春》诸作，皆离京前依依惜别之诗。

此集编订的时间是乾隆三十四年秋冬间。《看云楼集》卷二十二《茧茧吟》序云：

> 今年秋，调遭先大夫故，摒挡后事，留滞京师，欲归不能，乃无一事，检案头旧作，几至盈千。虽风云月露，遗笑前人，而黄金掷牝，又觉可惜。因且删且改，汰旧稿十之五六，存三四焉。适有南（北）来便鸿，得先生（钱陈群）手教，并示诗序一章，遂以弁首。盖去岁同官吏部王镇之，先生之坦腹而调之同乡，请假南归，曾以柬笋上达，并求一叙，而今乃却寄也。

调元父李化楠乾隆三十三年十二月二十九日卒于顺天府北路同知任上，此言“今年秋”，显为次年。钱序今存《看云楼集》卷首，盖原为此集编成之前年序调元他诗者也。集首程晋芳《看云楼集序》亦云“余方将请假南归，雨村亦于秋杪归蜀，因为序其诗以志别”，而署“己丑夏四月，新安愚弟程晋芳序”，故此集编成时间十分清楚了。今查该书所收调元诗最晚者为己丑秋末作，即卷二十二最后两篇《重阳》和《送程鱼门舍人归江南二首》。《童山诗集》皆按年编排，其中所取《看云楼集》之诗最晚编入卷十，即己丑下。

如上所述，《看云楼集》为李调元中年自选诗集，凡二十二卷，共收入乾隆三十四年秋以前之作八百五十九首。虽编集时删削大半，但选择范围并未包括此前的全部诗作，以一事明之。《童山诗集》前十卷收有不少《看云楼集》所没有的作品，如卷一的《杂兴》《游山》《蜀乐府十二首》《雨霁怀明经计宁邦》《苦雨行》《雨夜和郭秀才韵》《计宁邦送木笔盆花》《雨过宁邦觅花》《苦雨二首》《喜晴二首》等，皆乾隆十三年十五岁时之少作。调元晚年编《童山诗集》，对自己的旧作作了更为严格的筛选，《看云楼集》中的作品几淘汰过半。因此，《看云楼集》已淘汰而被《童山诗集》重新选入的可能性很小，说明前者选择的范围只能是当时随身携带的部分作品，编选之前的实际诗作数量还要多得多。

和《童山诗集》一样，此集的编排不分体裁，大致按写作时间先后为序，但又不甚严谨。如卷一、卷二均收有《童山诗集》卷七之作，而卷

九、卷十一又反收其卷一之作，卷十四、卷十七反收其卷二之作，等等。又卷二十只收录"赠某人"四篇，"简某人"二十篇，又似按题材分类。这些都反映出该集的编排比较仓促和随意。

此集的刊印时间不晚于乾隆四十一年。《童山诗集》卷十九《漫言》云："谁把诗名传海外，《看云楼集》客来求。"此为乾隆四十二年丁酉初诗。《雨村诗话》卷十六云："乾隆丁酉上元，余在京，忽有朝鲜人柳琴到门云，我朝鲜副使徐浩修使也……因在琉璃厂肆见尊刻《粤东皇华集》，无心山谷、放翁而自合于山谷、放翁。窃意著作必不止此，不知此外尚有几种，乞求数部。勉恳不已，因令人与之使去。"① 正言此事。《粤东皇华集》卷首有韩国副使徐浩修致李调元求书启，与此同意。又调元《韩客巾衍集序》云："因以向之所著《看云楼集》付之，以不辜其求。"② 朝鲜诗人李德懋记云："丁酉上元，几何子弹素随本国副使徐浩修至中国，于琉璃厂书肆得吏部兼编修绵州李雨村调元所著《粤东皇华集》，呈副使。……雨村先生时以谪官家居，未见也，但以初刻《看云楼集》与未刻《童山全集》给之，副使大喜。"③ 既然丁酉初已将《看云楼集》赠与朝鲜使人，可知至迟在四十一年已印行于世。

二、《童山诗集》对《看云楼集》的取舍

《童山诗集》四十二卷，为李调元晚年亲手编订的诗集。初编为四十卷单行本，成于乾隆五十九年，次年即将其赠董蔗林、袁枚等人。④ 所收诗作止于乾隆甲寅，当四十二卷本之前三十二卷。甲寅以后诗则先编为

---

① （清）李调元著，詹杭伦、沈时蓉校：《雨村诗话校正》卷一六，巴蜀书社，2006 年，第 368 页。

② ［朝鲜］柳琴编：《韩客巾衍集》卷首，旧钞本，周斌主编：《朝鲜汉诗文总集》第二辑第五册，四川大学出版社，2015 年，第 583 页。

③ ［朝鲜］洪大容、李德懋著，邝建行点校：《干净衕笔谈・清脾录》，上海古籍出版社，2010 年，第 354 页。

④ 见调元《与董蔗林同年书》《答祝芷塘同年书》，《童山文集》卷一〇，12a、15a；（清）李调元著：《雨村诗话校正》卷一六，第 372 页；詹杭伦：《李调元学谱》中编，天地出版社，1997 年，第 184 页。

《童山续集》[1]，最后合编为四十二卷本，约定稿于去世前的嘉庆初。[2]该集对其一生的诗作进行了严格的挑选，保留下来的不足一半。《看云楼集》也在筛选之列，经统计，其中有四百二十首诗未能入选《童山诗集》，淘汰率约占百分之四十九。而入选的四百三十九首，大都作了不同程度的修改，近一半已面目全非，几同新作。以下按修改的方式略作梳理。

（一）删节

如《艾如张》原为五首，删减后只保留一首；《猛虎行》原为六首，现为四首；《罗真观观惠真上人所藏古鼎歌》删一百四十二字；《越王台》删去后半三十字；《禹碑歌》删去八十四字；《成都杂诗》删去十首，仅保留七首；《归州谒三闾大夫庙二首》删一首；《登弄珠楼》二首删一首；《题钱舜举苻坚访鸠摩罗什图》删八十八字；《将归剑南之鄞别俞醉六师席间呈二首》删一首；《游平山堂》二首删一首；《田家杂兴》删一首；《同汪孝翁张斐成泛舟西湖分作绝句十首》删去六首；《送别豹文》删去六十字，几为原篇幅之一半；《题何愚庐调鼎图》删去一百零二字；《冬杪奉和张鹤林翰林见怀元韵》四首删三首；《保和殿御试蒙恩点翰林院庶吉士恭纪》删去两处小注；《送别沈虹舟先生南归教授》删去九十三字；《元夜周立崖夫子招饮观东坡兴龙节侍晏真迹作歌》删八十四字；《送别梦楼夫子出守临安纪事述怀一百二十韵》删二十韵；《放歌行送别别驾唐芝田之江南兼怀梦楼夫子》删去一百五十字，删减过半；《寄怀王梦楼夫子用陈其年上大司寇宋蓼翁夫子五言古诗一百二十韵元韵即效其体》删去六十韵，删减过半；《奉和祝芷塘移居六十韵》删去二十韵；《赠歌者喜郎》删去六首，仅保留四首；《喜晤程芷南席间见示旧作四首即次其韵奉答》删二首；《送王荔裳归浙一百二十韵》删六十韵，占原篇一半；《宋钱歌》原为五百二十一字，删减为一百九十九字，等等，其他局部删节更多。

（二）增补

这种情况比较少见。如《上之回》于篇末增“瞻云就日来何从，上不

[1] （清）李调元：《和严丽生学淦题童山续集原韵二首》《和吴寿庭先生见题续集原韵》，《童山诗集》卷三九，10b，卷四〇，3b。

[2] 调元嘉庆六年曾亲手修订《函海》，中含《童山诗集》四二卷，《童山文集》二〇卷，于次年秋末基本刊成，十二月即去世。该集所收最晚之诗为嘉庆七年之《十一月初三日小万卷楼成》和《叹老》，最晚之文为该年所作《捐修绵州城碑记》，或为其后人所增补。参詹杭伦《李调元学谱》中编，第184、186页；赖安海：《试述〈函海〉的版本及其编者李调元的著作总数》，《蜀学》2014年第九辑。

回兮心方忡”二句；《秋兴八首》增补序九十八字；《夏日西湖》增加一首，为二首；《雷琴歌》序原为一百一十六字，现增为三百一十一字；《和题王雨庄待诏字坞山房图元韵五首》增补序一百字；《过菱湖访费云轩先生元龙山庄》题下增补小注十四字；《复归鹳鸰寺僧房三首》之一篇末增补注文六十四字；《元夜周立崖夫子招饮观东坡兴龙节侍宴真迹作歌》增补序六十八字等。

（三）缩合

如《清明二首》取消，取其一首并入《成都杂诗》；《夜闻江上吹笛二首》原诗为：其一，“寒渚秋江尽，青天月欲流。何人夜吹笛，一半落孤舟。”其二，“偶对江西月，初闻塞北声。梅花何处落，一夜满江城。”今缩合为《夜闻江上吹笛》一首：“两岸风涛静，中天月影流。梅花何处落，一半在孤舟。”《嘲峡石》《刺漬淖》原为二篇，今缩合为《峡中二首用范石湖韵》一篇；《杂诗》全篇取消，取其二首并入《古意》；《大风渡黄河歌》“龙门积石定何处，巨灵横空撑不住。但见鱼折溜兮蛟蹄水，茫茫浩浩从东去。须臾风急愈暴号，河伯勃怒推洪涛。咆哮一掉入沧海，日月簸荡珠宫高。忆昔尧谘嗟，禹疏理，九州始桑麻，一苇可航耳。胡为白日堆活沙，万艘忽失青天里。况闻连年侵淮泗，高堤冲激难修治。利害频烦圣主心，安危屡奏朝臣议。如何迩来仍横流，万民日有鱼鳖忧”一段，今仅缩合为“晓来北风急如驶，河伯勃怒蛟龙起。咆哮直入沧海大，日月簸荡珠宫里”四句；《虞部赵检斋夫子招诸同门饮时有出守卫辉之信因即席赋之》《送虞部郎中赵检斋夫子之卫辉之任》原为二篇三首，今缩合为《送虞部赵检斋瑗师出守卫辉》一篇二首；《奉和芷塘移居接叶亭诗》原共八叠韵，八篇，三十二首，今缩合为四叠韵，四篇，十六首；《送洗马宋舜音出守卫州述怀四首》缩合为一首；《春日西湖杂咏效白香山体四首》缩合为二首；《来日大难》原为四解四首，缩合为一首；《涿州送家大人回川遇宋四觐光于城北时宋将之江西作宰作歌送之》后半一百一十二字缩合为二十六字；他如《戚继光燕山纪功碑歌》等皆有大幅缩合。

（四）调整

如《南宋宫词百首》将原第十一首调至第十八首，原第十八首调至第十二首；《题美人图四幅》四篇，今将《明妃出塞图》《杨妃春睡图》各自成篇，且一在卷八，一在卷七；《复归鹳鸰寺僧房三首》拆分为《试毕仍归鹳鸰寺》《重至鹳鸰寺》两篇，一在卷四，一在卷六等。调整最大的是

《奉和芷塘移居接叶亭诗》八叠韵，原四叠之“高斋煮酒论群雄”“为问萧斋倚笛栾”“疏狂岂是合时宜”三首今调至三叠，原五叠之“犊鼻文园病酒宜”一首调至四叠，“畏人默钝颇相宜”一首调至三叠，原八叠之“茅屋新诗赋出频”“跋扈飞扬谁最雄”“城南谁氏建雕栾”三首调至四叠。

（五）改写

此为修改最主要的方式。入选《童山诗集》的四百三十九首诗，几乎没有不作改动的，包括大改、中改、小改。其中大改者已面目全非，与其说是修改，不如说是另作。试举数例：

万县

修改前：城小依丹嶂，江流涌白沙。何年开一峡，千古控三巴。瀑挂岑公洞，溪喧覃氏家。从来南浦地，胜迹昔人夸。

修改后：《巫山县》：小小巫山县，云峰密似麻。天宽才一线，地仄控三巴。瀑挂山山树，溪流处处花。瞿塘天下险，莫更说褒斜。

会稽怀古

修改前：越王旧国但荒烟，秋草凄迷故苑边。雨溅南阳三尺剑，风飘东国五湖船。英才销歇龙山土，霸气萦回鳗井泉。闻道山川多间气，兴亡今古一凄然。

修改后：千岩万壑越山川，到此欣然欲学仙。我未功成少西子，那能便泛五湖船。

留别

修改前：才得归来又买船，相携话别各凄然。世间笑貌俳优戏，吾辈诗歌杂管弦。万里知心长寂寂，一尊相对意绵绵。江间枫树应惆怅，一叶因风落酒筵。

修改后：《榜发下第买舟将南诸同人携酒饯行留诗作别》：才得归来又买舟，相携话别各言愁。一时气味真如醉，千古文章肯类优。枫叶初红是新染，蕉心含绿颇全抽。他年伯乐如垂顾，看我来修五凤楼。

褒城县

修改前：谁知千嶂尽，复见万家存。远岫疑沙岸，荒城似野村。鸟声喧日落，马足趁烟昏。风俗吾乡似，依稀返旧园。

修改后：秦栈西将尽，褒斜北向横。三川余故国，一笑果倾城。昔献龙漦种，今遗瘿妇伧。鸡头何崻屼，莫作牝鸡鸣。

访费云轩先生山庄即事

修改前：问讯幽居处，人言古树根。平田春水岸，小艇夕阳门。虾贱登晨市，鲈肥入晚飧。盘桓殊未厌，又听仆夫喧。

修改后：《过菱湖访费云轩先生元龙山庄》：先生官绵时余受知，屡试第一。苕霅最深处，菱湖又一村。平田春水岸，小艇夕阳门。旧忝后堂客，新尝若下尊。十年深仰止，今始入龙门。

京口阻风

修改前：客路愁何极，横江擘岸风。归心拦不住，独往大江东。

修改后：心拟雨无阻，身偏风见稽。梦中如有翼，飞过大江西。

密云县省视家大人未值住大悲庵作

修改前：古寺罥萝藤，高斋试一登。鸟啼云际磬，花暗雨中灯。何日奔尘定，频年报最称。怅然却归去，浑似出山僧。

修改后：《密云县省亲以出口未见住大悲庵次日回京》：礼少趋庭过，骑因定省乘。不知先出口，空自抚愁膺。带想十围减，城看百堵兴。怅然却归去，负米竟何曾。时修密云城工已竣

古意

修改前：窾木呼长风，流响或有因。奈何营营者，笙簧由鼓唇。巧韵悦人耳，遂以乱伪真。初或间疏逖，渐乃离所亲。所以明远论，贤者为书绅。

修改后：《窾木谣》：窾木窾木，风从中出。笙簧笙簧，言从口扬。窾木尚有因，笙簧不可当。初或疏兄弟，渐乃离爷娘。嗟乎曾参杀人母反走，古今间人只在口。

赠别舜音编修

修改前：索居忽愁思，揽衣循阶除。凉飙振庭户，树木何萧疏。我友驾在门，告言返旧闾。相送临河曲，执手为踌躇。顾视水一方，中有双飞凫。翩翩厉其羽，并颈时相呼。奈何同心人，远在天一隅。迟尔为舟楫，利涉复何虞。吁嗟复何语，黾勉赴前途。

修改后：《送编修宋小岩铣回吴》：姑苏多佳人，艳者颜如玉。亦复产佳士，玉中比结绿。我友宋小岩，峨眉等曼□。若比西方人，定应称二珏。可怜不字贞，与我通款曲。三载偕步趋，校书直天禄。有如双飞禽，相聚水中浴。翩翩厉其羽，并颈时相逐。昨日驾在门，告言返旧屋。执手为踌躇，泪下不能续。奈何同心人，远赴天一角。目逆而送之，何时手重握。相期臭如兰，此外无他属。

送赵编修翼出守镇安

修改前：高怀却似承明厌，勋业偏于远地宜。人过云山逢驿使，吏迎雷岭杂猺夷。枇杷花外行苗部，薜荔墙边咏柳诗。遥想郡斋无事日，著书多应胜延之。

修改后：《送编修赵云松翼出守镇安》：玉堂挥翰究推谁，二载螭头四海知。自古词臣多出守，况今才子最能诗。桄榔树底行苗步，薜荔门中谒柳祠。莫遣瘴烟侵鬓发，他年燕许候摛词。

送学士韦约轩视学山左

修改前：策马临淄旄节翻，皋比坐拥出词垣。诸生旧盛推东鲁，学士新参重北门。金鉴照来峰日丽，珊瑚网尽海云吞。大明湖上多垂柳，攀折秋深欲断魂。

修改后：《送学士韦约轩谦恒视学山左》：出典文宗任最尊，同年让尔首承恩。蜀袍学士方辞院，鲁国诸生尽在门。学术总期归有用，游谈切忌戒无根。大明湖上多秋柳，只恐诗成又断魂。

顺义道中

修改前：一溪清浅藻文斜，二月风过草茁芽。却忆故园春色动，种花人老未还家。

修改后：《顺义道中见杏花》：二月风过草茁芽，一湾柳港聚人家。醒园本是吾归处，却向盘山看杏花。

此类不胜枚举，与原作相比，已完全是重作。

改写中还有一个突出的现象，即改题。如《妾薄命》改为《邯郸行》，《白纻辞》改为《美人行》，《董逃行》改为《东门行》，《长歌行》改为《丈夫行》，《罗真观观惠真上人所藏古鼎歌》改为《青羊宫观铜鼎歌》，《春兴八首》改为《平定西域恭纪八首并序》，《龙津晚泊二首》改为《舟中二首》，《怀唐尧春》改为《喜唐尧春乐宇至》，《秋兴八首》改为《平定金川恭纪八首并序》，《赠罗尔音》改为《赠弟桂山天英》，《龙山远眺》改为《登宁波城楼》，《送徐蒸远舍人不及以诗追寄之》改为《送舍人徐蒸远步云回南》，《冰船行》改为《冰床行》，《挽烈妇李安人》改为《挽易州牧李文耀芰裳继配烈妇氏觉罗安人》，《秋山六景图》改为《游云龙山》，《送侍御刘竹轩巡视南漕》改为《送侍御王德圃启绪巡视南漕》，《石匠苦》改为《石匠行》，《窑户怨》改为《窑户行》，《赠歌者喜郎》改为《赠李桂官》，《赠别舜音编修》改为《送编修宋小岩铣回吴》，《借典籍胡柘塘访宗室幻翁主人座上赋诗》改为《青石桥访韩三》，等等。乾隆三十四年秋，调元离京返乡，集中写作了一批留别友人同僚的诗，全部以“简某某人”为题，编入《看云楼集》卷二十，凡二十三篇。其中十九篇后来收入《童山诗集》，题首的“简”字全部改为“别”“忆”“怀”，分别为八篇、十篇、一篇，也颇耐人寻味。

（六）润色

凡全篇只有局部字句改动者，可称为润色，其目的是更加达意或增加文采。如《少年行》首句前增“马蹀躞”三字，“白马年少郎”改为“白面年少郎”，“人生富贵真足羡”改为“人生富贵何足羡”，“还向城南起大屋”改为“还向坟前起大屋”；《荆州二首》“日涌早潮来”改为“日带早帆来”，“舟落渚宫远”改为“鸟下渚宫远”，“帆依沙市回”改为“人喧沙市回”，“荒原平野烧”改为“荒原沦战骨”；《丹徒》“海燕迎舟急”改为“海燕衔花过”，“沙鸥入浦闲”改为“沙鸥傍草闲”；《天门山》“巨灵擘破势犹连”改为“巨灵劈破势犹连”，“双崖拔地俱千尺”改为“双崖拔地两边断”，“一水穿天界两边”改为“一水穿天万派悬”，“月引晓岚云外合”改为“日影晓岚云外合”，“何当乘兴披烟霭”改为“何当乘兴披烟雾”，“直跨凌虚学地仙”改为“直跨峰峦学地仙”，等等。凡选入《童山诗集》者很少有完全不作修改的，所以此类润色的例子比比皆是，不烦枚举。

从以上梳理不难看出，调元对自己的诗作挑选甚严，要求甚高。一是取精而不用宏。《看云楼集》本身已是“汰旧稿十之五六，存三四焉”，而入选《童山诗集》时，再淘汰一半。剩下的一半也大幅删节缩合，毫不吝惜，“痛下杀手”，非上乘不取。二是精而益求精。虽以删削为主，但必要时也有增补，补诗补序补注，使其完善；调整位置顺序，使更合理。不满意者，则不惜改作，改题改意改韵改体裁改字数，以期脱胎换骨，涅槃重生。其尚可者，亦字斟句酌，反复打磨推敲，以臻圆满，用心可谓苦矣，用力可谓勤矣。但另一方面，恣意篡改，又表现出一定的轻率和不严谨。虽然是自己的作品，无妨自由去取，但以三十年后之眼光对旧作大幅改动重作，格调再高，亦三十年后之诗矣。尤其是《罗真观观惠真上人所藏古鼎歌》改为《青羊宫观铜鼎歌》，罗真观在德阳罗江，青羊宫在成都市内；《万县》改为《巫山县》，其地不同；《怀唐尧春》改为《喜唐尧春乐宇至》，由其人去后改为其人方至；《赠罗尔音》改为《赠弟桂山天英》，《送侍御刘竹轩巡视南漕》改为《送侍御王德圃启绪巡视南漕》，《赠歌者喜郎》改为《赠李桂官》，《借典籍胡柘塘访宗室幻翁主人座上赋诗》改为《青石桥访韩三》，前后所与对象风马牛不相及；卷二十留别友人同僚之诗，“简某某人”改为“别某某人”尚可，而改为“忆某某人”“怀某某人”，则未免有迁就之嫌，恐还是以尊重历史为好。

三、《看云楼集》的价值

《看云楼集》虽已被《童山诗集》所取代而流传甚稀，但作为李调元中年编订的第一个诗集，仍具有多方面不可替代的价值，如史料价值、文献价值、文学价值等。尤其是仅存于集中的四百余首诗，更是了解李调元中年以前事迹、交游、思想、创作的珍贵资料。

（一）史料价值

1. 有助于了解李调元生平

如卷四《将之姚江留别诸友作》以下三十余首详细记录了调元乾隆十八年十二月举家水路东赴余姚父亲任所沿途所历所见所感，其中《舟次射洪》《合州夜泊》《谒三忠祠》《涪州石鱼歌》《旅夜》《万县》《登白帝城》《黄陵庙》《武昌怀古》《黄鹤楼》《汉口远眺》《江州城楼远望》《琵琶亭》《南康夜泊》《吴城晚眺》《登滕王阁》《舟过严陵钓滩》等皆仅见于此集。卷六《上虞道中》以下三十余首详细记录了调元乾隆二十一年春由旱路西

归蜀中应乡试的行程，其《上虞道中》《晓发平望》《姑苏怀古》《谒五人墓》《虎丘怀古》《虎丘》《浒墅舟中》《润州怀古》《渡江》《扬州怀古》《仪真道中》《六合县》《滁州》《清流关》《凤阳怀古》《亳州遇雨》《陈留道中》《郏县》《潼关》《新丰》《骊山怀古》《咸阳道中》《马嵬》《武功道中》《过马伏波将军墓》《宝鸡县》《进连云栈》《画眉关》《过诸葛忠武侯墓》《宁羌遇雨》《昭化县》《抵舍》亦仅见于此集。卷七《秋怀》以下三十余首又详记该年秋再次由水路东赴浙江秀水其父任所历程，其《秋怀》《感怀》《遂宁县有怀》《舟出巴峡》《望高唐观》《巴东县》《新滩口号二首》《南津夜泊》《沙市》《汉川县》《舒州道中》《谒余忠宣公祠》《丹阳道中》皆仅见此集。卷八《和钱黄与送别韵》以下二十余首记录了乾隆二十三年调元随父由北路陆路西归绵州的历程，其中《和钱黄与送别韵》《吴江晚泊》《谒五女祠》《许州》《伊河偶憩》《发宝鸡县》《煎茶坪》《凤县道中》《凤岭》《柴关》《谒诸葛忠武侯祠》《姜伯约祠》《牛头山》《和赵澹园先生枉驾补过亭元韵》《赵澹园先生再过留饮家大人有诗恭贺元韵》皆仅见此集。卷十《岐山县元日》以下二十余首是乾隆二十四年冬北上京城参加会试沿途的记录，其《洛阳怀古》《怀庆道中》《磁州道中》《谒杨忠愍公祠》《涿州》《沧州》等仅见此集。

乾隆三十年岁末，调元两岁之子汪官病亡，作有哭其诗八首，而《童山诗集》仅载前四首，后四首《再用东坡韵》两篇及《人日述怀二首》则仅见于《看云楼集》卷十五、十六，更详尽地记述了爱子夭亡的始末及痛断肝肠的感受。更重要的是，可以纠正《童山自记》的记载错误。《自记》于乾隆二十九年甲申云："二月，汪官生。"于三十年乙酉云"六月，汪官殇"。而调元哭诗第二首云："维时正除夕，别岁我已忘。临晨请祷回，儿已奄欲亡。……犹待分压岁，牵衣始仆僵。……安得飞蓬岛，为觅回生方。竟随二竖去，使我裂中肠。"第五首注云："儿以十一月初病，予方日上起居注抄书。"《人日述怀二首》有"爱花无计护柔枝，对啼谷谷怜鸠妇，解语喃喃惜燕儿"，"牵衣有忆涕涟而，平生苦蹈西河辙"，"忍见梅花折嫩枝，杜甫前年怜骥子，义山此日恋娇儿"等句，为新丧子之语，则知汪官实殇于除夕，而非六月。诸诗乃调元当时所作，可以据信，而《童山自记》为三十余年后之追忆，故难免有误。

又《自记》于乾隆三十二年丁亥云："冬，移居梁家园官房，有楼甚轩敞，面东，楼下有积水，余题一联云：'城外远山如岫列，楼前积水当湖看’，人传颂之。”误。据卷十七《移居看云楼》四首（《童山诗集》卷八仅收一首，列丙戌。）及《晚登看云楼》有“天边归雁去悠悠”，“霜倒菊花全覆砌，风凋梧叶半侵楼”，“月明人在楼”，“潇潇落叶秋”等句，明其移居在秋不在冬，在三十一年不在三十二年。《自记》乾隆三十三年戊子云：“（先君讣至）余闻之，魂飞天外，即驾车兼程，日行三百里，赶至白河。”卷十八《雪》《宿固城县》《重经楼桑村西观音寺有感而作》《途中逢唐鉴》《宿仙风坡》《初五日回京》等篇即为此行返程所作，仅见此集。《自记》又云：“己丑，在保定守制开吊……余以平谷城工密云县两处交代未楚，令弟谭元扶柩送母吴太恭人先回，余往平谷……至十月交代事竣，于十一月二十日携眷回川。”卷十八《出自城东门》《不寐》《和舍弟龙山由密云至平谷原韵》《平谷杂诗》《洵河晚眺》《登城》《上纸寨》《下纸寨》《东郊二绝句》，卷十九《游固安寺》《寒食》《题水峪寺泉》《平谷回密云苦热途中作》《冯家潭》《罗山》《清河》《望天寿山》《汤泉》《怀柔道中》《檀州怀古》，卷二十一《雨中渡白河作》《宿良乡有感》《寄内》《张桓侯庙》《定兴道中》《北河》《夜宿通州城外有作》《潞河》《三河道中》《灵山》等可见此期间逗留京城和往来奔波之情状。卷二十一有《四月初十日大悲庵礼佛追和先大夫壬午监密云城工壁间题渊明归去图元韵》，知曾为其父做法事超度。《伤怀二首送舍弟龙山扶榇归蜀》，知弟扶榇归蜀在夏间。卷二十二《柴市吊文丞相》《悯忠寺吊谢叠山》《晚登看云楼述怀四首》《别看云楼二首》《中秋夜饮于接叶亭》《看云楼玩月用去年中秋韵简唐尧春》《芷塘见和》《重阳》《送程鱼门舍人归江南二首》等则为即将离京返蜀前之作。

《茧茧吟》并序是一篇重要的文献，《看云楼集》编纂的详细情况赖此以明。据《大理司马王锡缙将之滇南以素绢求书因作长歌兼以志别》，可知调元善书及书法风格。《五叠前韵》小注云：“余近病耳聪。”《六叠前韵》小注云：“余素有小李将军号，不知何时谓。而芷塘以年未弱冠同登第，故榜下，好事者以杜诗‘将军不好武，稚子总能文’二句为了二人谑语。”又云：“余近颇喜诵佛语。”以上这些仅存于《看云楼集》的诗作，无疑对于了解作者的生平事迹大有裨益。

2. 有助于考察李调元交游

根据《看云楼集》诸篇唱酬或交往之人，不见于调元其他著述而仅见于此集者计有曾辉台、钱黄与、阮吾山、马四、王锡缙、董东亭、毛进思、陈耻斋、沈六、石钝夫、张宝林、周奕亭、沈石田、劳药轩、周亦庵、王荔裳、王砚田、黄南坪、王云谷、缪汇川、赵瑞生、黄定之、罗维杨、吴九龄、吴子万、刘皀溆、赵千子等人。另赵澮园，《童山诗集》卷二十六虽有一处提及，但无事迹，赖此集卷八《和赵澮园先生枉驾补过亭元韵》《赵澮园先生再过留饮家大人有诗恭和元韵》略知一二。陈琮韫山为调元挚友、姻家，《童山集》《童山自记》中多有提及，然赖此集卷十一《寄永清丞陈石材》等方知其号石材。沈士玮南雷，据卷十二《六月初一日雨后》诗知其一号沈楼。《童山诗集》卷八有《赠李桂官》，据此集卷十四《赠歌者喜郎》方知其又名喜郎。宋小岩铣《童山诗集》多次提及，据此集卷十四《赠别舜音编修》、卷十七《送洗马宋舜音出守衡州述怀四首》，知其字舜音。曹仁虎习庵见《童山诗集》卷八，而此集卷十四有《九日陶然亭登高和曹编修来殷元韵》，知仁虎字来殷。且此诗注称公，而彼诗改称君。

3. 有助于了解李调元中年以前思想

如展现青年时代奋励思进、蓬勃向上精神面貌的：

九州不足览，愿上九天游。凌云生羽翼，翱翔蓬岛陬。披我鹤氅衣，脱我鹈鹕裘。青鸟为我鸣，白龙为我驺。朝焉驾昆仑，暮复来丹丘。双关流金碧，朱扉启重楼。宴约王母赴，壶邀天女投。俯视寰中人，蠕蠕如蜉蝣。我笑黄石公，何为人间留。《神仙歌》

君子不遑息，小人适所便。感激在桑弧，敢因徒旅倦。鸿鹄志四海，鹦雀何能知。君子志四方，名利非所思。振翮凌青冥，高举在今斯。安能坐蓬庐，踽踳守空帷。《秋怀》

休嗟世上怜才少，自怪平生失学多。孔雀宁辞抵触辱，麒麟聊受絷维磨。《感怀》

表现对下层人民深切同情的：

出东门，望古田，少人耕。种禾麦，无时日，仰头悲鸣。今日不雨，明日不雨，禾麦化为土。道逢农氓，嗟嗟勿言苦。朝屠豕，暮烹羊，县中开讌方徜徉。《出东门行》

春罗曳轻裾，本出贫家女。上有双鸳鸯，五色缀其羽。豪家富熏

天，妖媚日歌舞。不念百日功，寸寸剪其缕。安知织者苦，衣襟自褴褛。力作不偿报，嗟嗟何可数。《杂诗》

抨击不劳而获的佛教僧徒的：

古寺悬层颠，涧鸣声瀧瀧。南屏背松栝，庵钟自击撞。客过僧不迎，去疾走跫跫。此辈废菑畲，安享酒盈缸。何不勤归农，驱使事耕□。《西湖宴集分韵得江字同俞醉六施乐萃作》

警惧世途艰险，告诫洁身自好，明哲保身的：

君不见，冥冥云中鸿，偶罹缯缴悲秋风。君不见，唧唧篱边雀，振翮云霄出丘壑。世事反覆安可知，已道今朝不如昨。高门驷马知为谁，昔年破屋愁嗄咿。《行路难》

雉子斑，锦翼翩翩集水湍。日色荡漾花簇团，望望羽毛成彩鸾。雉子自谓文章好，朝来一翅思翀天。王孙张罗江之干，以计饵之剪羽翰。非不爱护已伤残，黄金笼内谁为欢。仰人饮啄诚大难，昨日麦垄天地宽。《雉子斑》

昨日黄鹂鸣青春，今朝落絮浮白苹。眼看日月推车轮，少年忽老如隔辰。劝君尽醉勿欠伸，安知人间富与贫。《短歌行》

零落在转瞬，荣茂若朝菌。静观百岁间，无营以为准。底事纷驰人，捷径步自窘。《秋怀》

祸福有基胎，鸩毒在安晏。物性忌太直，兹焉得良谋。栖托苟得所，明哲保初终。寄谢趋炎辈，无为乱吾衷。《杂诗》

空城雀，日啄太仓粟。朝啾啾，暮啾啾，弹弓驱之复来宿。伤翎摧羽岂不悲，为恋一粒果我腹。君不见，鸿雁高高丽碧秋，江湖还为稻粱谋。何况微禽身躯小，一日无食便枯槁。《空城雀》

这些诗作一方面表现了李调元一腔抱负、壮志满怀的蓬勃精神，同情底层百姓的仁者情怀，另一方面，作为未谙世事的青年，逆料世途险恶，人生无常，戒以避世远害，明哲保身，未免有些少年老成，甚或无病呻吟。为贫逐食，以空城雀自解，也难免消极，展示了青年李调元思想的复杂性。

4. 有助于了解当时社会情况

《谒杨升庵先生祠》描述了乾隆中新都杨慎祠的状况和升庵谪居云南时的生活形象："蔓草高坟赑屃碑，杨氏祖宅缭垣隳。公子戍死滇南陲，始康郭外留荒祠。天使老唊蛤雄雌，丫髻盘头面傅脂。插花拥妓相妩媚，胸中锦绣何处摛。醉来裙衫当临池，吐气蟠曲成蛟螭。僰儿抚掌都庐吹，箐酋峒獠皆来窥。"《成都杂诗》中的五丁山、石笋街、文翁石室、琴台、驷马桥、升仙桥、君平街、金堂山、武侯祠、浣花溪、草堂，《清明二首》中的薛涛墓至今犹存，可见乾隆初诸处的情状。《奉和芷塘移居接叶亭诗》小注云："时方起官房，以便官民赁居，欲住者争先租之，迟则不可得。"《奉和少宰何念修先生吏部藤花诗六首》小注云："南院有古井，间岁一淘，则官此者有升迁出使之兆，与古藤并为铨部典故。"

（二）文献价值

《看云楼集》为李调元首部早期诗选，也是其最早面世的著述之一，字体清秀，校刻精良，世所稀见，具有重要的版本价值。单就校勘而言，其突出的作用是可以纠正后刻诸本《童山诗集》的若干错误。如《青阳》"息长祈福"，《童山诗集》作"忌长祈福"。《孟子·告子上》"日夜之所息"赵注："息，长也。""忌"字显为形近之误。《上之回》"海王渎伯"，《童山诗集》作"海工渎伯"，古代传说四海皆有王，"工"为形近之误。《妾薄命》"绣襦窈窕弹秦弦"，《童山诗集》作"弹朱弦"，虽也可通，然李白《古风五十九首》之五十五"齐瑟弹东吟，秦弦弄西音"，明朱谏注："齐在东，故齐之瑟曰东吟。秦在西，故秦之弦曰西音。"当以"秦弦"为是。"合蝉小转劝君醉"，《童山诗集》作"合弹"。《才调集补注》卷五《织锦妇》"合蝉巧间双盘带，联雁斜衔小折枝"注引《乾淳岁时记·元夕节物》："妇人皆带珠翠、闹蛾、玉梅、雪柳、菩提叶灯球、销金合蝉、貂袖。诗中合蝉乃言锦也。""弹"字误。《禹碑歌》"平成括命非诞夸"，《童山诗集》作"平城"。《尚书·大禹谟》"帝曰俞！地平天成，六府三事允治，万世永赖，时乃功。"注："水土治曰平，五行叙曰成。""城"字误。"要当斫骨烦巧匠"，《童山诗集》作"断骨"。《后汉书·文苑传赞》"抽心呈貌，非彫非蔚"注："彫，斫也。""断"字显误。"宝以缃缣装玳瑁"，《童山诗集》作"袅玳瑁"。《古俪府》卷三唐李峤《为何舍人贺梁王处见御书杂文表》："是用编之玉轴，勒以银绳，尽罄梁珠，特装玳瑁之匣。"

"袅"字误。《秋兴八首》"何日能开玉塞途"，《童山诗集》作"玉塞图"，"图"字音近而误。《八阵图歌》"是时高陇兔狐啸"，《童山诗集》作"是日"，"兔狐啸"非指一日，"日"字误。《南宋宫词百首》"馄饨朝朝卷脚陈"，《童山诗集》作"馄饨明朝卷箔陈"。《梦粱录》卷八《大内》："裹卷脚幞头者谓之院子。"作"卷脚"是。"几架秋千画院垂"，《童山诗集》作"几朵"；"净几无尘展画屏"，《童山诗集》作"屏画屏"；"鱼船惨见杂花飞"，《童山诗集》作"糁见"，不通；"昨日御颜偷拭泪"，《童山诗集》作"玉颜"；"寒侵翠袖蹙围屏"，《童山诗集》作"翠绣"；"诏取严州鹁鸽青"，鹁鸽即鹁鸪，又名鹁鸠，《童山诗集》作"鹁鸽"；"金殿看书忘目痛"，《童山诗集》作"有书"；"轻容例贡会稽纱"，《童山诗集》作"侧供"；"锦绣亭边备斛忙"，《童山诗集》作"备解忙"；"怕见飞花入画帘"，《童山诗集》作"飞光"，后者皆误。《嘲峡石》"赤比牛火红，黕类鼠胶黑"，《童山诗集》作"鼠胶漆"，"漆"字误。《石鼓歌》"苍茫气势勃欲吞昆仑"，《童山诗集》作"登昆仑"，"登"字音近而误。"其间大车巨舰凡四徙"，《童山诗集》作"大军"，"军"字形近而误。《寄怀王梦楼夫子用陈其年上大司寇宋蓼翁夫子五言古诗一百二十韵元韵即效其体》"衔泪拆家书"，《童山诗集》作"衔唳"，"唳"字形近而误。《秋山六景图》"苔滑石气青"，"露砌寒虫响"，《童山诗集》作"苔华""云砌"，皆误。《病脚》"跖盭漫裂裳"，《童山诗集》作"温裂裳"。《后汉书·郅军传》注："《史记》曰：吴兵入郢，申包胥走秦求救，昼夜驰驱，足肿跖盭，裂裳裹足，鹄立秦庭。""温裂裳"不通，"温"字形近而误。《忆昔行》"岂意才名三十年"，《童山诗集》作"岂忆"，音近而误。《大风行》"仓卒岂有鹏扶摇"，《童山诗集》作"枝摇"，"枝"字形近而误。《简侍御孟鹭洲》"掇取绣衣郎"，《童山诗集》作"掇去"，"去"字音近而误。《示舍弟龙山临右军法帖歌》"刷字定见新发硎"，《童山诗集》作"亲发硎"，"亲"字或形近而误，或音近而误。此类不胜枚举，足见该集的重要性。

（三）文学价值

一般认为，李调元诗歌创作大致分为三个时期：乾隆二十八年中进士以前为诗歌艺术个性初步形成时期，乾隆二十九年至五十年退出仕途为艺术风格成熟和创作高峰时期，乾隆五十年以后为创作逐渐衰退时期。每个时期成就不一、特点各殊，而总体风格归于通俗平易。[1]《看云楼集》介于一、二期之间，正居于调元创作趋于繁荣、诗风趋于成熟之关键节点，因此对于李诗研究至关重要。然而由于稀见，迄今为止此集尚未进入研究者视野，这不能不说是一个很大的缺憾。

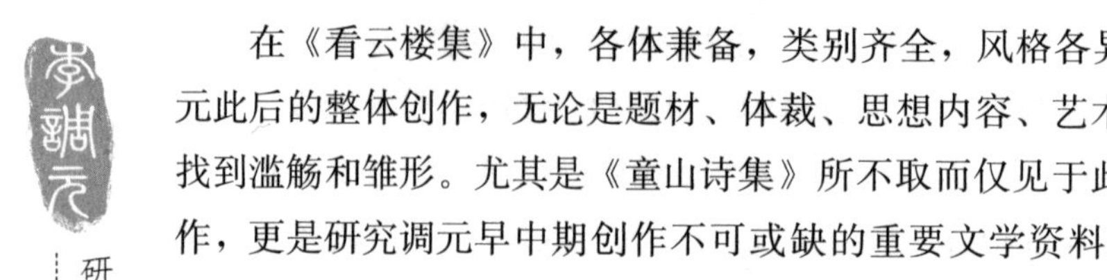

在《看云楼集》中，各体兼备，类别齐全，风格各异，纷罗杂陈，调元此后的整体创作，无论是题材、体裁、思想内容、艺术表现都能在其中找到滥觞和雏形。尤其是《童山诗集》所不取而仅见于此集的四百余首诗作，更是研究调元早中期创作不可或缺的重要文学资料，值得认真梳理，深入发掘。

就个别作品而言，虽淘汰之余，仍不乏遗珠。如《去妇词》：

> 朝来青铜镜，拂拭无光辉。树上双栖鸟，声声诉分飞。上堂拜舅姑，涕下不能挥。回车已在门，不得与郎辞。覆水难再收，我行何所之？但愿新来人，慎勿效我为。莫矜颜如花，试问妾来时。

此诗描述了去妇的凄凉情形和复杂心情，有悔恨，更有无奈，有委屈，有依恋，甚至有怨艾，看来只是犯了小错，却受到了严厉的惩罚，将要面对不知所底的未来人生。古代已婚女子有“七出”之法，休妻被看作天经地义。作者将此类题材以独特的角度入诗，寄予更多的却是同情。

《渔父词》：

> 暝色赴前湾，东溪夜放筏。绿蓑初过雨，撑破一滩月。浅流不得意，雪浪恣超越。乱荇时碍篙，便向芦中歇。得鱼即沽酒，醉倒或散发。趁潮下沧州，欸乃出林樾。天明收夜筒，风急船头滑。

作品描绘了一位天作房，地作床，放浪形骸于自然之中，超然脱俗，自得其乐的渔翁形象，意趣高远，刻画生动，语言清丽，使人联想到《庄子》的“相忘于江湖”，《论语》中的长沮、桀溺、荷蓧丈人等避世隐者，竹林七贤等魏晋名士，柳宗元“独钓寒江雪”的蓑笠翁，表达了作者高洁

---

① 参见孙文刚：《李调元诗歌创作述论》，《蜀学》2013 年第八辑；谢桃坊：《论李调元的诗歌创作道路》，《蜀学》2014 年第九辑；梁芳：《李调元诗歌研究》，暨南大学硕士学位论文，2016 年，第三章。

的内心追求。

《鬻病马十八韵》：

马为我先大夫坐骑，昨岁腊月，忽患前足倔强，捐馆后愈甚，奄奄有欲殉之意。怜其力役有年，不能相从归里，鬻于舍人，亦杜甫少陵待试明年春草之意也，诗以别之：

老马来何日，奔驰已有年。总因恩旧念，故使病新缠。力瘁燕山外，魂销易水边。悲号分我痛，颠蹶赖奴牵。……头垂犹喷玉，蹄破想连钱。云影空横地，星精欲坠天。驽欺将辱胯，乌啄为疮肩。易下离群泪，难同结伴还。……霜尾虽凋矣，风鬃尚卓然。不如宾馆养，可似主家贤。骨本千金直，身期一药痊。丁宁慎刍龁，临别倍勤拳！

作品于其父衔冤辞世之初，以马写人，伤人哀马，声情并茂，心泪交织，读来感人。

集中被《童山诗集》选中而作了不同程度修改的四百余首诗更是研究李诗不可多得的珍贵资料。从《看云楼集》到《童山诗集》，其间跨越三十年，作者经历了升沉历练、翻天覆地的变化。若能通过逐篇对读，体味作者修改之用意，评骘用舍去留之得失，对于了解作者文学审美取向的流转变化，创作源流的起伏曲折，诗歌技艺的炉火精进，无疑是大有裨益的。

集杂成醇，敢为人先，恃才傲物，以怪为美，崇尚鄙俚，嬉笑怒骂皆成文章，乃蜀学之鲜明特征。调元才高八斗，学富五车，大家豪气，发之于诗，不啻又一蜀中怪才，大有鹤山魏了翁、升庵杨慎之风，此于《看云楼集》亦可见一斑。

（尹波、郭齐：四川大学古籍整理研究所教授）

岱庙所见李调元、何晋茹诗碑重辑考补

李剑锋

2020年10月24日，蒙泰山学院泰山研究院周郢教授的导游和指点，我在岱庙参观了“何人麟书《望岳》诗碑”和“《秋兴八首》诗碑”两块碑刻；10月31日复往岱庙仔细重案“何人麟书《望岳》诗碑”碑文。遂以相关碑文校读《泰山石刻大全》（下文简称《大全》）第一册所收此两块碑刻及释读文字，发现第一五五条“何人麟书望岳诗碑”错谬、缺漏甚多，其学术价值也没有得到充分揭示，兹特重辑、考校、补充如下。[①]

一、重辑所谓“何人麟草书杜甫《望岳》诗碑”

学人习称的“何人麟草书杜甫《望岳》诗碑”，根据原刻，其内容应作补充，题目可具体化为：“岱庙何人麟草书杜甫《望岳》诗、李调元和《望岳》一首、何晋茹《咏汉柏七古一首》及三人题跋诗碑”。此据原刻重新识读辑录如下。

① 参泰安市文物局编，李正明、戴有奎主编，路宗元副主编，姜丰荣、史欣、吉爱琴编辑：《泰山石刻大全》，齐鲁书社，2018年，第149－150页。按：《大全》之错误实源于刘秀池主编：《泰山大全》，山东友谊出版社，1995年，第1086页。

（碑阳：）

岱宗夫如何？齐鲁青未了。
造化锺神秀，阴阳割昏晓。
荡胸生层云，决眦入归鸟。
会当凌绝顶，一览众山小。
——杜甫

观海、登岱，古今大快事。惟宦途人每难兼到。余自乾隆辛丑莅蓬莱任，登方壶，作仙吏。癸卯夏五，量移奉符，依青帝作香案吏，可云兼到矣。公余，偕啸台陈君、鸣九三弟，攀藤涉崄，驾壑登云；披览历来题咏，名作甚伙，惟工部《望岳》诗碑刻无存，自愧非才，未敢捉笔。爰录其句，命工镌石，以补其阙云。

时乾隆甲辰仲夏月书，蜀绵州何人麟。

工匠：孔衍瑞、孙相，仝镌。

（碑阴：）

必续泰山游，平生愿始了。
贤宰况姻娅，邀登戒初晓。
风生万壑松，云上一声鸟。
北海竟可超，下视尘寰小。

瑞菴姻大兄由蓬莱调任泰安之明年，余解官将归剑南。菊月朔，顺道就别于衙斋。君与余幼同学、长随肩，自各通籍后不见于兹盖十六年矣！相见道故，感叹久之。遂邀登岱，命余婿异斋相随。且出其草书杜少陵《望岳》诗碑刻以示，字字挟龙翔凤舞之势；盖君才素工怀素，余少所服膺。而杜公“岱宗”一首脍炙人口，碑板独缺。此举诚足补前人之未备。岱宗之行，乾隆四十一年，圣驾东巡，余以忝扈侍从。曾经前朱太守孝纯邀游，次日晚至回马岭而止。今又得登峰造极，一续前游，亦快事也。曰即追和杜韵，奉训非敢于此老前言诗，亦聊以纪吾二人之踪迹云尔。

时四十九年甲辰九月之初三日也。

姻弟罗江童山李调元题于碑阴。

岱岳祠前多古柏，中有两株最苍碧。
老枝盘屈蛟龙形，参天不下二千尺。
我来怅望封禅台，残碑惜已蚀青苔。
老僧为我说巅末，知是汉皇亲手栽。
忆自元封举大典，首巡东岳隆丰腆。
谁教风雨老千年，山灵呵护不容剪。
吁嗟乎！万松山势何崇嶐。
此树直与山争雄，养成栋梁不肯用。
甘与山神为清供，万古千秋东岳东。

乾隆甲辰十一月一日，同异斋大兄游岱庙，咏汉柏七古一首，题于家大人刻杜少陵《望岳》诗之碑阴。

蜀绵州晓山、何晋茹。

二、碑阳书人“蜀绵州何人麟”的地望

今岱庙汉柏亭下台基南侧有《秋兴》诗碑，乃时任泰安知县何人麟所书。据此诗碑诗后题跋，清乾隆四十九年（1784）秋天，他携亲友“登临岱顶，摩抚无字碑，见其崖上有‘一览众山小’石勒，不禁兴诗圣之感。爰书《秋兴》并《望岳》句于浴日养云亭中”。这里提到的“《望岳》”并非今学人习称的“何人麟书《望岳》诗碑”，后者今藏岱庙历代碑刻陈列室。其书人与书《秋兴》诗碑者为同一人，即何人麟。

何人麟（1732—1791），字玉书，号瑞菴（庵），四川绵州人。由廪贡援例授剑州训导。清乾隆四十三年（1778），因军功历任山东惠民、定陶、平原等县；四十八年（1783），由蓬莱训导转泰安知县；五十四年（1789）闻母丧即归乡。生平可参李调元《敕授文林郎晋封奉直大夫山东泰安县知县何瑞庵墓志铭》。[1]

关于何人麟的地望，《大全》所辑相关题跋落款“锦州”应为“绵

① （清）李调元：《敕授文林郎晋封奉直大夫山东泰安县知县何瑞庵墓志铭》参李调元：《童山文集》卷一七，中华书局，1985 年，第 187—190 页；又参（清）李调元著，詹杭伦、沈时蓉校正：《雨村诗话校正》，巴蜀书社，2006 年，第 86 页。

州”。《大全》“说明”部分介绍说，此《望岳》诗碑为清乾隆四十九年（1784）“锦州”何人麟书，又说碑阴所刻“蜀锦州”晋茹诗云云。两“锦州”皆应作“绵州”。何人麟书“《秋兴》八首诗碑”诗后跋落款为“蜀绵州何人麟”甚明。又碑阴所刻晋茹诗落款楷书为“蜀绵州”。又“何人麟书望岳诗碑”碑阴有落款“姻亲罗江童翁李调元题于碑阴”字样，按李调元为四川罗江人[①]，罗江曾隶属绵州；绵州为隋置，治巴西县（今四川绵阳东），为成都出入门户；清雍正五年（1727）绵州升为直隶州，辖有绵竹、德阳、梓潼等县；民国废州为绵阳县。[②] 何人麟为蜀人，是蜀绵州人李调元姻亲、也是他少年同窗老友，李调元《童山自记》云乾隆丙子二十一年（1756）云“与绵州何玉书人麟”“由水路赴浙”[③]，又其《雨村诗话》卷十云“泰安令同里人何玉书人麟”[④]，则何人麟为蜀绵州人无疑，旧辑碑刻说明和识读作“锦州”显然错误。

《大全》所辑该碑阳题跋失校四字、标点错一处：“僊”应作“仙”，“攀滕躡险”应为“攀藤涉崄”。又“陈君鸣九”应顿开为“陈君、鸣九”；按“陈君”不详，“鸣九”为何人麟之弟何人鹤，字鸣九，详参李调元《童山文集》卷十七《敕授文林郎晋封奉直大夫山东泰安县知县何瑞庵墓志铭》等。

三、碑阴李调元《登泰山》诗及诗后题跋

因原刻无诗题、无作者署名，又因旧辑漏辑碑阴题跋，《大全》“说明”中所录碑阴和韵杜甫《望岳》诗后题跋之文，未明和诗及其后题跋作者是谁；“说明”在“岱宗之行”四字之后加说明云“因字残泐不清，故略”，实际上，转行抬头应该接原刻“乾隆”年号以下部分的题跋，按“乾隆”为皇帝敬称，故另起行踞下行之首。因此，所谓“残泐不清”部

---

① （清）李调元（1734—1803），字羹堂，号雨村，又号童山、蠢翁、墨庄、鹤洲、赞庵等，四川罗江县（今四川省德阳市罗江区调元镇）人。清乾隆二十八年（1763）进士，曾任翰林院庶吉士，考功司员外郎，后罢官回乡居住二十余年。事迹见《清史列传》卷七二。著有《童山文集》《蠢翁词》《雨村诗话》等，另编辑出版《函海》大型丛书，影响深远，与张问陶、彭端淑合称“清代蜀中三才子”。

② 参中国地方志集成编委会编：《中国地方志集成·重庆府县志辑 16·绵阳县志》，巴蜀书社，2017 年卷一“沿革”。

③ （清）李调元：《童山自记》，参郑家治、尹文钱：《李调元戏曲理论研究》，巴蜀书社，2011 年，第 328 页。

④ （清）李调元著，詹杭伦、沈时蓉校正：《雨村诗话校正》卷一〇，巴蜀书社，2006 年，第 244 页。

分应该如下：

（岱宗之行，）乾隆四十一年，圣驾东巡，余以忝扈侍从。曾经前朱太守孝纯邀游，次日晚至回马岭而止。今又得登峰造极，一续前游，亦快事也。曰即追和杜韵，奉训非敢于此老前言诗，亦聊以纪吾二人之踪迹云尔。时四十九年甲辰九月之初三日也。姻弟罗江童山李调元题于碑阴。①

乾隆四十一年丙申岁“春二月”，李调元第一次到泰山，机缘是以“主事”身份扈从乾隆皇帝“东巡”②，今其《童山集》卷十八存《登泰山》二首即系于该年丙申，诗中所云“昨宵偶到层巅宿，亲见灵軿信有灵”与此所云“至回马岭而止”不合，或者当是第二次登泰山所作，或者是应诏想象之词。乾隆四十九年，李调元再“续前游”是第二次游泰山。调元《童山自记》云：“甲辰，乾隆四十九年，五十岁。……六月二日，余至河南，复至山东济南，游趵突泉、历下亭。……复至泰安宰何瑞庵署，视女。……瑞安（当为庵）邀重游泰山，先是丙申年圣驾东巡，余忝扈从登岱至回马岭而止。今得登峰造极，亦快事也。”③ 此记述与其碑阴题跋相合。这次登泰山所作乃“追和杜韵”，如此，则碑阴所刻追和杜甫《望岳》原韵的诗作及其后的题跋乃李调元所作！

查李调元《童山集》卷二十四（清乾隆刻函海道光五年增修本），有《再游泰山，题泰安令何瑞菴人麟草书杜少陵〈望岳〉碑，遂用其韵》，由诗题可知，碑阴李调元跋所称的“瑞菴”就是何人麟。李调元《童山集》所收录的诗应该就是岱庙泰山此碑之阴所刻追和杜《望岳》诗的修订稿，其碑刻和本集各自文本全文比较如下：

必续泰山游，平生愿始了。贤宰况姻娅，邀登戒初晓。风生万壑松，云上一声鸟。北海竟可超，下视尘寰小。（碑刻）

必造泰山巅，平生愿始了。齐州九点烟，海日一轮晓。风生万壑

① “曰”极为模糊，笔者以手电照射详视，所余残迹似“曰”。

② （清）李调元：《童山自记》，参郑家治、尹文钱：《李调元戏曲理论研究》，巴蜀书社，2011年，第341页。

③ （清）李调元：《童山自记》，参郑家治、尹文钱：《李调元戏曲理论研究》，巴蜀书社，2011年，第354页。

松，云上一声鸟。翩然凌空下，俯视尘寰小。（本集）

本集全诗与碑刻诗都是用杜甫《望岳》诗韵，本集文本中的“平生愿始了”“风生万壑松，云上一声鸟”“俯视尘寰小”四句几乎与碑刻诗全同！本集的修订稿较原诗省略了关涉何人麟的客气话，写景更为集中，意脉流畅，一气呵成。

特别值得指出的是，李调元和杜甫《望岳》诗后的跋语，《童山集》未收，是一条珍贵的佚文，信息量很大，对于了解李调元行踪、解读其和杜《望岳》诗等具有重要的价值，学界至今无人注意。

另，《大全》所辑碑阴题跋有因漏字、衍字而引发的几处标点错误。《大全》“说明”中所识读碑阴题跋：“字挟龙翔凤，舞之势。若怀素，工怀素，余少所膺服，而杜公岱宗一首脍炙人口，碑板独缺。”该识读有漏字和添字，标点错误，乃至不知所云。碑刻正楷“字”右有两点，乃“字”的重复省略书法，故应补；“若怀素，工怀素”甚不通，经校勘发现实多有衍字，应为“盖君才素工怀素”。《大全》标点错误因此也就在所难免。该段应识读和标点如下：“字字挟龙翔凤舞之势，盖君才素工怀素，余少所服膺。而杜公‘岱宗’一首脍炙人口，碑板独缺。”“素工怀素”即素来工于怀素书法；“所服膺”者乃“君”，即何人麟，而非“怀素”。

四、碑阴何晋茹《咏汉柏七古一首》

《大全》“何人麟书望岳诗碑”碑阴所录何晋茹“岱岳祠前多古柏”一诗出现校勘错误四处：第四句中“两千尺”应为“二千尺”，第九句首字“忄艺”应为“忆”，倒数第四句第三字“真”应为“直”，末句“万古千秋东岳颂”末字应为“东”，即全句应为“万古千秋东岳东”。又碑刻此诗末有题目作“《咏汉柏七古一首》”，《大全》漏辑。

至于何晋茹《咏汉柏七古一首》之后题跋，《大全》未收，其全跋如下：

> 乾隆甲辰十一月一日，同异斋大兄游岱庙，咏汉柏七古一首，题于家大人刻杜少陵望岳诗之碑阴。
>
> 蜀绵州晓山何晋茹。

按，李调元《童山自记》云："四月同何九皋及婿异斋游石岩庵。"①《童山集》卷二十九有《偕何九皋及异斋、体斋、善长游石岩庵，分韵得石字》一诗纪其游，卷三十三有《哭大婿候选广文何异斋（耀茹）》。由此可知，"余婿异斋"既为李调元大女婿，姓名何耀茹。何晋茹称"异斋"为"大兄"，则二人为亲兄弟；晋茹又称"题于家大人刻杜少陵望岳诗之碑阴"，碑阳杜甫《望岳》诗为何人麟所书刻，既称"家大人"，则何耀茹、何晋茹为何人麟公子无疑。《童山自记》云："余婿异斋，玉书（何人麟）之长子也"②，又《雨村诗话》补遗第十三条云何人麟"长子贡生耀茹、次子廪生晋茹"③，按"次子"应为"三子"④，李调元既然称何人麟为姻亲，则其大女儿所嫁"大婿"乃何人麟长子何耀茹（异斋）。由此可知，李调元第二次游泰山投奔的是他的亲家何人麟，此时大女婿何耀茹犹健在，大女儿也在泰安。

又，跋文落款"蜀绵州晓山何晋茹"与"姻弟罗江童山李调元题于碑阴"相类；"童山"是李调元的号，准此，"晓山"当是何晋茹的号。又从跋文内容提到"家兄""家大人"来看，"晓山"亦当指何晋茹。

（李剑锋：山东大学文学院教授，博士生导师）

① （清）李调元：《童山自记》，参郑家治、尹文钱：《李调元戏曲理论研究》，巴蜀书社，2011年，第359页。

② （清）李调元：《童山自记》，参郑家治、尹文钱：《李调元戏曲理论研究》，巴蜀书社，2011年，第361页。

③ 詹杭伦、沈时蓉校正：《雨村诗话校正》，巴蜀书社，2006年，第386页。

④ （清）李调元《敕授文林郎晋封奉直大夫山东泰安县知县何瑞庵墓志铭》："长耀茹……次豁茹……三晋茹。"据李调元：《童山文集》卷一七，中华书局，1985年，第189页。

李调元与赵翼的交往及互赠诗文考论

郑家治

李调元与性灵派诗人交往颇多，而且颇深，《童山诗话》中记载评赏袁枚的诗歌最多，计有 50 余处，120 多首或联；其次是赵翼，近 30 处，80 多首或联，包括长篇七古《李郎曲》；蒋士铨十多则，采录诗词十多首或联，包括百韵长诗一首。三人的作品加起来占全书的三分之一以上，因此说李调元是性灵派诗人是有一定根据的，至少证明了李调元很重视性灵派与亲近性灵派。除了十六卷本《雨村诗话》中有有关性灵派的大量记载及论述，《童山诗集》中有关性灵派的诗歌、《童山文集》中有关性灵派的文章都较当时其他诗派多。下面拟据现有资料考论李调元与赵翼的交往及其互赠诗文。

一、赵翼及李调元与赵的交往概述

赵翼（1727—814），字云崧，一字耘崧，号瓯北，晚号三半老人，汉族，江苏阳湖（今江苏省常州市）人。清朝著名文学家、史学家。乾隆二十六年（1761）进士。官至贵西兵备道。旋辞官，主讲安定书院。长于史学，考据精赅。论诗主“独创”，反摹拟。五、七言古诗中有些作品嘲讽理学，隐喻对时政的不满之情。所著有《瓯北全集》《瓯北诗话》《二十二史札记》《陔余丛考》等。早年家境清贫。自六岁起，即随作塾师的父亲就读于外，十五岁父卒之后即接过父业应聘为富家课徒。乾隆十四年（1749 年）被迫赴京投奔亲戚。抵京后以其文才受知于刑部尚书兼翰林院掌院学士刘统勋，在刘家纂修《国朝宫史》。翌年秋中举，旋被聘入汪由敦幕署。乾隆二十一年，入直军机，尹文端公、傅文忠公等倚重之，奉命草拟文书。乾隆二十六年辛巳（1961）成进士，殿试第三，授翰林院编修。以后数年，相继参加了《平定准噶尔方略》和《御批通鉴辑览》两部官修史书的编写，还数度主持乡试会试事宜。

李调元乾隆二十五年庚辰进京应会试，乾隆二十六年辛巳官内阁中书，次年壬午住北京椿树三条胡同，与赵翼对宅，二人交往密切，且与王梦楼、毕秋帆、祝芷塘等订交唱和，人称为“小李将军”。乾隆二十八年癸未（1763）进士，房师即王梦楼、赵翼，改翰林院庶吉士，《童山自记》有追记。他又谓：“癸未，余始谒赵云松先生于寓所椿树三条胡同，汪文端公旧宅也。余时官中书，与云松宅门斜对，朝夕过从，诗酒言欢。癸未会试，云松为分校。”① 这则诗话前面有一条说：“阳湖赵云松翼，乾隆辛巳探花，余中书同年也，为人颔尖而面小，似猿，而胸中书气逼人。癸未，散馆引见后，上语大学士傅忠勇曰：‘此人文自佳，而殊少福相。’”② 这则诗话似有不尊之嫌，且李氏在辛巳为中书，而赵翼授翰林院编修，应该不是所谓同年。惜乎李调元的其他诗文未见记载，不过晚年却有回忆：“忆自辛壬之间，得附谱末，同居京师椿树三条胡同，门仅斜对，过不数武，日与唱酬往返。每见先生玉堂著作，甫脱稿即传播人口，窃以此才天授，为之执鞭，亦所忻慕。”③ 赵翼也回忆说：“京华旧游迹，振触一灯前。”④ “回忆春明征逐，诗酒流连，此景何可再得也。”⑤ 足见李调元与赵翼的亦师亦友的交谊非常深厚，所谓“唱酬往返”“诗酒流连”。

乾隆三十一年冬，赵翼出任广西镇安知府，革弊惩奸，筹划与缅甸战事。临行，已散馆任吏部主事的李调元有《送编修赵云松翼出守镇安》。应该说赵翼没有辜负李调元的希望，他在镇安知府任上革弊惩奸，筹划与

---

① （清）李调元著，詹杭伦、沈时蓉校正：《雨村诗话校正》，巴蜀书社，2006 年，第 51 页。
② （清）李调元著，詹杭伦、沈时蓉校正：《雨村诗话校正》，巴蜀书社，2006 年，第 50 页。
③ （清）李调元：《答赵云松观察书》，李调元：《童山文集》卷一〇，丛书集成初编，中华书局，1985 年。
④ 赵翼：《致李雨村观察》《童山诗集》卷四一附，丛书集成初编，中华书局，1985 年。
⑤ 《童山文集》卷一〇附赵翼复信，丛书集成初编，中华书局，1985 年。

缅甸战事，卓有治绩。乾隆三十五年，赵翼调守广州，治海盗有功，未几擢贵西兵备道。不料乾隆三十七年十月，因他当初在广州处理失误的一桩旧案被朝廷追究，受到降一级调用的处分，当路将奏留，他以母老力辞。归里侍养者五年后遂不复出。乾隆四十五年五月，他取道山东赴京，不料中途忽患风疾，于是只好掉头南归。此后归隐长达三十余年。如此，朝廷可能少了一员良吏能员，而中国却多了一位著名的史学家与文学家。因为赵翼的《廿二史札记》《陔余丛考》是清代史学名著，凭借《瓯北诗钞》《瓯北诗话》赵翼也成为清代著名的诗人与诗学家。

自别后，赵李二人未能再见，且极少有书信往来。其间，乾隆四十三年戊戌（1778）有人冒充赵翼之子持《瓯北全集》拜谒李氏，李氏记载在《童山诗话》卷五。

李调元辛酉（1801）有《戊戌年余视学粤东，阍人以赵云松观察子名帖求见，并以瓯北集为贽，余见之留饭，赠三十金而去，昨接云松书，言其时子尚幼，并未入粤，乃假名干谒也，不觉大笑，作诗见寄，余亦为捧腹，依韵答之》："人生万事尽传奇，尤是官场不易知。头角居然高我子，言谈殊不肖君儿。赠金小事原无惜，款饭殊恩悔莫追。未接手书终不解，怪无一字谢微资。"[①] 《雨村诗话》卷五也有记叙，晚年诗歌也有反映。乾隆四十八年癸卯（1783）李氏有《趵突泉用赵云松韵》，乾隆六十年乙卯（1795），李氏《绵竹杨明府实之座上咏牡丹戏赠》诗末句"勾他叛吕又何妨"自注："我欲勾他叛吕防，赵云松戏袁子才宠客刘霞裳句也。杨明府时有宠客宋桂，欲从余学，故借用之。"[②] 说明李氏对赵翼是了解的，但没有书信往来及诗文唱和。

直到嘉庆五年九月庚申（1800）赵翼"忽从姚姬传处，递到《雨村诗话》一部，载拙作独多，翻阅之余，感愧交并"，且得知十二年前有人冒充儿子拜谒李氏的事，于是托绵州知府刘慕陔捎信给李，李氏立即回信，次年有《刘慕陔州尊遣吏送赵云松前辈书，时万卷楼焚，云松不知也，因作诗寄之，亦当为我一哭也》："不恨同心各一天，只嗟书札也茫然。粤东宦迹同鸿爪，川北民膏溅鹊拳。赵括父书偏不读，刘宏吏纸屡邮传。是灾是火俱休问，作答忙封附去船。"[③] 又有《戊戌年余视学粤东，阍人以赵云

① 《童山诗集》卷四一，丛书集成初编，中华书局，1985 年。
② 《童山诗集》卷三四，丛书集成初编，中华书局，1985 年。
③ 《童山诗集》卷四一，丛书集成初编，中华书局，1985 年。

松观察子名帖求见，并以瓯北集为贽，余见之留饭，赠三十金而去，昨接云松书，言其时子尚幼，并未入粤，乃假名干谒也，不觉大笑，作诗见寄，余亦为捧腹，依韵答之》。其后又有《得赵云松前辈书寄怀四首》[①]，此诗或者为嘉庆五年李氏得赵翼信后所作，《童山诗集》编辑有误。此后赵翼有五言律诗四首致李氏，李氏有和诗。次年赵翼有《有感流贼》寄李氏，李氏有答诗《和赵云松有感流贼原韵》。

在性灵派三大家之中，李调元与袁枚属于神交，与蒋士铨有准确记载的交往在“壬寅相见于顺城门之抚临馆”，但却无诗文表现之，与赵翼的交往最早，时间在乾隆二十六年至三十一年（辛巳至丙戌）之间，其中辛壬之间，同居京师椿树三条胡同，最为接近，不过除赵翼出守镇安有诗相赠外，也无诗文记载。至近三十年后的嘉庆五年九月（庚申）才又有书信往来，此后唱和不少，可谓有始有终。从往来的诗文看，赵翼这位著名前辈文学家、史学家并无骄矜之态，而是十分谦虚客气，还主动致书赠诗关心李调元。相应，李调元也尊重师友赵翼，主要表现在其《雨村诗话》中大量采录赵翼的诗歌，计约赵翼 26 处，81 首，包括长篇七古《李郎曲》，仅仅只少于袁枚及王梦楼，评论也较多较高。何以采录如此之多？可能一是李氏亲近性灵派，二是乾隆四十三年（戊戌）那个冒名赵翼儿子的人虽然可能造成误会，但赵却送给李氏《瓯北全集》，后来又赠给李氏《瓯北诗钞》，李氏有原著在手，所以批阅采录评论较多。这与李氏编辑有《袁枚诗选》所以《雨村诗话》中多袁诗相类似。

二、李调元《童山诗话》对赵翼诗歌的评价

（一）李调元对赵翼诗歌的总体评价

李调元说：“近时诗推袁、蒋、赵三家，然皆宗宋人。子才学杨诚斋，而能各开生面，此殆天授，非人力也。心余学山谷，而去其艰涩，出以响亮，亦由天人兼之。子才亦自言：‘余不喜山谷而喜诚斋，心余不喜诚斋而喜山谷。’云松立意学苏，专以新造为奇异，而稗家小说，拉杂皆来，视子才稍低一格，然视心余，则殆有过者而无不及矣。”[②] 这段话比较综合论述袁枚、赵翼、蒋士铨三人，认为三家都宗宋人，有不足法的意思。认

① 《童山诗集》卷四二，丛书集成初编，中华书局，1985 年。
② （清）李调元著，詹杭伦、沈时蓉校正：《雨村诗话校正》，巴蜀书社，2006 年，第 33 页。

为赵翼“立意学苏”，即专门学苏或者主要学苏，其创新主要在“专以新造为奇异”，在学习继承的基础上出新出奇是好的，但缺点是将稗家小说等内容、典故入诗，有不纯之憾，所以比袁枚稍低一格，但却高于蒋士铨。尚镕的评价应该更为全面：“子才学杨诚斋而参以白傅，苕生学黄山谷而参以韩、苏、竹垞，云崧学苏、陆而参以梅村、初白。平心而论，子才学前人而出以灵活，有纤佻之病；苕生学前人而出以尖锐，有粗陋之病；云崧学前人而出以整丽，有冗杂之病。”[①] 认为“子才学杨诚斋而参以白傅”，杨万里的诗歌本就生新活泼，如弹丸脱手，袁枚更别开生面，突出一个“新”字，所谓“参以白傅”，即学习白居易的闲适、恬淡、清新、通俗之气，而蒋士铨则兼学宋代的苏、黄与唐代的韩愈及清代的朱彝尊，赵翼也兼学宋代的苏轼、陆游和清代的吴梅村、查初白。这话应该有根据。他的《瓯北诗话》系统地评论李白、杜甫、韩愈、白居易、苏轼、陆游、元好问、高启、吴伟业、查慎行等十家诗，重视诗家的创新，立论比较全面、允当，但取向是明确的，即于宋重视苏轼、陆游，于清重视吴伟业、查慎行。赵翼存诗 4800 多首，以五言古诗最有特色。如《古诗十九首》《闲居读书六首》《杂题八首》《偶得十一首》《后园居诗》等，或嘲讽理学，或隐喻对社会的批评，或阐述一些生活哲理，颇有新颖思想。七古如《将至朗州作》《忧旱》《五人墓》，七律如《过文信国祠同舫庵作》《黄天荡怀古》《赤壁》等，都有特色，并在造句、对仗方面见出功力。作为著名历史学家，他的诗歌自然会以史实甚至稗家小说入诗，还加以评论，因此有时议论过多，过于散文化，显得形象性较差。

（二）以新造为奇异

赵翼为诗主张创新。作于乾隆四十九年的《论诗》五首说：“满眼生机转化钧，天工人巧日争新。预支五百年新意，到了千年又觉陈。”“李杜诗篇万古传，至今已觉不新鲜。江山代有才人出，各领风骚数百年。”“只眼须凭自主张，纷纷艺苑漫雌黄。矮人看戏何曾见，都是随人说短长。”“少时学语苦难圆，只道工夫半未全。到老始知非力取，三分人事七分天。”[②] 第一首认为自然万物长新，所以人巧必然求新，合起来便是“天工人巧日争新”，从自然万物及哲学的角度说明新的必然性。如此则新旧对

① （清）尚镕：《三家诗话》，《清诗话缩编本》，上海古籍出版社，1983 年，第 1923 页。
② （清）赵翼：《瓯北集》卷二八，上海古籍出版社，1997 年，第 630 页。

立统一：今日新，他日便陈；今日觉陈，往日却新。第二首延伸到诗坛，认为即便最伟大的诗人与诗篇都只能领一时风骚，因为时代在变化，人也在变化，所以必须创新。第三首讲怎样创新，即所谓独具只眼，自有主张，而不能矮人看场。因为主张创新，又认识到文学艺术的特殊性，所以第四首便强调天才，所谓“三分人事七分天”，这个划分是较为准确的。

李调元认为赵翼“立意学苏”，但又“专以新造为奇异”，也即首重创新。重视创新自然就多变化，而不拘格律。李调元说：“赵云松……其为诗千变万化，不可以格律拘，而笔舌所奋，如谐如庄，往往令人惊心动魄。人皆推其古歌，余独爱其近体。”① 认为赵翼重视创新，具体而言便是“为诗千变万化，不可以格律拘”，如此则能挥洒自如，表达复杂丰富的情意，有“如谐如庄，往往令人惊心动魄”的审美效果。一般人认为赵翼诗歌以古体最好，因为古体较为自由，长于能叙事，并隐喻对社会的批评，或阐述生活哲理，寄寓新颖的思想，但李调元却认为他的近体也很好，换言之，认为赵翼的古体、近体都有佳作。

（三）工于怀古

真正的历史学家不仅要熟悉历史，热爱历史，考据精审，而且要有历史精神，要有极高的史识，赵翼正是这样的大历史学家兼诗人，他自然会工于怀古。所谓工于怀古，既要在考辨研究的基础上熟悉历史，也要热爱历史，更要能触历史（古迹、古事、古人）而生情思，总结出历史发展的规律与经验教训，并用形象的语言将其表现出来，使诗歌富有作者的情感理念与精神，历史在诗歌中只是一种文化意象，再由意象融合成意境，使诗歌保持其抒情本质与审美特性，而不是单述史实，或者单发史论。中国历史漫长，古迹、古事、古人众多，从《诗经》之《雅》《颂》与《楚辞》开始，诗人便常发思古之幽情，也间接表现抒发对现实社会及现实人生的感慨，怀古成为诗歌的一大题材与门类，历代的诗坛大家与名家几乎都有怀古名篇，甚至可以说没有怀古名篇就不能称为大家或者名家。

李调元说：“云松工于怀古，《楼桑村》云：‘敌强终造三分国，士少能臣第一流。’又《金川门怀古》云：‘前史曾传靖难兵，摩戈从此破神京。削藩祸起书生计，负扆图惭叔父名。一领袈裟宵出窦，九江纨绮晓翻

① （清）李调元著，詹杭伦、沈时蓉校正：《雨村诗话校正》，巴蜀书社，2006年，第51页。

城。兴师若不论成败，高煦宸濠岂异情?’末二句千秋定论。”[①] 作为中国历史上第一流的历史学家与著名诗人，赵翼必然工于怀古。李调元引其诗歌来证明。

楼桑村是蜀汉昭烈帝刘备的故乡，在今河北涿州。据《三国志》载：“先主（刘备）舍东南角篱上有桑树，高五丈余，遥望童童如车盖，先主少时，常与族中诸儿戏于树下。”[②] 后因称楼桑里，刘先主死后，乡人曾建庙以作纪念。庙在涿县西南十里。赵翼此联概括了刘备成功与遗憾的原因，成功的原因是北有曹操，东有孙权，强敌环伺，因此而能发奋自强，最终能建立蜀国而三分天下，也就是孟子所说：“入则无法家拂士，出则无敌国外患者，国恒亡。然后知生于忧患而死于安乐也。”[③] 最终没能统一天下的原因是刘备虽如诸葛亮所说的占有人和，但这仅仅是刘备与诸葛亮君臣谐和，却缺少第一流的能臣，而仅仅只有诸葛亮等少量人才。简言之，成就王业靠的是面对强敌而自强不息的精神与众多的人才，这当是中肯之论。金川门为南京十三城门之一，1402年，朱元璋四子燕王朱棣起兵攻占南京，就是从金川门入城的，史称“靖难之役”。朱棣成为永乐皇帝后，对金川门格外看重，委派其妹宝庆公主的夫君赵辉驸马充任金川门的“千户守”。明末，金川门曾一度封闭。为何有朱棣夺取皇权的“靖难之役”，历代争论不已，赵翼在《金川门》一诗中有句云：“乃留弱干制强枝，召乱本由洪武起。”“岂知衅即起萧墙，臂小何能使巨指。”[④] 明确指出肇祸的根源乃在朱元璋身上，正是分封诸王制度造成了干弱枝强、指大于臂，最后便祸起萧墙，无法收拾。这应该是溯源追本之论。至于“靖难之役”后建文皇帝是死是逃亡，后世说法颇多，朱棣在位时说建文已死，但民间疑为逃亡之说盛行。乾隆末叶，明亡已逾百年，所谓“朱三太子”被获处死也过去了六十多年，朝廷已不再担心明室嫡裔复辟的事，于是在乾隆四十二年，诏改明史本纪，把“建文焚死”改为“棣（永乐帝）遣中使出后（马皇后）尸于火，诡言帝尸”[⑤]。赵翼的《金川门怀古》诗中，有

---

① （清）李调元著，詹杭伦、沈时蓉校正：《雨村诗话校正》，巴蜀书社，2006年，第114页。

② （晋）陈寿：《三国·蜀书·先主传》，中华书局，1959年，第871页。

③ 《孟子·告子下》，（宋）朱熹：《四书集注》，中华书局，1983年，第348页。

④ （清）赵翼：《瓯北集》卷三五，上海古籍出版社，1997年，第827页。

⑤ 见修改后的定本四库全书本《明史》。

"一领袈裟宵出窦，九江纨绮夜翻城"，"从亡芒履千山险，骈戮欧刀十族空"① 之句，坐定了建文出亡之事，并敢于议论明成祖残酷杀戮建文遗臣的暴政，即是明证。

（四）以诗为戏

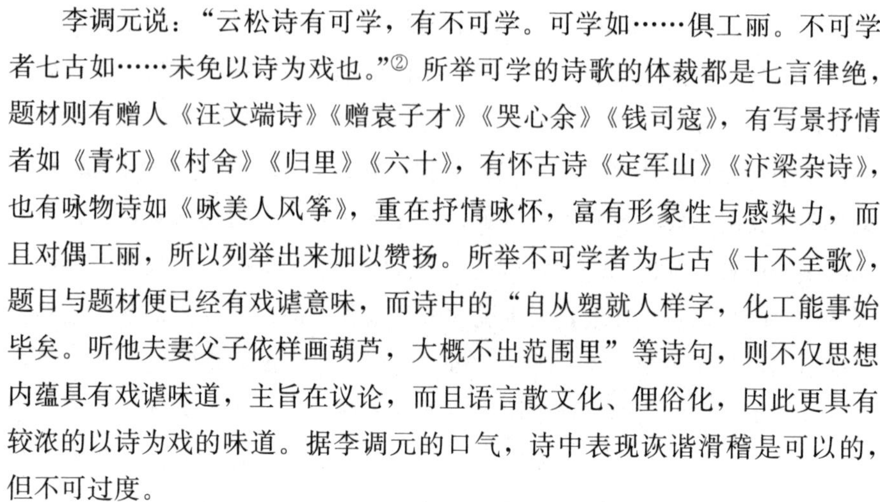

李调元说："云松诗有可学，有不可学。可学如……俱工丽。不可学者七古如……未免以诗为戏也。"② 所举可学的诗歌的体裁都是七言律绝，题材则有赠人《汪文端诗》《赠袁子才》《哭心余》《钱司寇》，有写景抒情者如《青灯》《村舍》《归里》《六十》，有怀古诗《定军山》《汴梁杂诗》，也有咏物诗如《咏美人风筝》，重在抒情咏怀，富有形象性与感染力，而且对偶工丽，所以列举出来加以赞扬。所举不可学者为七古《十不全歌》，题目与题材便已经有戏谑意味，而诗中的"自从塑就人样字，化工能事始毕矣。听他夫妻父子依样画葫芦，大概不出范围里"等诗句，则不仅思想内蕴具有戏谑味道，主旨在议论，而且语言散文化、俚俗化，因此更具有较浓的以诗为戏的味道。据李调元的口气，诗中表现诙谐滑稽是可以的，但不可过度。

李调元又说："云松诗多爱嘲笑，有句云：'惟有童村读书声，郁郁乎文喧不已。'谓错读'郁郁乎文'之句也，则近于发科打诨矣。又集中有《夏将军庙》，言即传奇《醉隶夏得海》事，虽见《明史·蔡锡传》中，亦可不必入集。"③ 认为赵翼"多爱嘲笑"，这尚不是毛病，但将村童错读句读写入诗中加以嘲笑，则近乎插科打诨，显得过分。李调元还认为诗中表现历史人物应该言之有据，否则便逗人嘲笑。赵翼的《夏将军庙》写明代夏将军被后人立祠供奉之事，夏将军之事《明史·蔡锡传》有简介，传奇《醉隶夏得海》亦有表现，不过真伪不得而知，所以不必写成诗歌流传，否则便会引人嘲笑。李调元强调写历史人物、历史事件应该信而有征，有道理，尤其是赵翼这样的大历史学家，但诗歌毕竟不同于历史，写传奇中的历史人物以寄寓作者的感慨也是可以的。

赵翼《檐曝杂记》说：

> 洛阳桥。少时见优人演蔡忠惠修洛阳桥，有醉隶入海投文之事，

---

① （清）赵翼：《瓯北集》卷二〇，上海古籍出版社，1997年，第427页。
② （清）李调元著，詹杭伦、沈时蓉校正：《雨村诗话校正》，巴蜀书社，2006年，第53页。
③ （清）李调元著，詹杭伦、沈时蓉校正：《雨村诗话校正》，巴蜀书社，2006年，第54页。

> 以为荒幻。《明史》及阅，则鄞人蔡锡守泉州时事也。余至泉州，过此桥，果壮丽。桥之南有忠惠祠，手书碑记犹在。旁有夏将军庙，即传奇所谓醉隶夏得海也。桥名万安而曰洛阳者，其地有洛阳社，此水亦名洛阳江也。按《闽书》以此事属蔡锡，并记桥圮时有《石谶》云“石头若开，蔡公再来”，以为锡之证。而《坚瓠集》《名山记》皆亦以为忠惠事。又云：其母先渡此江，遇风，舟将覆，闻空中有声呼“蔡学士在”，风遂止。同舟数十人问姓名。公母方有娠，心窃喜，发誓愿，如果符神言，当造桥以济行者。后公守泉而母夫人尚在，遂奉母命成之。

而附会者又谓吕洞宾遭劫时，避于公炉内得免，乃谢以笔墨。公造桥时，以之书符檄，故能达海神云。其说不经。而《府志》两存之。究未知其为襄与锡也。今按忠惠手书碑记一百五十二字，但志其长三百六十余丈，广丈五尺，洞四十有七，用钱一千四百万有奇，而其他不及焉。使其奉母命，且有海神相之，则安得不志亲惠而著神庥？然则醉吏一事，非忠惠可知也。至桥之长三四百丈固雄壮，然闽桥如此者甚多。福州之南台，长不及而广过之，石视万安更新整。即泉州一府，如通济桥长八十余丈，顺济桥长一百五十余丈，大通长二百余丈，镇安长三百余丈，盘光四百余丈，东洋四百三十余丈，酾水二百四十二道，安平八百十有一丈，酾水三百六十二道，其他以数十丈计者，更指不胜屈也。盖闽多海汊而又有石山，汊阔而取石易，故规制如此。余所见天下桥梁，滇、黔之用铁索，闽之用石，皆奇观也。①

（五）批评赵翼诗的偏于芜杂

李调元说：“云松诗最富。余在粤东时，其子来谒，以《瓯北全集》见示，虽美不胜收，而微嫌其不能割爱。今玉溪自成都回，见贻一册，名《瓯北诗钞》，则云松手删，仅存什一，可谓去滓存液矣。有《自题删改旧诗》云：‘爱笋食其嫩，食蔗爱其老。爱嫩则弃根，爱老则弃杪。非人情不常，物固难两好。何况诗文境，所历有迟早。少时擅藻丽，疵纇苦不少。老去斯铲除，又觉才艳槁。安能美并存，病处又俱扫。晚作蔗根肥，

① 《童山诗集》丛书集成初编本，中华书局，1985年。

少作笋尖小。’真阅历有得之言。”① 这则诗话首先肯定赵翼诗歌的丰富，认为《瓯北全集》丰富，总体上可称美不胜收，但又“微嫌其不能割爱”，以至有芜杂之弊，后面又赞扬赵翼亲手删削仅存什一的《瓯北诗钞》是“去滓存液”。前后比较，可知赵翼的全集瑕瑜互见，而亲自删削的选集则多存精华，说明赵翼不愧为有自知之明的学者兼诗人。这里要说明的是，作为全集当收入所有诗作，任何人的作品都不可能全部都是精妙之作，所以瑕瑜互见是正常现象，不值得非议，反之，选集就应该主要是精华了。

李调元采录了赵翼的《自题删改旧诗》。赵翼的诗歌以竹笋、甘蔗为喻，说明了诗歌风格因为年龄、阅历的影响有老练老辣与稚嫩华美两类，世人对这两类风格也各有所好，所谓“爱笋食其嫩，食蔗爱其老。爱嫩则弃根，爱老则弃杪”。他进而认为这两类风格各有其优点与缺点，不能适合所有人的口味是正常的，所谓“物固难两好”，且这种风格的变化不是“人情不常”的结果，而是受年龄、阅历的影响而自然产生的。他认为这两种诗文境界凡人都要经历，是一种普遍规律，但又“所历有迟早”。他还结合自身的创作来说明这种变化，并分析其弊病，表明自己的苦恼：少时擅藻丽，疵颣苦不少。老去斯铲除，又觉才艳槁。最后提出了诗歌创作的最高境界是“安能美并存，病处又俱扫”，且能保持其特点，所谓“晚作蔗根肥，少作笋尖小”。赵翼的这首诗歌以诗论诗，论述的是年龄阅历与诗歌风格变化的关系，以及老嫩两种风格的特点及人们对其的态度，涉及诗歌审美论、创作论，以及文艺心理学与文艺生态学，蕴意深厚复杂，但他结合自身实践来谈，属于亲身体会参悟的见道之言，且以比喻出之，意深而语浅，实现了生动形象与蕴含深厚的结合。李调元赞扬其为“真阅历有得之言”，这说明他不仅赞同赵翼的观点，而且赞扬其通过形象与比喻来寓理的诗歌。

三、李调元、赵翼互赠诗文解读

（一）李调元《送编修赵云松翼出守镇安》

诗云：

① （清）李调元著，詹杭伦、沈时蓉校正：《雨村诗话校正》，巴蜀书社，2006 年，第 144－145 页。

玉堂挥翰究推谁，二载螭头四海知。自古词臣多出守，况今才子最能诗。桄榔树底行苗步，荔枝门中谒柳祠。莫遣烟瘴侵鬓发，他年燕许候摛词。[①]

这是今存为李调元诗文集第一首有关赵翼的诗歌，写于乾隆三十一年冬，李调元当时刚刚散馆任吏部文选司主事。诗歌首联推戴赵翼，说赵翼在翰林院潇洒挥笔，顷刻成文，以至独占鳌头，四海知名。颔联送别，对友人寄予很高的希望，古今翰林词臣出守地方，一经历练，必然大用，何况赵翼已经是举国知名的大才子与著名诗人。颈联想象友人出守广西的情景：在桄榔树下“行苗步”，熟悉民情，体恤民意，成功地治理安抚少数民族，为国立功，也没有忘了去拜谒前辈诗人柳宗元的祠堂。最后祝愿友人“莫遣烟瘴侵鬓发”，而应该早日回朝，朝廷正需要你这样的“燕许大手笔”写诗著文，言下之意是希望赵翼也成为唐代燕国公张说、许国公许颋一样身居高位的一代名臣，成为提倡文教的楷模。李调元的眼光是准确的，对赵翼的评价也是准确的，遗憾的是乾隆中后期因为封建社会的痼疾，也因为乾隆奢侈无度，好大喜功，致使奸宠和珅等擅权，吏治败坏，所谓乾隆盛世掩盖下的中国社会已经危机重重，真正的正直有为之士断然不会有好结果。赵翼在乾隆三十一年冬出任广西镇安知府，乾隆三十五年调守广州，未几擢升贵西兵备道，仕途颇为顺畅。不料乾隆三十七年十月，因他当初在广州处理失误的一桩旧案被朝廷追究，受到降一级调用的处分，当路将奏留，但他已知难有作为，于是便以母老力辞，此后归里侍养者五年后遂不复出。乾隆四十五年五月欲再入仕途，不料中途忽患风疾，于是只好掉头南归，终于归隐。

（二）赵翼《与李调元书》

书云：

同年至好，一别三十余年，万里相望，无由通问。回忆春明征逐，诗酒流连，此景何可再得也。忽从姚姬传处递到《雨村诗话》一部，载拙作独多。翻阅之余，感慨交并，知足下之爱我有癖嗜也。伏念弟与足下出处大略相同，然足下动笔千言，如万斛泉，不择地涌

① 《童山诗集》卷八，丛书集成初编，中华书局，1985年。

> 出。而弟循行数墨，蚓窍蝇声，其才固已万不能及。足下居有园亭声伎之乐，出有江山登览之胜，著书满家，传播四海，提倡风雅，所至逢迎。而弟终日掩关，一编度日，生计则仅支衣食，声名则不出乡间，以视足下之晞发扶桑，濯足沧海，又岂特楹之与莛耶？惟是年来海内故人多半零落：袁子才、王西庄，俱于前岁物故，祝芷塘去冬又卒于云间。惟吾二人尚憖遗无恙。东西万里，白首相望，不可谓非幸事也。弟所著诗集外，已刻者尚有《陔余丛考》四十三卷，未知曾得呈览否？近有《廿二史札记》三十六卷，今岁可以刻成。此后亦不能再有所著述矣。《雨村诗话》中有赵云松子叩谒于广东学署一段。足下提学粤东时，小儿年仅胜衣，从未有游粤者。此不知何人假冒干谒，遂使弟有此干儿，可发一笑。并缕及之，想足下亦为捧腹也。闻蜀中流匪充斥，而绵州独晏如，可为遥贺。然烽烟俶扰中，恐亦不免戒心。昔日将军之称，或将弄假成真。弟翘首西瞻，惟时时洒酒祝平安耳。州牧刘君，系弟内侄，闻居其官，颇有循良之誉。倘地方有守御之事，尚祈协力佽助为祷。吴云蜀岭，相见何日，蘸笔缕述，不禁黯然。①

这封书信附于《童山文集》卷十，《雨村诗话补遗》最后一则也叙述收信前后之事，还转载了这封信。《雨村诗话补遗》卷四说："庚申八月十八日，余回南村省墓，见书楼已成灰烬，长子及养子皆逃，房屋为土贼拆毁殆尽。本州尊为武进刘慕陔先生印全，壬辰进士，由资阳令升合州刺史，擢绵州六年，历有廉名，余向以老病未得展谒。未归，曾蒙枉驾至家查问，是以土贼稍戢，不然，片瓦难存也。九月初八日，慕陔忽差人送故人赵云松七月初五日书至，问之，则瓯北即慕陔姑丈也。"这段话交代了收信前的背景，具体的收信日期是庚申九月初八日，赵翼写信日期是同年七月初五日，由赵翼内侄知府刘慕陔捎带来。转载书信后李调元写道："以三十余年未得见之知己忽通音讯，为之狂喜，遂即日作诗寄瓯北云……。"② 结合赵翼的书信与《雨村诗话》的记载，可知赵翼从姚鼐处得到《雨村诗话》，因为其中记载他的诗歌很多，且有人冒充其儿子一事需要解释，于

① 《童山文集》，丛书集成初编，中华书局，1985 年；又载《雨村诗话》补遗卷四。

② （清）李调元著，詹杭伦、沈时蓉校正：《雨村诗话校正》，巴蜀书社，2006 年，第 415—416 页。

是在七月初五日修书一封，托内侄绵州知府刘慕陔带去，刘氏差人送信，送到的时间是庚申九月初八日。刘氏任绵州知府六年，李调元因为“老病未得展谒”，李氏万卷楼失火之后刘“曾枉驾至家查问”。得信之后，李调元感慨万分，当即写诗抒怀，并且回信。其后又有《得赵云松前辈书寄怀四首》反复致意。

赵翼的书信写得很好。第一，他抒发了三十余年的别情及“万里相望，无由通问”的遗憾，回忆当年“春明征逐，诗酒流连”的情景，感慨“此景何可再得也”。第二，写“忽从姚姬传处递到《雨村诗话》一部，载拙作独多”，既直接向对方表示感谢，又间接说明了来信的主要原因。第三，承上，接着对比二人的才华、成就、名声及生活，赞美对方，表示谦逊。第四，转而回忆故人零落，感慨时光之易逝与幸存之不易，与故人友谊的珍贵。第五，介绍自己近年的两部著作，愿意与朋友交流切磋。第六，解释有人假冒干谒一事，以为笑料。第七，由衷地关心故人平安。这段文字一波三折，首先遥贺对方在流匪充斥的战乱中平安晏如；其次一转，写然而烽烟儆扰，局势万变，身在其中者肯定时有戒惧之心；再次，回顾当年初交时之往事，当年在椿树胡同对门而居，众人称李氏为诗坛“小李将军”，联系李氏的诗文，可知当年的“小李将军”固然指李调元姓李而又在诗坛初露头角，是为英气勃勃的小李将军，其实也因李氏当年血气方刚，壮志凌云，喜欢议论国事及军事，所以三十多年后赵翼有“昔日将军之称，或将弄假成真”之说，希望暮年的李调元投笔从戎；最后“翘首西瞻”，希望李氏成功，自己只能“时时洒酒祝平安”。第八，介绍州牧刘君，既是内侄，又居官颇有循良之誉，因此希望故人鼎力支持，托人带信之事也顺带说明了。末尾，联系开头，再次感慨相见无日的难过，暗含各自珍重的祝愿，具有很深的生命意识。赵翼不仅是史识明达、考证精赅的历史学家，是著名诗人与诗论家，而且是著名散文家，从这篇尺牍就可以看出他的散文叙事清楚，议论通达，情感真挚，语言朴素而又精练，蕴意丰富复杂却又层次井然，照应过度、自然得体，可称燕许大手笔。

这封书信最有意思的是在比较二人才华、成就、名声及生活时，对有关诗学理论进行了探讨。文中所谓“弟与足下出处大略相同，然足下动笔千言，如万斛泉，不择地涌出。而弟循行数墨，蚓窍蝇声，其才固已万不能及”，是说二人成长的时代、家庭、经历与教育都差不多，但一者灵感来得快，笔头也快，一者反之。赵翼的诗歌、诗论及散文不少，更有考证精严、行文雅洁恣肆的史学名著，因此所谓“循行数墨，蚓窍蝇声，其才固已万不能及”肯定是自谦之词，但也证明了李调元确实文思如泉，而他自己则文思稍微迟缓一些。方之文学创作，赵翼强调性灵，所谓性灵，首先指性情，另外还包括灵气、灵巧与灵感，四者合一才是袁枚等人强调的性灵。四者之中性情是本，没有性情就无所谓性灵，袁枚的性灵说第一强调的是写真性情，虽然性情说源自儒家。灵气同样重要，所谓灵气就是作家所具有的创造才华，这种才华包括所谓天才，是以天才为基础而又经后天历练而成的才能。赵翼强调天才，也重视天才与人巧的结合，他说：“少时学语苦难圆，只道工夫半未全。到老始知非力取，三分人事七分天。”[①] 说文学创作不能力取，也就是不能全凭学力取胜，而是“三分人事七分天”，天才的重要性远远高于学力，缺乏应有的天分，无论怎样苦学苦练也是“苦难圆”及“半未全”。灵巧是指作品的风格特点，灵感则指创作的构思及写作中呈现出来的灵气毕至的感觉或者状态，刘勰说：“故寂然凝虑，思接千载；悄焉动容，视通万里；吟咏之间，吐纳珠玉之声；眉睫之前，卷舒风云之色。”[②] 这就是一种沟通、想象、联想而文思显现的构思或写作状态。灵感与灵气有联系，灵气主要是一种天生的才华，灵感则是在天才兼学力基础上的经过酝酿而突然产生的心理状态，或者构思创作状态。人人都有灵气，但体现在不同方面，其表现也有足与不足之分。构思创作时人人都有灵感，但有迟速之分，持续长短之分，因而下笔也有迟速之分，正如短跑与长跑一样。按理灵气多者灵感必然多，但不一定快速，下笔也不一定迅速。赵翼所说的“循行数墨，蚓窍蝇声”是指下笔写作速度较慢，延伸开去，也包括灵感来得较慢，因此他所谓“才”并非指天才灵气，而是指灵感来得较慢，下笔写作的速度也较慢。不过许多灵感来得较慢的人，往往灵感持续时间较长，短时间内写作速度虽然较慢，但持续写作，其成果却不一定少。比较性灵派大家，主帅袁枚作品很多，成就较大，影响更大，他号称袁才子，才华超人，这种才华自然主要指天才灵气，但袁枚作诗却不太快，而且也不满捷才。李调元说：“诗有捷才，殆天赋也。古有七步八叉，本朝自宫詹张南华鹏翀而外，指不多屈，目见者唯广汉玉溪一人而已。乃袁子才最不喜人敏捷，曾有《箴作诗》句云：

① （清）赵翼：《瓯北集》，上海古籍出版社，1997 年，第 630 页
② 范文澜：《文心雕龙注》，人民文学出版社，1858 年，第 493 页。

‘物须见少方为贵，诗到能迟转是才。’此余所不解也。”① 李调元此所谓“捷才”指的是构思下笔都快的敏捷之才，这自然是一种天赋。古代最出名的人是七步成诗的曹植与八叉手成诗的温庭筠，他们的成就固然不小，曹植被称为“建安之杰”，但却不是成就最大、作品也很多的诗人。李调元所说的清代的张鹏翀及张玉溪更是等而下之不足道也。袁枚是才子，肯定十分有灵气，但却构思行文偏于迟缓，而且“最不喜人敏捷”，这是一种个人好恶，不足为训。不过袁枚以“物须见少方为贵”比附“诗到能迟转是才”却没有道理。按照常理，深思熟虑、精雕细刻而成的作品当然比率然下笔要好一些，却也不一定，而且灵感与下笔写作的迟速是有变化的，常迟者可能突然快速，常速者可以突然迟缓，很多名作常常产生于客体主体化、主体客体化的稍纵即逝的瞬间。

（三）李调元《答赵云松观察书》

李调元接到赵翼书信后即回信，回信首先叙述收信的时间、情境，接着写道：

> 如获至宝，遂忘其寒，持向风簷向南拜读，惟恐其尽。而其词或庄或谐，一种潇洒之趣，则又似先生已到寒家，如闻其声而听其谈也。噫，我二人，尚俱人间耶！以三十年前素相接惬之人，又以千古而后第一倾服之人，久绝音问，而忽得此消息，此何异喜从天降也。忆自辛壬之间，得附谱末，同居京师椿树三条胡同，门仅斜对，过不数武，日与唱酬往返。每见先生玉堂著作，甫脱稿即传播人口，窃以此才天授，为之执鞭，亦所忻慕。不意追随未久，而内任外任，忽焉东西各方，虽踪迹或有时闻，而音容不可复接，以至于今。落落晨星，只有我二老，所谓感慨系之矣。自先生出守镇安，愚亦不数年视学东粤，见有持瓯北集来谒者，云令嗣君，整衣款之。今阅来书，始知假冒，实可发人一大噱，然因此而得君诗集，故《雨村诗话》中所选独多，亦其力也。诗人皆称袁蒋，而愚独黜蒋崇赵，实公论也。余婿广汉孝廉张怀泩，亦有四家选集之刻，谓子才、梦楼两先生及君与愚也。滥及乃岳，可谓阿其所好。此书蜀中盛行，不知可曾见否？②

① （清）李调元著，詹杭伦、沈时蓉校正：《雨村诗话校正》，巴蜀书社，2006年，第69页。
② 《童山文集》卷一〇，丛书集成初编，中华书局，1985年。

这段话第一写阅读书信与翻阅著作时的神态心情，赞扬评价对方的著作“或庄或谐，一种潇洒之趣”，真个文如其人，“闻其声而听其谈也”，“何异喜从天降也”。第二，回顾三十年前交往的往事，文中“每见先生玉堂著作，甫脱稿即传播人口，窃以此才天授，为之执鞭，亦所忻慕”既表对对方的仰慕之情，又对应回答赵翼书信中的自谦之词。接着顺次回忆其后的交往，并感叹人生易老。第三是叙述假冒有人赵翼儿子一事，并说明这也是《雨村诗话》中所选赵翼诗特别多的原因之一。第四是对比评价性灵派三大家，所谓“诗人皆称袁、蒋”，即当时多数人都袁、蒋并称，而他则“愚独黜蒋崇赵”，且认为这是公正的评价，后面又以女婿张怀溎的《四家选集》选赵翼而不选蒋士铨来证明自己“黜蒋崇赵”的正确性。当然也对选集选入自己的诗歌表示谦虚，所谓“滥及乃岳，可谓阿其所好”。

李调元书信的前半基本上对应赵翼的书信，主要叙述与赵翼的交往与友谊，对赵翼诗歌的评价，也顺便说明了赵翼诗歌入选《雨村诗话》较多的原因。后面以大半篇幅详述四川战乱与土贼焚毁万卷楼之事。赵翼的来信与李调元的复信相比较，赵翼的信含义复杂深厚而又精练雅致，而李调元的复信对应回复了赵翼来信，篇幅较长，但行文显得较为随意，显示了二人文风的不同。

（四）李调元《刘慕陔州尊遣吏送赵云松前辈书时万卷楼焚云松不知也因作诗寄知亦当为我一哭也》

诗云：

> 不恨同心各一天，只嗟书札也茫然。粤东宦迹同鸿爪，川北民膏溅鹄拳。赵括父书偏不读，刘宏吏纸屡邮传。是灾是火君休问，作答忙封附去船。①

这首诗歌《雨村诗话补遗》卷四最后一则有记载，说是“即日作诗寄瓯北”，时间当在庚申九月初八日，而《童山诗集》卷四十一登载这首诗，用长题，系于次年，即辛酉年。考李调元编定的《童山诗集》四十卷刊成于乙卯（1795），程晋芳的《童山诗集序》又写于己丑年（1805），后七年的诗歌由后人编订，且增加二卷，是后人不查而致小误。诗歌与回信同

① 《童山诗集》卷四一，丛书集成初编，中华书局，1985年。

时，主要写万卷楼被焚毁后的悲伤与感慨。诗歌首联写与赵翼三十余年虽为老友却天各一方的遗恨，“不恨”与“只嗟”对举，实际上是“已恨同心”却“各一天”，“只嗟”则是“更嗟”，表现了知心朋友天各一方，且连书札相通也难以指望的痛苦和遗憾。颔联上句追叙二人最后的联系，在他为官粤东时，且是有人冒充赵翼的儿子，这些早年的信息如同雪泥鸿爪，只留下依稀的痕迹，下句跳回现实之中：因为白莲教战乱，川北民众的鲜血四散飞溅。颈联用典，写朝廷官员昏庸，偏不读“赵括父书”，以至镇压不力，而战败的消息却屡屡传来。中间二联间接写到万卷楼失火被焚之原因，尾联才真正接触主题，说万卷楼被毁是人祸还是火灾朋友你不要问了，问了我也说不清楚，说清楚了也没有任何意思，我现今唯一可做的事是赶快写好回信封好，让刚到而又即将离去的船捎带给你，让你放心。

诗歌的题目中有“时万卷楼焚，云松不知也。因作诗寄知，亦当为我一哭也”，诗歌却先表现二人长期的交往与深厚的友谊，描叙战乱而说明灾难的原因，焚毁之灾难有其必然性，我痛心而至无奈，写信作诗告知你，你也不必悲伤。诗歌抒情叙事议论结合，情感真挚，语言朴素，不失为一首较好的赠人抒情诗。

（五）赵翼《雨村诗（话）中谓督学广东时余子以拙刻贽谒厚赆而去仆初未有子入粤也盖他人假名干谒耳书以一笑》

诗云：

> 一纸书来事大奇，老夫被贩不曾知。是谁甘谓他人父，顾我从无外舍儿。表丈不妨聊暂借，故人且免去穷追。只惭画饼名何用，未足供渠干谒资。①

李调元视学粤东，有人冒充赵翼之子送《瓯北全集》干谒时任学政的李调元，李氏赠其三十金之事，李调元《雨村诗话》十六卷本卷五有记载（原文见前引），是一则令人捧腹的笑话，足见冒充高官亲人以图利者古已有之，不是今人的发明。不过此骗子只骗取了三十金，并未要求学政李调元为其弄个学位或官位。此事的好处是李调元得以阅读欣赏《瓯北全集》，

① 《童山诗集》卷四一，丛书集成初编附，中华书局，1985年。

且在其诗话中多有采录，三十金换取了一段诗坛佳话与趣事。赵翼得知真相后，不仅去信说明，而且在收到李氏回信之后又写了本诗，目的在“书以一笑”。诗歌首联“一纸书来”，说明是收到李氏回信之后，觉得“事大奇”，奇的是“老夫被贩不曾知”。颔联接着写奇在何处：居然有人充当他人的儿子，甘心情愿称他人为父，而他却“从无外舍儿”，冒充者属于无耻之尤，事情实在滑稽可笑。颈联为流水对，上联用典，赵翼自注云：见《唐摭言》李播事。《唐摭言》载，又《唐诗纪事》云：“播以郎中典蕲州，有李生携诗谒之。播曰：‘此吾未第时行卷也。’李曰：‘顷于京师书肆百钱得此，游江淮间，二十余年矣。欲幸见惠。’播遂与之，因问何往。曰：‘江陵谒卢尚书。’播曰：‘公又错也，卢是某亲表。’李惭慄失次，进曰：‘诚若郎中之言，与荆南表丈，一时乞取。’再拜而出。”[1]

古人常常冒认他人为表丈，因为中国姑表、姨表、舅表甚多，加上远房表亲，可能连本人也弄不清楚，冒充极易，也无自低辈分与自辱的嫌疑，而今居然有冒充他人之子的人，真个是世风不古，人心日下。但赵翼劝李调元“且免去穷追”，因为穷追既无意思，也追不着。此句赵翼自注云：“见叶石林《玉涧杂书》杨衡事。”叶石林《玉涧杂书》：杨衡有“一一鹤声飞上天”之句，最自负。后因中表盗其文及第，衡自至京追之。既怒问：“一一鹤声在否?”曰：“此句知兄最惜，不敢辄偷。”衡乃解。[2] 尾联联系冒名，感慨自己这类书生只能用于画饼充饥的名声没有什么用处，以致“未足供渠干谒资”。这说明乾隆中后期贪腐成风，人们唯利是图，惟权是争，正直清贫的文人学者在社会上的地位是很低的。诗歌写一桩可笑之事，目的也在“书以一笑”，诙谐之中含有几分激愤与无奈，善于用典，与赵翼或庄或谐的风格一致。

李调元读诗之后有和诗，诗题为《戊戌年余视学粤东，阍人以赵云松观察子名帖求见，并以瓯北集为贽，余见之留饭，赠三十金而去，昨接云松书，言其时子尚幼，并未入粤，乃假名干谒也，不觉大笑，作诗见寄，余亦为捧腹，依韵答之》。诗云：

人生万事尽传奇，尤是官场不易知。头角居然高我子，言谈殊不

---

① （宋）计有功：《唐诗纪事》卷四七《李播》条，四库全书文渊阁本。
② 参见赵翼：《陔余丛考》卷四〇“窃人著述”，商务印书馆，1957 年。

肖君儿。赠金小事原无惜，款饭殊恩悔莫追。未接手书终不解，怪无一字谢微资。①

联系赵翼的诗歌，可知李调元的和诗是在赵翼收到李氏回信之后的又一封书信，所谓“昨接云松书”，今不见原信。赵翼就此事“作诗见寄”，他则“依韵答之”，是二人第一次唱和。诗歌首联感叹“人生万事尽传奇”，又认为“尤是官场不易知”。颔联回忆当年与冒充者见面的情景，写自己当时也有所怀疑：来人个子过高，言谈与赵翼一点也不像。颈联转写今日的感想，赠送三十金还是一件小事，但款待冒充者酒席，亲自作陪，却实在有些令人后悔莫及。尾联写没有接到赵翼的书信说明，他对此事始终不解，还“怪无一字谢微资”。李调元的这首和诗写一桩诙谐滑稽之事，却没有诙谐滑稽的味道，且缺乏深沉的思想与感慨，似不如赵翼的原作，但和诗本不易作，也可以理解。

（六）赵翼《感怀寄李调元》

诗云：

不见李生久，今朝接寸笺。来原经万里，到已历三年。想像须眉老，传闻子弟贤。京华旧游迹，振触一灯前。

天各一方远，年皆七秩余。料无重见日，但望再来书。豪气应犹在，交情故未疏。采诗偏我厚，百首累抄胥。

此书前岁发，蜀土尚无虞。岂意鱼凫国，今成豺狼区。可能扶老杖，当作辟兵符。莫是将军号，真叫展壮图。

得信知君在，其如寇祸侵。遥知惊夜火，不敢响秋砧。契阔同年面，迢遥两地心。忧时兼忆友，不觉泪沾襟。②

赵翼的诗歌载于丛书集成本《童山诗集》卷四十一附，成十六韵古体，当是编者失察所致。这组诗歌当是接到李调元回信与《刘慕陔州尊遣吏送赵云松前辈书时万卷楼焚云松不知也因作诗寄知亦当为我一哭也》之后，专门写的一组感怀寄友诗，对李调元回信进行了回应，随信还寄来了《陔余

① 《童山诗集》卷四一，丛书集成初编，中华书局，1985年。
② 《童山诗集》卷四一，丛书集成初编，中华书局，1985年。

丛考》《廿二史札记》。

诗歌第一首首联首先引用杜甫的《不见》："不见李生久，佯狂真可哀。"[①] 接着的"今朝接寸笺"，叙事兼抒情，欣喜之情蕴含在不动声色的叙事之中。颔联接写书信经万里而来，历三年才到，运用夸张的手法极写书信交流的不容易，真如李白的"蜀道之难，难于上青天"。颈联转写他对故人的想象：故人须眉虽然偏老，但子弟多成贤才，也值得欣喜。尾联转而追述回忆"京华旧游迹"，尤其是"振触一灯前"，那种一灯相照，吟诗对谈的情景，真个值得回味。诗歌语言朴素雅洁，时空大幅度跳跃，但意脉连贯，蕴意深沉，不失为五言律诗佳作。

第二首回应"不恨同心各一天，只嗟书札也茫然"。首联感叹二人相隔遥远，年龄老大。颔联承上，因为相隔遥远，年龄老大，所以便"料无重见日"，于是就"但望再来书"，耄耋老人的心愿真实而又自然地表现出来了。颈联一振，写人亦写己："豪气应犹在，交情故未疏。"意在勉励相互都保持豪气，继续交往。尾联回应《雨村诗话》采录自己的诗歌，表示感谢与谦虚。

第三首首联回应战乱与"小李将军"事。首联"此书前岁发"是说赵翼给李调元的第一封书信在庚申前一年，送到在庚申，于是便是"前岁"，当时"蜀土尚无虞"。颔联接着叙述四川突然发生战争，所谓"岂意鱼凫国，今成豺狼区"：不料短短一年多，巴蜀大地便成了豺狼虎豹纵横肆虐的地方。颈联转而推想对方：可能扶老杖，当作辟兵符。老年被迫从军打仗，以拐杖作武器，作兵符。既赞扬对方的勇武，也揭示与讽刺朝廷与官员的无能与无奈。尾联呼应颈联：莫非真应了三十年前"小李将军"的绰号，临老还要上战场一展壮图。

第四首首联先写"知君在"的欣喜，接着便为友人担心：其如寇祸侵。颔联承上，写故人面对"寇祸侵"的危险恐怖情形与警觉状态：常常被夜火惊醒，以至不敢入睡，也不敢发出一点声音。颈联抒情：契阔同年面，迢遥两地心。与同年久不见面，但虽然相隔很远，其心却是相通的，义近王勃的"海内存知己，天涯若比邻"[②]。尾联"忧时兼忆友，不觉泪沾襟"，忧思感慨分外深沉：回忆朋友，忧虑战乱中朋友的安危，更忧虑时

---

① （清）杨伦：《杜诗镜铨》，上海古籍出版社，1980 年，第 373 页。

② （唐）王勃：《杜少府之任蜀州》，（清）曹寅、彭定求等编纂：《全唐诗》，中华书局，1960 年，第 675 页。

代，希望早日结束战乱。这既是本首一个圆满完美的结尾，也是整组诗歌一个圆满完美的结尾，一个忧国忧民而又重友情的诗人形象跃然纸上。

整组诗歌的作意虽为寄朋友，应答朋友的来信，但其情感内蕴却不仅仅追叙友情，感喟人生，而且延伸到伤时感事，忧国忧民之情深沉浓烈，其中第一、第三、第四都写得很好，视野开阔，联想广远，诗思深厚，有杜甫安史之乱前后感伤时事五律的风神与底蕴。联系赵翼的经历，他从乾隆三十七年（壬辰 1772）归隐至本年（嘉庆六年，1801）已经近二十年了。他出身孤贫，为官时间不长，在任十分清正，且执着于历史研究，归隐在家之后不久即患有风疾，生活肯定较为艰难窘迫，诚如他自己所说的“终日掩关，一编度日，生计则仅支衣食，声名则不出乡閰”，但他却葆有一颗浓厚的忧国忧民之心，这正是他与袁枚等人的不同处，也是他的高尚处。

李调元《和赵云松观察见寄感赋四律原韵》：

江南来远使，瓯北寄长笺。接到新诗日，逢回故里年。（自注：是年始从成都回绵。）室多薪木毁，家少肯堂贤。危坐方酬和，千愁集目前。

万卷成灰灭，重楼亦烬余。今生无力购，来世再储书。闻火君当贺，遗金我自疏。乞师终不出，无路学包胥。（自注：屡向州尊乞追火贼，尚未弋获。）

我已才甘退，君何誉不虞。自忘名赫赫，乃反羡区区。袁蒋同分鼎，自注：谓子才心余。王朱若合符。（自注：指阮亭竹垞。）自惭非大国，独霸亦良图。

寄我名山业，（自注：君以新纂《陔余丛考》《廿二史札记》见寄。）遥知岁月侵。封时付春舫，到日已秋砧。文字千秋事，才名一样心。拙编容乞序，定不让题襟。①

李调元的和诗第一首首联写接到赵翼的回信，颔联承上写接到书信的时间与地点，颈联转写回家后所见的荒凉景象与不堪状况，“家少肯堂贤”之“肯堂”指的是陆肯堂（1650—1696），字邃深，一字澹成，江苏长洲人。康熙二十四年（1685）一甲一名进士，授翰林院修撰。累官至侍读，朝廷

① 《童山诗集》卷四一，丛书集成初编，中华书局，1985 年。

大著作，多出其手。肯堂颖悟嗜学，朱彝尊、王鸿绪、徐乾学、汪琬皆推重之。工诗古文辞，滂沛闳阔，如万斛泉不可抑止。著有《三礼辨真》《怀鸥舫诗存》《陆氏人物考》等。尾联抒情，写自己危坐而酬和赵翼的诗歌，一时万千愁绪聚集目前。

第二首主要写万卷楼被焚毁之事。首联写万卷楼被焚，连楼带书都化为灰烬。颔联承上，写损失巨大，因此“今生无力购”，只好“来世再储书”了。颈联写故人的安慰，“闻火君当贺”强自宽解，下句“遗金我自疏”，则赵翼曾经送礼资助与抚慰，当时赵翼的生活及经济条件并不好，足见赵翼之重情与二人情谊之深厚。尾联写他屡次向州县官员请求追捕纵火贼，但却没有结果。这倒间接表现了乾嘉之交的时事：吏治腐败，上下推诿，官吏不作为，或者没有能力作为，如此焉能不乱？

第三首主要回答赵翼书信中对他诗歌成就及名声的赞扬。首联写自己不值得赞誉。颔联承上，说自己已经忘记赫赫之名，而你却仍羡慕我，言下之意是不必要与不值得。赵翼的书信说：“伏念弟与足下出处大略相同，然足下动笔千言，如万斛泉，不择地涌出。而弟循行数墨，蚓窍蝇声，其才固已万不能及。足下居有园亭声伎之乐，出有江山登览之胜，著书满家，传播四海，提倡风雅，所至逢迎。而弟终日掩关，一编度日，生计则仅支衣食，声名则不出乡间，以视足下之晞发扶桑，濯足沧海，又岂特楹之与莛耶?”这段话中，赵翼一羡慕李氏的捷才，二羡慕其园亭声伎之乐与旅游之欢和广，三羡慕其著书之多，四羡慕其名声流传之广，所谓“所至逢迎”。而自己却没有，或者反之。赵翼所言都是事实。其实，赵翼所赞扬羡慕者作为普通人固然是好事乐事，但作为诗人学者却不尽然，比如声伎之乐与“所至逢迎”，著述精而多固然好，粗浅而多则不好，名声显赫也未必是好事，尤其是虚名。所以李氏“自忘名赫赫”是正确的处理方法。颈联转而评价康乾时期的诗坛，列出王阮亭、朱竹垞、袁子才与蒋心余，未列赵翼，言下之意是赵翼与袁、蒋鼎足而三，而自己则不能与之并列，意在表示谦虚。尾联“自惭非大国”是谦虚，而“独霸亦良图”似应作“独霸非良图”，说自己的诗歌既然称不上大国、大家，所以就不敢“独霸”。全诗对自己的诗歌成就表示谦虚，兼评价康乾诗坛。

第四首主要对对方寄来的著述表示感谢。首联写对方寄来两部大作，这肯定是夜以继日、焚膏继晷的结晶，是花费了不少时间与精力才写作成功的。颔联承上写书信从春到秋方才寄到，十分不易，所以倍感珍惜。颈联化用杜甫《偶题》：“文章千古事，得失寸心知。”① 所谓“文字千秋事，才名一样心”，是说立言不朽是千秋之业，古今追求才名的心理是相同的，或者才子名士的心理是相同的，这对普通人而言确实如此，但更高的境界则是立言叙事抒情寓理而不求名利。尾联接上，因为“才名一样心”，所以便请求赵翼为他的著作作序，而且希望对方一定不要拒绝。题襟，唐温庭筠、段成式、余知古等常题诗唱和，有《汉上题襟集》十卷②，后指诗文唱和抒怀，所谓“定不让题襟”，意即你给我写序言，一定如唱和抒怀一样成功。当时李调元的著作如诗集、文集及诗话都成集刻印，此“拙编”不知是专集还是全集，不过今存李调元著作中无赵翼的序言，赵翼文集中也没有。是赵翼没有作，还是作了而没有流传，待考。

李调元的这组诗歌既和赵翼的原作，但意思结合并不紧密，倒是与赵翼的第一封来信关系紧密，也涉及赵翼寄来两部书，自然与后一封来信有关。整组诗歌主要对对方的来信与寄来书籍表示感谢，叙述万卷楼遭毁，对对方的称颂表示谦虚，且请对方为自己的著作作序，内容不离交往酬酢，与赵翼原诗“忧时兼忆友”有别。

（七）李调元《得赵云松前辈书寄怀四首》

诗云：

见书十倍于见面，此语虽真奈老何。皇甫序文曾许矣，欧阳诗话已成么。丹徒早抱西州恸，墨迹空传北海多。莫叹眼昏精力惫，老天留我两皤皤。

忆昔青云附骥尘，君方及第户盈宾。（自注：时君初捷辛巳探花。）时晴斋每招游侍，（自注：斋为汪文端公太老师故居，其额尚存。）听雨楼头看剧频。（自注：楼为毕秋帆前辈在京宴客之所。）椿树醉归三月巷，绿杨斜对两家春。癸闱犹记房车过，亲报余登第二人。（自注：癸未礼闱，适君分校，出闱尚未至家，即先过我，报余中第二，故得捷音尤早，至今尚感云。）

寄来两部大文章，札记陔余并挈纲。早岁腹原充四库，老年胸更展三长。读诗似倩麻姑痒，掩后偏愁沈约忘。我亦名山多著述，未知石室付谁藏。

---

① （清）杨伦：《杜诗镜铨》卷八，上海古籍出版社，1980年，第713页。

② 见《新唐书·艺文志·四》，百衲本二十四史。

赵袁媲唐白与刘，蒋于长庆仅元俦。（自注：时有程秀才创为拜袁揖赵哭蒋三图。）一生此论常偏袒，万口称诗让倚楼。天下传人应手屈，世间寿算又头筹。当年病热君知否，伏枕呼瓜一息留。（自注：昔在京病热，几不起，有医但令食瓜，竟以此愈。）①

这组诗歌也当是接到赵翼第二封书信后的寄怀之作，但与第一封书信的关系也很紧密。第一首首联，大概赵翼的书信有“见书十倍于见面”之语，于是李氏感慨“此语虽真奈老何”，即年龄老大，见书的机会也不多了，何况见面，流露出浓厚的叹老、悲老之情。颔联化用典故来询问对方，你已经许诺给我作序，言下之意是不知做好没有，你的《瓯北诗话》已经写成了吗？我很想先睹为快啊。颈联继续用典，同情并劝慰对方，写赵翼早有西州之恸②，又空传孔北海一样多的墨迹，意即在这物欲横流的时代，我辈文人只能墨迹空传，徒然伤心国事。尾联继续劝慰对方“莫叹眼昏精力惫”，你我两个皤皤老者能够活着就已经是上天的恩赐了。李调元 69 岁，已近生命的尽头，赵翼当时更是已经 76 岁，且有风疾，所以“眼昏精力惫”是写实。李氏意在劝慰对方，应该开朗乐观，顺应自然，走完生命的最后一程。全诗用典贴切，情感真挚而又不失旷达，蕴含亦颇深，当是一首好诗。

第二首主要回忆与赵翼在京师的交往与友谊。首联“忆昔青云附骥尘，君方及第户盈宾”，回忆他与赵翼初交的情景：赵翼乾隆十四年（1749）入京即以文才受知于刘统勋、汪由敦，纂修《国朝宫史》，中举后又先后考取礼部教习、内阁中书，再入直军机，受尹文端公、傅文忠公的倚重，至辛巳（乾隆二十六年）成进士为探花时已经在京 12 年，称得上学问渊博名满京师了。所以李氏的描述应该是真实的，其书信中也说：“每见先生玉堂著作，甫脱稿即传播人口，窃以此才天授，为之执鞭，亦所忻慕。”颔联承上，写二人常常在一起饮酒看戏：游览饮宴之所是时晴斋，是汪文端公太老师的故居；看戏之所是听雨楼头，是毕秋帆前辈在京宴客之所。“听雨楼头看剧频”，说明是在达官住宅看堂会，这是李氏在京师看

---

① 《童山诗集》卷四二，丛书集成初编，中华书局，1985 年。

② （唐）房玄龄等《晋书》卷八六《张轨传》：张轨，永宁初出为凉州刺史，有治绩，“遂威著西州，化行河右”。张轨在州 13 年，其临终遗言仍要求文武将佐“弘尽忠规，务安百性，上思报国，下以宁家；素棺薄葬，无藏金玉，善相安逊，以听朝旨”。朝野为之大恸。中华书局，1974 年，第 2221—2226 页。

戏的最早追记，对他此后热爱戏曲，研究、创作并导演戏剧肯定有很大影响。颈联承上而写椿树胡同为近邻的生活，如《答赵云松观察书》中所云："同居京师椿树三条胡同，门仅斜对，过不数武，日与唱酬往返。"尾联回忆印象最深的癸未礼闱中进士传报一事，李氏自注云："癸未礼闱，适君分校，出闱尚未至家，即先过我，报余中第二，故得捷音尤早，至今尚感云。"此诗重在忆旧，感谢赵翼当年对自己的热情提携，对了解李氏初到京城的经历与生活有帮助。

第三首根据赵翼寄来著作，赞扬赵翼的诗文成就。首联说赵翼寄来的《廿二十札记》与《陔余丛考》是两部大书，二书对历史有提纲挈领之效。颔联承上写赵翼学识丰富，早年腹中即对经史子集四库无所不通，晚年更是大展三才，留下了精妙的诗文。颈联赞扬赵翼的诗歌如麻姑搔痒，切中肯綮，而且记忆超群如沈约。尾联转写"我亦名山多著述"，但时事艰难，于是便平生"未知石室付谁藏"的感慨。

第四首主要评价赞扬赵翼的诗歌。首联评价性灵派三大家，认为"赵袁媲唐白与刘，蒋于长庆仅元侔"，以袁枚、赵翼比附中唐著名诗人白居易与刘禹锡，从赵翼特具史家的胆识而工于怀古，且诗歌有豪纵之风而言，比其为诗豪刘禹锡是非常准确有识的。颔联承上，继续赞扬赵翼的诗歌，所谓"一生此论常偏袒"，即他在《雨村诗话》中所说"然视心余，则（赵翼）殆过者而无不及矣"[①]，"诗人皆称袁蒋，而愚独黜蒋崇赵，实公论也"[②]。而当时人也多持这种观点，所谓"万口称诗让倚楼"，以同姓的唐代赵嘏号赵倚楼来比喻赵翼。颈联转而写赵翼不仅让天下传人应手屈，而且有才又有寿，所谓"世间寿算又头筹"。尾联别开生面，转而回忆记叙当年赵翼生热病危急却又突然痊愈之事：当年病热君知否，伏枕呼瓜一息留。意思是当年热病危急，以至昏迷而气息微弱，在昏迷中却又"伏枕呼瓜"，此事不知你还记得否，今日还记得否？真个好悬，弄不好一代大才就糊里糊涂命丧黄泉了。这个结尾看似游离于诗歌主题，其实却很巧妙：你这"天下传人应手屈，世间寿算又头筹"的人才高寿者竟然有这等奇险的经历，言下之意是大难不死，必有后福。自注：昔在京病热，几不起，有医但令食瓜，竟以此愈。以瓜医治危急的热病，确乎太过弄险，

① （清）李调元著，詹杭伦、沈时蓉校正：《雨村诗话校正》，巴蜀书社，2006年，第33页。
② （清）李调元：《答赵云松观察书》，李调元：《童山文集》卷一〇，丛书集成初编，中华书局，1985年。

但也不失为一个值得研究的单方或秘方。这首诗写法极为别致，先比附评价性灵派三大家，接着专门评价赞扬赵翼，又进而谓其有才有名又有寿，使用层层推进的方法，但末尾却突转，写早年险些死去的危险故事或趣事，成了前三联议论评价，最后一联描述的特别结构，

整组诗歌联系回应赵翼的两封书信，与他给赵翼的回信内容近似，先感叹见面不易与生命易逝，进而追述交往与友谊，再评价赞扬对方的著述成就，最后主要评价对方的诗歌，整组诗歌层层推进，不离友谊与赞扬，情感真挚，评价准确到位，语言平易而又不失雅致，时有诙谐逸趣，二人多年交往情谊与对对方的评价尽在诗中，这在李调元的七律中应该是上乘之作，在古代同类作品中也不失为上乘之作。

（八）赵翼《有感流贼》

诗云：

> 萑苻何意蔓难图，初起潢池本易俘。贼不杀官犹畏法，兵无战将孰捐躯。帅行共指轩中鹤，寇去方追蟆上乌。历历前朝陈迹在，是谁专阃握军符。
>
> 百年安堵享升平，谁肯轻生肇乱萌。死有余辜贪吏害，铤而走险小人情。弹丸黑子皆纷起，绳伎红娘亦横行。好片桑麻繁庶地，烽烟千里废春耕。[①]

赵翼的诗歌当是与李调元的最后作品，大概是在李调元的书信中了解了一些情况，又在其他方面了解了有关情况之后，联系历史，经过深思熟虑之后写成的。第一首首联的“萑苻”是泽名。《左传·昭公二十年》：“郑国多盗，取人于萑苻之泽。”杜预注：“萑苻，泽名，于泽中劫人。”[②] 后来便称盗贼出没之处为萑苻。潢池语出《汉书·龚遂传》：“遂对曰：‘海濒遐远，不霑圣化，其民困于饥寒，而吏不恤，故使陛下赤子，盗弄陛下之兵于潢池中耳。’”[③] 潢池，即天潢，本是星名，后转义为天子之池，又借指皇室。后来以“弄兵潢池”为造反。上句说我怎么会想到出入于萑苻的小

① 《童山诗集》卷四二附，丛书集成初编，中华书局，1985 年。《瓯北集》三九卷有《阅〈明史〉有感于流贼事》：“百年安堵享升平，谁肯轻生肇乱萌。死有余辜贪吏害，铤而走险小人情。”

② 《左传·昭公二十年》正义，阮元十三经注疏本。

③ （汉）班固：《汉书·龚遂传》，百衲本二十四史。

股盗贼竟然蔓延难以扑灭，其实盗贼初起时朝廷是极容易将其扑灭甚至俘获的。其主要原因是什么呢？颔联分析叙述原因：造反者开初不杀官员而只杀吏卒差人，说明他们仅仅是反抗直接施暴者，还畏惧朝廷的法律，没有反叛朝廷的打算。这个时候可以安抚，即便是派兵围剿也不难，可惜的是士兵没有身先士卒的战将统领指挥，于是也就不肯捐躯向前了。颈联的“轩中鹤”语出《左传·闵公二年》：“冬十二月，狄人伐卫。卫懿公好鹤，鹤有乘轩者。将战，国人受甲者皆曰：‘使鹤，鹤实有禄位，余焉能战！’”① 后以“轩中鹤”比喻无功无能而有禄位的人。上句说将帅行动，但大家却指望着如“轩中鹤”一般无功无能而有禄位的人，相互推诿，畏葸不前，坐视战乱扩大，直到贼寇离开才去追赶“蟆上乌”，简言之是吏治腐败，官员无能，以至贼寇坐大，遗患无穷。尾联总结前面所说的现象，与前朝陈迹一样，都是朝廷“专阃握军符”造成的，其实也是朝廷腐败无能造成的。

这首诗结合历史与现实，从历史延续到现实，而现实也是历史的延续，总结并论述战乱之所以难以扑灭，反而成燎原之势的直接原因是“专阃握军符”的将帅都是“轩中鹤”，因为他们的无能怕死，以致士兵不肯捐躯杀敌，因此任何小祸患、小动乱都可能变得不可收拾，最终导致天下大乱。

如果只有第一首诗歌，赵翼就称不上具有史识史胆的真正的历史学家，也称不上李调元所谓“工于怀古”的著名诗人，赵翼就不是赵翼了。他的第二首诗歌从更高、更广、更深的层次分析战乱产生与持续的原因，且描绘了战乱连绵烽烟千里的恐怖图画。诗歌首联“百年安堵享升平，谁肯轻生肇乱萌”以现实与历史相结合的角度，更从人性的角度、人惜生的角度说明造反“轻生肇乱萌”不是一二不逞之徒的煽动，也不是造反者或者乱民天生爱好作乱造反。从现实的角度看，从康熙评定三藩之乱到乾隆末年，恰好百年，这段时期百姓安居，不受骚扰，享受之升平治世，试问，谁在这种治世愿意去“轻生肇乱萌”？换言之，爱好安定与清明，追求安居乐业，是普通百姓的愿望与本性，惜生畏死更是人的本性。但战乱为什么产生？简言之，不是百姓的本性改变了，而是安居升平不存在了，有压迫就会有反抗，因此造反与战乱自然就会产生。颔联点明战乱产生的

① 《左传·闵公二年》正义，阮元十三经注疏本。

两种主要因素：死有余辜贪吏害，铤而走险小人情。首先是贪吏（当然也包括贪官，也可延伸到产生养成贪官污吏的制度）之害，其次是小人铤而走险而生之情。这两种因素不是并列的，而是有主有次，“贪吏害”是主，“小人情”是次；有因有果，“贪吏害”是因，“小人情”是果，因为有死有余辜的贪官污吏在危害祸害百姓与社会，也包括国家，才有铤而走险的“小人”萌生反抗造反之情。赵翼对这两种人的态度也是有区别的，贪官污吏是死有余辜，而小人，他们应该是百姓良民，他们因为受到极度的压迫，无以为生，因而被迫造反，即所谓“铤而走险”，因此贬义并不明显。赵翼虽然将贪官污吏与所谓小人并列，但有主有次，又因有果，语气有轻有重，其同情铤而走险的百姓、痛恨死有余辜的官吏的倾向是明显的，也深刻地揭示了官逼民反，有压迫就有反抗的真理，义同杜甫的“不过行德俭，盗贼本王臣。”① 颈联转而描写战乱纷起。弹丸黑子，比喻极小。亦作“弹丸黑志”。语出北周庾信《哀江南赋》：“地惟黑子，城犹弹丸。”② 上句说小规模的反抗与骚乱纷纷产生，最终汇成了声势浩大的农民造反，下句说连王聪儿（齐王氏）这种走江湖卖艺的杂耍绳伎也穿上红装造反，乃至成了白莲教的领袖，带领数万数十万百姓横行天下，多次打败前去镇压的官军，清朝倾全国之力，费十余年才勉强起义镇压下去。乾嘉之交的川鄂豫陕五省农民大起义震动全国，使清朝由盛世迅速跌落下来，此后不过四十年，中国便进入了半殖民地半封建社会的境地，其后更是百年战乱不已，且几乎被外国列强瓜分或者灭亡。白莲教起义有积累已久的民族矛盾，更有逐渐积累加深的阶级矛盾，即赵翼所谓“死有余辜贪吏害”，才产生了“铤而走险小人情”，加上临机处置不当不力，腐败的官吏，无能如“轩中鹤”的将领，惜死残民的士兵，于是战乱绵延，致使百姓死亡流离，地方残破，如赵翼之类的有识之士也只能徒呼奈何。尾联“好片桑麻繁庶地，烽烟千里废春耕”描写战乱在川东北绵延，乃至进入并祸害四川盆地的残酷景象。

全诗先从人性、民心的高度说明战乱之源，接着具体追溯战乱是因为“死有余辜贪吏害”，所以才产生“铤而走险小人情”，再接着描述百姓纷纷揭竿而起纵横数省多次打败官军的景象，最后描写战乱中经济凋敝、地

① （唐）杜甫：《有感五首》，杨伦：《杜诗镜铨》卷八，上海古籍出版社，1980年，第495页。
② （北朝）庾信：《庾子山集》卷一，四部丛刊本。

方残破的景象。诗歌先议论，后描写，思想深刻，倾向明显，很好地体现了一个有识历史学家兼诗人的情感与理智，且议论精练警醒，描写生动形象，不失为古代表现与思考战乱的好诗。这两首诗歌前后相连，由浅入深，由具体的白莲教战乱到历代战乱，既表现现实，又追溯历史，既描写战乱景象，又思考追溯其深层原因，表现了赵翼高超的诗才与非凡的史识，这在清代诗人中是罕见的。

对赵翼的两首诗歌，李调元有《和赵云松有感流贼原韵》。诗云：

> 噬齐胡不急先图，坐使朝廷缓受俘。总为官兵皆爱命，翻惊贼子惯轻躯。九重望断粘毛马，万里飞看攫肉乌。名将岂真无上策，老夫还想学阴符。
>
> 蒿目时艰忿不平，剪除旋见孽芽萌。笑谈颇负萧曹略，诗赋空怀屈宋情。见说楚师常夜遁，频闻秦栈尚难行。地荒莫道无人种，田在余心未废耕。[①]

李调元的第一首诗首联认为前线将帅后悔莫及者是没有“急先图”，就是没有抓住平乱战争的关键，占据战略与战役要点，集中优势兵力而擒贼先擒王，因而使“朝廷缓受俘”，总之，战事不利，首先是一个战术问题。噬齐，《左传·庄公六年》：“若不早图，后君噬齐。”杜预注：“若噬腹齐，喻不可及。”[②] 后比喻后悔不及。颔联承上，继续追溯战争不利的原因，认为主要因为官兵都爱命惜死，不肯力战，官兵反而吃惊贼子一贯不怕死，还惯于轻装急进，打得官兵疲于奔命，防不胜防。颈联转写深居九重的皇帝渴望得到捷报，以至“望断粘毛马”，结果却只能“万里飞看攫肉乌”：在万里之遥的京师从飞奔的驿马报来的消息得知，战场上叛民击败并杀害官兵，其状如乌攫肉。综合前三联可知，平叛不利是或者是无名将，或者是名将无上策，所以便不能“急先图”，弄得“官兵皆爱命”，但尾联作者出以反问句：名将岂真无上策？意即不是无名将，或者是名将无上策，而是用人不当，所以末句说：老夫还想学阴符。说他即便如廉颇一样年老了，但也愿意如苏秦、张良一样学习兵法，出谋划策，甚至上阵杀敌。末

① 《童山诗集》卷四二，丛书集成初编，中华书局，1985 年。
② 《左传·庄公六年》，阮元：《十三经注疏本》。

句确乎以“小李将军”自负，有烈士暮年，壮心不已之气概，还有毛遂自荐之意。

全诗首先将平叛不利归结为“不急先图”的战术问题，接着继续追溯战败的原因是“官兵皆爱命”，这与赵翼的“兵无战将孰捐躯”意思相似，不过赵翼主要是谴责战将，即前线将领，而李调元则将官兵并列。再后则转而描写皇帝的失望与战事的惨败。最后认为不是名将无上策，而是用人不当，他自己就“还想学阴符”而上阵。这首诗歌语言平易简洁，风格爽朗豪放，中二联对仗也很工稳漂亮。诗歌写现实中平定白莲教的战事，与赵翼的第一首诗歌差不多，但赵翼的诗歌点明了祸患应该消灭于萌芽之中，这就不仅仅是战术问题，又以“贼不杀官犹畏法”说明百姓并非一开始就与朝廷对立，是天生的乱民与暴徒，战事不利主要是因为吏治腐败，将帅多是“轩中鹤”，对士兵则并未深加指责，最后还上升到历史的高度，暗寓这种状况与结果历代如此，有历史的必然性，其思想深度当是超过李调元的。

李调元的第二首诗歌首联首先表示对“时艰忿不平”，具体而言，便是“剪除旋见孽芽萌”，即祸患旋灭旋起，未能铲草除根，以致星星之火又呈燎原之势。颔联承上，抒发自己空怀屈原一样的报国情，也有萧何、曹参一样的谋略，豪情壮志跃然纸上，高度自负也显露无遗。但却有大言炎炎，言过其实的味道，因为屈原（屈宋，此为偏义复词）忧国又忧民，李氏这里却没有忧民的意思，且李氏虽然可称干员，且以“小李将军”自许，但一生除任部、司郎官与学政外，只在通永道任职一年，既没有全面主持地方独当一面的经历，也没有参与军事，因此所谓“萧曹略”也只是一时心血来潮的豪言壮语而已，当不得真。不过这话用在赵翼身上倒颇为合适，因为赵翼曾任边地知府与兵备道，还曾成功地为军事与边防出谋划策。颈联转写当时的战局，朝廷在楚地的军队经常打败仗而夜遁，川陕一带的栈道还被阻绝而难行，简言之官军无能，战乱不已。尾联和赵翼的尾联“好片桑麻繁庶地，烽烟千里废春耕”。赵翼此联描写蜀地本是桑麻繁庶地，而今却烽烟千里耕作不行，经济凋敝的景象，李调元的和诗“地荒莫道无人种，田在余心未废耕”，“心田”语出南朝梁简文帝《上大法颂表》：“泽雨无偏，心田受润。”[①] 唐白居易《狂吟七言十四韵》：“性海澄渟

---

① 《艺文类聚》卷七七，四本丛刊本。

平少浪，心田洒扫净无尘。”[①] 诗歌似乎是说天地荒芜关系不大，更重要的是百姓心田不净，以致道德沦丧，喜欢犯上作乱，所谓破山中贼易，而破心中贼难，但是我这样的士人退隐官员还保持着对朝廷的忠诚，维持着道德伦理，因为“田在余心未废耕”，所以破山中贼就不难，国家也不难恢复正常统治秩序。于是李氏的板子就打在乱民暴民，其实也就是被迫铤而走险的百姓身上了。这与赵翼的“百年安堵享升平，谁肯轻生肇乱萌。死有余辜贪吏害”的分析就有本质性的区别了。

这首诗歌写作上应该不错，但思想内蕴与见识与赵翼的诗歌差别很大，其原因我想一是二人的经济状况不一样，赵翼入仕为官前家庭贫困，生计艰难，愤而隐居做学问时也很清贫，而李调元则入仕前与隐居后都比较富裕；二是李调元直接受到战乱的影响，他的万卷楼虽为土贼所焚，但白莲教造反入川也是间接影响；三是赵翼是识见高深的历史学家，有很强的历史意识，善于总结历史经验与规律，且对人性与民性有较深刻的认识，腐败生乱并亡国是他的历史著作的主线，所以梁启超以为赵翼“用归纳法比较研究，以观盛衰治乱之原”[②]，其《二十二史札记》与王鸣盛《十七史商榷》、钱大昕《二十二史考异》合称三大史学名著，而李调元则是才子加忠于王事的官员，对历史经验教训、规律与人性民性认识较为肤浅，所以卫道的正统思想较浓，于是表现同一题材的诗歌，其思想就有如是之差别。

四、结语

李调元十六卷本《雨村诗话》采录与评论了很多性灵派的诗歌，张玉溪编的《四家诗选》将李调元与袁枚、赵翼及王梦楼并列，于是当时及近时人都有一些认为李调元是性灵派诗人，论诗也持性灵说。李调元与性灵派主将袁枚、赵翼、蒋士铨的关系甚为密切，但主要集中在晚年：与蒋士铨很少诗文交往，最早提到蒋士铨是在乾隆癸巳（1773），时李氏在京任职，是年 40 岁，此后见过一面但没有记载。与袁枚则属于神交，他自己说“六七岁时曾读集，八十年来始报章”[③]，乾隆六十年乙卯（1795）六月，

① （清）曹寅、彭定求等编纂：《全唐诗》卷四六〇，中华书局，1960 年，第 5238 页。

② 梁启超：《清代学术概论》，梁启超：《饮冰室合集·专集之三十四》，中华书局，1954 年，第 39 页。

③ （清）李调元著，詹杭伦、沈时蓉校正：《雨村诗话校正》，巴蜀书社，2006 年，第 373 页。《童山诗集》卷三四《祝八十诗四首》作“六七月间始通讯，八十老来犹报章”。

《雨村诗话》十六卷成，李调元给袁枚第一封书信，此后书信诗文交往颇多，此时李氏六十二岁，袁枚七十九岁。与赵翼相交在乾隆壬午（1762），但交往频繁则是三十多年以后，期间二人互赠著作，诗文酬唱颇多，互表关爱仰慕之心曲，李甚至曾请赵作序言。《童山诗话》记录评价赵翼诗歌近三十处，八十多首或联，包括长篇七古《李郎曲》，认为赵与袁枚、蒋士铨都宗宋人，赵诗则“立意学苏，专以新造为奇异，而稗家小说，拉杂皆来，视子才稍低一格，然视心余，则殆有过者而无不及矣”，其特点是以新造为奇异，工于怀古，时或以诗为戏，有的诗歌偏于芜杂。就酬唱的诗文看，二人都注重性情而关注时事民生，作为著名史学家的赵翼的诗歌更有宏阔深远的历史眼光，在识见上略高一筹。因此李调元的诗歌及诗学与性灵派有相似的一面，不同处在李调元唐宋并列，重性灵而不废格调，且重视对蜀中先贤李白、苏轼等的继承与发扬。

（郑家治：西华大学文学与新闻学院教授）

李调元《雨村诗话》闺秀条目笺补

赵厚均　袁子墨

李调元《雨村诗话》采择广泛，内容丰富，詹杭伦先生称其具有诗学史料、诗学理论、地方文献和对外交往等多方面的价值。在诗学史料价值方面，“除了评论诗坛大家之外，《雨村诗话》还注重收录小家诗人诗作，乃至布衣、僧道、侍女的零篇逸句都一律收采，在所不弃。”（《雨村诗话校证·前言》）其实，对康乾以来日渐兴盛的闺秀创作，李调元也给予了足够的关注，《雨村诗话》的相关记载有数十条之多。今择其可述者20余条，或考察其材料来源，或补充有关资料，或辨析其记载错误，庶几于阅读《雨村诗话》不无小补，亦有助于闺秀文学史料的发掘。本文所据文本为詹杭伦、沈时蓉《雨村诗话校证》，在原文后用括号标明卷次和条目，间有鲁鱼亥豕之处则径改，不另说明。

一

毛太史奇龄选《浙江闺秀诗》，独遗山阴王氏。王女名端淑，寄以诗云：“王嫱未必无颜色，怎奈毛君下笔何。”使事可谓巧绝。（卷一第24条）

按，此条首见于查为仁《莲坡诗话》卷中，袁枚《随园诗话》卷二亦载，嗣后多有转录者。陶元藻《全浙诗话》引《莲坡诗话》后加按语，引录毛奇龄《雨中听三弦子适女氏玉映将之吴下过宿萧城书感寄示》七古一篇，谓“此诗大抵作于玉映寄诗之后，应属解嘲”。玉映为王端淑字。王端淑，字玉映，号映然子。山阴王思任之女，适钱塘丁肇圣。著《映然子吟红集》三十卷，编《名媛诗纬初编》四十二卷等。毛奇龄所编《浙江闺秀诗》未传。

二

余视学岭南，考端州，有阳春学生刘世馨，拔第一。试后，以其母节妇谢方端《小楼吟稿》乞余弁首，问之名，解元仲坃之女也，乃知得于庭训者多。余为序行。诗多警句，《早梅》云：“不见前村雪，香风溪口来。谁知疏竹外，忽有一枝开。”又《剪烛》云：数行清泪落，一点淡烟摇。”最有味。（卷二第 24 条）

按，谢方端（1724—1813），字小楼，广东阳春人。解元谢仲坃长女，适刘宗衍，生子刘世馨。甫三载而宗衍亡，谢篝灯课读，养之成立。谢著有《小楼吟稿》二卷，刘世馨于乾隆戊戌（1778）李调元督学广东时求其作序而刊行。李调元序云：“予阅其诗，冲容大雅，淘写性天，非涂脂抹粉作闺闱儿女态者比。”（《童山集》文集卷六《谢小楼吟稿序》）对其集颇推重。今存光绪二十六年（1900）重刻本，《清代闺秀集丛刊续编》第七册收录。

三

夫妇皆能诗者，于常州得二人，一庄乐闲，一崔幔亭，皆昆陵赵云松同年，俱工诗，而庄夫人董兰谷、崔夫人钱浣青亦俱工诗，两家又同居一宅，闺阁韵事，近代罕有。赵云松归里后，郡城诗社最盛，而董、钱亦皆走诗索和，几于笔不暇给。云松有诗云：“旌鼓词场各策勋，正愁应敌力难分。如何恶少雕青外，又遇一班娘子军。”（卷二第 51 条）

按，本条或据赵翼《瓯北集》卷二八《庄乐闲崔曼亭两同年皆工诗庄夫人董兰谷崔夫人钱浣青亦皆工诗两家又同居一宅闺阁韵事近代罕有钦羡之余奉赠八绝句》改写，所引诗为第七首。董兰谷，名不详，适庄绳祖乐闲；钱浣青，名孟钿，江苏武进人。钱维城女，适崔龙见曼亭，著有《浣青诗草》八卷，今存。

四

钱塘方芳佩芷斋，乾隆丁丑编修汪芍坡新夫人也，著《在璞堂稿》。沈归愚称其“清而不靡，如水仙一囊，缃梅半萼”。兼工书，在粤时，尝为余书联，云：“心如雪夜潭中月，文似春天雨后花。”极秀劲。《咏秋海棠》句云：“几夕和烟更和雨，一时无语本无人。”可谓化工之笔。（卷三第 3 条）

按，方芳佩（1728—1809），字芷斋，号怀蓼。浙江钱塘人。适汪新。新，仁和人，字又新，号芍坡。官至湖北巡抚加总督衔。芳佩得以诰封一品夫人。著有《在璞堂吟稿》一卷，《续稿》一卷，《续集》一卷行世。前两种收入《四库未收书辑刊》十辑二十册；《续集》刻于嘉庆间，国家图书馆和南京图书馆有藏，笔者整理后收入《江南女性别集》二编。芳佩工书，曾为杭州西溪永兴寺书刻①，随宦福建时，又为许琛疏影楼书额②。晚年尤喜作擘窠大字，笔力出入襄阳，一洗脂粉气象。③

五

毕秋帆中丞漪香夫人以《采芝图》属袁子才题，并寄书云：“月尊周氏端肃问随园先生万安：尊读先生之书十有余年矣，又时时闻中丞道先生言论丰采，口无虚日。海内老师宿儒、奇才异能之士，至中丞左右者，莫不盛称先生之才，其在先生同辈诸公，亦极口赞扬于无既，尊觉耳目所及，海内名流无若先生者矣。尊凡陋之质，叨侍上公，巾拂身世，无复所憾。惟幼耽翰墨，妄生好名之心，不肯沕沕终世，乃生少聪明，兼多疾病，蛩寒蝉寂，终不成声。于今悔叹废弃，始信天限之弗可渝夺。又无绝技殊能高于辈行，何托传于名人著述以垂永久？他日晏然随化，滮然伤神而已。前在中州，取义山‘十年长梦采华芝’句作《采芝图》，画工既劣，更不能择手题咏，诚无可观。今特寄呈，求赐宏制。斯人斯图，虽不足当大方题品，诚欲藉传姓氏于集中，则生平之憾始释然也。小儿嵩珠，年逋三岁，近已种花，以为迟郎福命，宜兄弟所致。先生与中丞谊重交深，闻

① 蒋坦《秋灯琐忆》：“乙巳秋……秋芙约为永兴寺游，遂与登二雪堂，观汪夫人方佩书刻。”（上海古籍出版社，2002 年，第 348－349 页。）

② 许琛《疏影楼稿》有《小楼颜曰疏影，方芷斋汪夫人为我书额，成此志谢》。

③ （清）梁绍壬：《两般秋雨庵随笔》卷三“在璞堂老人”条，上海古籍出版社，2012 年，第 123 页。

之必喜。用敢附及，冒昧干请，临启惕然。附呈微物导意。”子才题云：“空山雪花飞满地，雪中一叶仙书至。道有真灵位业图，教侬小缀蚕眠字。开图惊见魏夫人，蝶绕云鬟花绕身。手采灵芝觅仙种，果然天上降麒麟。欣传嫁得尚书婿，明珠九曲穿无数。朝衣熏罢便题笺，宝发梳成还作赋。尚书爱士古人同，海内名流走下风。谁知日具千人馔，都是周家络秀功。山人欲乞簪花格，特寄随园图一册。上元灵笈未曾披，玉女真容已先得。急爇旃檀十斛香，拜干阿奶唤蓉祥。偷描一幅天人貌，供向慈云大士旁。”蓉祥者，子才晚年所得之子，名阿迟，寄夫人膝下所取名也。（卷三第 17 条）

按，此条应据袁枚《小仓山房诗文集》卷三二《题漪香夫人采芝图附来书》改写。《小仓山房尺牍》卷六《答周漪香夫人》，即为答周月尊此书而作。

六

闺媛填传奇，古今所少。长安女史王筠，幼阅书，以身列巾帼为恨。尝撰《繁华梦》传奇，自抒胸臆。以女人王氏登场，生于二出始出，亦变例也。自题一词于首，名《鹧鸪天》，云：“闺阁沉埋十数年，不能身贵不能仙。读书每羡班超志，把酒长吟太白篇。怀壮志，欲冲天，木兰崇嘏事无缘。玉堂金马生无分，好把心情付梦诠。”稿成，就正于其戚南圃王元常，为加评定，藏之箧中。乾隆戊戌，偶出以示观察息圃张凤孙，即制军毕秋帆之舅也。息圃即转呈毕太夫人，共相击赏，为之梓行，并作序诗以弁首。毕太夫人题词云：“秦台仙子爱吹箫，凤去台空不可招。剩与芳闺传慧业，清声谱出也云韶。”“燕子桃花绝妙词，南朝法曲少人知。天公翻样轻才藻，不付男儿付女儿。”“不为海上骑鲸客，暂作花间化蝶人。是幻是真都是梦，三生谁证本来身。”“扫眉才罢袭冠簪，海水蓬莱浅复深。真倩麻姑抓背痒，声声击节快人心。”款落“东吴归河间张藻”，即太夫人讳也。自古女史填词，容或有之，今并能填曲，可谓奇矣，一时传为女才子。嘉定学士曹来殷仁虎尝读之，题其集云：“乌衣门第擅风流，自作新词自遣愁。一种扫眉才子笔，也应占得凤麟洲。”“结习多年讵易忘，漫将九命叹文章。青衫惯湿才人泪，不道春闺怨更长。”北平学士朱石君珪题云：“形躯变换古今难，梦里何妨作是观。中幅居然等甲第，裙钗一任袭衣冠。行踪不让黄崇嘏，才藻真同李易安。从此闺中传法曲，桃花燕子好

同看。”（卷三第 18 条）

此条记载了传奇《繁华梦》的面世细节，为焦循《剧说》卷五节引。王筠，字松坪，号绿窗女史。陕西长安人。其父王元常，字南圃，乾隆戊辰（1748）进士，官至翰林。李调元称“其戚南圃王元常”，有小误。王筠著《槐庆堂集》，见于《西园瓣香集》中，《清代家集丛刊》第 16 册收录。《繁华梦》二卷，《古本戏曲丛刊》八集收录。张藻，字于湘，长洲（今属苏州）人。张之顼、顾若宪之女。长适镇洋毕礼，生子毕沅，官至湖广总督。幼承母教，能诗，著有《培远堂诗集》。此条所引题诗，见《诗集》卷四，题作《观王媛繁华梦剧因题其后四首》。前两首末句有异文，后两首则与此完全不同，或系入集时修改。

七

墨庄弟癸丑南游，谒袁简斋于随园，始知近日于西湖收文弟子甚众，皆能诗。袁日登坛讲诗，女弟子围侍，其善解悟者，袁乃抚摸而噢咻之，众女以为荣，女悉宦家良子也，因录其诗寄余。言庚戌春暮，袁子才回杭，拜祭先茔，寓西湖孙氏宝石山庄，女公子张秉彝、徐裕馨、汪妽等十三人以诗受业，大会于湖楼，子才以《随园雅集图》遍令题之。临行赋诗纪其事云：“红妆也爱鲁灵光，问字争来宝石庄。压倒三千桃杏树，星娥月姐在门墙。”又女弟陈淑兰遣郎君邓秀才索《红兰诗》，赠云：“佳话传来邓十郎，金闺兰草作红妆。想因燕姞梳头处，偶洒胭脂水数行。”又《赠云凤、云鹤姐妹诗》云：“从游两个女云仙，得信呼车拜榻前。多谢朝朝送清供，湘莼带露笋含烟。”又《谢赠女弟子碧梧、兰友姐妹题图诗》云：“扫眉才子两琼枝，自署门生远致辞。不怕程门三尺雪，儿家情愿立多时。”“惹得袁丝喜欲惊，千秋佳话在门庭。河汾讲席公侯满，可有天边织女星。”碧梧者，即云凤也，姓孙，钱塘孙令宜观察长女；云鹤，其次女也。袁子才十四岁时，曾与其曾祖陈典同赴己酉科试，迄今已六十年。碧梧先以书来，自称女弟子，其书云：“前岁星槎回里，恨叩谒之无缘；怡喜锦句传来，幸芳尘之可步。曾和短章，恭求钧诲，窃谓先生炼金点石之才，必有启聩发蒙之赐。乃闻贮于案头，将欲登诸集上。得冒丹砂，云凤虽为一时之幸；混收鱼目，先生恐低千古之名。且崔、汪二夫人久已联珠合璧，安敢杂以秕糠？而闺中诸女伴亦有碎玉遗金，何堪并收瓦砾？云凤得蒙清训，已列门墙，忝在弟子之班，妄窃诗人之号。自顾弥增惭汗，问世益觉厚颜，务祈先生即加针砭，附便掷还，万勿灾诸梨枣，徒滋贻笑方家。”并附《和先生别杭州故人》诗云：“未曾折柳倍留连，纵得重来又隔年。远水夕阳青雀坊，新蒲春雨白鸥天。三千歌管归花县，十二因缘属散仙。安得讲筵为弟子，名山随处执吟鞭。”子才答诗云：“蜜字珍珠远寄将，簪花标格粉花香。早钦道蕴名家女，敢屈班昭弟子行。四世交情存白发，千秋衣钵有红妆。伏生自笑衰颓甚，还想传经到故乡。”至是亦寓会焉，所谓碧梧夫人也。此公一生享诗之福，四方执贽请谒者，桃李盈门，而晚年并收及闺媛，奉杖履者多至，有女如云，可谓乐事矣。以视毛西河收女弟子徐昭华，不得专美于前矣。（卷三第21条）

按，袁枚于乾隆庚戌（1790）回杭扫墓，召女弟子集于西湖，作湖楼诗会，后请人绘《十三女弟子湖楼请业图》，为一时盛事。其在杭寓居孙氏宝石山庄。山庄主人为袁枚世交孙嘉乐，字令宜，号香岩，杭州人，历任云南按察使、四川按察使等，当时已退居杭州。袁枚自为图跋，详载十三女弟子之名，“其在柳下姊妹偕行者，湖楼主人孙令宜臬使之二女云凤、云鹤也。正坐抚琴者，乙卯经魁孙原湘之妻席佩兰也。其旁侧坐者，相国徐文穆公之女孙裕馨也。手折兰者，皖江巡抚汪又新之女缵祖也。执笔题芭蕉者，汪秋御明经之女妽也。稚女倚其肩而立者，吴江李宁人臬使之外孙女严蕊珠也。凭几拈毫若有所思者，松江廖古檀明府之女云锦也。把卷对坐者，太仓孝子金瑚之室张玉珍也。隅坐于几旁者，虞山屈宛仙也。倚竹而立者，蒋少司农戟门公之女孙心宝也。执团扇者，姓金名逸，字纤纤，吴下陈竹士秀才之妻也。持钓竿而山遮其身者，京江鲍雅堂之妹，名之蕙，字芷香，张可斋诗人之室也。十三人外，侍老人侧而携其儿者，吾家侄妇戴兰英也，儿名恩官。”[①] 据王英志的考证，实际上画中之席佩兰、严蕊珠、金逸、戴兰英并未与会，而张秉彝参加了诗会却没有入画，参加第二次湖楼诗话的潘素心也未入画。[②] 李调元此条主要谈了孙嘉乐的两个女儿云凤、云鹤与袁枚的往来作品。云凤，字碧梧。适程懋庭，婚后不协。著有《湘筠馆集》；云鹤，字兰友。适县丞金玮。著《听雨楼词》。

李鼎元，字味堂，号墨庄，为李调元从弟。清乾隆四十三年（1778）进士，官内阁中书、兵部主事等。著《师竹斋诗文集》。

---

① 见上海博物馆藏《十三女弟子湖楼请业图》，陈康祺：《郎潜纪闻二笔》卷二亦收录。

② 王英志：《袁枚题〈十三女弟子湖楼请业图〉二跋考——兼订正其两次湖楼诗会时间的误记》，《中国典籍与文化》2008年第1期。

八

闺媛能诗，已属仅见，而又出自弱龄，尤属绝无。武陵女士覃光瑶，其父偲宸为齐东令。九岁能诗，有《题画鹦鹉》云："已无言语慧，只有羽毛奇。镇日轻绡里，鹰鹯那得知。"命意便不凡。有《玉芳诗草》。（卷四第14条）

按：覃光瑶，字玉芳，武陵（今湖南常德）人。父覃志京，字偲宸，官至莒州知州。适湖北江夏崔某。崔之祖父崔应阶，字吉升，号拙圃，官至闽浙总督。玉芳早慧，其兄光暐刊其诗集置奁具中。适人后得孝感罗德霖指授，又随夫游历闽浙，风采愈振。《沅湘耆旧集》卷一八〇选录其诗12首，著录《玉芳诗钞》六卷，今存《诗草》两卷。《题画鹦鹉》见《玉芳诗草》卷上。《（嘉庆）常德府志》卷四五尝征引李调元此条。

九

松江女媛叶慧光，早寡，好吟，以是得呕血症，卒，遗有《怀清楼稿》，有《谢人贻折海棠》云，"睡起浑如病酒时，多君折赠好花枝。可怜呕尽心头血，又见花红似血丝"于煞风景中更见妩媚。（卷四第60条）

按：叶慧光，字妙明，自号月中人。江苏南汇（今属上海浦东）人，内阁中书叶凤毛长女，适娄县王进之。与妹金支、鱼鱼并工诗。平生所作多焚去，其父拾其丛残刊成《怀清楼遗稿》《疏兰词》，今亦不传。

十

吴江女媛董茝纫，高陵令永令之女，诸生吴梅配，早寡，病剧，语弟云："甫得一联：'病多未得专医肺，瘦尽何妨独论腰。'"有《春暮诗》云："垂帘不卷病房安，罢诵楞伽独傍栏。桃谢柳飞三月暮，雨迎风送一春寒。莺梭织就愁千缕，燕剪裁成恨百端。锦片韶华尘土看，茶娘慰藉劝加餐。"颇有玉茗笔意。（卷四第61条）

此条传闻异辞。沈善宝《名媛诗话》卷三："吴江沈蕙贞茝纫，年十二，即工吟咏。早赋柏舟，临殁，谓弟浣桐曰：'倾得诗二句：病多未得专医肺，瘦尽何须更论腰。'遗稿散失。《咏月华裙》云：'轻薄冰绡六幅宽，空留闲步玉珊珊。素娥应是嫌孤寂，百道云华护广寒。'裙以五采间色为之，末句比喻最当。"王蕴章《然脂余韵》卷三云："沈宛君清才淑德，午梦一堂，首标馨逸。其从女蕙贞志洁词芳，足与宛君竞美。适同邑吴克迈。克迈早卒，蕙贞守志四十年。临殁，得诗二句曰：‘病多未得专医肺，瘦尽何须独论腰。’凄楚欲绝。蕙贞孀居后，不欲以诗流传，有作辄弃之，故存稿阙如。得此断素零缣，不啻邓林一羽矣。”籍贯、名号、事迹均相同，而姓氏不一样，应以何者为是？今检沈祖禹《吴江沈氏诗集》卷一二“沈蕙贞”条，小传与沈、王二氏略同，收录其诗五首，《春暮诗》《咏月华裙》皆在其中。故知李调元误书其姓氏。“高陵令永令”，即蕙贞之父沈永令，字闻人，号一枝，顺治五年（1648）举人，官高陵知县。

十一

毕秋帆制军太夫人张氏于湘，能诗，所著有《培远堂集》。张母顾恭人若宪，能诗，所著有《挹翠编》。周太史驾堂题其集，所谓“书经太母亲传授，义训诗成若干首。官箴又令季子知，塾课更使诸孙守”是也，合之毕秋帆造室周夫人月尊，贤媛萃于一门，俱有诗集，可谓盛矣。月尊有句云：“家如夜月圆时少，人似秋云散处多。”（卷五第147条）

张于湘，名藻。详见第六则。顾英，字若宪，号兰谷。能诗，与武林林以宁、顾姒齐名。集不传。周月尊，字漪香，长洲人。《随园诗话》卷二云：“河南抚军毕秋帆先生簉室周月尊，字漪香，长洲人也。酷嗜文墨，礼贤下士。咏《水仙》云：‘影疑浮夜月，香不隔帘栊。’《偶成》云：‘家如夜月圆时少，人似秋云散处多。’夫人还吴门，先生七夕寄诗云：‘汴水吴山同怅望，今宵两地拜双星。’”又，毕沅侧室张绚霄，字霞城，亦能诗，有《四福堂稿》。”

十二

女媛越中为多。戴绿华玉萼，诸暨诸生余荫祖妻也，伉俪甚笃，有《送外之河北幕》云：“一轮冰鉴满，照见物华新。入幕君宁贵，持家我固贫。素弦挥宝瑟，清泪掩罗巾。去去还无恙，前途有故人。”又《谢外寄春衫》云：“窄袖春衫小样新，劳君远寄别离身。几回对镜增长叹，不是当年绮丽人。”会稽胡云英，字小霞，有《咏牡丹》云：“花称富贵好，人奈贫贱何。”（卷六第5条）

戴玉萼，字绿华，诸暨人。归同邑余荫祖。潘焕龙《卧园诗话》、王蕴章《然脂余韵》卷六皆承袭《雨村诗话》。《越风》称“绿华与余君伉俪之情甚笃，春衫一绝情见乎词”。胡云英，字小霞，会稽人。山阴赵连城配。陶元藻《全浙诗话》卷五十二引《风雅闲谈》：“人称小霞《牡丹》诗‘花称富贵好，人奈贱贫何’，余独赏其《观竞渡》云‘鬖髿云鬟别样娇，轻摇兰桨渡红桥。分明洛水凌波女，罗袜生尘学弄潮’，娟秀绝伦，直驾昭华而上。”

十三

乾隆中，闺媛诗以胡氏为最。胡慎容，字卧云，山阴人，会稽冯坦配。有《红鹤山庄集》，与同怀姊慎淑字景素、堂姊慎仪字采齐，俱有诗名，称胡氏三才女。红鹤夫亡后，以贫困随姊采齐游岭南，郁郁死，无子，有女思慧。慎仪字采齐，号石兰，元城教谕世绎籍大兴，遂家于北，诸暨诸生骆烜之配。烜客死岭南，采齐携家累及五榇北归，有“五榇十三人，艰危仗此身”之句，人称女英雄，有《石兰集》。抚卧云女思慧为女，遂婿洪洞刘侍御秉恬，为继室，从骆姓。慎仪有《寄怀蒋太史心余五弟》云：“如何疏散卧江皋，却负诗中一世豪。沽酒每闻捐玉佩，济人时复典宫袍。文星下界耽游戏，婴姊天涯苦郁陶。消受吾乡岩壑美，玉堂风月未宜抛。”《偕女思慧及婿刘秉恬陶然亭踏青》云：“萋萋芳草绿城隅，花外同搴御史车。胜迹登临荒冢地，孤亭突兀破窑墟。簪裙雅集庭闱共，鸾凤和鸣饮宴余。倘割菇蒲结茆屋，不嫌来作野人居。”《慎容过岭》云：“一双征雁拂天翔，似我天涯姊妹行。半岭梅花成故旧，两肩书本是行装。南瞻粤海成羁旅，花望燕云是故乡。只有娇痴小儿女，戏凭篮笋索槟榔。”《寄蒋太安人并清容兄》句云：“江水不分归海路，山光只解上眉愁。”又《病中》云：“忽忽魂无定，飘飘若梦中。扶行惊地软，倚卧觉头空。放眼皆疑雾，闻声似起风。那堪窗外雨，寂寞一灯红。”思慧十六岁作《秋山瀑布》云：“劈破高峰最上头，玉龙直下隐潭湫。横空百丈银河泻，挂壁千寻素练浮。溅雪喷云枫叶冷，穿崖度壑翠峦秋。谁来濯足飞泉里，洗尽红尘一泳游。”（卷六第 11 条）

李调元此条记述胡氏姐妹及冯思慧之间关系甚明晰。冯思慧生母为慎容，慎容早逝，抚于姨母慎仪，遂从骆姓。前人多有混淆者，如恽珠《闺秀正始续集》卷四云：“冯思慧，字睿之，顺天大兴人。侍郎刘秉恬室，诰封一品夫人。著有《绣余吟》。睿之本姓骆，为女史胡慎容女，幼继与姨母慎仪，故从冯姓。”即颠倒其姓氏。《红鹤山庄诗钞》二卷，今存；《石兰诗钞》未传，徐昭华《浣香阁遗稿》附录其诗 14 首，蔡殿齐《国朝闺阁诗钞》录其诗十首。冯思慧著《绣余吟》六卷，今存。

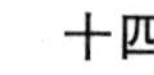

十四

余在越中，闺中能诗者，除祁忠敏公一门妇女外，如胡氏三姊妹，固为杰出。然亦有母女俱能诗者。刘淑慧，字守拙，澄海令德基女，福州府司马、会稽鲁楷配，有《芝雨堂稿》。《昭君》云：“出塞宁辞万里遥，建功未肯让班超。丹心不愧芙蓉面，赢得单于拜汉朝。”其女鲁湘芷，字慕班，言慕班大家也，山阴刘孝廉以垂配，《铜人》云：“赤帝山河蔓草芜，无人敢问昔规模。承光尽是金鱼佩。惟有铜人血泪枯。”（卷六第 16 条）

按，“祁忠敏公一门妇女”指祁彪佳的妻子商景兰和女儿、儿媳。朱彝尊《静志居诗话》卷二十三云：“祁商作配，乡里有金童玉女之目，伉俪相重，未尝有妾媵也。公怀沙日，夫人年仅四十有二，教其二子理孙、班孙，三女德渊、德琼、德茝，及子妇张德蕙、朱德蓉。葡萄之树，芍药之花，题咏几遍。经梅市者，望若十二瑶台焉。”① “胡氏三姊妹”即上一条所云胡慎仪、胡慎淑、胡慎容。刘淑慧《芝雨堂稿》未传，汪启淑《撷芳集》卷十七收录其诗八首。《昭君》诗为其《咏古十绝句》之一，《撷芳集》只选了五首，分别是西施、虞姬、班姬、昭君、红线。鲁湘芷，《撷芳集》卷二十一作鲁湘芝，录其诗三首，《铜人》在其中，又于卷六十四收《汪氏双节诗》六首。《撷芳集》先后于乾隆三十九年（1774）和五十年（1785）刊刻，李调元应能见到此书。此条或即取材于《撷芳集》。

十五

商可字长白，宝意太守爱女，未出阁而卒，太守痛惜之，辑其遗诗为《昙花一现集》，有《垂帘》云：“柔绿阴无际，垂帘昼似年。莺声催午课，花气拥春眠。向母寻眉谱，随兄治砚田。潜心看《内则》，抄得两三篇。”（卷六第 17 条）

按《撷芳集》卷十三云：“商可，字长白，浙江会稽县人，知府商盘之长女也。字同县王生，未结缡而卒。著有《昙花一现集》。”《昙花一现

---

① 朱彝尊：《静志居诗话》，人民文学出版社，1990 年，第 727 页。

集》未传，《撷芳集》收录商盘序及诗八首，《垂帘》亦在其中。

十六

近时一家妇女皆能诗者，以闽之永福黄孝廉莘田任为第一。莘田以壬午孝廉官四会令，罢归，遂不出。工书法，有砚癖，自号十砚先生。其诗秀韵独出，兼饶逸气，有《泰安》云："倡条冶叶拂珑地，帽影鞭丝困午风。十里枣花香不断，行人五月出东蒙。"其二女，长淑窕，字姒洲；次淑畹，字纫佩，皆擅诗名，纫佩尤工，有（题杏花双燕图诗》云："艳阳天气试轻衫，媚紫娇红正斗酣。记得春明池馆静，落花风里话呢喃。""夕阳亭院曲阑东，语燕时时扇底风。不管春来与春去，双双长在杏花中。"人皆称之。有侍儿金樱，是其千金所购得者，工丝竹，兼解文翰，有《夜来香》句云："知隔绛纱帷暗坐，谢娘头上过来香。"风致自传。一家风雅，所罕见也。（卷六第40条）

黄莘田，即黄任（1683—1768），字于莘，又字莘田，因喜藏砚，自号十砚老人、十砚翁，永福（今福建永泰县）人。清康熙四十一年举人，官广东四会知县，罢官归，船中所载惟砚石。工诗，七绝尤负盛名。著有《秋江集》《香草斋诗集》等。《随园诗话》卷四第49条云："黄莘田妻月鹿夫人，与莘田同有研癖。先生罢官时，囊余二千金：以千金市十研，以千金购侍儿金樱以归。有二女：长曰淑窕，字姒洲；次曰淑畹，字纫佩。《题杏花双燕图》云：'艳阳天气试轻衫，媚紫娇红正斗酣。记得春明池馆静，落花风里话呢喃。''夕阳一亭院曲栏东，语燕时飞扇底风。不管春来与春去，双双长在杏花中。'金樱明艳，能诗。许子逊酒间举其《夜来香》绝句云：'知隔绛纱帷暗坐，谢娘头上过来风。'"李调元此条与之近似。按，袁枚称"黄莘田妻月鹿夫人"，恐有误。梁章钜《闽川闺秀诗话》卷一"张季畹"条云："闽县张宛玉，能诗，尤工绘事。……自号月鹿侍史，吾乡人所熟闻，而《随园诗话》以为黄莘田妻，'与莘田同有研癖'，捕风捉影之谈，随园老人往往孟浪如此。"下一条"庄氏"云："永福黄莘田妻庄氏，能诗。"可知黄任妻为庄氏，并非张月鹿。《闽川闺秀诗话》卷二另有黄淑窕、黄淑畹的条目，文繁，不备录。又，据《闺秀正始集》《闽川闺秀诗话》，淑窕女游合珍、淑畹女林琼玉亦能诗，真可谓"一家妇女皆能诗"。

十七

吴江金法筵，董重熙配，吴县诸生圣叹人瑞之季女也，七岁能诗，圣叹爱之，为赋“左家娇女惜余春”之句，于归后，遂以“惜春”名其轩与集。诗有道气，《咏雨》云：“黯淡湖山雨气连，鹁鸠声里万家烟。直愁漠漠旁无地，不见高高上有天。石势趁雷移隔浦，涛声逐电落平田。凭阑万虑捐除尽，可似身居混沌先。”闻乾隆初年尚在，相传以为得道云。（卷六第 48 条）

沈祖禹《吴江沈氏诗集》卷十一“金硕人”条云：“硕人名法筵，六书公配，吴县诸生圣叹公人瑞一名采季女也。七岁能诗，圣叹爱之，为赋‘左家娇女惜余春’之句。于归后，遂以惜春名其轩。纺绩之余辄事吟咏，有《惜春轩稿》一卷。词意老成，时有道气，惜零落，仅存十一。”是书收录其诗八首，《咏雨》作《观雨》。又《（乾隆）震泽县志》卷二四云：“沈永令次女茝纫，字蕙贞，适诸生吴梅；永启从孙重熙妻金法筵，吴县诸生采女。并自幼能诗，长而益工。法筵有《惜春轩稿》，茝纫稿多散佚。”沈重熙，字明华，号六书，沈世楙子，金法筵之夫。李调元亦误记其姓氏。

十八

武林女媛多能诗，不但朱门华胄，即里巷贫户，能诗者亦复不少。桑工部弢甫调元归里后，于杭州买得《元人百家诗》，后有粘笺云：“乾隆丁巳，又九月九日，厨下乏米，手检《元人百家诗》付卖，以供饘粥之费。手不忍释，因赋一律云：‘典及琴书事可知，又从案上检元诗。先人手泽飘零尽，世族生涯落魄悲。此去鸡林求易得，他年邺架借应痴。亦知长别无由见，珍重寒闺伴我时。’滕之陈氏坤维题。”盖故家才妇以贫鬻书者，惜不知其里居颠末。弢甫有次韵诗，并征好事者同和，厉征君太鸿有句云：“难追写韵仙家事，应共牵萝绝代悲。”亦可哀矣。（卷八第 31 条）

按，此事见《樊榭山房集》续集卷三。桑调元，字伊佐，一字弢甫。钱塘人。雍正十一年（1733）进士，授工部主事。著有《桑弢甫诗集》十四卷、续集二十卷等。此条所云次韵诗不见其集中。该集在嘉道间易主，张应昌《烟波渔唱》卷四《方云泉以所藏闺媛陈坤维手题元诗选属谱乐府》小序云：“乾隆时桑弢甫先生买得《元百家诗》，后有陈诗记鬻书易米事。厉徵君次陈韵题之，并征好事者和焉。诗载《樊榭续集》。书今归方氏，原作原和墨迹具存。”方鹭，字玉裁，号云泉、颐翁。钱塘人。诸生。善制印。有《疏影庵诗》。方氏得此册，亦尝征人题诗。道光八年(1828)，汪远孙尝与同人观此集，并次韵题诗，《清尊集》卷六收录沈鑅、胡敬、黄士珣、钱师曾、汪远孙、汪适孙六人同题之作。丁丙《北隅缀录》亦记此事，并收录诸人诗作。黄士珣《北隅掌录》引樊榭文后云："吴瓯亭先生曰：'余询之书贾叶姓者，云此书得之城北故家。桑水部见而售之，墨迹尚新。'（云蠖斋诗话）今其书归方氏。诗笺无恙，尚粘卷尾。方氏征同人续和，予因见之。其诗'案上'作'架上''邺架'作'汉殿'，盖山民为窜易，以刊于集焉。余追和其韵云……时道光戊子，上溯乾隆丁巳，九十二年矣。”此外，《两浙輶轩录》卷四十尚有闺秀戴佩荃次韵诗。此集后不知去向。

十九

归安叶氏三女皆能诗。长令仪，字淑君；次令嘉，字淡宜，三令昭，字苹渚。长适钱塘丽江太守陈某，次适京宦某，三适丘太史庭漋。令仪有《寄两妹都门诗》云："红闺雁影惜分离，强说相逢守有期。此日燕山空绕梦，何年官阁伴题诗。海棠庭院敲棋处，鹦赋帘栊唤茗时。往事依稀休重问，有人绿鬓已添丝。”令嘉却寄云："蛾原分手隔天涯，风雨联床愿尚赊。两地空频诗代简，三春同有梦还家。病多渐识君臣药，别久愁看姊妹花。他日相思劳远望，五云多处是京华。”令昭却寄云："绣阁当年共理妆，伤心此日各分行。寄书已过樱桃节，惜别休闻芍药香。晓月鸣鸡惊昔梦，夕阳归雁感殊方。平生舟楫偏无分，枉说江南是故乡。”令仪有《花南吟榭遗草》。令嘉女陈长生，字秋谷，适孝廉某，亦能诗，有《咏镜和外》云："绿窗人起镜台横，绣箔初开晓月明。到处周旋逢我我，暂时调笑欲卿卿。屏间孔雀应怜影，梦里芙蓉定识名。料得俗尘磨洗尽，照人原似玉壶清。”著有《绘声阁初稿》。尤工小乐府，袁子才亟称之。有《金陵阻风侍太夫人游随园作诗》云："轻帆三日滞江干，为访名园足胜观。点染总教诗意满，安排只恐画工难。一帘风月供濡笔，六代莺花伴倚栏。却怪西泠山水窟，尚无胜地卧袁安。”（卷八第 59 条）

《随园诗话》补遗卷三第 21 条云："吾乡多闺秀，而莫盛于叶方伯佩荪家。其前后两夫人、两女公子、一儿妇，皆诗坛飞将也。”所记与此详略各异。此条所引令仪原诗及两妹和诗均见《花南吟榭遗草》。叶佩荪（1731—1784），字丹颖，号辛麓，浙江归安人。清乾隆十九年（1754）进士，改兵部主事，累官湖南布政使。原配夫人为周映清，续娶李含章，即《随园诗话》所云“前后两夫人”。

叶佩荪长女令仪，字淑君。叶绍楏《花南吟榭遗草跋》云：“女兄淑君，适同邑钱粟颐上舍慎。岁丁丑，先君子官南选曹署，女兄方六岁，随周太夫人居都门，十一即娴吟咏，颖妙若夙习。丙戌，侍李太夫人之先君子卫州官署，由豫入晋。于归后居钱唐三载，还吴兴，吟帙满奁箧。壬寅，得羸疾。癸酉夏，病已剧，力嫉取旧稿数册，手自删削，十存其一，甫逾月，下世，年三十有二。”述令仪生平较详，且知其适归安钱慎，字粟颐。李调元谓适陈某，显误。

次女令嘉，字淡宜。《吴兴诗话》卷十二云：“方伯次女令嘉，字淡宜，适沈孝廉昌培。”可补李调元此条之不足。

又《撷芳集》卷六五云：“陈长生，字嫦笙，号秋谷，浙江钱唐县人，陈太仆兆仑孙女，适内阁中书叶绍楏。著有《绘声阁初稿》。”李调元谓“令嘉女陈长生，字秋谷，适孝廉某”，就错得离谱了。

前引《随园诗话》云：“其（指叶佩荪）长媳长生，吾乡陈句山先生之女孙也。……余旧咏《西施》，有云：‘妾自承恩人报怨，捧心常觉不分明。’自道得题之间，载入集中。今读陈夫人《题〈捧心图〉》云：‘眉锁春山敛黛痕，君王犹是解温存。捧心别有伤心处，只恐承恩却负恩。’与余意不谋而合。……陈夫人之妹淡宜，亦工诗。《都中寄姊》云：‘蛾原分手隔天涯，风雨联床愿尚赊。两地空烦诗代简，三春只有梦还家。病多渐识君臣药，别久愁看姊妹花。他日相思劳远望，五云深处是京华。’”《题〈捧心图〉》见陈长生《绘声阁初稿》，题作《西子捧心图》，可知袁枚文中所云“陈夫人”即指陈长生，则知其下文谓“陈夫人之妹淡宜”亦是臆说。《都中寄姊》诗与李调元所引相同，为叶令嘉之作。

二十

绍兴女媛能诗最多。商景徽，字明音，宝意高祖等轩公季女，上虞徐征君咸清配也，有《咏雏堂集》。《题画》云：“溪水流潺湲，孤村多薜荔。雨后清磬遥，中有寒山寺。”徐昭华，咸清女也，为诸暨骆加采配，幼时受业于毛西河，著有《花间集》，诗最含蓄。其《织锦词》云：“当窗夜织未停梭，袅袅秋风入梦多。游子欲知里妇怨，但看锦上泪如何。”王端淑，字玉映，号映然子，山阴季重女，宛平丁睿子配，亦有《感怀》云：“容颜似草怯经秋，弱柳痴心恋白头。每笑唐人诗意浅，反云少妇不知愁。”皆可传也。（卷一〇第 14 条）

商景徽，字嗣音，明末绍兴人。吏部尚书商周祚次女，景兰妹，上虞徐咸清妻，徐昭华母。著《咏雒堂集》，未传。徐昭华，徐咸清女。适诸暨骆加采。为毛奇龄女弟子，毛极力揄扬，谓为“徐都讲”，并刻其作为《徐都讲诗》，附于《西河合集》。族孙骆启泰称其著有《花间集》和《凤凰于飞楼集》，“当时名宿如陈其年、吴宝崖、曾秋岳与其师西河诸公各为之序，名重一时，有非苏、谢诸才媛所能及者。惜乎！家无藏板，全稿散佚。”（骆启泰《浣香阁遗稿序》）遂肆力搜求，得百余首，编为《浣香阁遗稿》，前述《徐都讲诗》皆收入其中。王端淑，见本文第一条。

二十一

周驾堂《蜀游草》所题崔太守龙见配夫人钱氏《浣青集》，即钱稼轩司寇之女，名孟钿，其号浣青，欲兼浣花、青莲而一之也。初，庚申，袁子才乘舟北上，稼轩时未中状元，见手中抱幼女，年才周晬。后经四十余年，在杭州始见夫人，问之，即抱女也。题其集云：“而翁南下赋归欤，值我新婚北上初。水面匆匆通数语，怀中正抱女相如。”（卷一一第 10 条）

崔夫人为人风雅，尤爱袁子才诗，太守龙见为富平令，时严东有南归，崔夫人厚赠之。严问至江南带何物奉酬，曰：“无他求，只望寄《袁太史诗集》而已。”兼通音律，尝在毕秋帆中丞座上听客鼓琴，曰：“角声多，宫声少，且多杀伐之音，何也?”问客，果从塞外军中来，人称为“女蔡邕”。尝有句云：“啼鸦空绕树，残梦只随钟。”写早景最真。（卷一一第 11 条）

按，此两条所述，源自《随园诗话》卷五第 55 条。钱孟钿，见前文。

二十二

女媛马士骐，字韫雪，西充人，祥符张上舍应垣妇、给谏文光之孙妇也。马夫人高祖廷用，官大宗伯；曾祖金，官布政使；祖晋明，官太守；父云锦，官江西南城令，声华累世。韫幼从父读书，十四岁以诗名，中岁孀居，辄自晦其笔墨，故见者绝少。初有《漱泉集》七百余篇，为其姻党女窃去。嗣集成帙，又以病革自焚，由是残笺剩纸仅存百一。其子刻《片石斋烬余草》五卷，亦非初本，赵木亭见示全集，乃睹其全。其诗鸿洞踔厉，笼盖诸家，绝无闺阁气。沈归愚《别裁》只选《齐云楼》一首，未尽所长。有《落花诗》多至十五首，其一云："烂红残紫乍高低，痛惜行人踏作泥。六代铅华蝴蝶梦，一林风雨鹁鸪啼。徒闻湘瑟人何在，再问胡麻路已迷。元亮犹存松菊径，不须空说武陵溪。"颈联最工。散句如《独坐》云："雨余蛛续网，社后燕空巢。"《池上》云："隔岸疑花语，扶阑见柳情。"《病卧》云："婢拙挑灯灭，医庸射覆频。"《醉》云："酒后神如马，灯前影似僧。"皆工于描形绘影。（卷一一第49条）

按，士骐，又作士琪，字韫雪，四川西充人。适河南祥符张应垣。汪启淑《撷芳集》卷三〇五引《河南通志》云："张应垣妻马氏，祥符人，早孀，亲授二子经书。长新，廪膳生；次宁，举人。有母弟为滕县令。触时网，将罹不测，马尽卖居宅以脱之。生平喜读书，自少至老不少辍。着有《烬余诗草》行世。新妻胡氏事姑以孝闻。"又引方仰松《迭嶂楼诗话》云："《烬余诗草》识见高老，风骨沉雄。不独巾帼中无其人，即当时以诗名世，臻此境者，亦不能多。实在绿净老人、蠹窗老人之上，其余脂粉之流益不足道者矣。"汪启淑称马士骐为"祥符人"，实误，其余则可补此条之不足。王培荀《听雨楼随笔》卷六云："蜀中女史国朝马士琪韫雪，《落花》15首、《雁字》10首才调富有，生平遗失焚弃者不可数记，真女中之英矣。"亦盛称其诗。

朱云焕《浣花濯锦》选录马士骐诗多达325首，小传详载其家世生平，称其有诗700余首，名《漱泉集》，康熙己未（1679）为滑县令某室人窃去，余稿又自焚于丁亥（1707）暮秋。[①] 李调元《童山诗集》卷三九有《谢朱霞堂云焕送浣花濯锦集》，此条或参考该书。黄稚荃《蜀中前代女诗人作品评议》谓士骐"适河南张应元，有《浣花濯锦集》"[②]，实误。《片石斋烬余草》五卷，复旦大学图书馆有藏。

二十三

合肥女媛许燕珍，字俪琼，孝廉许养启曾园妹也，有《题半面画竹》

---

① 朱云焕：《浣花濯锦》后编卷一，清嘉庆刻本。
② 黄稚荃：《杜邻存稿》，四川人民出版社，1990年，第100页。

云：“琅玕谁写一枝枝，墨沉烟浓下笔迟。为问潇潇何处似？渭川风雨夜深时。”王心斋为余诵之。（卷一三第10条）

按，《撷芳集》卷四三云：“许燕珍，字俨琼，一字静含，安徽合肥县人，龙溪县令许其卓之第三女也。适无为州诸生汪镇，著有《鹤语轩集》《黹余小草》。”选其诗10首，《题半面画竹》不在其中。《黹余小草》今存，亦未见该诗。王心斋，名纯一，四川华阳人。与李调元共读于锦江书院，同为乾隆己卯（1759）举人。官安徽怀宁知县。后因事免官，遂经商，常往来于成都南京之间。曾在李调元和袁枚之间捎信赠书。

二十四

分宜吴氏，乾隆庚戌进士、刑部主事南城杨鲲之母也，少工诗，夫亡，亲课其子，严过于师，不假颜色。鲲癸卯乡试，母在园看菊，赋诗云：“西风一夜剪东篱，晓起欣看异昨时。带露已舒幽女思，迎霜特见丈夫姿。自来未受闲怜惜，从此还应好护持。”尚欲续成，闻报鲲中信，遂止，至是喜见于色。有《训儿诗》云：“三年饮恨泪难干，任重于身岂忍安。夜读几曾星半落，朝眠每是日三竿。顺帆不肯先登岸，逆棹徒劳上急滩。我愧古来贤圣母，也将心苦和熊丸。”人多传之。又有《拜月词》云：“欲斫月中枝，缚作齐天帚。夜夜扫辉光，不使微云垢。”有《悟雪草堂集》。（卷一五第50条）

按，黄秩模《国朝闺秀诗柳絮集》卷八云：“吴若冰，字莹仙，号悟雪老人，江西南城人。贡生国枚长女，万州知州晋勋姊，分宜杨苏材室，襄阳知府曰鲲母。著有《悟雪草堂诗钞》。”选录其诗52首。恽珠《国朝闺秀正始集》卷一二云：“吴氏，江西南城人，主事杨曰鲲母，有《悟雪草堂诗钞》。氏博通经史，夫早亡，家计清苦，自课儿成进士。尤精岐黄理，环村数十里踵门求医，全活甚众。”录其诗8首。陈芸《小黛轩论诗诗》卷上“港口荒苔传悟雪”条谓“吴若冰，字莹仙，南城人，归分宜苏材，襄阳知府曰鲲母。著《悟雪草堂诗钞》”，卷下“可堪悟雪孤灯影”条则云：“吴氏，南城人，归杨某，早寡，课子有成。著《悟雪草堂诗钞》。”综合诸条材料可知，吴氏名若冰，字莹仙，可补李调元此条未尽之处。其为杨曰鲲之母，而非杨鲲。籍贯则皆以其为南城人，与李调元之说不同。李调元所引《拜月词》见《正始集》中，其余则未见他处记载。

二十五

娄东多诗人，而王氏一家尤多。前明娄东十子，王氏居其六，然未及本朝为盛，内外俱有集者。太仓王冰庵先生吉武，以康熙丙辰进士，由民部出守绍兴，以诗为家传，自少至壮，所至不废诗，祖孙、父子、兄弟，人各有集，而母吴氏及三女咸工诗，家庭无事，辄命诸子女拈题分韵，吴夫人为第其甲乙，以为笑乐。既嫁至老，犹诗简往来不绝。王有《冰庵集》，可谓佳话矣。其时唐东江亦一家擅诗名，然视之谦然，自以不如冰庵也。（卷一六第 9 条）

王吉武，字宪尹，号冰庵，太仓人。王发祥（字长源）次子。清康熙十五年（1676）进士，官至绍兴知府。著有《冰庵诗钞》八卷。《撷芳集》卷三云："王慧，字兰韫，江苏太仓州人，学使王长源长女，兄妹七人皆能文辞，风雅萃于一门，可谓极盛。适琴川朱方来，著有《凝翠楼集》。"又唐孙华《凝翠楼集序》云："吾乡有王夫人兰韫者，督学王长源先生之长女也。先生学府文宗，世推哲匠，四子三女并擅才华。"王吉武《凝翠楼集跋》云："余同产女兄弟三人皆知书，能吟咏，然大雅不群，尤推长姊兰韫氏。"则唐序所称三女，皆为王吉武女兄弟，并非其三个女儿，李调元恐误书。除王慧外，尚有王莹，字韫玉，归张烈，有《芳曜堂诗存》；王芳，字幼清，归毛序，有《遗香集》。《太原先德集》卷六收录二人诗各三首。王慧《凝翠楼集》四卷，康熙四十七年（1708）刻本，今存。

（赵厚均：华东师范大学中文系教授、博士生导师；袁子墨：华东师范大学中文系硕士生）

酒与诗：李调元诗歌对李白的接受

鲍　蕾

四川“罗江才子”李调元，是乾嘉时期著名的诗人、学者，被誉为“清代三大才子”之一。其诗歌创作数量庞大、成就不俗，不仅享誉川内，同时蜚声海外。当代著名学者屈守元先生论其成就时说：“调元之诗，时称才子，其与袁赵优劣，自当付之后贤品论；其过于张问陶，则可断言。”[①] 目前学界对李调元的研究主要集中在戏曲、民俗、版本等领域，而对其诗歌作品的研究稍显薄弱，且尚未有从李调元诗歌对李白的接受情况这一角度切入的研究成果。而事实上，李白以酒为乡、以诗为寄的生活和创作经历对李调元产生了极大影响，这种接受和继承可以概括为“酒与诗”：酒是精神内核的展现，诗是生命形态的书写。据笔者统计，“酒”（含“酌”“觞”“杯”“沽”）这一意象在李调元诗中出现了 475 次，“诗”出现了 449 次，且二者频繁连用。可以说，李调元从少年到迟暮的精神追求及诗歌创作，都与李白有着千丝万缕的联系，因此，通过接受状况的考查与分析，可以将李调元诗歌对李白的吸纳程度与评定落到实处，既有利于把握李调元诗歌创作的独特价值，也有助于我们对诗歌内在价值的演变

① 詹杭伦：《李调元学谱》题辞，天地出版社，1997 年。

与传承进行深入研究。

一、“酒”：对李白其人的接受

李调元家乡罗江与李白出生的彰明县相去不远，江山之助，风俗所染，李调元不仅多次表达自己对这位诗仙的仰慕，而且在人格塑造与为人处世上深受影响。

在其诗歌中“酒”这一反复出现的意向，表现了他受到李白人生观念的浸染后，所追求一种自由不羁、洒脱向上的生命境界。同时，李调元也继承了李白对蜀地文学传统的重视。

（一）对李白的推崇

李调元直言自己对李白的尊敬和喜爱，不仅以李白自比，还对其诗歌进行直接追摹与改写。关于对李白诗文的倾慕与向往，李调元有一段存于《重刻太白全集序》中的自述相当关键：“余自束发受书，即喜太白所为诗歌文章，每手一编，朝吟而夕揽之，藏之箧笥有日矣。余友玉斋为彰明广文，即太白所生之地，生平酷嗜太白诗，因帙满来京寓予斋之西，相与把酒联吟，因出所订《太白全集》以示余，而余亦出素所摩挲旧本而忝考之，将付之剞劂，嘱予为序。”[①] 这种喜爱，不仅自幼时就已然萌生，而且朝夕学习而不废，以至于与好友一同编订全集，可谓爱好成癖。同时，其《题家桂山秋江载书图》诗云：“余本今之诗狂者，非李太白不取也。”[②] 这更是将李白的诗奉为圭臬，以“今之诗狂”自喻，也暗示了自己与李白这个“古之诗狂”的传承关系。他还在给友人的诗歌中说道“若问谪仙推我李，却惭献佛借君花”[③]，“谪仙”称号是对李白诗仙地位的肯定和尊敬，而“我李”这一称呼令人颇觉亲近，可知李调元将李白默认为自身的效法对象。这种感情，洋溢在李调元诗文的字里行间，俯仰皆拾，再如“李杜锦绣肠，不救寒与馁。当时走且僵，至今光焰在”[④]，“诗思李白豪，酒量刘伶大”[⑤]，在他看来，李白诗歌如锦绣华丽灿烂，流传久远，诗歌风格也任达不拘，俊逸非凡。即便在日常唱和时，他也时常追思李白，曾写下

---

① 《太白全集》，乾隆二十九年清廉书舍刻本。
② （清）李调元著、王云五等编：《童山诗集》，商务印书馆，1921 年，第 244 页。
③ 罗焕章主编，陈红、杜莉注释：《李调元诗注》，巴蜀书社，1993 年，第 613 页。
④ 罗焕章主编，陈红、杜莉注释：《李调元诗注》，巴蜀书社，1993 年，第 241 页。
⑤ （清）李调元著、王云五等编：《童山诗集》，商务印书馆，1921 年，第 244 页。

“往日风流传白社，迸来云散忆青莲”[1]，这种不经意间的怀想，更能显示出李调元对李白的感情已然渗透入日常生活中。此外，他在诗中时以李白自居，他曾云“独弹古调无人识，疑是青莲作后身”[2]，这是自比李白，感叹二人同样陷入孤芳自赏的命运，颇有“同是天涯沦落人”的亲近感。一些与他同时代的文人也认同这种自喻，宁绮曾写下“谪仙已入罗浮梦，几度招呼总不闻”[3]，这种代指从侧面反映出李调元对李白的仰慕和追攀。正是因为喜爱至此，李调元对李白的诗句进行模仿，他毫不掩饰地说道“我诗颇向谪仙偷，醉语还从别后留”[4]，这种大方承认甚至还略带自矜的口吻，颇能够流露出他以学习李白为荣的心态。李调元在诗歌创作中时常对李白诗句的借用、化用与仿写，笔者选取较有代表性的诗句列表如下：

李调元仿写、借用、化用李白诗之代表

序号	李调元诗句	李白诗句
1	郎从西北来，围炉暂相戏。《子夜四时歌》	郎骑竹马来，绕床弄青梅。《长干行两首》
2	相看两无言，分手自兹去。《嘉禾留别渔六》	相看两不厌，只有敬亭山。《独坐敬亭山》 挥手自兹去，萧萧班马鸣。《送友人》
3	我闻黄河天上来。《大风渡黄河歌》 试向龙门高处看，黄河一发自天来。《自磁涧至洛阳作》	君不见黄河之水天上来。《将进酒》
4	唯有金丝柳，依然拂露浓。《凤县二首》	云想衣裳花想容，春风拂槛露华浓。《清平调词三首》
5	蜀道青天上。《送农部吴鉴南爆以刺史之蜀筹饷二首》	蜀道之难，难于上青天。《蜀道难》
6	两岸啼猿知我肠。《题家桂山秋江载书图》	两岸猿声啼不住。《早发白帝城》
7	长啸出门去，一泄平生懑。《洪雅副榜眼见顾言欲访唐五奉赠》	仰天大笑出门去，我辈岂是蓬蒿人。《南陵别儿童入京》

① 罗焕章主编，陈红、杜莉注释：《李调元诗注》，巴蜀书社，1993年，第311页。
② 罗焕章主编，陈红、杜莉注释：《李调元诗注》，巴蜀书社，1993年，第160页。
③ （清）李调元著、王云五等编：《童山诗集》，商务印书馆，1921年，第461页。
④ 罗焕章主编，陈红、杜莉注释：《李调元诗注》，巴蜀书社，1993年，第259页。

续表

序号	李调元诗句	李白诗句
8	九万里风从我起，云鹏送汝上天池。《过新乡见路生必达求易名为改名登瀛》	大鹏一日同风起，扶摇直上九万里。《上李邕》
9	又似龙吟水飞立。《听吕桂亭林鼓琴歌》	笛奏龙吟水。《宫中行乐词八首》
10	松涛何处生，助此清夜兴。《由富乐禅林至西山观宿》	南窗萧飒松声起，凭崖一听清心耳。《白毫子歌》

通过上表可以发现，李调元的确是对李白的诗歌如数家珍，可以达到信手拈来、随心化用的程度。

除了发乎本心的尊敬和喜爱，李调元对李自本人及其诗歌创作的研究和整理工作都是卓有成就的。首先，李调元专门撰写《李太白故里考》一文，明确指出："时白父客自西域逃居绵之巴西而生白焉，即今彰明之青莲乡也。"① 这成为李白生于蜀地的可靠资料之一。其次，李调元与邓在珩合编了《李太白全集》十六卷，这是首次由蜀人编纂的李白集，与王琦的《李太白全集辑注》三十六卷共同代表了清代李白研究的水平，"值得一提的是此本的校勘质量极佳，几无错讹，文字校对非常仔细。"② 再次，李调元还在对李白创作的研究工作中贡献了相当精妙的分析与见地。他以个人性情为出发点，认为"人各有所长，李白长于乐府歌行，而五七律甚少。杜少陵长于五七律，而乐府歌行亦多，是以人舍李而学杜。盖诗道性情，二公各就其性情而出，非有偏也。使太白多作五七律，于杜亦何多让？若今人编集，必古今体分凑平匀，匀则匀矣，而诗不传也。'落笔惊风雨，诗成泣鬼神'，太白诗也，又有'兴酣落笔摇五岳，诗成笑傲凌沧洲'之句，此殆公自写照也"。③ 这种将诗作体裁归于个人性情的看法不仅别具慧眼，还对后世的李杜评价产生了重要影响。可以说，李调元所推崇的正是李白洒脱随性的个人性格和飘逸自然的创作风格。再如《重刻李太白集序》一文指出，李白是与杜甫并称的一世之雄，"吾愿天下之学诗者，先从太白问津可也"④。这种看法与时人以李白借杜甫而后尊，多倡导学诗由

① 《童山文集》，卷一二，清乾隆间绵州李氏万卷楼刻道光五年李朝夔补刻函海本。
② 王永波：《清刻李白集述要》，《西华大学学报》（哲学社会科学版）2017 年第 36 期。
③ （清）李调元著，詹杭伦、沈时蓉校正：《雨村诗话校正》，巴蜀书社，2006 年，第 13 页。
④ 《太白全集》，卷首，乾隆二十九年清廉书舍刻本。

杜甫入手的看法迥然不同，为后世的李杜之争等议题提供了一个较为开阔的视域。

（二）对李白人格的接受

李白的才逸气高、疏狂豪放，为李调元提供了人格依据和精神榜样，其“嗜酒狂士”的姿态，也引得李调元心慕不已。

超越俗流的才华是成为“狂士”的基础，李调元对李白的才华横溢倾慕不已，并在诗歌中强调对自身价值的强烈认同。如他戏赠友人时道“君不见饭颗山头逢杜甫，空令李白笑哑哑”[①]，乃是用《本事诗》中李白笑杜甫作诗拘束的“借问何来太瘦生，总为从前作诗苦”[②] 一句，意在突出其才逸气高，更何况李白恃才傲物，可以“一朝待诏金銮殿，御手调羹供奉班”[③]，自然令李调元仰慕不已，因此，李调元在作品中发出“我亦自负颇不鄙”[④] 的呐喊，他岁考得高等后写下的“一秀才回诗已贵，吟笺才高被人藏”[⑤] 就很能代表其风流自赏的心态。他也同李白一样，在诗中包含强烈的自我体认，如“旁人休作林獐笑，我是鸳班未列行”[⑥]，受驱于这种极高的自我期许，他甚至“下笔直倒三峡江，翻涛搅浪不肯住，竟欲手摘龙耳，刳鳌腹，拔鲸尾，以与光焰万丈之李杜争豪强”[⑦]，欲与李白、杜甫一争高下，也就不足为奇了。而事实上，李调元本人的确才华横溢、著述等身，符葆森在《国朝正雅集寄心盦诗话》评道：“绵州之李，最长者雨村先生，学问淹博，喜搜罗遗篇断帙，纂《函海》一书，为海内所传播。”[⑧] 对此，李调元亦颇为自得，称“谁把诗名传海外，《看云楼集》客来求”。[⑨]

李白在诗歌史上以嗜酒如命、疏狂豪放著称，李调元对此是完全接受的。他这样评论李白：“我蜀多才人，皆为文字官，皆不择细行，又皆窜夷蛮。唐之李供奉，长年酒家眠，朝赋清平调，暮窜夜郎天。……古人不得意，大抵皆放颠。吁嗟俗眼人，焉能窥圣贤。”[⑩] 他赞扬李白“不择细行”、疏狂任性的个性，肯定其蜀地“才人”“圣贤”的地位，并认为这是

① 罗焕章主编，陈红、杜莉注释：《李调元诗注》，巴蜀书社，1993 年，第 409 页。
② （唐）孟棨撰、董希平等评注：《本事诗》，中华书局，2014 年，第 104 页。
③ 罗焕章主编，陈红、杜莉注释：《李调元诗注》，巴蜀书社，1993 年，第 110 页。
④ 罗焕章主编，陈红、杜莉注释：《李调元诗注》，巴蜀书社，1993 年，第 335 页。
⑤ 罗焕章主编，陈红、杜莉注释：《李调元诗注》，巴蜀书社，1993 年，第 106 页。
⑥ （清）李调元著，王云五等编：《童山诗集》，商务印书馆，1921 年，第 285 页。
⑦ （清）李调元著，王云五等编：《童山诗集》，商务印书馆，1921 年，第 245—256 页。
⑧ 钱仲联主编：《清诗纪事》，凤凰出版社，2004 年，第 1525 页。
⑨ 罗焕章主编，陈红、杜莉注释：《李调元诗注》，巴蜀书社，1993 年，第 378 页。
⑩ （清）李调元著，王云五等编：《童山诗集》，商务印书馆，1921 年，第 401 页。

平常俗人难以意会的。在李调元眼中，李白是一个风流洒脱之人，其超逸的形象在千白年后仍然令人遐想，他写下“往日风流传白社，近来云散忆青莲”[①]，认为就连李白流放夜郎时结庐所住的“白社”都见证了其落拓时的洒脱，言语中尽显对这位失意圣贤的追念。尤其值得李调元赞赏的，是李白倚酒而“狂”、蔑视流俗的人格魅力。杜甫作《饮中八仙歌》称李白为酒仙，极力渲染他爱酒如命又不事权贵的形象：“天子呼来不上船，自称臣是酒中仙。”[②] 李白自己也在《将进酒》发出了惊世骇俗的浩叹：“钟鼓馔玉何足贵，但愿长醉不愿醒。古来圣贤皆寂寞，惟有饮者留其名。”[③] 所以，李调元也作一首《将进酒》，以“壶中有酒且需酌，莫教酒尽求人怜”，“我当酌君当斟，呼牛呼马随君意，清圣浊贤知我心”[④] 来回应李白的感叹，可以说，“酒”作为李调元诗歌中出现频率最高的意象，体现他受到李白人生观念的影响，志在追求自由不羁、洒脱向上的生命境界。这首《潘使君座上醉呈》颇有代表性：“五马今朝上亲，名流不负数安仁。推敲我始逢诗伯，鼾卧君当恕醉人，笑把茱萸频插鬓，尤嫌茱萸未濡唇。夜阑踏月方归去，赢得狂名满缙绅。”[⑤] 饮酒作诗，簪花而归，可谓潇洒风流。这种对自我形象的塑造还有很多，如“君方醉似嵇中散，我亦狂如盖次公”[⑥]，“烦恼诗人二月天，长安买醉日高眠”[⑦]，以盖宽饶、李白自比，嗜酒如狂、风流自得的形象如在读者眼前。当李调元沉醉于酒的惬意与美好之中，便可在“醉境”中达到肉体与精神的解放和升华，呈现出狂士形象。“平生多块垒，得酒更峥嵘，以此陶胸臆，无端露性情”[⑧]，这是醉前酒道性情的宣泄，“忆昨同君太湖醉，狂歌大叫姑苏市”[⑨]，这是醉中与友痛快宣泄的兴味，“醉倒看青天，白云自来去”[⑩]，这是醉后无忧无虑的意趣。

实际上，酒已经融入李调元的各个生活场景，内化为一种豪放自由又兼带洒脱乐观的独特人格，作为一位广博多才的诗人，李调元对生命境界

① 罗焕章主编，陈红、杜莉注释：《李调元诗注》，巴蜀书社，1993 年，第 311 页。
② （唐）杜甫著，（清）仇兆鳌注：《杜诗详注》，中华书局，1979 年，第 84 页。
③ （唐）李白著，（清）王琦注：《李太白全集》，中华书局，1977 年，第 180 页。
④ 罗焕章主编，陈红、杜莉注释：《李调元诗注》，巴蜀书社，1993 年，第 36 页。
⑤ 罗焕章主编，陈红、杜莉注释：《李调元诗注》，巴蜀书社，1993 年，第 624 页。
⑥ 罗焕章主编，陈红、杜莉注释：《李调元诗注》，巴蜀书社，1993 年，第 164 页。
⑦ （清）李调元著，王云五等编：《童山诗集》，商务印书馆，1921 年，第 180 页。
⑧ 罗焕章主编，陈红、杜莉注释：《李调元诗注》，巴蜀书社，1993 年，第 370 页。
⑨ 罗焕章主编，陈红、杜莉注释：《李调元诗注》，巴蜀书社，1993 年，第 77 页。
⑩ 罗焕章主编，陈红、杜莉注释：《李调元诗注》，巴蜀书社，1993 年，第 146 页。

的诠释，并非仅仅以痛饮来呈现，其诗中存在大量虽不涉及“酒”这一意象，却仍旧能够展现其人生态度与精神境界的内容。他从小自诩“生为磊落人”[①]，发出“丈夫抑塞不得志，焉能龌龊供驱使”[②]的呼号，颇有鲍照“丈夫生世会几时？安能蹀躞垂羽翼”[③]的意味，亦与李白“安能摧眉折腰事权贵”[④]形成同调，其“忆昔逢君扬州城，然诺直欲千金轻”[⑤]展现了轻财贵义的品格，与李白笔下的“千金散尽还复来”[⑥]相去无几。至于李白洒脱乐观的人生态度，在李调元诗中也多有回响。兹略举几例，如关于摈弃浮名，他曾云“人生如寄耳，得失何足患。悠游身后名，付之一笑顽”[⑦]，关于积极乐观，他道“请看梧叶秋凋尽，尚有松柯耐久寒”[⑧]，“莫嫌筋骨老，犹觉力能胜”[⑨]，关于向往自由，他称“万金买得自由身，野鹤山猿格外亲。豪气未除尤倔强，机心已尽尚难驯”[⑩]。可以说，李调元大力承继李白，在诗歌中建构了一个“嗜酒狂士”的艺术形象，酒是生命内核的释放，狂是生命形态的张扬，释放与张扬的浪漫交汇，是人格的自得飘逸，更是对生命的高尚拓展。

（三）对蜀地文学传统的接受

此外还要提到，李调元很重视蜀文学传统，他常常对这一文学传统的代表人物给予高度评价，而当蜀地文学传统频繁现于笔端时，李调元也隐然以承扬巴蜀文脉自任。同时，他着眼于巴山蜀水的着力书写，在流连于自然景色和人文景观后留下了诸多诗篇。

他认为“自古诗人例到蜀”[⑪]，蜀地人杰地灵，盛产文士，又说“我蜀多才人，皆为文字官。皆不择细行，又皆窜夷蛮”[⑫]，这是在替蜀地才子的坎坷命运打抱不平。其中《读祝芷塘德麟诗稿》最为重要，其云：“我家岷之滨，柴门对江净。抗怀思古人，屈指尝窃评。缅维炎汉初，文章我蜀盛。司马与王扬，洪钟破幽磬。词坛列俎豆，万古残膏剩。子昂起射洪，

① 罗焕章主编，陈红、杜莉注释：《李调元诗注》，巴蜀书社，1993年，第22页。
② 罗焕章主编，陈红、杜莉注释：《李调元诗注》，巴蜀书社，1993年，第127页。
③ （南朝宋）鲍照著，丁福林、丛玲玲校注：《鲍照集校注》，中华书局，2012年，第673页。
④ （唐）李白著，（清）王琦注：《李太白全集》，中华书局，1977年，第708页。
⑤ 罗焕章主编，陈红、杜莉注释：《李调元诗注》，巴蜀书社，1993年，第171页。
⑥ （唐）李白著，（清）王琦注：《李太白全集》，中华书局，1977年，第179页。
⑦ 罗焕章主编，陈红、杜莉注释：《李调元诗注》，巴蜀书社，1993年，第206页。
⑧ 罗焕章主编，陈红、杜莉注释：《李调元诗注》，巴蜀书社，1993年，第285页。
⑨ 罗焕章主编，陈红、杜莉注释：《李调元诗注》，巴蜀书社，1993年，第269页。
⑩ 罗焕章主编，陈红、杜莉注释：《李调元诗注》，巴蜀书社，1993年，第719页。
⑪ （清）李调元著、王云五等编：《童山诗集》，商务印书馆，1921年，第79页。
⑫ （清）李调元著、王云五等编：《童山诗集》，商务印书馆，1921年，第401页。

高蹈寡声应。感遇篇三十，丹砂金碧莹。删述志非夸，垂辉千载映。眉州苏父子，玉局我所敬。大海扬鸿波，余流空汀滢。后来颇落落，道古或差胜。断狱老吏能，遗山集可并。有明三百年，升庵独雄横，百代为牢笼，肯与何李并……大雅君扶轮，前贤我作镜。君当为羽翼，我亦堪佐乘。谁踮巨灵掌，一手湮河堋。谁持照妖鉴，遏断邪魔径。伪体倘不裁，风骚灭真性。"[①] 他较为系统地梳理了蜀地才子的文学贡献，从汉代的司马相如、王褒、扬雄，到唐代的陈子昂、李白，再到宋代三苏与明代杨慎，最终将自己和友人祝芷塘作为这一传统链条上的最近一环，俨然以蜀地文脉的继承者自居，反映了李调元企图重振巴蜀文学的宏伟使命。《重刻太白全集序》也可作为佐证："且曰吾蜀为古今文献风教之祖，迄今而遂沦没，吾虽秉铎于一乡一邑，其何以不广昭先贤之遗风，而使乡之人扬风扢雅，为所从入之路也。"[②] 由于自觉地继承与追求蜀地文学传统，李调元对巴蜀的山光水色、亭台庙宇等多有书写，许多地方都留下了他的动人歌咏，如《巫山高》、《成都杂诗》、《武侯祠》，多古朴自然，不假雕饰。学者屈守元评论道："调元诗文之价值，尤在归蜀后，乡土气味之浓……此袁、赵所不能，当时作家亦无第二人。"[③] 可以说是一语中的。

二、"诗"：对李白诗作的接受

中国古典文学中，拥有"诗酒情结"的文人不计其数，"李白一斗诗百篇，长安市上酒家眠"[④]，酒既是其生活的代名词，也是人格的象征物。酒给诗歌注入灵魂，它不仅强化了诗人的自我认同，同时也参与了诗人的人格塑造。因此，当酒所代表的诗人品性内化在诗作中，诗歌中就荡漾着精神性与心灵性，当人的生命精神得到诗心的点化、诗艺的升华以及诗情的发散之后，便能进入一个真性情、真洒脱的诗歌境界。

在李调元看来，诗酒结合是精神释放的重要渠道，李白是诗酒结合的完美代表。他感慨"字向闲中学，诗多醉后成"[⑤]，"文与年俱老，诗随酒便成"[⑥]，可谓酒助诗兴，诗随酒成，还经常和友人一同"永当对风雨，诗

---

① 罗焕章主编，陈红、杜莉注释：《李调元诗注》，巴蜀书社，1993 年，第 147 页。
② （唐）李白著，（清）王琦注：《李太白全集》，中华书局，1977 年。
③ 詹杭伦：《李调元学谱》题辞，天地出版社，1997 年。
④ （唐）杜甫著，（清）仇兆鳌注：《杜诗详注》，中华书局，1979 年，第 83 页。
⑤ 罗焕章主编，陈红、杜莉注释：《李调元诗注》，巴蜀书社，1993 年，第 609 页。
⑥ 罗焕章主编，陈红、杜莉注释：《李调元诗注》，巴蜀书社，1993 年，第 341 页。

酒达晨旦”[①]，“诗成为我千壶沽”[②]，渴望与朋友一起过着诗酒唱和的自由生活，他还曾化用李白名句写下“酒酣更上一层楼，诗成啸傲凌沧洲”[③]，这种豪气万丈的姿态，确有李白的风度隐隐若现。具体到创作层面，李调元“一生爱学青莲体”[④]，他对学习李白诗歌的探索，体现为在诗歌作品的内容与形式等方面进行自发接受。具体而言，在内容上，李调元兼有表现远大志向与心怀民生国运；在风格上，包并豪放洒脱与自然清丽两端；在技法上，多处使用夸张和比喻手法游走在想象的世界中，用起白描拟人也得心应手，对民歌亦有大量借鉴；在体裁上，诸体皆有，但以乐府与歌行尤得太白风神。

（一）志向与民生：对太白诗歌的内容接受

李白常以孔子、大鹏自比，少时便直言“大丈夫必有四方之志”[⑤]，高歌“天生我材必有用”[⑥]，并将人生路线规划完备：壮年时当“奋其智能，愿为辅弼，使寰区大定，海县清一。事君之道成，荣亲之义毕”[⑦]，最后与崇拜的范蠡一样功成身退，得以“浮五湖，戏沧洲”[⑧]。李白的一生是抱负不凡的一生，李白的诗句是自信昂扬的诗句，他鲜明动人的形象从未随时间黯淡，反而在历代文人心中熠熠生辉。李调元对其诗歌内容的接受，首先就表现在通过反复书写功业理想，强调对自身价值的强烈认同，这是贯穿其诗歌生涯的首要命题。

青年时期的李调元意气风发，踌躇满志，甚至可以说是自命不凡。他自认“平生浩荡不羁志”[⑨]，“少年壮志无人识”[⑩]，在给友人计万安的信中将仕途抱负一吐为快：“幽人只爱观《周易》，名士原须读《楚辞》。种菜闭门非我事，秋来折桂定相期。”[⑪] 他自誉为幽人、名士，自信潜龙在渊，必定秋试高中。一直以来，李调元对自己的前途也拥有无限的自信，他曾云“此行颇慰桑弧志，复米兼怀负笈情”[⑫]，“莫道天涯便漂泊，此中还有

---

① 罗焕章主编，陈红、杜莉注释：《李调元诗注》，巴蜀书社，1993 年，第 133 页。
② 罗焕章主编，陈红、杜莉注释：《李调元诗注》，巴蜀书社，1993 年，第 146 页。
③ 罗焕章主编，陈红、杜莉注释：《李调元诗注》，巴蜀书社，1993 年，第 566 页。
④ （清）李调元著，王云五等编：《童山诗集》，商务印书馆，1921 年，第 535 页。
⑤ （唐）李白著，（清）王琦注：《李太白全集》，中华书局，1977 年，第 1244 页。
⑥ （唐）李白著，（清）王琦注：《李太白全集》，中华书局，1977 年，第 179 页。
⑦ （唐）李白著，（清）王琦注：《李太白全集》，中华书局，1977 年，第 1225 页。
⑧ （唐）李白著，（清）王琦注：《李太白全集》，中华书局，1977 年，第 1225 页。
⑨ 罗焕章主编，陈红、杜莉注释：《李调元诗注》，巴蜀书社，1993 年，第 56 页。
⑩ 罗焕章主编，陈红、杜莉注释：《李调元诗注》，巴蜀书社，1993 年，第 50 页。
⑪ 罗焕章主编，陈红、杜莉注释：《李调元诗注》，巴蜀书社，1993 年，第 13 页。
⑫ 罗焕章主编，陈红、杜莉注释：《李调元诗注》，巴蜀书社，1993 年，第 48 页。

济川才"[①]，其中流露出的高度自信具有丰富的感染力。其中表露志向最为明显的还数《四叠前韵·其二》："跋扈飞扬谁最雄？狂歌痛饮余能同。献书不作妄男子，作赋何妨亡是公。习气消磨岁月里，抗怀啸傲烟霞中。试看长鸣曷旦鸟，绝胜得过号寒虫。"[②] "飞扬跋扈"语出杜甫《赠李白》："痛饮狂歌空度日，飞扬跋扈为谁雄"[③]，表面上看似有斥责之意，但实有言外之意：李白藐视权贵，不为统治者赏识，虽心雄万夫，而何以称雄？这是在替李白和自己鸣不平了。李调元谓自己"能同"李白，实际上正是突出二者狂与傲的风采骨力。接着，他阐明了自己的理想：像史官一样向帝王敬献书籍，向司马相如为帝王撰文作赋，最后，他相信象征着光明希望的曷旦鸟，一定能比得过且过的号寒虫活得更精彩灿烂。全诗有波折与牢骚，但仍然以光明的底色作结，此处诗与"酒"形成同构，主人公志气高远、踌躇满志的形象也就凸显出来。值得玩味的是，李白与李调元二人的人生路线规划也呈现出高度重合，李调元曾写下《会稽怀古》："千岩万壑越山川，到此欣然欲学仙。我功未成少西子，那能便泛五湖船。"这显然是也将泛舟五湖的范蠡作为人生榜样，将功成身退视为理想归宿。

还需要指出的是，在李调元众多诗歌中，"剑"意象一共出现了 96 次，反复出现的剑正是出李调元建功立业之志的强烈体现。在李调元看来，大丈夫当"琴剑随身不肯住"[④]，不仅要将"请缨仗剑从军台"[⑤]，"看取明年腰下剑，雌雄仍共匣中鸣"[⑥] 作为个人事业，还用"赠君腰下剑，好去斩楼兰"[⑦] 来勉励好友。正如他曾写下的："我来拔剑歌，激越梢林莽。侧身视青天，白眼吊前古。散法外形骸，醉语咋同侣。大笑谓吾辈，此游当再补。"诗中的"剑"，正是志向功业的承载物，在反复的吟咏中被赋予了气韵生动、才志纵逸的气息，与"酒"所象征的豪放洒脱人格在彼此的联系中，互为补充，相互丰富。

除了表达自己的远大抱负之外，李调元也接受了李白对家国人民的殷切关怀。首先，表达热爱国家之情在其诗歌里是一个重要的主题。李调元

① 罗焕章主编，陈红、杜莉注释：《李调元诗注》，巴蜀书社，1993 年，第 56 页。
② 罗焕章主编，陈红、杜莉注释：《李调元诗注》，巴蜀书社，1993 年，第 161 页。
③ （唐）杜甫著，（清）仇兆鳌注：《杜诗详注》，中华书局，1979 年，第 42 页。
④ 罗焕章主编，陈红、杜莉注释：《李调元诗注》，巴蜀书社，1993 年，第 110 页。
⑤ 罗焕章主编，陈红、杜莉注释：《李调元诗注》，巴蜀书社，1993 年，第 40 页。
⑥ 罗焕章主编，陈红、杜莉注释：《李调元诗注》，巴蜀书社，1993 年，第 118 页。
⑦ 罗焕章主编，陈红、杜莉注释：《李调元诗注》，巴蜀书社，1993 年，第 290 页。

作有大量怀古诗，其中对人物的评价往往从是否利国的视角出发的。先来看这首《谒张中丞许侍御双忠祠在海宁县》："从来围城攻既久，析骸易子古亦有。不闻食及三万人，人肉食尽仍死守。死守者谁许与张，勠力同心保睢阳。已将爱妾飨军士，更无雀鼠充饥肠。气吞胡虏声碎齿，望断官军血裂眦。可怜南八真男儿，恨煞进明仇未洗。吁嗟南八不须悲，坐视不救诚有之。当年执政多左袒，莫恨进明恨房管。"[①] 他先肯定了张巡和许远是安史之乱时保卫睢阳城的英雄，二人不仅自己为国捐躯，还为保持战力做出了杀妾予士等一系列壮举，可谓保家卫国的典范，其中流露出作者强烈的爱国情绪。接着，他看到了世人皆以为是贺兰进明拒绝南霁云的出兵请求才酿成兵败悲剧这一假象，接着犀利地指出，根本原因其实是房琯这位宰相偏护一方，不能做到公正严明，帝王的代言人尚且如此，整个官僚系统已经腐坏到了何种地步就可以想见了。整首诗熔对忠臣的赞叹、对勇将的叹惋、对胡虏的痛恨、对奸臣的鄙夷为一炉，加之深刻明锐的历史分析，的确自成一格。他赞美纯孝忠国、勤政爱民的颍考叔"春秋开卷看，第一好纯臣"[②]，又称许效力蜀汉、志虑忠纯的费祎："奉使伊谁不辱君，惟君无负肱骨臣"[③]，诗人对颍考叔、费祎的称赞，实是李调元自身忠君爱国精神的深刻流露。值得注意的是，李白与李调元都以敏锐的感知力察觉到帝国盛世下的危机。同处于各自时代由盛及衰的转折点，二者都具备超乎常人的洞幽烛远之明。李白写道："歌钟乐未休，荣去老还逼。圆光过满缺，太阳移中昃。"[④] 李调元说："自从辛卯赴修门，十五年来梦始醒。"[⑤] 又说："醒园常见人来醉，试问何人号独醒？"[⑥] 他之所以自谓"独醒"，是因为在人们还普遍颂扬"盛世"之时，他却看透了所谓"盛世"的问题与本质，发出清醒冷静的质问。

其次，作为一位对天下形势洞若观火的诗人，李调元并非仅仅展现爱国之情，他还继承了李白的犀利笔触，对那个时代的丑恶事物，给予了无情的嘲笑和鞭笞。李白的名篇《行路难三首·其二》中悲愤地写道"大道

① 罗焕章主编，陈红、杜莉注释：《李调元诗注》，巴蜀书社，1993 年，第 82 页。
② 罗焕章主编，陈红、杜莉注释：《李调元诗注》，巴蜀书社，1993 年，第 90 页。
③ 罗焕章主编，陈红、杜莉注释：《李调元诗注》，巴蜀书社，1993 年，第 91 页。
④ （唐）李白著，（清）王琦注：《李太白全集》，中华书局，1977 年，第 273 页。
⑤ （清）李调元著，王云五等编：《童山诗集》，商务印书馆，1921 年，第 333 页。
⑥ （清）李调元著，王云五等编：《童山诗集》，商务印书馆，1921 年，第 485 页。

如青天，我独不得出”，并认为“淮阴市井笑韩信，汉朝公卿忌贾生”① 是重要原因之二。对此，李调元显然是认同的，他虽得皇帝赏识，但身为汉臣，又“平生性烈如夏日”②，仕宦时屡受打压，他曾感叹道“仕宦从来真傀儡，家山何处望团圆”③，“无怪历代来，忠奸互倒置”④，这反映了乾隆时期小人当道、朝政黑暗的一面。官场乱象本已令人生厌，但让李调元更为厌恶的是社会上弥漫的不良风气。他在《结交行》中写道：“君不见伯龙欲为十一方，有鬼拊掌笑其旁。”⑤ 此处鬼怪的“笑”又比李白诗中淮阴无赖的“笑”更加恶劣，社会中的人以讥笑贫穷的人为乐，连鬼都染上了这种恶性风气。《神鸦行》则以神鸦象征依附权贵的走狗：“人言此是甘工魂，精灵不可机械取。我思将军英烈气，关公尚避曹瞒走。安能幻作羽毛身，啧啧向人求肉酒，嗟尔神鸦应知足，藉赖灵威惠实厚。君不见权门索贿多走狗，凭仗威福无不有。”⑥ 而“只有垂杨无势力，向人犹自眼垂青”⑦、“黑头他口事，青眼几人存”⑧，更显示出世态炎凉、人情淡薄的艰难处境。

再次，李调元的诗多涉笔人民疾苦，抒写了强烈的社会责任感。李调元在京城入仕做官时，频繁往返于各地，在饱尝仕途的艰辛和目睹平民的惨淡后，写下了不少思想内容深刻的诗歌作品。早在 15 岁时，李调元就有感于天灾带来的民生苦痛，写下《苦雨行》，并在结尾直抒己愿：“愿天怜此菜色民，拨云一露天青色，我虽饿殍亦何憾？免使穷檐戴盆泣。”⑨ 连日大雨对平民百姓来说是毁灭性的灾难，他们面黄肌瘦、无计可施，所以诗人宁愿奉献自己让百姓得以度日，他对劳动者牛马不如的悲惨生活寄寓了深切的同情。再如《乞儿行》一诗，作者以细腻真实的描写向我们展示了一幅人间悲剧图：因为旱灾无收，无衣小儿在大雪天跪地乞讨，他们既抢不到朝廷发放的粥，还要时不时受到官吏的鞭打，可以说在身体和精神上都备受折磨，但作者也无能为力，只能在车中独自哭泣。如果说杜甫《新

---

① （唐）李白著，（清）王琦注：《李太白全集》，中华书局，1977 年，第 190 页。
② （清）李调元著，王云五等编：《童山诗集》，商务印书馆，1921 年，第 322 页。
③ 罗焕章主编，陈红、杜莉注释：《李调元诗注》，巴蜀书社，1993 年，第 22 页。
④ 罗焕章主编，陈红、杜莉注释：《李调元诗注》，巴蜀书社，1993 年，第 1 页。
⑤ 罗焕章主编，陈红、杜莉注释：《李调元诗注》，巴蜀书社，1993 年，第 38 页。
⑥ 罗焕章主编，陈红、杜莉注释：《李调元诗注》，巴蜀书社，1993 年，第 70 页。
⑦ 罗焕章主编，陈红、杜莉注释：《李调元诗注》，巴蜀书社，1993 年，第 70 页。
⑧ 罗焕章主编，陈红、杜莉注释：《李调元诗注》，巴蜀书社，1993 年，第 132 页。
⑨ 罗焕章主编，陈红、杜莉注释：《李调元诗注》，巴蜀书社，1993 年，第 14 页。

安吏》中“肥男有母送”[①]，《石壕吏》中的老妇“独与老翁别”[②] 尚存在一丝亲情的温暖，那李调元笔下“救己不暇宁相活”[③] 的父母已经败给了残酷现实，斩断了最后一点人间真情。李调元以仁爱怜惜之笔展开，人民的煎熬、痛苦乃至麻木，在李诗中都有丰富而细节的呈现。“无收”痛苦如此，但“有收”也同样面临着问题，那就是“得谷甫入廪，科吏夜打门”[④]，“何处催租吏，又来打人屋”[⑤]，“打”这一动作直观地展现了赋税的繁多和官吏的蛮横，这就是底层农民必须面对的苦难命运，此外还有《石匠行》《窑户行》《担炭行》等，这些诗作数量众多，情感真挚，它们同李白的《丁都户歌》、杜甫的“三吏三别”等诗篇是一脉相承的，使我们对李调元强烈的社会责任感不能不认可。

（二）豪放与清丽：对太白诗歌的风格与手法接受

任何一位伟大作家的艺术风格，绝不会是单一的。李白诗歌的主题风格是雄放奔腾，气势磅礴，但他其他风格的诗作也并不少，如清丽自然的如《越女词》《采莲曲》，浑涵凝重的如《古风》《登高丘而望远海》。李调元在其诗歌理论和诗歌创作与上继承、学习李白，有很多一致之处，所以李调元的诗歌风格与手法也自觉接受李白，其风格包并豪放洒脱与自然清丽两端，并且采用多种相应的艺术表现手法以建构风格，形成了鲜明特色。

朝鲜诗人李德懋在《清脾录》中认为“羹堂诗步武腾骧，边幅展拓，每一读之，襟抱豁如，雄秀博达，浩无端倪”[⑥]，童山诗因受李白诗的影响，特别是乐府和歌行，故有雄奇博大的气魄，善作长篇。李调元的《大风渡黄河歌》颇有整体代表性：“狂风动地沙如雾，行人望见黄河渡。轰轰波声白画闻，浩浩不息东南去。我闻黄河天上来，惊涛巨浪相喧豗。迢迢一线眼中起，千里万里声如雷。晚来北风急如驶，河伯勃怒蛟龙起。咆哮直入沧浪天，日月簸荡珠宫里。”[⑦] 该诗熔比喻、想象、夸张为一炉，又

① （唐）杜甫著，（清）仇兆鳌注：《杜诗详注》，中华书局，1979年，第524页。
② （唐）杜甫著，（清）仇兆鳌注：《杜诗详注》，中华书局，1979年，第530页。
③ 罗焕章主编，陈红、杜莉注释：《李调元诗注》，巴蜀书社，1993年，第230页。
④ 罗焕章主编，陈红、杜莉注释：《李调元诗注》，巴蜀书社，1993年，第41页。
⑤ 罗焕章主编，陈红、杜莉注释：《李调元诗注》，巴蜀书社，1993年，第218页。
⑥ 洪大容、李德懋著，邝健行点校：《乾净衕笔谈·清脾录》，上海古籍出版社，2010年，第261页。
⑦ 罗焕章主编，陈红、杜莉注释：《李调元诗注》，巴蜀书社，1993年，第114页。

化用李白“君不见黄河之水天上来”① 与“飞湍瀑流争喧豗”② 之语，殆犹天马行空而境界不凡，可谓得太白真传而又有个人特质，程晋芳《粤东皇华集序》就曾评价说：“若其诗之雄肆超诣，固有不愧昔贤者。”③

首先，李调元擅于运用大胆的夸张与奔腾的想象，而且多将二者结合起来，创造出神奇莫测的艺术境界。如《两痴老行》：“我昨梦向东海东，忽跨黄鹤腾长空。函谷关头遇老子，须眉似雪行似风。饵我丹砂授以篆，招我携锄斫黄龙。赤城绛阙参差是，弱水万里飞如蓬。方瞳道士呼为友，槐山老父许还童。旁有二老抚掌笑，倘能如此我得道。回首问渠何姓名，秦皇汉武两痴老。”④ 在李调元笔下，现实事物、神话传说、历史典故、梦中幻境相结合，都成为其想象的媒介，令读者浮想联翩、醉心不已。难能可贵的是，李调元喜爱自觉运用想象进行描写，刻意达到一种雄壮奇崛之感。这从他对古巴歌的改编中可以看出，原歌写西桥水的由来是“白雨下，取龙女，织得绢，二丈五。一半属罗江，一半属玄武”，而李调元将这一原本平淡的事件改编为《西桥水（并序）》：“白龙昨夜嫁龙女，狂风骤雨忽他徙。珠奁百宝俱随行，遗下匹绢化为水。此绢龙女亲织成，二丈五尺曾量清。冰绡尽是鲛人泪，谁家拾得宁容情。急遣雷电下索取，半属罗江半玄武。两家相争不肯还，并造双虹镇江浒。白龙勃怒雨师行，豆子山前瓦鼓鸣。倒卷双虹入海去，年年渡口无人行。绢归龙宫波涛止，一桥方成一桥圮。君不见玄武西桥已如此，罗江东桥又如彼。”⑤ 作者翻空出奇，为原先的娶亲分绢这一事件增添了前置设定、戏剧性冲突和细节，使得整个场景充满了夸张和张力，艺术效果也就大大提升了。李调元还善于抓住所描绘事情的某一特点，在生活真实的基础上，施以大胆的想象夸张。如《观钱塘潮歌》形象描绘了潮来之势：“忽闻江上声如雷，迢迢一线海门开。万马奔腾自天下，群龙踔跳自波来。潮头十丈飞霜霰，水气横空扑人面。天为破碎城为摇，百万貔貅初罢战。”⑥ 显得大胆又真实可信，起到突出潮水形象、强化感情的作用。

其次，李白诗歌充满粗犷而巧妙的比喻，富于强烈的豪放色彩。在李

---

① （唐）李白著，（清）王琦注：《李太白全集》，中华书局，1977 年出版，第 179 页。
② （唐）李白著，（清）王琦注：《李太白全集》，中华书局，1977 年出版，第 165 页。
③ 《粤东皇华集》，清乾隆间绵州李氏万卷楼刻道光五年李朝夔补刻函海本，粤东皇华集序。
④ 罗焕章主编，陈红、杜莉注释：《李调元诗注》，巴蜀书社，1993 年，第 120 页。
⑤ 罗焕章主编，陈红、杜莉注释：《李调元诗注》，巴蜀书社，1993 年，第 688 页。
⑥ 罗焕章主编，陈红、杜莉注释：《李调元诗注》，巴蜀书社，1993 年，第 83 页。

调元的诗歌中，我们也能发现一些诗歌具有这样的特点，如“天寒地冻银海眩，雪花如掌扑人面”①，这样的比喻直观显示出雪的大而厚，与李白笔下的“地白风色寒，雪花大如手”② 十分类似。还有“薄寒射人如箭筈”③，突出冬日寒风刺骨的威力，“河阔如掌船如刀”④ 一句则以一组对照的比喻，使得船之尖小反衬出河之宽大，整体极富壮阔之感，类似这样粗线条的比喻在李调元的诗歌作品中还有很多。

再次，李调元与李白一样，喜欢用大量夸张的数词、嘈杂的声象以及鲜亮的色彩达到豪宕壮大的风格。李调元对百、千、万这种虚词情有独钟，在诗中处处可见。如“百尺霜皮挂东壁”⑤，“千里穿白练”⑥，“城上千鸦乱夕春”⑦，“千岩万壑越山川”⑧，“万里千里声如雷”⑨，“万瓦参差甲第雄”⑩，“抖擞夜间万斛尘”⑪，“狂风吹气万重愁”⑫ 等，或是突出所描绘景物的繁多与壮观，或是化抽象为形象，抒写心中情感之深厚绵长，皆带有浓厚的豪放不羁的主观色彩。李调元诗还有不少作品惯用声音洪亮的声象，从视觉深入至听觉，使得诗歌整体效果更加声势壮大、振荡人心。在他笔下，雷雨交加是“夜来雷雨吼飞泉”⑬，琴声是“高冈鸣凤凰”“鼍吼鲸吞”⑭，急流声是“寒濼濆薄日喧豗，白昼涛声怒若雷”⑮，作者着意使诗中的意象传达出听觉感受，对诗歌的雄壮意境具有拓宽的作用，让读者亦有身临其境之感。此外，同倾向于豪放壮大风格的诗人一样，李调元也爱用鲜明的色彩点化氛围。在《君马黄》中，作者以“金羁驰紫陌，玉勒点秋霜”⑯ 这十个字描绘出一幅俊逸的深秋纵马图，其中“金”“紫”，以及秋霜背后的“白”这三个颜色组合在一起，赋予了画面勃勃生机，也给读

---

① 罗焕章主编，陈红、杜莉注释：《李调元诗注》，巴蜀书社，1993 年，第 715 页。
② （唐）李白著，（清）王琦注：《李太白全集》，中华书局，1977 年，第 1078 页。
③ 罗焕章主编，陈红、杜莉注释：《李调元诗注》，巴蜀书社，1993 年，第 202 页。
④ 罗焕章主编，陈红、杜莉注释：《李调元诗注》，巴蜀书社，1993 年，第 423 页。
⑤ 罗焕章主编，陈红、杜莉注释：《李调元诗注》，巴蜀书社，1993 年，第 113 页。
⑥ 罗焕章主编，陈红、杜莉注释：《李调元诗注》，巴蜀书社，1993 年，第 49 页。
⑦ 罗焕章主编，陈红、杜莉注释：《李调元诗注》，巴蜀书社，1993 年，第 74 页。
⑧ 罗焕章主编，陈红、杜莉注释：《李调元诗注》，巴蜀书社，1993 年，第 57 页。
⑨ 罗焕章主编，陈红、杜莉注释：《李调元诗注》，巴蜀书社，1993 年，第 114 页。
⑩ 罗焕章主编，陈红、杜莉注释：《李调元诗注》，巴蜀书社，1993 年，第 146 页。
⑪ 罗焕章主编，陈红、杜莉注释：《李调元诗注》，巴蜀书社，1993 年，第 65 页。
⑫ 罗焕章主编，陈红、杜莉注释：《李调元诗注》，巴蜀书社，1993 年，第 226 页。
⑬ 罗焕章主编，陈红、杜莉注释：《李调元诗注》，巴蜀书社，1993 年，第 94 页。
⑭ 罗焕章主编，陈红、杜莉注释：《李调元诗注》，巴蜀书社，1993 年，第 109 页。
⑮ 罗焕章主编，陈红、杜莉注释：《李调元诗注》，巴蜀书社，1993 年，第 540 页。
⑯ 罗焕章主编，陈红、杜莉注释：《李调元诗注》，巴蜀书社，1993 年，第 39 页。

者带来了视觉冲击力，与曹植的“白马饰金羁，连翩西北驰”[①] 以及李白的“金鞍五陵豪，秋霜切玉剑”[②] 都有异曲同工之妙，此外，“云连树色千章白，日涌波涛万顷丹”[③] “宫阙炫江色，晃朗金银开”[④] 等诗句都写得雄伟壮丽，得力于作者对金、红、白、紫等颜色的突出运用。

由于对“自然清新”诗歌理论的追求以及个人经历的影响，李调元诗歌还有自然清新的风格，这多体现在他的绝句中。李调元曾在《童山诗话》中提出诗歌“响、爽、朗”的三字要诀，要求诗歌须通体诗意显豁清晰、诗风清爽自然，还在《答王梅溪怡问诗》中强调“清醇”的审美风格，即“格调尊唐律，枢机采宋人。大都先忌俗，乃可望清醇”[⑤]，摈弃累言套语。当李调元将上述要求体现在他诗歌吟咏中，就形成清丽通俗、清醇自然的诗歌风格，为乾嘉诗坛增添了一重别样色彩。李调元与偶尔写作几首浅显通俗诗的人很不同，《童山诗集》少有古奥艰深难解的作品，多属易诵易晓诗歌。李调元对天然平易之美情有独钟，迥异于明清时期尚典雅尚雕琢的时代风气，所以值得特别重视。这样的诗歌有很多，如：

有舟一叶轻，蒙蒙晚烟里。白鸟溯江飞，时时点秋水。[⑥]（《舟中两首·其一》）

两岸风涛静，中天月影流。梅花何处落？一半在孤舟。[⑦]（《夜闻江上吹笛》）

村村处处看蔷薇，客路春光渐觉稀。四月农家蚕豆熟，满筐剥得绿珠归。[⑧]（《西昌道中二首·其一》）

这三首诗都自然混成，毫无雕琢之感。《舟中两首》描绘了傍晚时分烟水朦胧，舟隐鸟飞的优美景象。《夜闻江上吹笛》化用高适“借问落梅凡几曲，从风一夜满关山”[⑨] 的诗句而不着痕迹，巧妙点化出与原句不同

① （三国魏）曹植著，黄节笺注：《曹子建诗注》，中华书局，2008年，第106页。
② （唐）李白著，（清）王琦注：《李太白全集》，中华书局，1977年，第279页。
③ 罗焕章主编，陈红、杜莉注释：《李调元诗注》，巴蜀书社，1993年，第285页。
④ 罗焕章主编，陈红、杜莉注释：《李调元诗注》，巴蜀书社，1993年，第425页。
⑤ 罗焕章主编，陈红、杜莉注释：《李调元诗注》，巴蜀书社，1993年，第398页。
⑥ 罗焕章主编，陈红、杜莉注释：《李调元诗注》，巴蜀书社，1993年，第51页。
⑦ 罗焕章主编，陈红、杜莉注释：《李调元诗注》，巴蜀书社，1993年，第55页。
⑧ 罗焕章主编，陈红、杜莉注释：《李调元诗注》，巴蜀书社，1993年，第602页。
⑨ （唐）高适著，刘开扬笺注：《高适诗集编年笺注》，中华书局，1981年，第347页。

的清新孤寂意境。《西昌道中二首》则充满淳朴气息，诗人只写片刻动人情景，用“绿珠”指代蚕豆显得十分自然妥帖，有着本色天然之美，这与诗人在表现手法上学李白“清水出芙蓉，天然去雕饰”[①]的诗风有着一定的关系。由此可见，李调元的绝句诗倾向于使用白描手法，追求一种清新自然的风格。还有“翠竹环轩新雨过，绿槐遮巷夕阳低”[②]，“短墙出枯桐，古井有人汲。野雀飞上枝，惊落一亭雪”[③]等诗句，无一不是纯以白描作绘，却情韵兼胜。李调元的部分绝句佳作意境混成，饶有唐人韵致，《神泉道中》这首七言绝句堪为代表：“谁家桑柘阴眠犊，舍前舍后种慈竹。少妇出门汲水归，鬓边斜插西番菊。”[④]此等诗作全无技法，王夫之曾评价李白《采莲曲》“只存一片神光，更无行迹矣”[⑤]，其实李调元的这些优秀诗篇也是符合的。

当然，李调元以白描勾描形象而不藻修饰的同时，也常常使用活泼的拟人手法赋予自然风光以青春鲜丽的姿态，诗歌已颇得李白拟人之作的流丽之气。李调元笔下的白云和明月，俨然是心照神交的良友：“鲤鱼浪起雪城堆，烟树溟蒙黯不开。只有白云知我意，崆峒山外忽飞来。”[⑥]“多谢橘亭山下月，伴人今夜宿涪江。”[⑦]诗人将自然景物人格化后，云朵和月亮便赋予全诗活泼自然的气息，它们不再是高高在上的景致，而是深夜陪伴诗人的知心人。当诗人以这样的目光观察世界，山峰变得热情好客：“山神知我爱看山，雨溪诸峰献好颜。”[⑧]禅寺变得生机盎然：《游惠州栖禅寺》“木棉映日翻红锦，芳草迎风妒绿裙。”[⑨]这些清莹秀彻的诗句萦绕着大自然的氤氲气息，完全符合“天然去雕饰，清水出芙蓉”的审美标准，确如潘清《挹翠楼诗话》所说，“李雨村调元诗颇有性灵”[⑩]。

除了白描与拟人手法的运用，李调元清丽淳真的风格还得益于沿袭李白的道路，对民歌进行自觉学习。语言浅显，内容清新，音节自然，取法民歌，李白的《玉阶怨》《荆州歌》等一系列优秀绝句正是如此。李调元

① （唐）李白著，（清）王琦注：《李太白全集》，中华书局，1977年，第574页。
② 罗焕章主编，陈红、杜莉注释：《李调元诗注》，巴蜀书社，1993年，第47页。
③ 罗焕章主编，陈红、杜莉注释：《李调元诗注》，巴蜀书社，1993年，第212页。
④ 罗焕章主编，陈红、杜莉注释：《李调元诗注》，巴蜀书社，1993年，第235页。
⑤ （明）王夫之著，杨坚总修订：《唐诗评》，岳麓书社，2011年，第907页。
⑥ 罗焕章主编，陈红、杜莉注释：《李调元诗注》，巴蜀书社，1993年，第248页。
⑦ 罗焕章主编，陈红、杜莉注释：《李调元诗注》，巴蜀书社，1993年，第67页。
⑧ 罗焕章主编，陈红、杜莉注释：《李调元诗注》，巴蜀书社，1993年，第65页。
⑨ 罗焕章主编，陈红、杜莉注释：《李调元诗注》，巴蜀书社，1993年，第449页。
⑩ 钱仲联主编：《清诗纪事》，凤凰出版社，2004年，第1525页。

的诗歌创作亦受民歌影响深远，生长于蜀地，他自幼就受到巴蜀民歌的影响，他称自己是“巴客”，“茅屋新诗赋出频，果然巴客和阳春。”① 又称自己的诗是“巴歌”，“荻芦花老扑船窗，信口巴歌不改腔。”② 他用下里巴人乡音俗调喻称自己的诗歌风格，显示了他不仅真心喜爱民歌，并且早已烂熟于心。在典试广东期间，李调元还悉心编释《粤风》4卷，收曲近百首，他在注释中说这些常被鄙视的所谓“蛮”歌“章法浅深逼真三百篇矣”。③ 这种重视少数民族民歌的态度确实是极其可贵的。因此，他的诗歌取法民歌，给人自然亲切的效果自然也就不足为奇了。

其一，李调元具有改编民歌的自觉意识，他常在改编的民歌前加一小序，用以说明改编意图。这首《淘鹅谣并序》就富有代表性，序中先介绍了淘鹅的基本状况，记载下当地渔童谣为“水流鹅，莫淘河。我鱼少，尔鱼多。操弓欲射汝，奈汝会逃何”，诗为：“淘鹅淘鹅，汝勿淘河。我淘鱼少，汝淘鱼多。汝用皮袋，我用网罗。网罗鱼可漏，皮袋鱼难过，可漏鱼尚可，难过鱼奈何。一枝竹弓，一枝枉矢。射杀淘鹅，淘河应止。”④ 作者也在序中点明了两点改编原因，即“嫌其词俚，不足以风。故为易之”，针对这一问题，李调元一方面增加了民歌的艺术性和情节性，使之更加可观可读，另一方面则将结局改变为积极性结局，并增强了讽喻性，讽刺了贪多无厌的人。此外，李调元的改编还很注重取法民间情歌，诗作不仅得以增添一股清新柔丽的淳朴情感，还注重保持和尊重原汁原味的当地习俗。最具代表性的是这首《青雒引并序》，小序说“青雒状如鸽，青色。喜食橄榄，者囫囵吞之，肉烂乃吐其核。宿则倒悬一足树杪，可弋得之。亦有生于槟榔林者，故山歌云：‘宁食我橄榄，莫食我槟榔。’其词颇近乐府，为足成之”。⑤ 原山歌无甚特殊之处，可经李调元妙手点化，便成为一支情志盎然的歌诗：“青雒何处来？食我橄榄肉。饱则吐其核，宿则悬其足。宁食我橄榄，莫食我槟榔。橄榄留与客，槟榔留与郎。”作品主人公从一个普通的山民成为心怀情郎的青年女子，她娇嗔地嘱咐青雒勿吃槟榔，因为在她心中，情郎远比客人要重要。因槟榔谐音“宾郎”，诗人不仅将民歌常用的谐音法融入其中，还结合了明清广东地区将槟榔视为“定

① 罗焕章主编，陈红、杜莉注释：《李调元诗注》，巴蜀书社，1993年，第160页。
② 罗焕章主编，陈红、杜莉注释：《李调元诗注》，巴蜀书社，1993年，第67页。
③ 《粤风》，清光绪七至八年广汉钟登甲乐道斋仿万卷楼刻函海本。
④ 罗焕章主编，陈红、杜莉注释：《李调元诗注》，巴蜀书社，1993年，第327－328页。
⑤ 罗焕章主编，陈红、杜莉注释：《李调元诗注》，巴蜀书社，1993年，第329页。

情信物”“聘果”的习俗，这首诗将古代平民朴素真实的爱情娓娓道来，自然流丽，颇具艺术与民俗价值。

其二，除了直接改编民间歌曲，李调元还长于学习民歌叠字、顶针等常用表现手法，使诗歌音节流美，朗朗上口。如《乌夜啼》一诗中的“团团桐阴绿窗开”“枝枝寒鸟啼不已”，叠字运用得恰到好处，桐树的枝繁叶茂之状更加形象，寒鸟的茕茕形貌也如在眼前，同时“枝枝”还具备摹声作用，整个场景天然有致，声色兼备。再如《邯郸行》中写道“合弹小转劝君醉。劝君醉，冀君怜，愿为天池并蒂莲，鸳鸯双双飞上天”。[①] 此处的“劝君醉”将上下文首尾相接，转折圆熟，音节流丽，充满了民间智慧。即便在一些严肃作品中，他也喜爱用顶针法进行写作，如《醒园独坐二首寄龙山墨庄二弟·其一》中的“看花虽独往，何曾不相思？相思亦无厌，夙与文字期”[②]，顶针用以强化思念，颇具民歌清新缠绵之风。

其三，李调元多汲取民歌词语和俗语方言入诗，清朗浅易，不少诗歌甚有李白绝句的风味。他所用次数最多的口语是“个”，仅举几例，如“真个船从镜里行”[③]，“凿池傍山脚，着个荷亭子”[④]，“好个人家聚山罨，一湾流水一湾田”[⑤]，“书长无个事，相对只清谈”[⑥]，使得诗句清爽纯朴，明白如话，没有文人诗常常显现的雅态，大大拉近了与普通读者间的距离。至于“怪多蟆子趁人来”[⑦]，这种哪怕在当时看来也比较“鄙俗”的字句，李调元也同样大胆引入诗中。最后值得一提的是与李白名作《长干行两首》风格颇近的《沓潮歌》：“沓潮来，沓潮去，来如乘风去如雨。与郎朝暮同沓潮，不知郎船在何处。虎头门外波淫淫，羊城门内信沉沉。春泛冬泛尚有定，惟有郎心无定心。郎心不似潮，侬心与潮赴。与郎今往来，但以潮为度。”[⑧]《沓潮歌》与《长干行》同为代言体，称谓相同，男主人公的工作都要历经风波，女主人公的情感也都细腻真实，李调元此作或有参照，但两首作品无疑都受到民歌滋养，语言坦白浅近，格调清新隽永，十分细腻地书写了一段年轻女子的独白活动深刻动人。李调元将耳闻目触

① 罗焕章主编，陈红、杜莉注释：《李调元诗注》，巴蜀书社，1993年，第121页。
② 罗焕章主编，陈红、杜莉注释：《李调元诗注》，巴蜀书社，1993年，第227页。
③ 罗焕章主编，陈红、杜莉注释：《李调元诗注》，巴蜀书社，1993年，第80页。
④ 罗焕章主编，陈红、杜莉注释：《李调元诗注》，巴蜀书社，1993年，第243页。
⑤ 罗焕章主编，陈红、杜莉注释：《李调元诗注》，巴蜀书社，1993年，第308页。
⑥ 罗焕章主编，陈红、杜莉注释：《李调元诗注》，巴蜀书社，1993年，第512页。
⑦ 罗焕章主编，陈红、杜莉注释：《李调元诗注》，巴蜀书社，1993年，第39页。
⑧ 罗焕章主编，陈红、杜莉注释：《李调元诗注》，巴蜀书社，1993年，第331页。

的乡村风俗事迹展现于笔端，执着于简易清朗的诗风，在诗歌的世界中获得了莫大的欢乐和满足。

（三）乐府与歌行：对太白诗歌的体裁接受

陈融《颙园诗话》评价李调元“诗以古体为工”[①]，这是很贴切的。李调元从作诗时就喜爱创作古体，多写得恣肆纵横，像《上之回》《猛虎行》《来日大难》《练时日》《艾如张》《苦雨行》等不常见于后世的古乐府题目，他也应对从容，这既是个性偏好如此，也是地域风气使然。李调元曾谓“乡风敢云继，庶几有独醒”[②]，显然以巴蜀文脉继承者自任，而经扬雄、陈子昂、李白、杨慎等人形成的巴蜀诗歌传统在体裁上多用古体，故能不拘法度，自成一格。

在这一传统中，李调元受李白的影响更为明显。他赞道：“大约太白工于乐府，读之奇才绝艳，飘飘如列子御风，使人目眩心惊。”[③] 因受李白乐府歌行诗的影响，李调元的古体或描写山川风物，或抒怀言志，或送别酬唱，深得李白遗韵。《八月中秋同人燕集云谷借树轩分韵得相字》可谓学李的佳作：“今夕置酒乐未央，自有此月无此光。对月当歌歌慨慷，满堂听我声洋洋。我歌乃在岷山之麓广汉之阳，沱江东下千里百里欲入海，至此回澜有似临崖勒住奔马缰。沉犀渗漉毓清气，丰城剑冲牛斗旁。天遣下视何吉祥，中有一人其姓张。手织云锦分天章，鲛梭劄劄皆鸾凤。二十八宿惊避藏，不敢报天听其狂。遂使纵横词墨场，迩来便觉锋增芒。云霞五色金玉相，当其冥心造化忙。下笔直倒三峡江，翻涛搅浪不肯住，竟欲手摘龙耳，刳鳌腹，拔鲸尾，以与光焰万丈之李杜争豪强。海骊不复抱珠睡，老蚌含胎空噏张。故令今夜月倍皎，恐君与月争寒芒。斗转河汉云茫茫，君当膏车归大梁。明年此月知何常？青天雁字遥相望，对月当歌歌慨慷。”[④] 这首诗起势突兀，气魄浩大，长短句兼用，显示了李调元强烈的内心冲突。诗歌在看似平静的氛围中展开，自“我歌乃在岷山之麓广汉之阳”开始，拔地而起，从多重想象之景突然转到眼前之景，结语与开篇形成呼应，全篇气韵跌宕，表现了对友人才华的衷心赞叹和强烈的用世之心，其对月抒怀的身姿，与《将进酒》中“为君歌一曲，请君为我倾耳

---

① 钱仲联主编：《清诗纪事》，凤凰出版社，2004 年，第 1525 页。
② （清）李调元著，王云五等编：《童山诗集》，商务印书馆，1921 年，第 87 页。
③ （清）李调元著，詹杭伦、沈时蓉校正：《雨村诗话校正》，巴蜀书社，2006 年，第 12 页。
④ 罗焕章主编，陈红、杜莉注释：《李调元诗注》，巴蜀书社，1993 年，第 383 页。

听”[①] 的李白同样清俊慷慨。此外，此诗节奏错综跳荡，大开大合，变幻超忽，摒弃了事件与逻辑，纯以个人心绪跳跃为诗歌结构，这也是此类诗作神似太白的一个重要缘故。

李调元有些歌行体还对李白的诗歌句式进行了模仿。如《题何愚庐调鼎图》中的“君不见太白漂泊黄河间，挂席欲进波连山。一朝待诏金銮殿，御手调羹供奉班”，“人生不遇萼绿华，便当勾漏学丹砂”，“丈夫不能龌龊取荣供妻子，又不能仰看屋梁长如此”[②]，以及《大风渡黄河歌》“我闻黄河天上来，惊涛骇浪相喧豗”，“山高二千五百丈，九折簸荡珠宫里”[③]等，与李白所作《梦游天姥吟留别》《将进酒》《梁甫吟》《答王十二寒夜独酌有怀》等诗的句式多有相似之处。

综上所述，李调元的人格塑造与诗歌创作均接受了李白的深刻影响，在综合考察之后，我们认为接受和继承可以概括为“酒与诗”，酒是童山精神内核的焦点展示，诗是童山艺术形态的肆意书写。酒入愁肠，酿而为诗，诗人的文学与人格其实是一体两面的，它们共同领受李白与其代表的巴蜀文学传统的滋养。总的来说，对比李白，李调元多爱携友聚饮，少孑然独酌，多写人世温情，少高蹈独步；多按规矩法度，少飘逸灵动。但他在清代四川卓然自成一家，除自身渊博的学识与敏锐的诗才外，与受李白的影响与沾溉也是密不可分的。

（鲍蕾：四川省社科院文学所2022级硕士研究生）

① （唐）李白著，（清）王琦注：《李太白全集》，中华书局，1977年，第180页。
② 罗焕章主编，陈红、杜莉注释：《李调元诗注》，巴蜀书社，1993年，第110页。
③ 罗焕章主编，陈红、杜莉注释：《李调元诗注》，巴蜀书社，1993年，第115页。

李调元谒靖侯墓祠诗解析

周　荣

中国人历来有拜谒先贤、凭吊圣哲的习俗，以缅怀那些为民族、为国家、为一方百姓做出巨大贡献的人们，也希望通过拜谒、凭吊来约束行为、寄托精神、教育自己和后辈，以求人格的完善，思想的纯粹，得圣人之道，受世人尊崇。

罗江历史上，由民间发起，得百姓认可，受商贾士绅、官宦王侯、庶民百姓爱戴而年复一年定时凭吊者，唯凤雏庞统。庞统（179—214），字士元，号凤雏，湖北襄阳人。其少时勤奋好学，貌似钝朴却聪慧过人，得叔父庞德公（襄阳名士）赏识而亲课训。献帝兴平二年（195），诸葛亮迁居荆州，从学司马徽（荆襄名士），次年其二姐嫁德公长子，诸葛亮再受教于庞德公，与庞统交。时德公论荆襄人才说："诸葛亮为卧龙，庞士元为凤雏，颍川司马德操（徽）为水镜。"庞统18岁时访司马徽。徽采摘桑叶于树上，庞统坐于树下，白昼到夜论天下大事，庞统头脑清醒、思维缜密、见解独到，司马徽甚异之，称其为"南州士之冠冕"。

庞统先于周瑜处任功曹（执掌军中奖惩的官吏），周瑜死后，孙权谓其言狂，不予重用，庞统斟酌再三，决定转投刘备。

建安十五年（210），庞统初见刘备，长揖不拜，加之其貌丑，刘备心中不悦，仅委以从事之职代理耒阳（今湖南耒阳市）县令。庞统到县不治，被免官。东吴汉昌太守鲁肃写信给刘备："庞士元非百里才，使处治中、别驾之任，始当展其骥足耳。如以貌取材，恐负其学，终为他人所用，实为可惜也。"诸葛亮亦进言："士元胸中之学，胜亮十倍。"有此二人推崇，刘备再召庞统，与之畅谈，后委任庞统为治中从事，与诸葛亮并为军师中郎将。

不久，益州牧刘璋邀刘备入蜀助讨汉中张鲁。庞统对刘备说："荆州荒残，人物殆尽，东有吴孙，北有曹氏，鼎足之计，难以得志，今益州国富民强，户口百万。四部兵马，所出必具，宝货无求于外，今可权以定大事。"刘备辩道："今与吾为水火者，曹操也，操以急，吾以宽；操以暴，吾以仁；操以谲，吾以忠，每与操反，事乃可成耳，今以小故而失信于天下者，吾所不取也。"庞统再劝："权变之时，固非一道所能定也。兼弱攻昧，五伯之事。逆取顺守，报之以火，事定之后，封以大国，何负于信？今日不取，终为人利耳。"刘备听从了庞统的建议，留诸葛亮、关羽等守荆州，亲率军队进入益州，庞统亦随往。

建安十六年（211）刘备军至涪县（今绵阳市）与刘璋相会，庞统向刘备献计道："借此机会捉拿刘璋，则将军无用兵之劳而坐定益州（四川）。"刘备以"恩信为著"而未采纳。刘璋返回成都，刘备率军北上驻于葭萌关（今广元昭化）。

建安十七年（212），庞统再献上、中、下三策："暗中挑选精兵，昼夜兼程，突袭成都……"为上策；"借机杀白水关（今青川县境）守将杨怀、高沛，吞其人马，回军攻成都"为中策；"回白帝城，动荆州兵，慢慢攻打益州"为下策。刘备以上策太急，下策太缓，纳中策。杀杨怀、高沛。

攻下涪城，刘备拜盛宴，对庞统说："今之聚会，着实高兴！"庞统见刘备忘乎所以，道："攻他人辖境而为乐，恐非仁义之兵。"刘备醉而怒曰："武王伐纣，军前歌后舞，岂仁者乎？汝即出！"庞统退席。刘备似觉欠妥，派人将庞统请回。庞统归座后，不表示歉意，自饮自吃若无其事。刘备问道："刚才的谈话，是谁不对？"庞统回答说："君臣俱失。"刘备不禁大笑，二人宴乐如初。

建安十八年（213）夏，刘备向绵竹（今鹿头山西麓德阳市旌阳区袁家乡境）进发，军队过潺亭（今罗江区）至鹿头山绵竹关，守将吴懿、李严投降，刘备取得绵竹，以为大本营，一边攻打雒城（今广汉市），一边分兵平定益州下属各县。

建安十九年（214）四月，庞统率众攻城，守城兵将用乱箭齐发，庞统中箭身亡，时年36岁。

刘备悲痛之余，退回绵竹，葬庞统于鹿头山（今祠墓所在地）。夏五月，雒城破，直逼成都，刘璋降。刘备称帝，追庞统为关内侯，谥号“靖侯”，于墓前建祠而后有墓祠。

因墓祠位于东西两川分界处的鹿头山，且为陇蜀古道要冲，成都北部最后关隘所。故屡遭兵燹，屡次重建。至清康熙三十年（1691），巡抚能泰重建龙凤二师祠。乾隆元年（1736），建栖凤亭，专祀庞统。嘉庆二十年（1815）再作大规模维修。

就在庞统墓祠栖凤亭建成前两年，蜀儒李调元诞于罗江。李调元（1734—1803），四川罗江人，字羹堂，号雨村，别署童山蠢翁。李调元一生大致可分四段：少年从学于乡里，青年求学于江浙，中年宦途于京广，老年游历治学于故土。其蜀外游学为官期间，以赴科考、丁忧而返蜀多次，常居于蜀地主要在少老之时.

李调元居乡，活动范围主要在成、德、绵一带，以走亲访友、游乐山水、拜谒先贤、考察人文、居家著述为要。对庞统墓祠及庞统其人的感悟，在其《童山诗集》有载。

民国二十五年（1936），由王云五编排，商务印书馆发行的六册四十二卷《童山诗集》，收录李调元三首有关拜谒庞统的诗。分别载于卷二和卷二六。此版《童山诗集》以《函海》为蓝本，仅就一些明显的错漏作了校正，其结构体例依《函海》而保留，既遵行调元《童山诗集》形成的规律，也保留其编年体的特色。从《童山诗集》编年体角度来看，拜谒有关庞统的两首诗，当分别为李调元青年时期和中晚年时期的作品。

李调元作为罗江人，三首谒庞士元之诗。可探究其怎样的诗学思想？表达其怎样的情感？对今世有何意义？

《童山诗集》卷二所载：

鹿头关谒庞靖侯墓祠内并祀武侯（二首）

江锁双龙合，关雄五马侯。

益州如肺腑，此地小咽喉。

事急争鸡口，时平失鹿头。
至今松柏冢，风雨不胜愁。

谁言此州小，曾有凤雏来。
首献三条计，洵非百里才。
生无惭骥足，死合遣龙陪。
一自星飞后，千山涧水哀。

此诗按韵律来看当为两首，一为“下平声，十一尤”，一为“上平声，十灰”两首合二为一载于《童山诗集》，该诗当作于乾隆十四年（1749）李调元十六岁前后，时李调元随其父李化楠于南村坝神龙堂读书，读书之余，游历于罗江、绵阳、新都等地，每有诗作。

《鹿头关谒庞靖侯墓祠内并祀武侯（二首）》为五言律诗，两首诗各8句40字。第一首写庞靖侯墓祠的环境、地形、位置以及事件经过，庞统才干等。突出其地势的险峻和重要，表达作者凭吊先贤无限惆怅和遗憾之情。“江锁双龙合”，鹿头关位于鹿头山，山南横卧绵远河（老名绵阳江），属沱江流域。山北平躺罗纹江（老名罗江），为涪江流域。鹿头山耸立于两江之间，呈双江环抱之势，为涪江、沱江流域分水岭，有联云：“南府益州开千里沃野，北望秦岭锁八百里连云。”可见其地理位置的独特和重要。“关雄五马侯”，雄关古道，十分重要。什么是“五马侯”？汉代太守出行乘五马之车，故以五马代称太守。太守为一郡最高行政长官，权力相当于诸侯王，故为“五马侯”。因鹿头关的雄峻、险要，与一州一郡一样重要，应当以州郡太守的规制镇守关隘。“益州如肺腑，此地小咽喉”，前句讲大环境，益州，古地名，三国时期包含今四川、重庆、云南、贵州、汉中大部分地区及缅甸北部，湖北、河南小部分，治所在蜀郡的成都。诗中“益州”应当专指成都平原。成都平原素有天府之国之称，在经济、社会、军事等方面都有极为重要的地位，如同人之肺腑。而鹿头关却是进入天府，入主成都的最后一道关口，如同咽喉一样扼守于“肺腑”之前，只有攻下鹿头关，才有机会入主成都，建功立业。

建安十九年（214）四月，庞统率众攻雒城，被守城的兵将用箭射死，时年36岁，刘备将庞统安葬于城东鹿头山（今祠墓所在地）。夏五月，雒城攻破，围攻成都，刘璋出降，刘备取得成都。公元221年，刘备称帝，追庞统为关内侯，谥号“靖侯”。庞统葬于鹿头山的苍松翠柏之中，一代智者、忠者、将者陨落于平常，鹿头山接纳了他，青山埋忠骨，松柏呜咽，风雨悲愁。

第二首写大才的凤雏为大业而入川，业未成却陨落于此，罗江的鹿头山能落凤住雏，绝非等闲小地。凤雏之才乃治国之大才，绝非百里郡县之小才。辅佐刘备，先生献良策，带雄兵，不计得失，不论功过，敬业于职，忠勇于主，虽英年早逝，但对自己的才能和做出的事业却无甚遗憾。长眠于鹿头山上，有武侯陪伴，一龙一凤居于一祠，青山相依，日月相伴，有“父老岁时思”。

《童山诗集》卷二六所载：

落凤坡谒龙凤祠

危坡下踞气如虎，鹿头忠气白虹吐。
出城风雨何纵横，士元墓在罗江浦。
先生早为德公器，冠冕南州名始普。
颍川夙有知人鉴，曾叩洪钟伐雷鼓。
二千里往桑下谈，预知欲得贤君辅。
刘备岂是田舍翁，童童车盖真人主。
伏龙凤雏士无双，并驾齐驱竟谁伍。
璋也焉能死先生，幸有不幸矢如雨。
莫以成败论英雄，只须中计西川取。
其时杯酒真相负，鱼水君臣无此侮。
至今松柏夜哀号，同一定军山下土。
二公并祠诚有哉，当年应唤双忠府。

《落凤坡谒龙凤祠》一诗从《童山诗集》编年体时间来看，为乾隆五十二年（1787）李调元54岁前后，时李调元已罢官回乡，居家著述、排戏课童、游历山水。但从2001年在庞统祠前尧氏牌坊西南侧发现的李调元所题残碑可辨识的文字（残碑仅遗文字“……二公并祠诚有哉，当……李调元题罗江……岁次己丑冬十月”）来看，该诗当作于乾隆三十四年己丑（1769）李调元回乡丁父忧期间。李调元罢官回乡整理《童山诗集》时，把该诗编入卷二十六（丁未）。

该诗为七言排律，共计 24 句 168 字。诗的前半段写落凤坡的形与势，气与韵，人与境。庞统葬于罗江，即便城外风雨交加，也要上“坡”入“祠”拜谒英灵。庞统青少年时期得到叔父庞德公器重，受到较好教育，名噪南州。司马德操为颍川名士，庞士元闻其在颍川，故二千里候之。至，遇德操采桑，遂一树上一树下讨论天下大事，德行品质，一论则一日，谈话中庞统有言：“仆生出边陲，寡见大义，若不一叩洪钟，伐雷鼓，则不识其音响也”，庞统“叩洪钟伐雷鼓”是也。这次谈话，司马德操评价庞统为颍川名士，奠定了庞统寻求明主，成就伟业的信心和基础。庞统先于周瑜处谋事，献连环计助力周瑜火攻赤壁。周瑜死后投刘备，刘备乃人中真主，爱惜人才善用人才，辅佐刘备成为庞统最终的归宿。

诗的后半段写庞统、诸葛亮为当时士子中之翘楚，他们并驾齐驱，共同辅佐刘备。诸葛亮“隆中对”为刘备定下“三分天下”之大计，取荆州、定四川为大计之基。庞统献取川三计，刘备用中计，庞统亲率大军入川，雒城一战，行前马失前蹄，临阵换马，后中流矢而逝。诗曰：“璋也焉能死先生”，“璋”益州太守刘璋，“先生”庞统，庞统怎么会死在刘璋之手？是刘璋庆幸，那些如雨的箭射中了庞统——“幸有不幸矢如雨”。庞统虽中箭身亡，然而却不能以成功或失败来评价其功过，认定是否英雄。世间之事自有转换，孰是孰非不可武断，刘邦、项羽谁不英雄？然而一胜一败，同为英雄，结局相异而已。

庞统寻得明主，忠贞不贰，矢志不变；刘备获得良臣，情投意合，惜才如命，他们虽为君臣却似鱼水。庞统逝后，葬鹿头山，追关内侯，谥号靖侯。为表其功，感其忠，方便后人追念缅怀，于墓前建祠，设龙凤殿，安放庞统和诸葛亮，而诸葛本葬于定军山下，却与庞统并坐于庞统祠龙凤殿，实为一方水土育一方风俗，这样做既是人们对“卧龙凤雏得一可安天下”的尊崇，更是对龙凤共主，鞠躬精粹死而后已的赞许崇敬。诗的最后两句做了一个事后的建议：既然龙凤并祠，当年为何不叫双忠祠？李调元的建议并未被人们采纳，庞统祠却成了全中国唯一一处庞统的专祠。

李调元既是诗人，也是诗论家。其先后著二卷本“话古人”之《雨村诗话》、十六卷本“话今人”之《雨村诗话》、四卷本之《雨村诗话补遗》，对古（先秦到明代）今（清乾嘉时期）诗人、诗作进行评述，寻求“诗法”，以作诗歌创作的借鉴。乾嘉时期以袁枚、程晋芳等为代表的诗坛大家，认为李调元的诗“忠厚平和”“清新隽逸”“摘艳薰香”。其诗作及诗歌理论为清代及后世带来了不可忽视的影响。

李调元拜谒靖侯墓祠的诗歌，在其创作的两千多首诗歌中虽然微不足道，但也充分说明他对长眠于乡梓，忠勇智慧的荆襄名士庞士元的缅怀和崇敬，对三国蜀汉那段历史所造就的英雄人物的缅怀和崇敬。

（周荣：德阳市罗江区政协文化和文史学习委主任）

第四篇
李调元的经学和理学研究

“蜀中三才”之一李调元的经学成就特质

刘平中

李调元（1734—1803），字羹堂，号雨生、童山等，清代四川绵州罗江（今德阳市罗江区）人。乾隆二十八年（1763）癸未二甲第十一名进士，曾官文选司、考工司主事，由广东学政改任畿辅通永道，以劾永平知府弓养正获罪发遣伊利，后得赎归。李调元是清代著名的诗人和学者，著有《童山诗集》《童山文集》以及经史著作多种，与彭端淑、张问陶并称“蜀中三才”。他还是我国著名的藏书家，所刻《函海》被誉为“海内藏书之宗”，至今流布海内外。嘉庆《四川通志》、嘉庆《华阳县志》、《清史列传》等有传。

乾嘉之际，吴派惠栋、皖派戴震以及扬州学派的钱大昕、余萧客等人，以“崇实黜虚”、复兴汉代经学相号召，尊祖汉学，批判重义理轻训诂的宋学。他们研习经典专注文字、声韵，治史重考订名物制度，史称“乾嘉汉学”。风习所向，不仅经生们专注于考据之学，就是以诗文著称的文士如姚鼐、纪昀等人也热心于谈经说史，并有所成就。不过，在乾嘉诸学人中，考据与文辞融会贯通者极其少见。龚鹏程在探究其中原因时曾说：“文人博通，经生专注；文人肆才，经生力学。两者心态及从学之途本来就不相同。”[1] 可谓一语中的。但对“百科全书式”的李调元而言却是一个特例。李调元既有文士的“博通与肆才”，也有经生的“专注与力学”，是清代两者兼具少有的代表人物。他自幼喜读经史，文采斐然，主动传承乡贤杨慎多取汉儒而不取宋儒的治经传统；年长后游学江南，师从江浙经学名师俞醉六、李祖惠、钱陈群等研习经史，深得江浙考据学之精华；仕宦时与秦蕙田、程晋芳、邵晋涵等经学名家和考据名家相互请益，于经学自是非常了得。为此，张舜徽（1911—1992）评价说：“调元从事朴学，优于两家（袁枚、赵翼），初未必甘以文士自居也。……乾隆中四川士大夫之有文才而兼治朴学者，固未能或之先也。”[2] 肯定了李调元在清代四川学者中重要而独特的成就地位。近人张力亦为此说：“川人能通十三经者，惟李调元、刘沅、廖平等数人而已。”[3] 更是将李调元与晚清经学大师廖平相提并论，可见李调元在经学上确有不小成就。

李调元经学研究涉及的范围较广，总计共著有23种经学著作，涉猎到儒家十三经典中的九种，分别在《诗》《书》《礼》《易》《春秋》《孟子》以及《尔雅》上取得了不俗成就。其中易类1种：《易古文》3卷；书类2种：《尚书古字辨异》1卷、《古文尚书证讹》11卷；诗类1种，《童山诗音说》4卷；三礼类5种：《周礼摘笺》5卷、《仪礼古今考》2卷、《礼记补注》4卷、《夏小正笺》1卷、《月令气候图说》1卷；春秋类3种：《左传官名考》2卷、《春秋左传会要》4卷、《春秋三传比》2卷，四书类1种：《逸孟子》1卷；尔雅类7种：《十三经注疏锦字》4卷、《六书分毫》3卷、《古音合》2卷、《通诂》2卷、《方言藻》2卷、《奇字名》12卷、《卍字名》12卷。

需要说明的是，李调元虽然在经学上取得了诸多成就，但是《四库全书》的经部却未收录其中的任何一种。这一方面与李调元在此间获罪下狱有关，另一方面也是他的上述经学著作晚于乾隆四十八年（1783）成书的《四库全书》。而《皇清经解》《续皇清经解》未收李调元的经学著作，很大程度上源于编纂者对巴蜀经学认识不够以及对李调元等巴蜀学者的偏见有关。这或许即是后世学者对李调元的经学著作、经学成就特点鲜有认知

① 龚鹏程：《乾隆间的文人说经》，彭林编：《清代经学与文化》，北京大学出版社，2005年，第238页。
② 张舜徽：《清人文集别录》卷七，中华书局，1963年，第193页。
③ 张力：《清代四川文化拾零》，中国国际出版社，2009年，第3页。

的主因。不过，这一情况在《续修四库全书》中已有显著改善。该书首次大量采入李调元的经学、文学方面的著作，人们开始关注李调元的经学成就。如《郑堂读书记》《续修四库全书总目提要》《清人文集别录》等，均分别不同程度地对此做了专门的介绍和评价。张舜徽在《清人文集别录》中评价说：

> ……调元治经，宗主郑氏。尝谓汉儒注经，去古未远，俱有家法，只字片言，不肯苟作，考古者所必穷。其治学趋向，固与惠、戴同归。而研绎《三礼》为尤精。著有《周礼摘笺》、《仪礼古今考》、《礼记补注》诸书，皆所以发明郑学，以勘定后来诸家之说。又尝谓训诂之文，非词章之学，而深于训诂者，词章亦不外是。汉唐儒者，一生精力，悉耗之注疏中。其诠释名物，研芳撷艳，洵屈、马、扬、班无以过。因摘其标新领异之语，别为一书，名曰《注疏锦字》。则其寝馈注疏之功，亦以勤矣！由其学有本原，故于序录全书，考论学术之际，于一名一物，悉能穷流溯源，洞究其所以然，凉非空疏不学者所易为。乾隆中四川士大夫之有文才而兼治朴学者，固未能或之先也。[①]

李调元提倡汉学，以郑学为宗，“其治学趋向，固与惠栋、戴震同归”。他主张由文字训诂入手以明经义，以通经明道，故治经态度严谨，重视考据。凡只字片言，不肯苟作，于一名一物，均能穷流溯源，洞究其所以然，治学倾向明显偏向于古文学派。他以恢复“汉学”为旨归，故其《易古文》《古文尚书证讹》《周礼摘笺》《仪礼今古考》《十三经注疏锦字》等，都以考校前人误谬、遗漏，恢复汉注为重点，具有明显的考据实学风格。

但他并不排斥义理之学，完全拘泥于文字训诂，故能各识其优劣，择其所长，多说创见与发明。如他研究《三礼》上可以发明郑学，勘定后来诸家之说，下可以启发王鸣盛等人，足见其礼学造诣之高，即是如此。李调元还认为，训诂与词章之学之间，并不矛盾，深于训诂者亦能词章。所著《十三经注疏锦字》编采标新立异之语与典故，作为诗文的素材，将训

---

① 张舜徽：《清人文集别录》卷七，中华书局，1963 年，第 193 页。

诂之学与词章之学联系起来，颇有新见。

李调元作为文学家、藏书家的成就地位早已为人所熟知，但就他在经学上的成就地位尚未引起学者们足够的关注。笔者拟就李调元在尚书学上的成就为例，试就其经学成就略作如下探讨：

清初《尚书》研究，以阎若璩、胡渭为代表的开创性研究及其相关重要发现，颠覆了传世孔传《古文尚书》在尚书学史上的正统地位。阎若璩（1638—1704）长于考证，所著《古文尚书疏证》聚前人考证之精华，以128条证据，证明了《古文尚书孔传》系一部伪书，进而引发了清代尚书学研究的新发展。此后，江声、段玉裁、戴震、王念孙、王引之等乾嘉著名学者，分别从文字、音韵、训诂、辑佚、辨伪等角度出发，或搜罗辑录佚文，或考订真伪，或校勘其谬误，或辨析今古文异同，使《尚书》研究出现了前所未有的繁荣之势。

李调元所著《尚书古字辨异》一卷和《古文尚书证讹》十一卷（又名《郑氏古文尚书》），在清代《尚书》研究史上占有特殊地位。李调元家曾藏日本山井鼎所著《七经孟子考文》写本数卷。文中有《尚书古字考》一册，大多采自金石隶篆各书中有关《尚书》者。该书分篇摘录，并注今文于下而成，被称作《尚书》中的“异本”。李调元复采集诸书，重加校雠：为古字辨异，祛除谬失，补订缺遗。凡古字异文皆著录注以今文，并附录考证按语于后，使该书更加完善。《续修四库全书总目提要》评价云：“不仅于尚书学有所参考，于小学训诂亦多发明，洵创制也。”[①] 可见李调元对该书的考辨补正对完善日本山井鼎原作的重要贡献。《中国丛书综录》著录此书，署名日本山井鼎撰，不提李调元之名，似有不妥。笔者认为，最能代表李调元在尚书学上成就的，当数他的《古文尚书证讹》十一卷，该书具有以下几点值得注意：

一、补缺纠谬，一依旧注

李调元为《古文尚书证讹》写有两篇不同的书序，分别见载于《函海》本卷首和《童山文集》卷三。他在两序中概述了他作此书的目的、采用的体例以及主要内容等（详见下文）。而《童山文集》卷十二却另载录有李调元《古文尚书考》一篇。该文重在考辨各种《尚书》的传播源流，

① 中国科学院图书馆整理：《续修四库全书总目》“经部”，齐鲁书社，2001年，第226页。

各家治《尚书》成就得失及其版本特点，并对东汉马融、郑玄在《古文尚书》研究上的成就特点做了介绍评价，体现了李调元宗祖郑氏《古文尚书注》的尚书学观点。此外，《童山文集》卷一三还载录了李调元《古文尚书证讹跋》，该文对王应麟辑录的郑玄《古文尚书注》中存在的谬误脱落等不足，做了比较系统的补正和校订，并对阎若璩《古文尚书疏证》的某些观点做了重新审视，颇多见地。如肯定阎若璩“郑玄《书序注》所传与孔传篇目不符”之说，否定阎若璩“郑注亡于永嘉之乱”之说等。

李调元为恢复郑氏《古文尚书注》旧观，分别写了三篇序跋，一篇考论，可见李调元对郑氏《古文尚书注》用力之勤，用心之专注。李调元的尚书学成就虽未被《四库全书》《皇清经解》《续皇清经解》等书著录，但《郑堂读书记》《续修四库全书总目提要》等却对此书做了客观的评价，如仅《续修四库全书总目提要》中，就分别选录了孙海波、伦明、谢兴尧等三位学者的提要，积极肯定李调元在尚书学史上的地位与影响。

东汉晚期，官学衰微，私学发达。郑玄（127—200）曾从第五元先研习今文经学，后又从张恭祖研习古文经学、治《古文尚书》，再后师事古文经学大家马融治经学，是东汉经学的集大成者。郑氏所注《古文尚书》，历来史有所载。据范晔《后汉书》说，汉室中兴，杜林所传漆书《古文尚书》流行于世。贾逵为之作训，马融为之作传，郑玄会通今古，以古文经为基础，为《古文尚书》作注解。郑注漆书《古文尚书》与伏生所传 28 篇古文稍异，郑玄析为 34 篇，加上 1 篇序，共 35 篇。因此，该书虽题《古文尚书》，但仍属 28 篇《尚书》旧文，实乃《今文尚书》，而非孔安国所传《古文尚书》。

郑氏所注《古文尚书》，经历了一个由盛而衰微的演变过程。该书晋荀勖《中经簿》、唐李延寿《隋书·经籍志》均著录为 9 卷。《北史·儒林传》“序”称，南北治章句者对《尚书》的态度各有不同。江左信服孔安国所传《古文尚书》，河洛间信服郑玄所注《古文尚书》。据《隋书·经籍志》记载，隋朝时孔、郑并行，而郑玄《古文尚书》传习者甚微。新、旧《唐书》仅存其目。到《宋史·艺文志》时，则未见著录矣。可见北宋时郑玄《古文尚书》业已散佚。南宋王应麟（1223—1296）为之辑录《郑氏古文尚书》并不完备，也存在较多的遗漏舛误，以至后人认为王应麟之作不可卒读。而该书数百年来向无刻本，仅有写本传世。

有鉴于此，李调元依照王应麟原书体例，参考他书记载，对王书原本逐一做了补丁与校正，名之曰《古文尚书证讹》。这对校正王应麟的失误，恢复郑注原貌，对推动《古文尚书》研究的进一步发展，均有重要贡献。李调元在《郑氏古文尚书》“序”中说：

> 郑氏经义，《五经》皆有注。自汉魏以来立于学官，未之有异议也。自唐贞观中，孔颖达撰《五经正义》，《易》用王弼，《书》用孔安国，而《二经》郑义遂亡。今传者，惟《三礼》《毛诗》而已。窃思汉儒注经，去古未远，俱有家法，只字片言，不肯苟作，考古者所必穷也。故宋浚仪王应麟裒集群籍，为《郑氏易》一卷、《古文尚书》十一卷，以补其缺。庶《二经》之亡，得王氏而复还旧观，不但为郑氏幸已也。故《周易》一书，前明胡震亨曾刊附《资州李氏传》后，近惠定宇以所集尚有遗漏，重采诸说，增为三卷，德州卢氏为之梓行。而所集《古文尚书》则祇有写本，讹误颇多，不为之校而行之，则《五经正义》终缺而不全。而亦恐讹以传讹，势必至鲁豕亥鱼，不可卒读，遗误后学匪浅也。故复广加厘证，以王应麟所集《郑氏注》列于前，而以鄙见所订，另以校字小书单行列于每条后，总曰“证讹”，而书名则仍称《郑氏古文尚书》云。①

郑玄是东汉经学大师，在经学成就显著，所著《五经》，汉、晋间均立于学官，流传甚广。到唐代贞观年间孔颖达作《五经正义》时，因《易》取王弼注，而《古文尚书》取孔安国注，才导致了郑玄所注《易》和《古文尚书》的散佚。

李调元认为，郑玄作为汉代会通今古的经学大师，一方面其去古未远，书中所载理当准确，另一方面他注经讲究章句家法，于文字典章、名物制度等只言片语，必穷原竟委，不肯苟作，故其章句注疏理当可信。而宋代王应麟裒集群籍，所辑郑玄《古文尚书》虽有助于恢复郑注旧观，但“讹误颇多”，并不完备。因此，为恢复郑注《古文尚书》原貌，以表彰汉代旧注，他对王应麟辑录的《古文尚书》进行了再次订正，力图恢复郑著旧貌。《续修四库全书总目提要》在评价李调元的这一贡献时说：“不但郑

① （清）李调元：《郑氏古文尚书·序》，《童山文集》卷三，丛书集成初编本，中华书局，1985年，第39、40页。

氏元注，黎然可紊；即王氏原本，亦较前完善矣！固不仅郑氏之功臣，又王氏之益友也。”[1] 肯定了李调元《古文尚书证讹》在补正复原郑玄《古文尚书注》遗漏上的贡献。

在《函海》所收该书的卷首，还著录有一篇李调元手写的《郑氏古文尚书序》，它与《童山文集》卷三所载《郑氏古文尚书序》内容迥异，对认识李调元补正郑玄《古文尚书注》的价值具有一定的指导作用。兹摘录部分如下：

> 《尚书》古今文之说，聚讼纷纷。……有与他书异同之处，因加案以析之，窃附校书之末。至其义蕴闳深，则有不敢强为喙者。敢谂高明，详以论辩。[2]

从此序记载来看，它一方面肯定了李调元坚守乾嘉考据学信实严慎的考辨之法，肯定了王应麟所辑郑玄《古文尚书注》的贡献；另一方面肯定了李调元以按语的形式逐一考辨其异同，辨其伪讹，补其脱漏，附于王应麟所集郑注之后，使王应麟辑本趋于完善所做的贡献。而他对其义蕴深奥难于下结论者，则不强为解释，故作高明，而是采用多闻阙疑的信实原则，留与其他饱学之士详加论辩，体现了李调元重实学，不虚妄的严谨治学态度。

该书卷一至三为《虞夏书》，卷四为《商书》，卷五至十为《周书》，卷十一为《书序》。每卷首先顶格列《尚书》原文；其次低一格列王应麟所辑录的郑玄注，以单行小字标明郑注出处或作音训，列于每条之下；再次又低一格列李调元的按语，说明原文、郑注、王应麟辑录的错谬、脱漏、衍误等情况。例如：卷一《尧典》，首先顶格列原文云：“流共工于幽州，放驩兜于崇山，杀三苗于三危，殛鲧于羽山。”其次低一格列王应麟所辑录郑玄注文云：“舜不刑此四人，以为尧臣，不忍刑之《尚书正义》。”再次，列李调元按语云：“‘舜不刑此’十五字，《书正义》无此文。惟引郑云：‘禹治水毕，乃流四凶。’又原本作‘郑氏其引《尚书正义》，作

---

① 中国科学院图书馆整理：《续修四库全书总目提要》“经部”，齐鲁书社，2001年，第215页。
② （清）李调元：《郑氏古文尚书证讹》卷首“序”，嘉庆六年（1801）李调元自订版《函海》。

‘具引’，宜从改。”[①] 这条按语堪比《尚书正义》，指出了王应麟辑录郑注的衍误，并补出了郑玄原注，有利于恢复郑注的原貌。而据文意该“具引”为“其引”，打破了拘泥训诂，不明是非的考据陋习，表现了李调元实事求是的考据方法。

《古文尚书证讹》卷帙篇目，李调元仍按王应麟原本式样编排，表现了他以存王氏体例之旧的初衷。该书对王应麟所辑录的郑氏注均加按语并注明出处，并做了翔实考证，且易于翻检引用，故具有较高的学术参考价值。

二、《古文尚书证讹》的校勘学成就

《古文尚书》的流传过程十分复杂，要而言之，即有西汉之源流、东汉之同异、东晋以来之传会以及宋元明及清初诸儒之考辨等，但始终没有形成一致共识。自阎若璩《古文尚书疏证》考订孔传58篇《古文尚书》是一部伪书以来，探究、复原他本《古文尚书》，特别是郑氏注《古文尚书》一时成为乾嘉学者们治《尚书》的重点。李调元尊崇郑氏注，并以补郑注之略，王氏之遗误、脱衍为旨归，成为乾嘉之际尚书学研究潮流中重要的一支。李调元《古文尚书证讹》综合运用音韵学、训诂学、校勘学等考据方法，“误者改之，脱者补之，遗者增之”[②]，对郑玄《古文尚书注》做了全面而系统的校正，为该书的复原做出了重要贡献：

首先，订正王应麟之误。如《郑氏古文尚书》卷一“内于大麓”下，列王应麟所辑郑注云：“山足曰麓，麓者录也。古者天子命大事，命诸侯，则为坛（国）之外。尧聚诸侯，命舜陟位居摄，致天下之事，使大录之。”[③] 此文是郑玄引古文之说，以注《尚书大传》之意，出自《尚书大传注》。在郑玄《郑氏古文尚书注》中，并没有这条记载。王应麟误辑入郑玄《郑氏古文尚书注》。李调元根据《尚书大传注》《路使发挥五》记载，订正王氏上述之误。又如《郑氏古文尚书》卷七《周书·金縢》条“西土（人）亦不静，越滋蠢”下，列王应麟所辑郑注云：“周民亦不定，其心骚

---

① （清）李调元：《郑氏古文尚书证讹》卷一，“虞夏书·尧典”，第一，嘉庆六年（1801）李调元自订版《函海》。

② （清）李调元：《古文尚书证讹跋》，《童山文集》卷一三，丛书集成初编本，中华书局，1985年，第158页。

③ （清）李调元：《郑氏古文尚书》卷一，“尧典”第一，嘉庆六年（1801）李调元自订版《函海》。

动，言以兵应之。”[①] 此句本是孔颖达驳斥郑玄之语。王应麟以为是郑氏所注，误采入郑氏注。李调元据《尚书正义》删除是语。

其次，增补王应麟辑录之缺文脱文。如《郑氏古文尚书》卷一，“乃命羲和”条下，王应麟辑录郑氏注云：“……贤者，使掌旧职。”[②] 李调元据《周礼·疏·序》记载，增补原本所脱“使”字。李调元增补“使”字，清楚地表达了郑注的原意，即“贤者，掌旧职”之意，是贤者“接受任命后再掌握旧职”，而非“主动掌握旧职”，避免了脱文所造成的理解歧义。又如《郑氏古文尚书》卷二，“王亦未敢诮公”条下，王应麟辑录郑氏注云：“成王非周公意，未解”，语意突兀，较难理解。《鸱鸮正义》引郑玄原注云：“成王非周公意，未解。今又为罪人言，欲让之推其恩亲，故未敢。”李调元据此认为王氏失采，为之补入“今又”以下16字，使文意通顺。最后，坚持校勘必有依据的原则，态度审慎。如《郑氏古文尚书》卷一，“咨汝二十有二人”句。王应麟辑录郑氏注脱“殳斨、伯與”[③]二人，李调元据《尚书正义》记载予以增补，不言王氏之误，态度谦逊。又如《郑氏古文尚书》卷二，“臣哉，鄰哉；鄰哉，臣哉”句，王应麟辑录郑氏注原本无“帝曰：‘臣作朕股肱、耳目，动作、视作，皆由臣也’”[④]等数句。李调元根据《尚书正义》以附录的形式补缀于后，以便查验，态度谨慎。又如“光被四表，格于上下”条，王应麟辑录郑氏注有云：“言尧德光耀及四海之外，至于天地。所谓大人与天地合其德，与日月合其明。”李调元按云：“‘合’字，《诗正义》引作‘齐’。”指出异文不妄加改动，让其两存，以便参考。

李调元据实考证，不持主观臆说，用功勤勉，“胪列亦有书矣，雠对亦有年矣，未敢一字出诸臆说也”[⑤]，以订正王应麟辑录郑注之误、脱、衍等谬失，使该书趋于精善，《续修四库全书总目提要》评价云：“不但郑玄

① （清）李调元：《郑氏古文尚书》卷七，“周书·金縢”，嘉庆六年（1801）李调元自订版《函海》。

② （清）李调元：《郑氏古文尚书》卷一，“尧典”第一，嘉庆六年（1801）李调元自订版《函海》。

③ （清）李调元：《郑氏古文尚书》卷一，“虞夏书·尧典”第二，嘉庆六年（1801）李调元自订版《函海》。

④ （清）李调元：《郑氏古文尚书》卷二，“虞夏书·皋尧谟”第二，嘉庆六年（1801）李调元自订版《函海》。

⑤ （清）李调元：《古文尚书证讹跋》，《童山文集》卷一三，丛书集成初编本，中华书局，1985年，第159页。

原注黎然可紊；即王原斋原本亦居然完善矣！”[①] 肯定了李调元为恢复郑氏注旧观所做的贡献。

三、持论公允、客观平实的治经态度

李调元游学江南，在治经方法上受以惠栋为代表的吴派学者影响较深。其《古文尚书证讹》采集旧说，宗祖郑注一家，主张从音韵、训诂入手，考证经籍旧文，吴派微观考据学特征比较明显。

需要指出的是，李调元虽然主张从考据入手以通经，崇古尊汉，但并非食古不化，盲目信古，而是坚持据实剖析古、今之优长，择善而从。

对于58篇《古文尚书》的真伪，清代治尚书学者形成了三种不同的态度：一是阎若璩《古文尚书疏证》，举出128条例证，断定孔传《古文尚书》为伪书。二是毛奇龄作《古文尚书冤语》，与阎若璩针锋相对，坚信孔传《古文尚书》之真。三是朱彝尊《经义考》调停二家之说，虽认为58篇非真，却说该书久颁学官，其言多缀辑《逸书》成文，亦多不悖《尚书》旨意，“其言折中平和，一时翕然，推为定论”。[②]

不可否认，阎若璩辨伪之说证据确凿，对判明58篇之伪确实做出了重要贡献，也得到了多数学者的认同。但李调元认为其“搜瑕摘谬，几无完肤”的辨伪之法并不足取，指出阎若璩“至谓郑注亡于永嘉之乱，则殊不然”。[③] 其论证所“引《史记》，于年月更疏”，指出阎若璩辨伪存在不够严谨的地方。为此他认为，毛奇龄《古文尚书冤语》有关《古文尚书》不全亡，尚有《逸书》存在；梅赜所献乃孔氏之传而非经的说法，并非没有道理。

李调元《古文尚书考》站在客观的立场，信实地看待阎若璩、毛奇龄两人的不同观点，不随大流，亦不信服朱彝尊之“折中调停”，而是据实提出了自己的观点。他说：“而愚则谓不若分而区之，以消纷纷之讼。完伏生之本，以绵二帝三王之旧泽，判孔书成编，以扬道学之鼓吹，化为楚

---

① （清）李调元：《古文尚书证讹跋》，《童山文集》卷一三，丛书集成初编本，中华书局，1985年，第158页。

② （清）李调元：《古文尚书考》，《童山文集》卷一二，丛书集成初编本，中华书局，1985年，第142页、143页。

③ （清）李调元：《古文尚书证讹跋》，《童山文集》卷一三，丛书集成初编本，中华书局，1985年，第159页。

汉之鸿沟，可矣！”[①] 李调元以区分今古的方法判断58篇《古文尚书》真伪，对消除历代《古文尚书》之聚讼具有一定的启迪作用，为人们重新审视58篇《古文尚书》真伪与价值提供了新思路，在清代尚书学史上的作用不可忽视。

李调元上述有关王应麟所辑郑氏注本的订正，治理《尚书》的思路，对研治《尚书》的著名学者如王鸣盛、孙星衍等都产生了一定的影响。《续修四库全书提要》评价云：“调元以前，未见他传本。王鸣盛、孙星衍皆依据此本”。[②] 可见李调元在清代尚书学史上的重要地位。该书仍以《郑氏古文尚书》为名，将郑玄、王应麟之名列于前，而将自己的名字放在校对者的地位，以“证讹”名其书，表现了李调元不图虚美，尊重郑玄、王应麟等前人研究成果的学术品德。

（刘平中：成都师范学院研究员）

① （清）李调元：《古文尚书考》，《童山文集》卷一二，丛书集成初编本，中华书局，1985年，第143页。

② 中国科学院图书馆整理：《续修四库全书总目提要》，齐鲁书社，2001年，第207页。

从乾隆顺天府同知李化楠殉名探其理学思想

赖安海

李化楠（1713—1768），四川罗江人。乾隆壬戌（1742）进士，历官浙江知县、直隶知州、顺天府同知等。乾嘉四川文化巨子李调元之父。罗江名儒、浙江循良、京师“强项”令，中国清代文学家。其虽无理学专著，却集中反映在所著的《石亭文集》。《石亭文集》收有多篇《碑记》，他在文中对儒家“仁义”“大同”论加以阐释的同时，响亮地向广大民众提出自己崇“同善”尚“名实”的理学思想。李化楠“同善”“名实”之论，形成于乾隆七年（1742）中进士之后回乡教学期间。初，李化楠进士及第后被授予咸安宫教习之职，其志在做一名地方官，职非所愿，加之又厌恶八旗子弟，遂毅然辞职归乡待补，先后主讲于罗江义学、绵州义学。其熟经、通史，善时文，在乡邑及州执教的9年间，结合对社会的观察，通过对以人为中心的理学思想研究，形成了自己独到的“治世”观。认为只有崇“同善”、尚“名实”，才是通往孔儒所倡导的“大同”之途。从乾隆十六年（1751）李化楠出为浙江余姚知县起，自始至终践行并坚守自己崇“同善”、尚“名实”的治世观，踔厉奋发、笃行不怠，直到乾隆三十三年（1768）顺天府同知任上殉于道。

一、李化楠“同善说”的主要内容

李化楠“同善说”见于其所著《石亭文集》卷四《同善桥碑记》《余庆桥碑记》《昭通桥碑记》。李化楠为罗江土著，祖居罗江县北泞水西岸云龙坝，明末清初兵燹，祖父九死一生，逃往深山，历10余年蜀中平定后归乡，前后三迁，定居于云龙坝北8里的南村坝。顺治十六年（1659），罗江因邑几为墟，人烟稀少裁县并入德阳。在康雍两朝大移民及扶持农耕减免税赋的前提下四川经济文化逐渐复苏。雍正七年罗江复县，历十年发展，乾隆七年（1742）浙江秀水沈潜从大足知县转任罗江，沈潜履任罗江县，仁兹敬信，实政在民：明察端廉，弭盗安民；兴修水利，劝课农桑；修理道路，捐造渡船；建立义学，作育人才；撰修县志，资政存史。“未及三年，风俗一新。”溪渠萦绕、风清俗美的南村坝，家有“余庆”，于是共兴善举，乾隆九年（1744）陆续捐修桥梁两座。乡人请回乡办学待补知县的邑进士李化楠题桥名、撰碑记。李化楠在《碑记》中以桥明义，重点阐述了他的“同善说”。

第一，将第一座桥名以“同善”。论云：“善可同也，不可独也。盖独则私，同则公。独则难为，同则易举。凡为善者皆然也，而桥为尤著……非人心不同，亦事必以渐也。吾乡之人，一念经营，众志咸孚……两月而告竣。”接评“同善”云：“予惟世之有财者众矣，然往往悭囊难破。即或间有施舍，亦多惑于浮屠（宗教）；又或共为一事，二三其见，筑室道谋，不能度德比义，以相免于善。孰若吾乡之除道成梁，不吝己财，而众人一心者乎！虽然桥者，善之一道也，由是而推广之，以几于风清俗美，型仁讲让，不独父其父、子其子，而后谓之大同。”结尾号召乡人共途“大同”之道，永守“同善”之风：“吾乡之人，其不以此自足，而共勖于道，以永守同善之风也，是则吾之所祷也!”言何谓不能进入理想中的“大同”世界呢。

第二，将第二座桥以《易经》所云“积善之家，必有余庆”而名以“余庆桥”，《记》中续论“同善”：“善不足以济则非善。顾以一人济众人，其劳将立穷。而以众人济众人，其事恒易举……故以民劝民，而梁之成也忽焉……济之众矣，善莫大焉!”

第三，乾隆二十二年（1757），李化楠在浙江秀水知县任上，被举为“浙江第一循良”，巡抚保荐升任知府，尚未进京引见，忽因父丧回川丁忧守孝。二十三年，地处罗江、彰明塔水（安县与罗江界境飞地）、安县三县交界，“商旅络绎”，因泞江之隔“澎湃奔腾”“行者苦之”“时和人乂，里党之间，咸鼓舞从善”，于是界于三县的乡人“共谋醵金以成桥”。桥既成，会首请李化楠给新建的桥梁题名撰《记》。李化楠将桥名命以“昭通”，再论其“同善”与“大同”之关系：“兹地界三县之交，人各一心，不相联属，桥之成也，盖难矣！乃一念经营而应之如响，则岂非年谷丰熟，人心好善，故能易其所难，而成功之甚速耶？大同之土，无分民。一人之心，可通乎千万人；一端之善，可通乎千万善。由兹桥以观，知吾乡人之众志克孚，而不以畛域异也。将所谓同德比义而相友相助者，岂有涯哉！爰题曰昭通，而为之记。”昭通者，“大同之世，有分土、无分民”，“同善”才是通达“大同”光明大道的重要途径。

第四，李化楠官浙时，曾将任所大堂名以万善堂。乾隆二十七年（1762），他将自乾隆五年（1740）拔贡至官直隶涿州知州的20多年间所作诗结集成《万善堂诗集》六卷。浙江以经学称著的名宿、解元李祖惠《序》赞云：“读《种田户》二《乐府》及《恤囚》吟，诸什仁心为质。”此所崇“同善”至“万善”皆由是。

二、李化楠“名实说”的主要内容

李化楠“名实说”见于其所著《石亭文集》卷四《明伦堂碑记》《重修观音寺碑记》，卷三《陆载一先生六十寿序》。

第一，论“名实”。乾隆十年（1745）李化楠主讲罗江县城丰都庙义学。新任知县、孝感进士阚昌言视学宫旷缺，无明伦堂课士，首捐20金为士大夫倡。工竣，阚昌言请李化楠作《记》碑以始末。李化楠在这篇记中着重阐述了他的名实说：“事之忘其实而仅附其名者，废之可也；而事之著其名而普存其实者，废之不可也。”又言行与学当宗韩愈之说：“行之乎仁义之途，游之乎诗书之源。”只要做到“无迷其途，无绝其源，于是乎在矣”。李化楠《碑记》中的论“名实”旨在希望诸生做到“名实并存”。

第二，名实贵在气节。李化楠主讲罗江义学期间，县北观音寺僧如永重建寺庙成，请其撰写《碑记》。李化楠在这篇《碑记》中充实了他的“名实说”。文章首不论释，却以“烈士殉名，贪夫殉财”开头立论，阐述自己的论点：“名可殉而财不可殉也”，以警世人，可谓掷地有声。接着引时之社会现象抨击说：“近世殉名者寡，殉财者众，此在人情类然，而缁

流为特甚。”接着论释：“夫释氏见性明心，能空一切色相，诸有万缘，纤豪不染。若区区利锁名缰，不能摆脱，又何解脱之足云……若逐逐于腥膻之场，与庸夫俗子争多较寡，风斯下矣。”

第三，名之不圬，当以德为要。乾隆二十三年李化楠由浙回川丁父忧期间，适逢邻里德高望重，以耕读传家的敦厚长者陆载一先生60寿，陆家与李家皆罗江土著，自祖父起，三代交好。李化楠作《寿序》为之祝寿。《序》云：“古称不朽有三（立言、立功、立德），而德为最。士生当世，不必尽拥大盖、策驷马，意气扬扬。盖其人具天地秉彝之德，钟醇厚之气，而又游之乎诗书之源，行之乎仁义之途……以立身则端而且惠。“《寿序》完善了他的“名实说”，认为人性本善，立志不可虚而好高骛远，重在“名实”、贵在立德，从《诗经》《尚书》等经学中明道，躬行仁义，注重气节名声。“名可殉，而财不可殉也”。

三、李化楠崇“同善”尚“名实”殉于道

李化楠在禀行“同善”“名实”的实践，主要载于《石亭文集》卷一、卷二的《治姚纪略》及乾隆顺天府知府吴省钦所撰《李化楠传》，经诞讲官、协办大学士、总理刑部事、军机大臣董浩《李化楠墓志铭》。乾隆十六年（1751），李化楠放官浙江，即充乡试房考官，分房得浙江经学名宿李祖惠卷，荐之主考，李祖惠获第二名举人，众皆叹然。秋闱毕，任余姚知县。余姚滨海，为浙东门户、明代理学大师王阳明故里，地广人繁。近百年来却文化经济衰落，社会紊乱，士民怨声载道，履姚知县皆畏之。李化楠抵任，面临五大困厄：

一是，护田海塘堤年久失修，飓风海啸毁坏海塘堤200余里，盗贼横行、狱满为患，民不聊生。

二是，余姚、上虞二县农田灌溉共属的姚江上游浊溪四湖，因围湖垦田而造成失灌危机。浊溪东湖、西湖属余姚，湖周居民以一己之私围湖开垦造田，几至干涸，致下游无水灌溉，械斗不断；大渣湖属上虞，已泄湖垦为田；小渣湖属二县共有，上虞占七、余姚占三，上虞民围小渣湖造田，又欲开湖放水入海以垦田，此举不仅将造成下游无水溉田，且将致古时所开通航的运河枯竭，二县争讼，二十余年未决。

三是，余姚城北门外姚江后清桥冲毁未建，邑人出入城靠舟以渡，多年禀官倡修无果。

四是，收税庄书积弊甚久，有田未在册而不交税赋者，在册而无田催交税赋者众，每日凡此讼于官者达数十件。

五是，书院多年失修而颓废，学田无端被占而无记在案，致驰名华夏的理学大师王阳明故里文风失振。

李化楠莅任，施仁政、重教化，崇“名实”、举“同善”。题书“不贪、不虐、不违道干誉、不勤始怠终、吏胥不宽纵、案牍不停留”于寓所，“出而行之，入而思之，稍或愆焉，用自责也”。又“作劝民歌曲，条列 10 件，人给一张，将使同心而向道”。李化楠，终日谋抚字，恤民贫、舒民困，起余姚之沉疴。访民情、察案牍、踏勘浊溪四湖，下劝民、陈利弊，晓以理；上呈文、述案由、条治理，经大宪允准，铲复烛溪东湖、禁垦浊溪西湖，禁垦浊溪小渣湖，息 20 余年浊溪四湖之垦、保余姚良田灌溉之永利；发动邑人同心协力共善举，捐钱 524 千（缗）又 528 文，筑海塘堤 250 余里，护田 131132 亩；微服私访，暗察与官吏势豪勾结难获之恶首巨盗，不用捕快，暗派皂隶李兆、民壮娄恩密捕，半月内恶首 7 人全部归案收监，串捕庇纵者伏法；又改善监狱房舍，创建枉生所，捐俸给食，扃使自新，择邑中有技能诸如：泥瓦、石木、建造工匠，乃至饼师等为师，教其谋生手艺，艺既成保释之，其终身复不作贼；革除收税庄书积弊，正田号、清粮额，豪强不得兼并、胥吏无缘滋扰，历时一年成册 593 本存于内署，册载全县田地 721035 亩，岁征银 74446 两 5 钱，米 2572 石 1 斗 5 升岁折收银 3805 两 4 银，裁撤庄书 41 人，另选精干有德庄书 8 人专司其职，年更年换，不许积充，数美咸具、息讼宁人；又修复姚江书院，倡王阳明之学，醇风美俗；重建姚江后清桥以便行旅，畅邑城之出入。李化楠官余姚三年，得大治，粮丰禾茂、文风再起，吏治清、民无讼，合邑感戴。后调任秀水兼署平湖皆如余姚，巡抚杨廷璋举其为浙江第一循良。李化楠为官 17 年，历 3 知县、5 知州、3 知府同知，每离任，万民泣送。

李化楠崇“同善”尚“名实”，乾隆三十三年（1768）于顺天府任上殉道而去。事因下辖密云知县任宝坊贪腐，李化楠查访得实，已定案。十二月初，上宪提审，任宝坊翻供，李化楠即日奔赴保定同审，按察史周元理、保定知府吴肇基皆与任宝坊是姻亲，从中袒护并出言讥讽，李化楠据证力争而不能定任之罪，反遭周、吴等讽辱。“烈士殉名，贪夫殉财。”李化楠怒，自刎于署，殉名以证道，朝野震惊。任宝坊伏法处以极刑，袒护者保定知府吴肇基革职充军，按察使周元理推责于吴获免。

综上，李化楠勤劳国事、实政在民，仁慈清廉，政声卓卓。其深得儒家以民为本，仁义、大同之精要，坚持以人为中心的治世理学思想，崇“同善”、尚“名实”，标领时代之先。对其治世观、理学思想加以研究、弘扬，在今天仍具现实意义。

（赖安海：德阳市罗江区文旅局原局长，四川省民俗学会常务理事）

第五篇
李调元和川剧

李调元《雨村剧话》管窥

——乾嘉士林观剧风气与翰林班的演出活动

张学君

清代前期，是中华戏曲文化的兴盛期，特别是承平日久的乾嘉年间，后世所见地方戏曲都已进入争辉斗艳的黄金季节，竞相在京师亮相，其中以成都剧部的男旦魏长生和稍后徽班进京造成的影响最为深远。三百年后，还有北京剧评家胡沙为当代川剧表演艺术家蓝光临在京献艺川剧高腔戏《石怀玉惊梦》喝彩，赞叹他“恰是当年魏长生”。那时宫廷庆典、年节岁时，都有各地戏班进京献艺；精彩剧目有机会进入大内表演，受到帝后恩宠；王公贵胄、文武大臣迷恋戏曲的人不少。上有好者，下必甚焉。城镇移民会馆集聚之日观剧成风，乡间节庆、庙会和特殊的地方习俗，均有会首邀请戏班前往演出，民众踊跃观剧，成民间新俗。

传统文化精英中的士林群体，在当时也对戏曲显示出极浓的观赏兴趣。李调元基于戏曲与人生关系的认识，把戏曲作为表达人生情感、际遇的现实舞台。本文仅就李调元社交圈中士林挚友的戏曲情结和他的“翰林班”演出活动作一评介。

一、李调元与他的士林知交钟情戏曲

李调元在《雨村剧话·序》中明白无误地阐释自己“人生如戏”的

观点：

夫人生，无日不在戏中。富贵、贫贱、夭寿、穷通，攘攘百年，电光石火，离合悲欢，转眼而毕，此亦如戏之顷刻而散场也。故达而在上，衣冠之君子戏也；穷而在下，负贩之小人戏也。今日为古人写照，他年看我辈登场。戏也，非戏也；非戏也，戏也。

他认为，戏曲与社会和人生的关系十分密切，你中有我，我中有你，如影随形；人生即是现实中的戏，戏剧则是人生过往的写照，今日之事则是后世的写照。这种认识，在士林同辈中并非稀见，他们参与了杂剧曲目的创作和推广活动。略早于李调元的《红楼梦》作者曹雪芹，“不得志，遂放浪形骸，杂优伶中，时演剧以为乐，如杨升庵所为者。”当时，由安徽全椒移居江苏江宁（今南京）的《儒林外史》作者吴敬梓亦与伶人为伍，写过长诗《老伶行》，并自谱散曲让伶人演出，“托之于檀板、金樽，以消其块磊”；友人吴檠赠他诗句有，“香词唱满吴儿口，旗亭法曲传江潭。”上推晚明杨升庵、下及与曹雪芹同时的黄仲则亦然：

昔乾隆间，黄仲则居京师，落落寡合，每有虞仲翔青蝇之感，权贵人莫能招致之；日惟从伶人乞食，时或竟于红氍毹上。如杨升庵在滇南，醉后胡粉傅面，插花满头，门生诸妓，舁以过市。

他们都是才气横溢、直抒胸臆的性情中人，不仅在作品中表达真情实感，而且在遭遇人生挫折的时候，往往借酒消愁，长歌当哭，如泣如诉，苦乐自知。

在《雨村曲话·序》中，李调元也开宗明义地写道：

夫曲之为道也，达乎情而止乎礼义者也。凡人心之坏，必由于无情，而惨刻不衷之祸，因之而作。若夫忠臣、孝子、义夫、节妇，触物兴怀，如怨如慕，而曲生焉。出于绵渺，则入人心脾；出于激切，则发人猛省。故情长、情短，莫不于曲寓之。人而有情，则士爱其缘，女守其介，知其则止乎礼义，而风淳俗美；人而无情，则士不爱其缘，女不守其介，不知其则而放乎礼义，而风不淳、俗不美。故夫曲者，正鼓吹之盛事也。

通过对曲的社会价值的明晰论述，李调元从艺术的角度探索人生的美学价值。忠、孝、节、义的行为规范，皆可通过戏曲的抑、扬、顿、挫，进入人们的感官世界，达到“人而有情”、社会“风淳俗美”的效果。著名学者袁枚（字子才，别号随园老人）主张作品体现性灵，提倡写个人“性情遭际”，反对盲目倡导“拟古”“载道”。在他收到李调元馈赠《函海》和诗作后，立即在和诗中写道：

访君恨乏葛陂龙，接得鸿书笑启封。
正想其人如白玉，高吟大作似洪钟。
童山集著山中业，函海书写海内宗。
西蜀多才今第一，鸡林合有绣图供。

和律对李调元编纂、撰著《函海》的不朽功业予以极高评价，比之为“黄钟大吕”，苦行“山中业”，价值“海内宗”。他顿觉峨眉灵秀、巴蜀文采尽收眼底。

李调元之所以那么喜爱戏曲，锐意追求，就因其具有无与伦比的现实意义和历史价值。有关戏曲与人生的感悟，不仅李调元有这样的认识，他的士林同年，特别是遭遇人生坎坷的知己、好友，都与他有相似的认知：戏曲具有观照人生的功能。他说《琵琶记》“体贴人情，描写物态皆有生气；且有裨风教，宜乎冠绝诸南曲”。他的几位同年进士也与他志趣相投，在京供职时，聚会有期，诗酒唱和，也曾一起观剧，创作戏曲也是他们的业余爱好。他们是江南蒋士铨（字心余）、江苏阳湖赵翼（字云松）、安徽桐城姚鼐（字姬传），都对与仕途无关的戏曲怀有浓厚的兴趣。李调元曾在回信中，向姚鼐倾诉自己别有衷曲：“昨接足下书来，以我日逐优伶，以为诚有以自乐。非图乐也，日见时事之非，不可正言，诚恐遇事之时，一朝累及，故日以优伶自污之，特不堪为一二俗人言也。”在与赵翼书中也作了类似解嘲的回复：“愚自归田来，颇放荡于山水之间，虽有园亭声歌之乐，亦不过风花雪月，借以耗散心期，摆脱俗尘耳。”

乾隆三十九年（1774）夏，李调元奉旨前往岭南担任广东省乡试副主考，从京城出发，驿路经过南昌城，因此前从书信中得知挚友蒋士铨创作了多种杂剧作品，就顺道前往城外的江畔别墅，去拜访这位年兄。不巧蒋士铨几天前奉诏回京仍供职翰林院去了，其子蒋知廉盛情款待，席间李调元提起其父的诗作和曲目，得知诗作落水已毁，而剧作尚存。次日蒋知廉送李调元登舟时，特地送上其戏曲作品《藏园九种曲》，其中包括传奇《空谷香》《桂林霜》《雪中人》《香祖楼》《临川梦》《冬青树》、杂剧《一片石》《四弦秋》《第二碑》。李调元在江船上畅读蒋士铨九种曲，特别欣赏《冬青树》，此曲共计 30 出，谱写南宋末年文天祥、谢枋得抗元殉国史事，讴歌民族大义，谴责卖国权奸留梦炎等卖身求荣的丑恶嘴脸。李调元挂冠归田后，曾让自组的伶班排演蒋士铨的遗作《临川梦》《冬青树》。《冬青树》一出中的《柴市》演出效果最佳，动人心魄，在四川各地戏班，不胫而走。民国初，川剧作家黄吉安将这部旧作新编，与川剧名角完成了川剧大幕戏《柴市节》，讴歌救亡图存的南宋英烈，并成为保留剧目延续下来，长演不衰。

二、李调元有生之年所见下海从艺的儒林才俊

据李调元《雨村诗话》记载，最早对戏曲发生兴趣的年轻学子是康熙年间的成都生员向日升。向日升原本成都学官生员，家人报称被人诱骗，在梨园学戏：

> （向日升）年十四，……为人诓去，诱入梨园学戏。其兄寻觅半年不得，后闻在重庆某戏班装旦色声名籍甚，乃踪得之。……遂赴太守上控。太守持呈久之，问曰：“尔呈内言：在书塾中已完篇。今既入梨园，尚能作文乎?”曰：“能。”即令取纸笔，于堂上亲试之，未炷香而文成三百字。……又问：“能诗否?”曰：“初知平仄。”即指柏树为题，应声曰：“柏本栋梁器，初生不自全；倘蒙培养力，平地直参天。”叹曰：“此神童也，岂久于梨园中哉!”

张邦伸《锦里新编》记载了他的籍贯和仕途：向日升，字乾夫，号一存，成都人。幼为伶，后脱籍。康熙癸巳进士，授庶吉士。与《雨村诗话》互补的还有：问官乃叹曰：“此神童也！岂久屈人下者?”乃断令赎回。是岁，学使庐江宋嵩南在衡按临，首拔入庠，决其必领解。戊子发榜，果第一。嘉庆《四川通志》证实：康熙五十二年癸巳（1713）恩科，

王敬铭榜："向日贞，成都人，御史"。

与向日升同时代的杨潮观，字宏度，号笠湖，则是士林中投身艺海的第二位值得记述的人物。杨潮观原籍常州无锡，生而沉默寡言、不苟言笑。学业优异，乾隆元年（1736）中举，历任山西、河南、云南州、县宰守，后调任四川简、邛二州，再调泸州，年八十寿终。乾隆四十四年，他年近七十，再调泸州，初不打算赴任，后听说泸州遭遇灾荒，他慨叹说："见义不为，无勇也！""为国家者，莫甚于弃民！"于是毅然就道。杨潮观"性无嗜好，惟耽音律，爱花竹"，是一位天赋极高的戏曲艺术家。任职邛州期间，在卓文君妆楼旧址，构筑吟风阁数掾，吏民上寿者，令各种花木一株。这是何等风雅的地方官，为官一方，发掘当地人文史迹，培修成名胜古迹，鼓励官民参与其事，造福一方。少时以诗笔著名，中年丝竹陶情，寄情声律，深得元人三昧，自选古今可歌可泣事，编为杂剧三十二种，庆新楼落成，亲自指点艺人演唱其所作诸剧，此《吟风阁杂剧》之由来也。

清人汤曾辂、姚燮均读过杨潮观所著《吟风阁杂剧》，他们对杨潮观杂剧的创作实践和艺术成就都做了知人论世、精细入微的评价。汤曾辂说："无锡杨笠湖，少以诗笔著名。中年丝竹陶情，寄情声律，尝著《吟风阁杂剧》，深得元人三昧。昔人论制曲须是巨才，与诗词另是一副笔墨，既宜传演，又耐吟讽，摹神绩影，中人性情，斯为能事。"姚燮称其"性情倜傥，工画竹，诗亦多杰句。尤工度曲，所著《吟风阁》传奇，如《诸葛公夜渡泸江》、《寇莱公思亲罢宴》诸剧，声情磊落，思致缠绵，虽高则诚、王实甫无以过也"。更有稍后论者认为：杨潮观"初任邛州刺史，有政声、善词曲，于廨厅事之西，筑吟风阁，公余聚宾僚觞咏赓歌其中，挥毫著书，以为娱乐，志乘犹志其事。尝与袁随园（名枚）文字诘难，随园视为畏友，足见其文采艺术不凡。先生谱《吟风阁传奇》三十二回，将朝野隔阂、国富民贫，重重积弊，生生道破；心慕神追，寄托遥深别具一副手眼。文情艳丽科白滑稽，光怪陆离，独标新义，扫尽浮词，不落前人窠臼，似非寻常随腔按谱填词编白可比也"。这是从其所著杂剧揭示的剧情内容、表现手法、表演艺术诸方面对杨潮观作品的独到、深刻、全面的评价。其开创蜀中戏曲新局面，为新兴川剧立下汗马功劳。

在李调元《童山文集》第九卷收有《四桂先生传》，其传文云：

四桂先生，不知何许人。慕五柳先生之为人，因指亭前四桂以号焉。……顾性喜丝竹，不能寂居。又工乐府小令，家有数僮，皆教之歌舞。尝畜黑驴一头，亦谙音乐，每遇家童登台演剧骑之，甫唱便旋转而行。唱完即卓然而止。疾徐俯仰，能应节奏，人皆异之。先生兴来，辄携数僮，跨黑驴，遍游名山大川，或经年乃归，归则仍独居楼上，不与人见；人或见经年不见黑驴与伶童之出游也，又多疑其为仙云。

作者在这段故事开始，便交代了这篇《四桂先生传》是慕陶渊明《五柳先生传》的模式，写出自己的趣事。四桂先生与五柳先生都有自己独行的生活方式，他们认定“逍遥自乐之人，其天定也。不为利疚，不为威惕，所为养其浩然之气而不动心者乎。托身优伶之内，放荡山水之间，以著书自适，其殆鹿皮抱犊之流欤。”这是李调元晚年生活的自况。

三、李调元翰林班的演出活动

我在《李调元与乾嘉时期的川剧》中，论述了李调元与一般皓首穷经的儒学之士的不同，他有旺盛的求知欲望和广博的兴趣爱好，尤其对植根于民间文艺宝库的戏曲艺术兴趣极浓，时有涉猎。在他中年退隐后，得以沉浸在自己喜爱的戏曲艺术中，至死不渝。在家乡罗江首创了苏昆伶班，招收具备戏曲艺术禀赋的川籍伶童数人到一二十人，延聘了精于昆曲艺术的江苏籍教师，教授地道的昆曲，兼施以文化素质教育。数年工夫即开始编排多种古典杂剧，包括昆曲大家杨潮观所编《吟风阁杂剧》32 种、李渔（笠翁）所著十种曲均纳入其中，“令皆搬演”。李调元虽然偏爱时称“雅部”声腔的昆曲，但他在家乡四川和南北各省寓居期间，也曾观看过包括秦腔、京腔、弋阳腔、梆子腔、西皮、二黄腔在内的“花部”声腔。特别是乾隆四十四年（1779），在京师供职的李调元观看了著名秦腔男旦魏长生（四川金堂人）演出的“名动京师”的秦腔《滚楼》；同时观看了几位著名川籍名角在京师的多声腔精彩表演，深受震撼，也让他大开眼界：

近日京师梨园以川旦为优人，几不知有姑苏矣。如在京者，万县彭庆莲、成都杨芝桂、达州杨五儿、叙州张莲官、邛州曹文达、巴县马九儿、绵州于三元、王升官，而最著为金堂魏长生，其徒陈银官次之，几于名震京师。《燕兰小谱》云：长生名宛卿，昔在“双庆部”以《滚楼》一出，奔走豪儿，士大夫亦为心醉。

这几位出类拔萃的名角，都是四川地方戏的台柱，艺术功底深厚，在江湖卖艺求生，在舞台拼搏、班部竞争中赢得头筹，有此坚实根底，才得以在京师戏曲舞台上崭露头角；也需要适应南北观众的不同需求，声腔多样化，既有擅长雅部声腔（昆曲）的演员，也有擅长花部声腔（高腔、胡琴、弹戏、灯戏）的演员，更有乐感极强的戏曲名家，昆乱不挡，组合成班，常年节庆在各地会馆演出。

李调元受到蜀中戏曲氛围的影响，也在雅部伶班的基础上，扩大规模，将花部乱弹也接纳成班，形成“笙歌蛙两部”，成功地将自创的“梨园”转化为昆、高、胡、弹、灯五种声腔同台争辉的川戏班，即俗称“风绞雪班子”。从李调元的大戏班搬演李渔的十种曲的声腔归属看，的确体现了昆乱不挡：《比目鱼》原本昆曲，兼唱高腔；《蜃中楼》弹戏；《怜香伴》弹戏；《慎鸾交》高腔；《巧团圆》高腔；《奈何天》高腔；《风筝误》高腔；《玉搔头》弹戏；《意中缘》弹戏；《凤求凰》（又名《凤凰琴》）高腔。其中花部声腔，特别是民间喜爱的高腔戏竟然占据六种之多，其次是弹戏占据四种。昆曲声腔只占一种，几成花瓶。可见李调元的翰林班已在戏曲兴盛时期从鹤立鸡群的昆曲走向五腔共鸣的大众化川剧艺术。这也答复了昆曲从戏曲翘楚回落至“合者盖寡”的“阳春白雪”的原委。

在李调元挂冠回乡打造自己的雅部昆班和花部（又称乱弹）伶班以来，可以说他心无旁骛、专心致志地培育戏曲人才，开始组织自己的伶班，在家乡附近父亲和外公早年兴建的观音岩、梓潼宫、文昌宫（下梓潼）为神会、庙会酬开展演出活动。庙会一般在祭神庙宇的“乐楼”演出（“一龛同佛听笙歌”），由“社翁”“会首”主持，包括备办犒劳伶班的“腰台”酒菜（“赢得豚蹄兄妹共，腰台多谢社翁情。”）翰林班外出演出的机会不少，这里简述几次重要演出活动：

乾隆五十二年（1787）五月二十七日，李调元与成都文士方文奎游览杜甫草堂，“携乐部泛浣花溪而上”。傍晚，他们在平桥畔置酒欢宴，唱腔出色的伶童崔官“倚桥从歌，声可遏云”，受到宾主赞叹。乾隆五十七年（1792）十二月八日，李调元带领他的伶班前往好友什邡县令陈湘维家中，举办祝寿演出。

乾隆六十年（1795），乙卯人日，李调元的翰林班应近邻诸生陆见麟之邀，前往其堂前盛开的红梅树下搬演昆曲《红梅传奇》。于是他自述："今年乙卯人日，自携家乐，邀何九皋同观，主人置酒其下。听演《红梅传奇》，为作一律"：

一样春风两样分，漫言间色夺缤纷。
浅深绛染江边雪，远近霞烘岭上云。
人依栏杆同笑语，天教阆苑入芳群。
当筵更奏红梅曲，要算霓裳再得闻。

如此盛事，远近风闻。不久得到绵州知州王云浦（字用仪，庐陵人氏）的唱和；继而绵竹县令杨实之（字学光，清江人氏）、什邡县令宁湘维（字琦，会稽人氏）、彰明县令马海门（字元龙，河阳人氏）的陆续唱和。"远近闻之，自缙绅以至释道女媛和者不下数百人。"红梅主人陆见麟编为《红梅唱和集》

乾隆六十年（1795）翰林班演出活动频繁，春季干旱，乡亲父老在河村举办青苗会祈雨，会首特邀他的伶班演出。谁知锣鼓喧天，大戏刚要开台，天降大雨，求神意愿已遂，演出取消。但殷勤的社翁仍按规矩送来酒肉，足见乡风民俗淳厚。

同年九月十四日，李调元侄儿朝垲乡试中举，喜报传来，阖府欢庆，在宗祠祭祖后，演戏庆贺，翰林班大展身手。

嘉庆三年（1798）六月初六日，李调元带领伶班去台山界牌看望妹妹的女儿，妹妹设宴款待，伶班即席演出。嘉庆四年（1799）七月，李调元带领他的伶班前往安县界牌场演出，适逢安县知县奉命禁戏，说是有伤风化。他用诗歌答复知县有关伶班在界牌场酬神演出的意愿，带几个伶童酬神演出，并用诗歌答复知县"禁戏"的责难，他自办伶班不过是"特送弦歌舞太平"之意，无关风化：

昔日江东有谢安，也曾携伎遍东山。
自惭非谢非携伎，几个伶童不算班。

与李调元结为艺林知交的魏长生乾隆五十六或五十七年也回到家乡四

川金堂县，得知李调元蒙冤回乡，特地致书问候。时值李调元和他的伶班在金堂县衙饮酒、观剧，顿感今夕何年、苍凉悲愤，为知音吟诗一首：

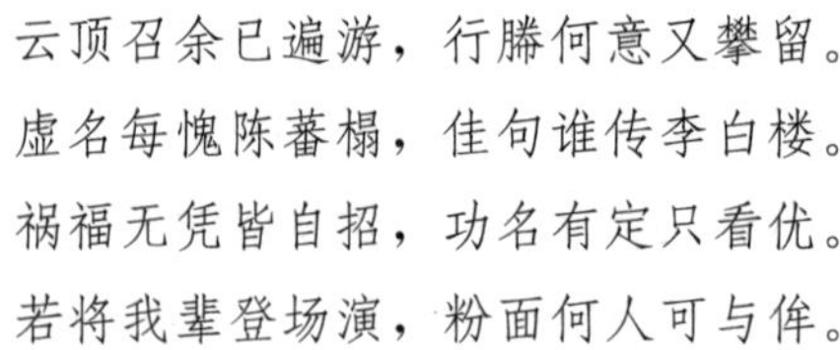

云顶召余已遍游，行縢何意又攀留。
虚名每愧陈蕃榻，佳句谁传李白楼。
祸福无凭皆自招，功名有定只看优。
若将我辈登场演，粉面何人可与侔。

这诗贴切地表达出李调元对人生功过、善恶错位的悲愤与无奈。他只能与魏长生一样，借助戏曲舞台来塑造美丑、善恶，借以启迪人生、谴责坏人的丑恶行径，揭示其“粉面”假象，为善良无辜的忠良招魂，借以弘扬社会正义。

（张学君：四川省人民政府文史研究馆馆员、四川省地方志编纂委员会编审）

从李调元和范朴斋看四川戏剧的传承与发展

牛会娟　杨代欣

清代的前期，即康雍乾时期是川剧的形成时期。在它的初期阶段，昆高胡弹灯五种不同的声腔艺术是以五种不同的剧种分别进行艺术活动的。

昆曲在四川演出最早的记载见于清康熙时期，暖红室刊本《长生殿》前有洪昇好友吴舒凫所作序文，其中写道："他友游西川，数见演此"，[①] 而"数见演此"的正是昆曲《长生殿》。由于昆曲传入巴蜀，与四川文化产生对撞，但环境不同了，观众的对象也不同了，所以纯粹的"唯昆山为正声"的昆曲，即使其声调、板式不变，慢慢也变成吐字为川音的"川昆"了。

川剧的高腔源于弋阳腔。大约在明万历年间，弋阳腔与昆腔形成双峰并峙之势，后来昆腔曲高和寡，而弋阳腔却赢得了广大观众的喜爱。据专家考证，弋阳腔于乾隆以前流入四川。如李调元在《剧话》曾写道："'弋腔'始弋阳，即今'高腔'，所唱皆南曲。又谓'秧腔'，'秧'即'弋'之转声。京谓'京腔'，粤俗谓之'高腔'，楚、蜀之间谓之'清戏'。向无曲谱，衹沿土俗，以一人唱而众人和之，亦有紧板、慢板。"[②]

① （清）洪昇著，（清）吴仪一批评、明才校点：《长生殿》，凤凰出版社，2010年，第1页。
② （清）李调元：《剧话》，《中国古典戏曲论著集成》8，中国戏剧出版社，1959年，第46页。

川剧胡琴腔是由楚音（楚腔）演变而成，时间至迟在嘉庆、道光年间。楚腔是徽调传至湖北的黄冈、黄陂，与当地的曲调相互结合的产物，称为“二黄”，也称为“楚腔”。

弹戏又称为川梆子，由秦音入川演变而成。秦音又称秦腔、弹戏，还称为乱弹。一代名伶魏长生把秦腔引入京都并引起人们的一时追捧，对川剧发展的影响巨大。

灯戏是川戏的一种声腔，民间色彩较浓，演出也短小精悍。一般在元宵前后，人们不仅观灯，还看灯戏听灯曲。李调元《童山诗集》卷三二有诗作《初六日莲洲座上听灯曲戏赠》，记载了他晚年在绵州莲池座上观灯戏之感。

随着时间的推移，昆高胡弹灯这五种不同的声腔艺术为了适应社会的发展和观众多方面的需要，当然也为了自身生存发展的需要，于是相互影响，慢慢地五种声腔在巴蜀大地上同台演出，交流融合，最终在清乾隆后期形成风格统一的川剧剧种。而在川剧形成和发展过程中，不仅有伶人琴师的创造与传承，文人雅士也在其中发挥了重要的作用。李调元、赵熙、黄吉安、尹仲锡、刘怀叙、冉樵子、范朴斋等文人就承担着剧作家及剧评人的重要角色，为川剧的发展始终进行了实践和理论的指导。

李调元（1734—1803），字羹堂，号南村，别署童山蠢翁，四川罗江县人，为清代四川的大学者，戏曲理论家。他与张问陶、彭端淑合称“清代蜀中三才子”。2020年6月，李调元被评为第二批四川省十大历史名人，其社会影响力也日益扩大。李调元对民间文艺尤其是川剧、曲艺、民歌、游戏等方面的重视，使得他区别于传统士大夫而为中华传统民间艺术的发展做出了巨大的贡献。他尤其“醉心戏曲，为川剧艺术的勃兴贡献至大”。[①]

李调元生在书香世家，五岁即读《四书》《尔雅》，记忆力过人，凡经眼之书大多过目不忘，才思敏捷。乾隆二十八年（1763）进士，由吏部文选司主事迁考功员外郎，办事刚正，有“铁员外”之称。历任翰林编修、广东学政等；乾隆四十六年（1781），得罪权臣，遭诬陷，遣戍伊犁，于1785年方得以母老赎归，居家著述终老。李调元的《童山全集》撰集诗话、词话、曲话、剧话、赋话著作达50余种，实为蜀中著述之富；编辑刊印《函海》共30集，共150种书；另有《童山诗集》40卷。其中《雨村

---

① 蒋维明：《李调元》，四川教育出版社，1991年，第2页。

曲话》和《剧话》是李调元最具价值的戏剧理论专著。《雨村曲话》多摘引前人的戏曲评论，并有自己的看法，间有对剧作家本事的考证，为戏曲史研究提供了资料。上卷主要引元曲作家的名句，品评其炼词造句的特色和音律风格；下卷着重探讨明代传奇戏曲。《剧话》上卷漫谈戏曲制度沿革，下卷考证戏曲故事。其中，记载了当时博兴的弋阳腔、吹腔、秦腔、二簧腔、女儿腔等，对高腔、弋阳腔的发展脉络进行了深入细致的探索，为后世戏曲史特别是剧种声腔史的研究提供了许多可用的资料。

据专家研究考证，认为绵州（绵阳）自明代起，已有高腔、秦腔、胡琴、昆曲与灯戏在这里轮回上演。其中灯戏植根于四川本土，而高腔源于江西弋阳腔，并与源于昆曲的昆山腔形成对峙。生在绵州的李调元被人们称为“川剧之父”，对川剧传承与发展是做出了巨大贡献的。《童山诗集》卷三六还有一首《七月初一日入安县界牌闻禁戏答安令》：“言子当年宰武城，割鸡能使圣人惊。前言戏耳聊相戏，特送弦歌舞太平。昔日江东有谢安，也曾携伎遍东山，自惭非谢非携伎，几个伶儿不算班。”李调元在安县界牌处听闻地方发布禁戏令，作这首诗借孔子于武城听琴瑟唱诗之音以及谢安隐于山阴之东山、携妓嬉游的典故，调侃自己比不上谢安风流，自己的几个伶儿也凑不成戏班子。这也从直接印证了李调元晚年在家乡组织伶班、培养伶童并流动演出的活动。这些活动“对于昆曲在四川的流传和四川戏剧文化活动的发展，都起了推动作用”。[①] 袁庭栋认为：“李调元为近代川剧的形成与发展所花费的心血与获得的成果在整个清代仍然是位居榜首。”他还指出：明末清初的战争过后，清朝经历了一次极其重要的社会经济与文化的复兴，并使川剧也获得相当的恢复与发展，保存至今，成为四川特色文化中一颗璀璨的明珠，在此过程中，李调元功不可没。

此外，李调元在《雨村诗话》卷九中也曾梳理“旦”角出现之脉络，并分析当时流传的五卷本《燕兰小谱》“可谓戏旦之烟花录矣”[②]；《雨村诗话》卷十以汪钝翁（汪琬）轶事为引子，记述了当时京师名震京师的川旦演员，如“万县彭庆莲、成都杨芝桂、达州杨五儿、叙州张莲官、邛州曹文达、巴县马九儿、绵州于三元、王升官”，特别提到了最著名的“金堂

① 袁庭栋、张志烈：《历史文化名人在四川》，四川人民出版社，1985 年，第 183 页。
② （清）李调元著，詹杭伦、沈时蓉校正：《雨村诗话校正》，巴蜀书社，2006 年，第 225 页。

魏长生和成都陈银官”师徒。[①] 魏长生是戏剧史上“花”“雅”两部争胜中的代表人物，对四川戏剧发展影响很大。李调元与魏长生有书信往来，也在作品中记载了魏的起伏，对魏经历的评价与感慨也必定影响他在伶班培训中的活动。张学君曾认为李调元关注名旦魏长生，创办花部声腔伶班，为最终多种声腔的川剧逐渐形成，做了重要的贡献。[②]

据说，李调元还开展了剧本编写工作。近代川剧的著名剧目《春秋配》《梅降亵》《苦节传（即芙奴传）》和《花田错》据说当年或为其亲自动手编写或为其加工修订而成。卢前甚至认为这四个剧本就是李调元所创作，并将之与汤显祖的“临川四梦”相提并论。[③] 蒋维明也认为，李调元参与了这四部作品的编写，并从当地流传的故事中分析认为李调元将自己的生活感受融入戏剧编写中。[④]

由此可见，可见川剧的继承与发展是绕不开川剧之父李调元的。他的戏曲论著《雨村曲话》和《雨村剧话》，广泛深入地反映了乾嘉地方戏剧兴起的概况，阐述了他的富有中国传统的戏曲美学思想。他提出的“古今一戏场”及“人生无日不在戏中”的戏曲观，都是现实在戏剧中的再现。

虽然川剧在乾隆形成，到清末也不过百多年时间。然而就是在这清末民初，川剧进入了繁荣时期。著名作家李劼人在《死水微澜》中写道：“（成都）有很多的大会馆，每个会馆里，单是戏台就有三四处，都是金碧辉煌的；江南馆顶阔绰了，一年要唱五六百台整本大戏，一天总要两三个戏台在唱。”这是一件了不得的事，同时也可证明川剧在当时的繁荣程度。

就在此繁荣时期，川剧并未满足于此而裹足不前，同人们在官府的支持下，在成都华兴正街的老郎庙（后改建为悦来茶园）正式成立“戏曲改良公会”。公会订于每月朔望日集会，制定改良办法与措施，并确定“改良戏曲，辅助教育”为川剧改良活动的宗旨。在改良活动的影响下，清末民初形成了一批富于维新思想的积极从事川剧剧本创作的文人剧作家群，其中以赵熙、黄吉安、尹仲锡、刘怀叙、冉樵子等为代表性人物，而且此种趋势经久不衰，一直延续至20世纪的五六十年代。当然不乏后起之秀，范朴斋就是其中一员。

---

① （清）李调元著，詹杭伦、沈时蓉校正：《雨村诗话校正》，巴蜀书社，2006年，第233—234页。

② 张学君：《李调元与乾嘉时代的川剧》，《文史杂志》2021年第1期。

③ 卢前：《明清戏曲史》，岳麓书社，2011年，第83页。

④ 蒋维明：《明清巴蜀人物述评》，巴蜀书社，2015年，第84页。

范仆斋既有赵熙、黄吉安等川剧文人剧作家一样的丰厚坚实的传统文化功底，又有丰富的政治生涯和曲折的革命斗争经历。范朴斋参加过旧民主主义革命时期的辛亥革命，又参加了新民主主义革命，并投身于新中国的社会主义建设。范朴斋曾是国民党的民主派“三民主义同志联合会”的中央监察委员，1944 年由左舜生介绍入民盟。1945 年 10 月，在民盟第一次全国代表大会期间，范朴斋当选为民盟中央委员。当时，他已经五十多岁，却比年轻人还爱激动。他的讲演虽然是四川口音，但是妙语连珠，诙谐幽默，极富煽动性。

范朴斋的《李娃传》川剧剧本，源于唐白行简的传奇小说《李娃传》。据考，白行简的《李娃传》是源于已佚的唐话本。唐元稹《酬翰林白学士代书一百韵》“翰墨名尽，光阴听话移”原注：“尝于新昌宅说《一枝花》话，自寅至巳，犹未毕词也。”是为唐人“说话”的始见资料。后人以“一枝花”为李娃旧名。又宋罗烨《醉翁谈录·李亚仙不负郑元和》云：“李娃，长安娼女也。字亚仙，旧名一枝花……娃封汧国夫人。”所以《李娃传》又名《汧国夫人传》。《李娃传》的剧本，元代为《曲江池》，明代为《绣襦记》。

20 世纪 50 年代中期，除了繁忙的公务外，范朴斋还抽出时间投入川剧整理和川剧改革的一系列工作之中。他不仅亲自为成都市川剧团的演员开班实习文化，加强戏曲理论知识的掌握与提高，而且还着手整理改编川剧剧本。当《李娃传》剧本完成之后，他非常高兴，加之他对剧中人物非常熟悉，于是有《写〈李娃传〉成漫题二绝》：

子昂曲调汉卿词，聊慰孤怀寄所思。
刻意雕虫虽小技，千年以上有相知。
庭树斜阳噪暮鸦，幽荒一样蕴光华。
老来尚有豪情在，磨墨拈毫写《李娃》。

以上两首诗可以看出他对古代戏曲修养颇深，虽然他觉得写《李娃传》是雕虫小技，但是他觉得自己尚有豪情，他认真完成了剧本《李娃传》的改编工作，而且感到十分满意。接着，他又对《李娃传》的剧中人一一作诗评价，有《分咏〈李娃传〉剧中人十四首》。

范朴斋对川剧艺术的研究和一系列主张，主要体现在他的《啸楼谭戏》中，尽管《啸楼谭戏》的发表离现在已经整整五十年，有些主张并非正确，但也有一些议论是值得借鉴的。

《啸楼谭戏》的首篇文章《接受遗产》，发表于 1956 年 12 月 20 日的《四川日报》“百草园”栏目上，一直到 1957 年 3 月 30 日的《剧词的雅俗问题》为止，一共有短文 21 篇。每篇文章 1000 多字，短小精悍，主题突出，应属于戏剧杂文范围。这些短文引起有关方面的重视。

文章中有涉及遗产的继承和百花齐放的问题，如《接受遗产》《百花齐放》《芙蓉花仙》和《摔沙锅》等。在《百花齐放》中他：“并不反对在唱腔中吸收别的新东西来充实、发展。但必须是要经过消化，加以融合。即是说，吸收新的东西的同时，必须注意到保留本来应有的格调。”对于《芙蓉花仙》这出戏，他觉得不一定“芙蓉花仙”就必须安排嫁给陈秋林，所以“我觉得这出戏，倒是根据原著——像重庆市川剧团上演的本子，好些”。

在《阳世三间》《剧名》和《裁缝偷布》中，他谈到演员唱错字的问题：“本来旧艺人中有许多还是文盲，他们对文字的错讹，我们不能加以苛责。何况抄写剧本的人既可能写错，旧时刻印本，也错误极多……但在剧改工作中，却是一件值得注意的事。”《阳世三间》）对于剧名，他主张：“总之，无论为新编或改编旧剧，对决定剧名时，我认为最好是留意到保存旧剧剧名的风格，宁可保守点，不要搞成‘四不像’。”《剧名》）他认为：“著《宋元戏曲考》的王国维先生所举南戏最古的剧目‘荆’（《荆钗记》指物），‘刘’（《刘智远白兔记》指人），‘拜’（《拜月亭》指地），‘杀’（《杀狗记》指事）正好是四种不同的剧名。”他还说：“现在的旧剧命名仿自传奇，自成风格，由来已久。虽然只有三四个字，却最能概括全神，这样的命名，是好的。”范朴斋的此种主张，非常有道理，事实上，此种命名法，至今也是这样。但是对于《裁缝偷布》这样的命名，他就有意见，因为“不能不说是有侮辱劳动人民的嫌疑”，如果“把剧名改成《偷布裁缝》，是不是会更妥当些”？

《穆柯寨考》和《天门阵考》两文，显示了范朴斋对历史戏剧研究的严肃认真的态度。他认为：“为戏剧而作考证本是多余的事，无此必要。但对历史戏剧，考证一下史实，也不是毫无用处的……旧剧本中对地名、人称、职官名，往往能如实地反映历史的真实情况，是有考究的，未经研究，不宜轻改。”（《穆柯寨考》）范朴斋曾为成都市川剧团写过弹戏《天门阵》的剧本，他认为：“至于这个《天门阵》的内容，更是根据《双挂印》

一戏所述的情节写的。这在旧时的京剧、秦腔、川剧都如此……故我在新写《天门阵》剧本时，是注意到此点，虽然不作‘窜皮’举动，定要考证正史削去虚构，或者硬使之回复到与元人杂剧一样，但对太‘牛鬼蛇神无理取闹’的地方，也适当地加以修正。我认为这是接受遗产应取的态度。”（《天门阵考》）

论及鬼戏，他的见解颇高。他认为：“鬼，没有这样一个实物，但真有这样的一个虚像。那就是有的人从自己心中产生出来的‘像’，这不但不迷信，也不唯心……对于一个昧良负心的人尤其是曾经做过害人事情的人，他所害过的那个人，便会成为他心里藏着的一个鬼。”（《鬼》）接着他指出《一字狱》的李有恒、《活捉王魁》的焦桂英、《活捉子都》的颍考叔，都是属于这类鬼。他接着总结：“（鬼）但如表现在戏中，却不得不把它形象化。这就是戏中的鬼，这是戏中鬼之一种，是恶鬼。”在《第三种鬼》中，他认为有害过人的人的心中的“暗鬼”，也有想象出来的富有人趣味的“鬼”，但还有“原是人装的鬼”。他危望：“永远永远不再会碰到这样的‘第三种鬼’。”并认为：“神话传说中神仙的法宝，如韦驮的‘降魔杵’、孙悟空的‘金箍棒’等等这是一种‘超人力量’。”他主张神仙的法宝不应当做迷信，但是如果人使用法宝，如“把穆桂英的‘风火扇’也保留起来，这就有问题”。

《啸楼谭戏》中的《高腔伴奏问题》和《剧词的雅俗问题》显示了范朴斋对川剧高屋建瓴的见解。

他认为：“一般以一唱众和的乐调为高腔，这不只四川才有。据我所知，如秦腔、如徽调、如高阳及湖南一些地方剧种，都有一唱众和乐调，也可称作高腔。”不过笔锋一转，作者对川剧的高腔作了必要的界定：“但四川高腔有个特点，即是除了帮腔时一向就用笛或用唢呐伴奏而外，无论男女角色，在唱时均不用乐器伴奏……高腔的曲牌据最近印行的《川剧高腔曲牌简介》所举名称多到一百一十多种，变换最多，不但在音调上与丝弦各别，在音节上也独具风格。有的曲牌，在唱时可以任唱角随意伸缩，唱词不但可以用长短句，甚至不落韵。而唱腔尺寸，也不像丝弦那样，夹眼或三眼一板，而是‘橡皮板’，拉长缩短，可以自由。‘气口’会自然会于节奏，但又是挂板唱，并不同于皮黄的‘散板’。这是很特殊的一种乐调。”作者以上的论述是非常专业的。就在他写《啸楼谭戏》时期，川剧界也正在就高腔的伴奏展开讨论，作者虽然不否认伴奏是有用处的，但是不能绝对化，他说：“事实上有很多很长的曲牌是不宜于伴奏的，便如［梭梭岗］［棉搭絮］［山坡羊］［华秋儿］之类。”所以作者认为：“就我个人说，我倒倾向于不主张伴奏，因为加伴奏可能把高腔这一朵花接种成另外一种东西，反而会妨碍了高腔的独立发展前途。”（《高腔伴奏问题》）

在《剧词的雅俗问题》中，他指出：“在古典文学中，这样造意、用典、遣词，不能不说是绞过脑汁的好句子。但在戏剧唱词中，实在就太偏僻深奥，太不大众化了。”所以作者最后认为：“统而言之，雅与俗既无一定标准，是不是普遍的通俗的大众化语言，主要还是以那个地方的人懂不懂来作标准，这倒似乎恰当些。”

黄吉安（1836—1924），名云端，字吉安，原籍安徽寿春。他辗转湘、川等省各县衙达 30 余年之久。他年过花甲，66 岁开始编写川剧和曲艺（扬琴）作品。在 20 世纪 50 年代范朴斋亲自到黄先生老友徐鉴安处，调查他保存的黄吉安创作的剧本（连曲剧在内）共 102 本，其中尚未排演过的有 50 多本。通过整理，他认为：“黄先生所创写的戏剧，几乎没有写才子佳人这一类的作品。大部分是激昂慷慨的史事……在全部作品中，占相当数量的，则是反抗异民族的侵略，表扬民族英雄，显示民族气节的悲壮历史戏。”（《评黄本》）范朴斋在这方面给予“黄本”高度评价，当然他也指出：“黄先生不懂韵及高腔曲牌，又不长于写长短句，不会填曲……其次，如他所写的下本《百宝箱》……带有很浓厚的迷信色彩……”等等。但虽然如此，仍瑕不掩瑜，他认为：“总的说来，黄先生的创作，优点是太多了。我已专谈过他的《柴市节》（戏）和《处道还姬》（曲），我以为这是可以称为他的代表作的作品。”

知道范朴斋的人很少了，知道《啸楼谭戏》的人就更少了。范朴斋的一生是传奇的一生，他在国民党时期为党为人民出生入死，以大无畏的英雄气概智救关押在重庆渣滓洞的革命同志……新中国成立后虽然公务繁忙，但他能在业余时间以一位业余川剧爱好者的身份钻研川剧艺术，最终成为一名名副其实的川剧艺术修养颇高的川剧评论家和川剧剧作家，这是十分难能可贵的。在振兴川剧的今天，他为我们留下的这一份宝贵的财富是值得认真参考和对待的。

（牛会娟：成都信息工程大学文化艺术学院教师；杨代欣：成都市武侯祠博物馆研究员）

第六篇
李调元与川菜

从李调元与袁枚的饮食观念及实践比较看川菜的平民性

杜 莉

川菜与鲁菜、粤菜、淮扬菜是中国最著名的四大菜系，其都是在清代中后期最终成熟定型。有人评价，鲁菜是官府菜，粤菜是商人菜，淮扬菜是文人菜，川菜是平民菜。川菜的平民性，不仅与明清时期“湖广填四川”大规模移民入川有关，也与这一时期文人的著述倡导相关联。其中，清代中叶的李调元就起到了重要作用。这里仅从李调元与袁枚的饮食观念及实践进行比较，探讨李调元在助推川菜平民性特征的突显上所起到作用。

将李调元与袁枚做比较的原因有二：第一，两人所处时代相同即清代乾嘉时期，且有一段文坛佳话。袁枚（1716—1798），浙江钱塘人，辞官后归隐随园，著《随园食单》。李调元（1734—1803），四川罗江人，曾随父李化楠到江南任所生活多年，辞官后归隐醒园，编纂刊行《函海》。袁枚得知李调元编纂刊行《函海》后便托人到四川送上自己的作品，并作书索要李调元《函海》及其所著之书，言“醒园篇什随园句，兰臭同心更有谁”，得偿所愿、阅读后又寄诗称赞。第二，两人皆是著名文人，皆有饮食典籍和相关诗文，李调元有《醒园录》，袁枚有《随园食单》；两人的饮食典籍和相关诗文不仅阐述了各自饮食观念，还大量记载菜点品种，从中可见他们分别对川菜及淮扬菜的文化特征所起作用。

一、饮食观念上，两人皆重视饮食，李调元更推崇和倡导民间常珍

袁枚，字子才，号简斋，清代诗人、散文家、文学批评家和美食家。乾隆四年（1739年）进士，授翰林院庶吉士，后任溧水、江宁、江浦、沭阳等地县令7年，为官清明勤政，深受百姓爱戴，但仕途不顺，于乾隆十四年（1749）辞官，隐居南京小仓山随园。袁枚著述颇丰，主要有《小仓山房诗文集》《随园食单》《随园随笔》等，在文学上主张独抒性灵，饮食上追求美味，生活中随性而为，将自己的园林取名“随园”，晚年自号随园老人等。

袁枚自称“好味，好色，好葺屋，好游，好友”（《所好轩记》），其《不饮酒》诗言：“有目必好色，有口必好味。戒之使不然，口目成虚器。”① 他十分重视饮食烹饪，引经据典，指出饮食烹饪与治国、治学同等重要。袁枚《随园食单·序》言：“诗人美周公而曰：‘笾豆有践。’恶凡伯而曰：‘彼疏斯稗’。古之于饮食也，若是重乎！他若《易》称鼎亨，《书》称盐梅，《乡党》、《内则》琐琐言之。”② 周公，西周初期的政治家，曾全力辅佐年幼的成王。“笾豆有践”，出自《诗经·豳风·伐柯》，指盘碗杯碟排列成行，以此颂赞周公治国有功。凡伯，周幽王时的权臣。“彼疏斯稗”，出自《诗经·大雅·召旻》，指该吃粗粮却吃细粮，以此怨恨凡伯治国无能。袁枚认为，《诗经》《周易》《尚书》《论语》《礼记》等儒家经典都论及饮食烹饪，可见古代圣人对饮食十分重视。因此，他也高度重视饮食，认为与治国、治学同等重要。其《随园食单·须知单》言：“学问之道，先知而后行。饮食亦然，作须知单。”③ 他为家厨王小余立传，写下《厨者王小余传》，重要原因之一是其言“有可治民者焉，有可治文者焉”。他认为各种美食都很重要，并未特别推崇和提倡民间常珍。

李调元，字羹堂，号雨村，别号童山蠢翁，四川罗江人，文学家、戏曲理论家。他幼时曾随父李化楠到江南任所，拜老诗人钱香树为师，后考中进士，历任授翰林院编修、吏部文选司主事、广东学政等职，因清廉刚正、得罪权贵而入狱，流放途中赎免。乾隆五十年（1785），他回到故乡，

① 王英志：《袁枚全集新编》第六册，浙江古籍出版社，2015年，第424页。
② （清）袁枚：《随园食单》，中国商业出版社，1984年，第1页。
③ （清）袁枚：《随园食单》，中国商业出版社，1984年，第1页。

隐居醒园，一边游历蜀中各地，一边吟诗作文、著书立说，著有《童山诗集》《童山文集》等，并编印巨著《函海》，藏于万卷楼供人阅览，促进了四川文化的振兴和发展。

与袁枚相比，李调元不仅重视饮食烹饪，更推崇和倡导民间常珍。李调元认为饮食不是一件小事，而是文化内涵丰富的大事、要事，应当保护传承；更指出珍品存在于平常物中，推崇民间常珍。这些饮食观念对近现代川菜的平民性与烹饪技艺发展起到了重要的指导和引领作用，也是其整理刊印《醒园录》的重要缘由。

《醒园录·序》言："夫饮食非细故也。《易》警腊毒，《书》重盐梅。烹鱼则《诗》羡谁能，胹熊则《传》惩口实。"① 李调元指出，《周易》《尚书》《诗经》《左传》等儒家经典都有关于饮食的记载，或警告人们注意食物中毒，或强调用盐梅子调味，或赞烹鱼能手，或载烹饪失误的惩罚，指出："箴铭之作，不遗盘盂。知味之喻，更叹能鲜！"他还用有关饮食的典型案例说明饮食也事关人体健康和社会等级与礼仪，认为应当收集整理和研读饮食资料，以保护和传承饮食文化。《醒园录·序》言："在昔贾思勰之《要术》遍及齐民，近即刘青田之《多能》，岂真鄙事？"② 《齐民要术》是我国保存完整的一部较早的农书，较系统地总结和记载了北魏以前黄河流域的烹饪技术及菜点制法；明代刘基《多能鄙事》也主要阐述饮食烹饪。李调元认为撰写这些著述都不是"鄙事"，而是有意保存饮食文化资料、是保护和传承中国饮食文化。虽然他重视饮食烹饪及其文化的保护传承，却不崇尚高端奢华，而崇尚民间常珍，主张自我饮食应蔬食俭朴、奉亲养老应甘旨丰美。其《唾余新拾序》言："每启一缄，似啜侯鲭。日事咀嚼，而后知常珍之多在散奇也。"饮食也是如此，普通百姓的家常饮食自有珍美之处。宋代范仲淹曾言："常调官好做，家常饭好吃。"李调元深谙其道理，也深受其父言传身教的影响，必然推崇普通百姓的日常美食、俭朴饮食。《醒园录·序》言："先大夫自诸生时，疏食菜羹，不求安饱。然事先大父母，必备极甘旨"。③ 李调元在烹饪著作、饮食诗文中主要记载

① （清）李化楠撰，李调元整理，侯汉初、熊四智注释：《醒园录》，中国商业出版社，1984年，第2页。

② （清）李化楠撰，李调元整理，侯汉初、熊四智注释：《醒园录》，中国商业出版社，1984年，第3页。

③ （清）李化楠撰，李调元整理，侯汉初、熊四智注释：《醒园录》，中国商业出版社，1984年，第1页。

和描述的都是民间常珍。

二、饮食典籍上，两人皆精心编印，李调元更注重吸收借鉴民间家常菜

袁枚认为饮食之道深奥难懂，因此效仿圣人虚心学习、不耻下问，并加以收集记录、编纂刊印成书，旨在传承饮食之道、烹饪之技，与同代和后人分享饮食之美。袁枚《随园食单·序》言："孟子虽贱饮食之人，而又言饥渴未能得饮食之正。可见凡事须求一是处，都非易言。《中庸》曰'人莫不饮食也，鲜能知味也'。《典论》曰：'一世长者知居处，三世长者知服食。'"① 由于饮食之道精深难懂，袁枚便效仿孔子虚心学习，在品尝各地各家不同风味馔肴后，会直接或间接地向主人和厨师请教其制法。长此以往，搜集到大量的菜点制作方法。《随园食单·序》载："子与人歌而善，必使反之，而后和之。圣人于一艺之微，其善取于人也如是。余雅慕此旨。每食于某氏而饱，必使家厨往彼灶觚，执弟子之礼。四十年来，颇集众美。有学就者，有十分中得六七者，有仅得二三者，亦有竟失传者。余都问其方略，集而存之，虽不甚省记，亦载某家某味，以志景行。自觉好学之心，理宜如是。"② 在《随园食单》中随处可见他寻访搜集菜谱的踪迹。有时，他甚至作揖以求烹饪之法。清代徐珂《清稗类钞·饮食类》载：蒋戟门善制豆腐，曾亲自下厨烹制，袁枚品尝尽盘中豆腐菜肴，"因求赐烹饪法。蒋命向上三揖，如其言，始授方。归家试作，宾客咸夸。毛俟园作诗云：'珍味群推郇令庖，黎祈尤似易牙调。谁知解组陶元亮，为此曾经一折腰。'"③ 袁枚尽力搜访和记录菜点制法，目的是让更多人知晓、更好地传承传播。《随园食单·序》言：虽死法不足以限生厨，"临时治具，亦易指名。……吾虽不能强天下之口与吾同嗜，而姑且推己及物。则食饮虽微，而吾于忠恕之道则已尽矣，吾何憾哉!"④ 为此，他不是简单地记录，而是进行系统整理和验证，"若夫《说郛》所载饮食之书三十余种，眉公、笠翁亦有陈言，曾亲试之。"⑤ 他对于历代经验和菜谱所记都亲自试制验证的精神值得学习和提倡。

---

① （清）袁枚：《随园食单》，中国商业出版社，1984 年，第 1 页。
② （清）袁枚：《随园食单》，中国商业出版社，1984 年，第 2 页。
③ （清）徐珂：《清稗类钞》，中国商业出版社，1984 年，第 6512 页。
④ （清）袁枚：《随园食单》，中国商业出版社，1984 年，第 2 页。
⑤ （清）袁枚：《随园食单》，中国商业出版社，1984 年，第 2 页。

《随园食单》是袁枚在搜集整理和研究菜点制法基础上总结出系统的烹饪技术理论后编撰的饮食典籍，主要内容有三个方面：第一，较为系统的烹饪技术理论。其中，“须知单”有二十项，“戒单”又十四项，从正反两面提出并阐述了较为完整而系统的烹饪技术理论，其内容涉及菜点烹制工艺和品尝过程中各重要环节。第二，品种丰富且类别齐全的菜点及制法。《随园食单》以食材和菜点类别分为海鲜单、江鲜单、特牲单、杂牲单、羽族单、水族有鳞单、水族无鳞单、杂素菜单、小菜单、点心单、饭粥单，详细记载了331种南北菜点及其制法。这些菜品类别齐全，从地方风味来看，以江苏地区菜品为主，兼及浙江、安徽、山东、北京、广东等地菜品，也有少量满族和西洋点心；从历史和消费群体看，有宫廷菜、官府菜、寺观菜、民族菜、民间菜和市肆菜，而民间菜数量第一、有126种，其次是明确记载的市肆菜和官府菜，分别有90种、70种余种。[①] 第三，较多的茶酒品种，包括武夷茶、龙井茶等4种茶和四川郫筒酒、绍兴酒等10种酒。

与袁枚相比，李调元及其父亲也留心收集和整理菜点及其制法、编纂刊印了《醒园录》，但其菜点资料来源、编纂目的与内容分布上有所不同。李氏父子注重饮食烹饪，自身饮食力求简朴、多吃蔬菜羹汤，但侍奉长辈则尽力准备美味食品。为此，他们时常留心收集各种菜点的制法。《醒园录·序》载：“（先大夫）宦游所到，多为吴羹酸苦之乡。厨人进而甘焉者，随访而志诸册。不假抄胥，手自缮写，盖历数十年如一日矣。”[②] 李化楠去世后，李调元将其父悉心收集的饮食资料精心整理编辑、刊印成书，取名《醒园录》。江玉祥教授在《醒园录注疏》分析并指出了该书资料来源有三：一是李化楠自诸生以来，在西蜀家乡疏食菜羹，和备极甘旨侍奉父母饮食经验的积累；二是宦游吴越之地随访厨人“而志诸册”的饮食访谈录；三是“不假抄胥，手自缮写”，从厨人手中或是他处得到的食谱食单。而后，经过李化楠本人口尝，辨革滋味，认为味美可口，有所选择、取舍才记录下来。[③]

《醒园录》一书虽不及《随园食单》全面系统理论与技术相结合，但

---

① 杜莉：《论袁枚对中国烹饪的三大贡献》，《烹饪理论与实践——首届中国烹饪学术研讨会论文选集》，中国商业出版社，1991年，第276—295页。

② （清）李化楠撰，李调元整理，侯汉初、熊四智注释：《醒园录》，中国商业出版社，1984年，第1页。

③ 江玉祥：《醒园录注疏》，四川人民出版社，2021年，第100页。

更集中于菜点及其制法，且以民间家常为主。该书所载菜点、其他饮食品和保藏方法共121种。其中，菜肴39种、酿造调味品24种、糕点小吃24种、加工腌渍食品25种、饮料4种、食品保藏方法5种。这些菜点及饮食品的地方特色较为突出，其菜点及制法以江浙本地为主，以当时传入江浙的部分北方菜及欧洲、日本菜点为辅，也兼及一些四川菜点。如醉螃蟹法、醉鱼法、糟鱼法、酥鱼法等是典型的江南菜品及制法；而关东煮鸡鸭法、做东北饽饽法、蒸西洋糕法等则是其他地方的菜点及制法。若将《醒园录》与清代江浙地区编撰的本地食谱进行对比，则可知其中有许多关联，“《醒园录》一百二十一条正文中有九十七条见于他书记载，主要是《调鼎集》”[①]。但是，这些菜点及饮食品的类别主要是民间家常类。从食材而言，记载燕窝、鱼翅、鲍鱼等海味的菜肴仅4种，涉及鹿尾、野味等山珍的菜肴仅3种，其余都是普通食材加工烹制而成。而该书的主要来源《调鼎集》中所列的燕窝菜6款、海参菜17款、鱼翅菜10款，海鲜类菜肴共33款；涉及的鹿肉类、鹿筋及其他山珍野味菜16款。这从一个侧面说明李调元及其父李化楠在面对他处得到的食谱食单时，是按照自己的饮食观念来选择的，即主要选择民间家常普通菜品。此外，《醒园录》大量记载了民间常用的腌腊品和酱、豉等的制法，包括做米酱法、做甜酱法、做面酱法、做香豆豉法、做水豆豉法、豆腐乳法、酱豆腐乳法、糟豆腐乳法、冻豆腐法、腌火腿法、腌猪肉法、风鸡鹅鸭法、风板鸭法等。该书刊印后被收入《函海》，藏于万卷楼，当时远近之人纷纷前来传抄学习。李调元在《诰封奉政大夫同知顺天府北路事石亭府君行述》言：石亭（李化楠之号）先生“所著有《醒园录》，人皆传抄”。由此，该书对川菜烹饪产生了重要影响，不仅使川人了解当时川外特别是江浙菜点及制法，也促进了川菜学习借鉴外地之长、提高烹饪技艺，为近代川菜发展与完善奠定了基础。如今，书中记载的许多品种及其制法如水豆豉法、豆腐乳法、风鸡鹅鸭法、风板鸭等仍然在四川民间流传并得到传承创新。

三、饮食诗文上，两人皆称道地方饮食，李调元更注重民间家常菜传播推广

袁枚在江宁（今属南京）任职时，就买下小仓山上已圮败的隋园，修

① 江玉祥：《醒园录注疏》，四川人民出版社，2021年，第100页。

葺改建后命名为“随园”，后归隐于此，因有较多的地租和文墨收入，生活较为闲适。其《恶老》诗言：“于今衣颇华，老丑不相称。旨畜亦多珍，果腹能几顿。”家中有田地出产四季食材，有善于烹饪的家厨和妻妾，同时因诗文著名而受知于达官显贵、文人墨客，因此其饮食诗文大量围绕随园中的饮食而作。袁枚之孙袁祖志《随园琐记》载：“祭田六十余亩，在园之东西，计田户十三家。有稻田、有柴山、有鱼池，有菜圃囿，有竹木果实，收租取实，极称其便。”[①] “先大夫因园扩充，无美不备。……至于食物，除猪肉、豆腐须购自市间外，其他则亦无不备。有不速客来，酒席咄嗟即办”；“每日园中所需之蔬菜及年终鸡豚等类，均属各户排日，按年承值供给”。[②] 袁枚的家厨见于文字记载的有招姐、王小余、杨二等，都有精湛烹饪技艺。其中，王小余还从实践中总结出一些烹饪理论，得到袁枚的高度评价。另外，袁枚的母亲、妻妾都善于烹制佳肴。因此，随园中的各种宴会颇多，“每当花开时，除排日饮客外，家宴亦络绎不绝。彼此酬酢，以花落为度，习以为常”。[③] 此外，袁枚往来的宾朋主要是达官显贵和文人士大夫，他或受馈赠，或被招饮，有时还奉命而食，成为官府座上客。如尹文端公尹继善喜好饮食，曾命袁枚到各家品尝馔肴，然后告知于他。《清稗类钞·饮食类》载：“尹文端公督两江时，好平章肴馔之事。尝命袁子才遍尝诸家食单，时有所称引。”[④] 至于馈赠、招饮，《小仓山房诗文集》就可见其踪影，如《答章观察招饮》《畅月廿八日陈东浦方伯招饮瞻园》《旬日之中中丞两馈肴蒸赋诗志谢》等。可以说，袁枚饮食诗文主要吟咏的是官府、文人之家的美馔佳肴，体现出极强的文人性特征。

而李调元回到四川、归隐醒园后，主要结交的是当地普通大众，流连忘返的是四川各地山水，常被家乡民间饮食的神奇魅力所吸引，留下许多歌咏和赞美的诗文并收录于《童山诗集》《童山文集》，流传于世。其中，李调元对四川各地普通食材和民间美食极力称赞。如关于五谷杂粮及果蔬，他写有《番麦》《自题荔枝图》《食芋赠陈君章》《峨眉山赋》等诗赋。

---

① （清）袁祖志、包祖同校，曹鹄雏标点：《随园琐记新式标点》，东方文学社，1935 年，第 7 页。

② （清）袁祖志、包祖同校，曹鹄雏标点：《随园琐记新式标点》，东方文学社，1935 年，第 19 页。

③ （清）袁祖志、包祖同校，曹鹄雏标点：《随园琐记新式标点》，东方文学社，1935 年，第 18 页。

④ （清）徐珂：《清稗类钞》，中国商业出版社，1984 年，第 6417 页。

《番麦》诗言："山田番麦熟，六月挂红绒。皮里层层笋，苞缠面面棕。儿饥烧作果，郫哑酿成筒。此日尝新始，贪谗笑蠢翁。"① 番麦，即玉米，四川俗称包谷，原产于美洲，明代时引入中国，清代时在四川已较多种植，可烹制食物或酿酒。其《食芋赠陈君章》诗赞道："种蔬多种芋，可作凶年备。岷山多蹲鸱，陈家专其利。十亩白沙干，万叶青枝翠。携锄斫待客，拨火煨相馈。气作龙涎香，色过牛乳腻。"② 芋，一直是四川人救荒充饥之物，可火煨可烹煮，色香味极佳。《峨眉山赋》，记载了数十种山中出产的蔬果，既有常见的侧耳根、荠菜、茄子、扁豆、姜薤、葱蒜等，也有特产龙颠菜、地蚕、树鸡、木耳、石发等，极具乡土特色。关于四川民间菜点及制法，他有《豆腐》《入山》《烧笋》等诗。其《豆腐》诗四首叙述和赞美了豆腐制成的各种菜肴，特别称赞了豆腐皮、豆腐条、豆腐块以及五香豆腐干、白水豆腐、清油豆腐和豆腐乳。③《入山》诗记述了山村农家菜制法："烹鸡冠爪具，蒸豚椒姜并。"说明当时四川乡间常用炖全鸡和调有姜椒的蒸猪肉来待客。《烧笋》诗言："吾家水竹居，对门筼筜夥。常愁稚子出，窃被旁人裹。园丁劝早烧，带壳计良妥。"④ 李调元居家处竹笋多且嫩，采纳园丁建议，直接用火烧带壳竹笋，品其真味。李调元所记的这些菜肴及其制法流传至今，仍然是四川民间常见美食。

综上所述，李调元、袁枚作为清代乾嘉年间的同时代诗人，对于饮食烹饪的观念及实践有同有异。他们的相同之处在于都十分重视饮食烹饪，精心编纂刊印了饮食典籍，并且都有诗文描述和赞美美食品种，但各自的不同之处也十分鲜明：袁枚认为各种美食都很重要，饮食之道如学问之道，应先知而后行，因此在编纂的《随园食单》中首先阐述烹饪技术理论，然后系统且较全面地详细记载了类别齐全、品种丰富的300余个菜点及其制法；同时由于他归隐随园后生活悠闲，食材大多采自家中田地，往来者多为达官显贵和文人，使得其诗文主要围绕随园的饮食生活，描述和赞美其相关美食，体现出极强的文人性特征。李调元因受父亲李化楠的影响，侍奉长辈时尽力准备可口美食，对己则力求简朴蔬食，在饮食观念上更推崇和倡导民间常珍；其编纂刊行的《醒园录》更注重收集、借鉴以江

① 罗焕章主编，陈红、杜莉注释：《李调元诗注》，巴蜀书社，1993年，第662页。
② 罗焕章主编，陈红、杜莉注释：《李调元诗注》，巴蜀书社，1993年，第520页。
③ 罗焕章主编，陈红、杜莉注释：《李调元诗注》，巴蜀书社，1993年，第584页。
④ 罗焕章主编，陈红、杜莉注释：《李调元诗注》，巴蜀书社，1993年，第678页。

浙地区为主的民间家常菜，尤其是普通人家易于制作和储藏的腌腊制品和各种酱、豉等；他归隐醒园后多与普通人家交友，游历四川各地，其饮食诗文更注重歌咏赞美四川各地的民间家常菜，体现出极强的平民性特征。由此可以说，李调元对近现代川菜的平民性特征起到了重要的推动作用。

（杜莉：四川旅游学院川菜发展与饮食文化研究院院长、教授）

李调元饮食文化遗产的保护与传承

张 茜

李调元（1734—1803），四川德阳罗江人，清朝中叶知名学者与文学家。作为一名百科全书式的学者，他在戏曲、诗词、风俗研究等方面都有所造诣，著述甚丰，是四川省历史名人之一，为后世留下了丰富的文化遗产，泽被当代。在李调元的文化遗产中，有部分和饮食文化相关，可称之为“李调元饮食文化遗产”。保护与传承李调元饮食文化遗产，推动其创造性转化、创新性发展，有助于增强巴蜀及中华文化的影响力，推动中华文化更好地走向未来。

一、李调元饮食文化遗产的概念及主要内容

《国务院关于加强文化遗产保护的通知》明确了我国“文化遗产”的概念，“文化遗产包括物质文化遗产和非物质文化遗产。物质文化遗产是具有历史、艺术和科学价值的文物，非物质文化遗产是指各种以非物质形态存在的与群众生活密切相关、世代相承的传统文化表现形式。”李调元饮食文化遗产是指在李调元的文化遗产中有关饮食的文献著述、技艺品种、民间传说、饮食空间等，它们以不同的形态存在且与群众的饮食生活密切相关、世代相承。

（一）饮食文献著述

李调元认为“饮食非细故也”，因此在他的诗词等文章中屡屡提及有关饮食的内容，甚至他还专门编纂了其父李化楠手抄的食谱《醒园录》，影响后世。鉴于他在饮食方面的著述和实践，他被当代学者誉为是“近现代川菜发展的重要改革者和先驱”。[①]

李调元的父亲李化楠在江南做官时收集了一些佳肴点心的制作方法，他去世后由李调元在罗江整理刊行了食谱《醒园录》。《醒园录》全书分上下两卷，一共记录整理了121种菜点及食品加工方法。这些菜点以江浙菜为主，兼及当时传入江南地区的部分北方菜及欧洲、日本菜点。学者们曾将《醒园录》与清代江浙地区编撰的食谱进行对比，发现其中有许多关联。可以说，《醒园录》一书是以川人的眼光、口味、喜好来选择编撰的食谱。李化楠《醒园录》手稿最迟在乾隆三十年已流传于世。[②] 该书被收入李调元编撰的综合性丛书《函海》，藏于李调元家的万卷书楼中，远近之人纷纷前来传抄学习。由此，该书在一定程度上有助于当时的四川人了解学习不同地区的烹饪技艺从而提高烹饪技艺，进而为后来川菜的发展与完善做出了贡献。

除了编印《醒园录》，李调元在其诗文创作中屡屡提及有关饮食的内容，有助于我们了解当时四川人的饮食生产和饮食生活，是宝贵的四川饮食文化资料。江玉祥教授通过对李调元存世诗文的整理分析，发现李调元的诗集中一共出现了以下食品和饮料，分别为：（1）豆花、豆腐、豆腐乳、豆豉；（2）韭黄、腐乳、齑菔、咸菹；（3）芋头；（4）玉米（御麦）；（5）猪肝、猪腰；（6）食鱼；（7）食鳖；（8）满洲饽饽；（9）豇豆；（10）蚕豆；（11）汤圆；（12）鸭肉；（13）笋；（14）腊肉；（15）白果；（16）黄瓜；（17）荷、藕和莲实（莲米）；（18）菱；（19）芡实；（20）菰、菰饭；（21）蒸豚、豚蹄、东坡肉；（22）牛脯、鹿脯、香麞；（23）栗子；（24）辣椒；（25）醉蟹；（26）火锅；（27）酒、茶。[③] 这些饮食及品种是描述李调元在亲眼看到、亲自食用的，他热情地赞颂家乡的饮食原料及饮食品种。除了上述品种，李调元还有赞美罗江柚子的诗，云：

---

① 杜莉：《四川历史名人与四川美食——从李调元说起》，四川省民俗学会，中共德阳市罗江区委，罗江区人民政府：《李调元研究（第3辑）》，四川人民出版社，2021年，第229页。

② 江玉祥：《醒园录注疏》，四川人民出版社，2021年，前言98页。

③ 江玉祥：《醒园录注疏》，四川人民出版社，2021年，前言第25—98页。

"故乡饶橘柚，新色带蒹葭。"① 关于罗江柚子的来历，相传是明熹宗天启年初云峰道长云游至鄢家岭建庙后所种，柚子成熟后口感极佳，名以"云峰柚"。② 道人除自食外，亦多所馈赠，岭上亦人家渐繁，场镇兴焉。20 世纪末，鄢家岭人大力发展云峰柚。至 2004 年，以岭南长堰村、岭北星光村为主体的云峰蜜柚因其果大黄润、酸甜适口、脆粒晶莹鲜美、营养丰富，深受市场欢迎。

（二）饮食技艺品种

《醒园录》中所载的饮食烹饪加工的技艺和方法代代传承，部分品种的制作技艺传承至今，已被列入各级的饮食类非物质文化遗产。以李调元的故里德阳市罗江区为例，目前罗江有 8 项饮食类非物质文化遗产项目，其中省级非遗项目 1 项、市级非遗项目 2 项、区级非遗项目 5 项。其中省级项目为糯米咸鹅蛋传统制作技艺，市级项目为罗江花生制作技艺、罗江豆鸡制作技艺，区级项目为罗江风干鸡传统技艺、罗江谢氏倒罐菜传统技艺、金面子蒸猪头制作技艺、罗江醉鱼传统技艺、罗江杨记卤鹅传统技艺。通过对这些饮食类非遗项目的梳理可见，绝大多数技艺都与李调元《醒园录》有关。

"糯米咸鹅蛋传统制作技艺"在罗江当地流传了上百年，是一些家庭聚餐的必备美味。《醒园录》早有关于禽蛋食品加工方法的记载，"用芦草灰，木炭灰或稻草灰亦可。二灰用六成、七成，黄土用四成、三成，有黏性可粘住就好。灰土拌成一块。每三升土灰配盐一升，酒和泥塑蛋。将大头向上，小头向下，密排坛内，十多天或半月可吃"③。在此"腌盐蛋法"的基础上，罗江人不断探索，进一步完善制作技艺，经过 16 道手工精制而成，不含任何化学添加剂，外观漂亮，味道醇香鲜美，蛋黄出油而不腻。2019 年 10 月，该非遗项目受邀参加成都第七届国际非遗节，在全国 39 家美食中获得最受欢迎美食之一。此外，糯米咸鹅蛋被公布为 100 道"天府旅游美食"之一，糯米咸鹅蛋传统制作技艺入选四川省第一批农村生产生活遗产名录。

在清代四川，花生已普遍种植和食用，李调元《落花生歌为柳几何及其侄惠风作》云："其在滋漫若藤菜，细叶牵露朝含英。金丝飞堕轻无语，

① 罗焕章、陈红、杜莉注释：《李调元诗注》，巴蜀书社，1993 年，第 298 页。
② 德阳市罗江区旅游局：《罗江旅游故事编》，九州出版社，2017 年，第 78—80 页。
③ 江玉祥：《醒园录注疏》，四川人民出版社，2021 年，第 150 页。

沙中甲拆春雷鸣。以花为媒非为母，媒即其母实其婴。此种粤蜀贱非贵，北人包裹遗公卿。”[①] 花生在四川是一种常见的食物。花生的食用方法多样，《醒园录》中已有 3 种腌落花生制作技艺的记载。其一，“将落花生连壳下锅，用水煮熟，下盐煮一二滚，连汁装入缸盆内，三四天可吃”。又法，“用水煮熟，捞干弃水，腌入盐菜卤内，亦三四天可吃”。又法，“将落花生同菜卤一齐下锅煮熟，连卤装入缸盆，登时可吃。若要出门，捞干，包带做路菜不坏”。[②] 花生制作技艺在罗江境内广泛传播，清末民国时期罗江大多采用泡、洗、卤、煮、晒干的带壳咸干花生的加工方式。1951 年，罗江首届合作社改用柴火烘干出售。1960 年代成立花生厂，选用“鹰嘴、减肥、肉细、颗粒均匀”的罗江本地落花生，采用传统工艺加现代技艺进行生产。如今，生产罗江花生的企业在遵循传统制作技艺的前提下，使用“三泡一焖三烘炕”法生产罗江花生系列产品，其产品酥脆可口、绵绵悠香，被誉为“四川三宝”之一。

罗江，以江而得名，以前沿江的百姓有饲养鸡鹅鸭等家禽，因此当地百姓擅长制作和保存家禽肉。《醒园录》中详细记载了风干鸡鹅鸭的制作方法。“腌熏之法，与前腌熏猪肉同。但肉厚处，当剖开加米醋少许。又，或起先竟不用盐腌完，完时，剖开肉厚处，用豆油、面酱、酒、醋、花椒之类，和汁刷之，熏干，不时取出再刷，更佳。”[③] 这种风干的制作方法解决了物资匮乏时期食物的长时间储存问题，同时也让肉质有腌、熏后的独特香味和口感，在罗江民间广为流传。罗江地处成都门户金牛古道冲要，商旅繁荣，而风干鸡便于储存和携带且独具风味，因而在民国时已在罗江畅销。如今，罗江风干鸡在制作上略有改进，成品形干扁，食之干香，已被罗江区列为打造“川菜之乡”推出的地方特色美食之一。

泡菜是川菜的常见食物，通常在陶罐里用盐水腌制而成，但是在罗江却有一种特别的腌制法，即倒罐菜制作技艺。罗江的“谢氏倒罐菜制作技艺”不仅是区级非遗项目，“谢氏倒罐菜”还被列入四川省第二批农村生产生活遗产名录。《醒园录》中已有多种酱菜腌菜制作方法，其中多次提到“倒罐菜”。如“腌萝卜干法”：“用小口罐分装，务令结实。用稻草打直塞口极紧，勿令透气漏风。将罐覆放阴凉地面，不可晒日。一月后香脆

---

① 罗焕章、陈红、杜莉注释：《李调元诗注》，巴蜀书社，1993 年，第 393 页。
② 江玉祥：《醒园录注疏》，四川人民出版社，2021 年，第 222 页。
③ 江玉祥：《醒园录注疏》，四川人民出版社，2021 年，第 99 页。

可吃。”[①] “做辣菜法”：“其罐嘴用芥叶滚水微烫过，二三重封固，将嘴倒覆灶上二三时久，移覆地下，一周日开用。”[②] 此外，“做香干菜法”“做五香菜法”均使用“倒罐”之法腌制菜肴。人们将晒得半干的蔬菜和食盐等装入泡菜坛内，用稻草封住坛口，然后倒扣于水中闭气发酵而成，成品干香脆嫩、浓香诱人、口味别具一格。倒罐菜从选料、清洗、晾晒和装罐都有一定的技巧，不同的技巧便形成了不同风味。而世居罗江的谢氏家族，代代相传倒罐菜制作技艺，其主要品种有萝卜干、洋姜等，具有鲜明的川西民间地方特色。倒罐菜食用方便，不仅可以直接食用，还可以通过炒、拌、炝等烹法制作出美味佳肴。

罗江食用猪头的历史悠久，至今在罗江婚丧嫁娶的民间宴席中，蒸猪头还是一道主菜，其制作技艺一直在罗江乡厨中心口相传。金面子蒸猪头制作技艺传承人的父亲为白马关镇乡厨，一直家传《醒园录》中蒸猪头的古法制作，并在长期从事民间宴席过程中结合实践经验，形成去腥、加卤、后蒸的技法。用这种技法烹制成的猪头菜品形美、绵软，营养丰富。

李调元爱吃鱼，其诗文中有多篇关于食鱼的描述，包括鲈鱼、糟鲂、赤鲤、鲥鱼、鲤鱼等。醉鱼是一种烹鱼法，《醒园录》中已有记载，“用新鲜鲤鱼，破开，去肚内杂碎，腌二日，翻过再腌二日，即于卤内洗净，再以清水净，晾干水气，入烧酒内洗过，装入坛内。每层鱼各放些花椒，用黄酒灌下，淹鱼寸许，再入烧酒半寸许，上面以花椒盖之，泥封口。总以鱼只装得七分，黄酒淹得二分，烧酒一分，可成十分满足。吃时，取底下的，放猪板油细丁，加椒、葱，刀切极细如泥，同顿极烂，食之，真佳品也。如遇夏天，将鱼晒干，亦可如法醉之。”[③] 这种腌制醉鱼的制作技艺，既能满足食物储存问题，又使鱼肉形成独特风味，因而在罗江民间广为流传。如今，罗江醉鱼制作技艺在传统制法的基础上，将鱼腌制后以陶罐作容器，逐层加黄酒、撒花椒，食用时蒸熟、散水汽，切块装盘。成品鱼块形美，色绛，微麻鲜香，略有甜酒味。

除了调元故里——罗江之外，相邻的地区也有与李调元相关的饮食类非遗项目。《醒园录》“序”言：“自食宜淡也，而事亲则不可不浓”，并言“先大夫自诸生时，疏食菜羹，不求安饱。然事先大父母，必备极甘旨”。

① 江玉祥：《醒园录注疏》，四川人民出版社，2021 年，第 220 页。
② 江玉祥：《醒园录注疏》，四川人民出版社，2021 年，第 228 页。
③ 江玉祥：《醒园录注疏》，四川人民出版社，2021 年，第 136 页。

可见，其饮食烹饪资料的收集整理的主要目的之一是通过饮食来孝敬父母。因此，书中所记载的饮食制作技艺具有较强的通过饮食来达到健康养生的目的，如书中有一批适宜老年人的“蒸菜”以及糕点的制作方法，还有“乳蛋法”等食疗方。李调元的这种养生思想及饮食技艺传承至今，如今“李调元养生饮食制作技艺”为绵阳市安州区非物质文化遗产，李调元养生饮食流传于宝林一带。李调元养生饮食仍以猪肉为主要原料，但其配料、烹饪方法和食用目的又不同于普通川菜。这一特点主要表现在三个方面：第一，是药物与烹饪技艺的巧妙结合，具有保健功效；第二，重清炖与清蒸，一般不用烧、炒与凉拌之法；第三，食之味淡，意在健身。

（三）饮食民间传说

李调元一生著述宏富且充满传奇，有关李调元的逸闻趣事也随着他的足迹流传中国的大江南北，形成了有关李调元的民间传说。李调元传说分布地域十分广泛，主要分布区域为四川省德阳市罗江区，而据1980年代全国开展传民间故事普查资料，有关李调元的传说流传地域不仅在四川、重庆，还包括北京、浙江、江苏、广东、广西、江西、安徽、湖南、湖北、陕西、河北等地。基于其重要的影响力和代表性，2022年“李调元传说”入选了四川省第六批省级非遗保护名录。李调元传说分本体传说和附会传说两大类，有立志、试才、惩恶、戏耍、扶正等不同的主题。值得注意的是，在李调元传说中，有部分涉及四川饮食及其民俗的相关内容，这也是李调元饮食文化遗产的重要组成部分。

如在《老和尚妙语出联　新学童巧对吃瓜》的传说中，可了解到清代罗江夏季食用西瓜的情况；在《凉粉店半付对联助秀士　古寺院一阵钟声启才思》的故事中，可知晓广汉民间食用凉粉并开设有凉粉店铺；从《水车响老农出村　折扇摇学政得联》的传说中可以得知，四川农村的农业生产中水车的重要性。其中，最有名的饮食民间传说，要数《字谜成联巧戏秃驴　鱼种换对千里送笺》。罗江境内最长的河流称纹江，又称罗纹江或罗江（今凯江）。江中有一种奇特的鳜鱼，鱼嘴大，鱼头像一个空壳，四个鳃帮子，鱼背呈黄绿色，鱼腹为灰白色，全身有黑斑，肉质细嫩、味道鲜美。根据民间传说，这种鳜鱼是由李调元从外地引入。在“鱼种换对千里送笺”的传说中讲道，李调元在任职广东时，一次到朋友家中做客，主人就用这种鱼招待他，他吃后赞不绝口。主人说是自己养殖的，可以赠他一些鱼种，但要李调元答他一对。通过巧妙趣对，李调元换得鳜鱼鱼种至家乡并繁殖成功。[①] 如今这种鳜鱼，被称为罗江鳜鱼，是鱼口大、鳞细、头圆、下颌突出，体侧扁，腹部灰白，背部隆起，全身青黄色，具有不规则的黑色斑纹。因为罗江鳜鱼肉质细嫩、味道鲜美，民国时期一些人还专程到罗江品尝。2016 年以来，罗江区农业部门采取抢救性措施保护鳜鱼类，发展鳜鱼产业。据《德阳市罗江区年鉴（2019）》载，2018 年已建成罗江鳜鱼繁育基地，孵化出 3 万余尾水花鱼种。2020 年 12 月，罗江鳜鱼被农业农村部认定为全国第一批农产品地理标志产品，获颁国家农产品地理标志。

（四）饮食空间

“醒园”为清乾隆八年（1743）李调元之父李化楠所建。清嘉庆《罗江县志》载：“醒园，县北象山”。乾隆三十四年（1769），李化楠卒于任后，李调元对醒园再行扩建，一时成为蜀中名园，乾隆五十年（1785）春，李调元罢官归乡再次扩修醒园，并在距醒园约 4 公里的南村坝其祖遗旧屋旁，建“西川李氏万卷楼”。乾隆五十四年（1789），李调元将醒园让其弟李谭元，另于云龙坝北 2 公里南村坝建囦园移居。嘉庆、道光年间，醒园渐次颓废，仅于江边存李化楠所置古柏根“天然床”。20 世纪 90 年代初，罗江政府实施“以文兴乡”战略，家乡人民为纪念先贤，在各方支持下开始于文星场小团堆重建醒园。重建时据李调元《醒园八景》诗等文献资料，依团堆山势而造亭、傍江河起楼阁，垒假山、植花木，塑李化楠、李调元像，建清溪桥、临江阁、坐花馆、雨村书屋、木香亭、石亭、洗墨池、大观台、半亩塘、清溪草堂等景观，占地 3000 余平方米。李调元曾多次写诗提及醒园，如《题醒园图有感》《移居醒园四首》《醒园遣兴二首》等，并描述其在醒园的各种生活。李调元及其家人曾在醒园举办各种宴会，在李调元的诗文中，“醒园家宴”既是对这些在重要日子所举办宴会的统称，又代表着一种闲适富足的生活状态，如李调元在《杂忆诗十首用元微之韵》中充满感情地回忆道：“醒园家宴届凉秋，白石栏边俯碧流。”[②] 醒园曾是承载和汇聚着李调元饮食生活的重要饮食空间，虽然现在的醒园是重建，但作为一个集文物保护、文史展览、文史研究、文化娱乐于一体的旅游景点，也应该视为李调元饮食文化遗产的有机构成。2019 年，罗江

① 德阳市罗江区旅游局：《罗江旅游故事编》，九州岛出版社，2017 年。

② （清）李调元撰，《童山诗集》四二卷，清乾隆间绵州李氏万卷楼刻道光五年李朝夔补刻函海本，第 418 页。

餐饮协会及醒园食府餐饮企业在印度尼西亚首都雅加达投资创办“醒园家宴”餐饮店，成为当地群众了解四川及四川美食的重要窗口，从另一个角度可以说这是李调元饮食文化遗产中饮食空间的现代延伸和发展。

二、李调元饮食文化遗产的保护传承

李调元饮食文化遗产是四川饮食文化遗产的重要组成部分，应加强与川菜非遗的联动传承，促进李调元饮食文化遗产的整体性发展；同时加强与旅游资源融合，促进李调元饮食文化遗产的文旅深度融合发展，切实做好李调元饮食文化遗产的系统化保护与传承，更好满足人民群众日益增长的精神文化需求。

（一）加强与川菜非遗的联动传承，促进李调元饮食文化遗产的整体性发展

川菜、川剧、川酒、川茶，是四川省公认的四大名片。四方游客来到四川，看川剧、尝川菜、饮川茶、品川酒，成为沉浸式体验川人生活的方式。其中，川菜是传统意义上的四大菜系之一，以“清鲜醇浓见长，善用麻辣”以及“百菜百味”著称，它取材广泛、调味多变、烹法多样、普适性强，深受国内外食客的喜爱。川菜烹饪技艺是在巴蜀地区的良好气候、丰富地形地貌和农耕文化、移民文化、道家养生文化共同作用下形成和发展的，充分体现了巴蜀民众饮食智慧和实践。作为中国饮食文化的重要代表，川菜烹饪技艺对西南地区烹饪和饮食文化产生了极大的辐射作用，是重要的非物质文化遗产。2021 年 6 月，“川菜烹饪技艺”成功入选国务院正式公布的第五批国家级非遗代表性项目。四川省委、省政府明确提出要在“十四五”期间基本建成文化强省、旅游强省，而在川菜非遗保护传承方面，已通过建立省级代表性传承人名录、设立非遗保护基地和体验基地、举办川菜烹饪技艺研修班、参与非遗节庆及相关节庆活动等多项措施，推动了川菜非遗传承与保护工作的不断发展，川菜非遗美食的概念已得到社会各界的广泛认同。此外，川菜非遗通过加强与电商平台的融合，巩固了脱贫攻坚成果，助力了乡村振兴。

李调元饮食文化遗产既能体现清代士大夫阶层的饮食生活方式，也能体现平民百姓的民间饮食智慧。以李调元饮食文化遗产为代表的四川名人饮食文化遗产不仅是川菜烹饪技艺历史性价值的重要证明和体现，而且是川菜烹饪技艺深厚的历史根基和土壤，是川菜烹饪技艺的历史文脉。梳理

挖掘、保护传承李调元饮食文化遗产有助于川菜非遗的保护传承，而川菜非遗的保护传承也将会促进李调元饮食文化遗产的发展。为了研究的需要，虽然笔者将李调元饮食文化遗产分为李调元饮食文献著述、饮食技艺品种、饮食民间传说、饮食空间等4个类别，但是其实这几部分是相辅相成、相互联系的，其背后的文化逻辑一致，都是与川菜及四川饮食有关。因此，应树立整体性保护传承的思想，将李调元饮食文献著述、饮食技艺品种、饮食民间传说、饮食遗址遗迹看成一个有机整体，与国家级非遗项目川菜烹饪技艺加强互动联系，互相促进。通过评定醒园家宴、调元名菜、罗江名厨、罗江名店等标志性名宴、名菜、名厨、名店；在文化遗产日、中国成都国际非遗节等重要节庆期间，邀请川菜非遗代表性传承人开展李调元饮食技艺品种的展示展演活动；举行李调元美食打卡、美食制作、美食旅游等小视频的制作比赛并在新媒体进行展播；联合高等院校、科研院所召开李调元与川菜非遗保护传承高峰论坛等，促进对于李调元饮食文化遗产的研究；同时加强多方位的宣传，提高全社会对李调元饮食文化遗产的关注度，提升其知名度和影响力。

（二）加强与旅游资源融合，促进李调元饮食文化遗产的文旅深度融合发展

国家文化和旅游部成立之后，尤其是2019年四川省文化和旅游发展大会召开以来，加强资源整合、推进文旅融合已成为自觉行动。2023年2月，文化和旅游部发布《关于推动非物质文化遗产与旅游深度融合发展的通知》，提出了加强项目梳理、突出门类特点、融入旅游空间、丰富旅游产品、设立体验基地、保护文化生态、培养特色线路、开展双向培训等8项重点任务，而在“突出门类特点”中特别指出“挖掘饮食类非物质文化遗产的丰厚内涵，让游客体验当地民众的生活方式，体会中国人顺应时节、尊重自然、利用自然的思想理念和独特智慧”。德阳罗江，人杰地灵，已被评为四川省历史文化名城、全国休闲农业和乡村旅游示范县、省级乡村旅游示范县、四川省旅游标准化示范县等，在文旅深度融合的新形势下，罗江应以四川省委、省政府建设文化强省和旅游强省的战略部署为导向，认真落实有关会议和通知精神，坚持以文促旅、以旅彰文、宜融则融、能融尽融的原则，积极探索创新，以旅游的方式促进李调元饮食文化遗产传播，以对李调元饮食文化遗产的生动阐释促进旅游发展。具体而言，李调元饮食文化遗产与旅游的深度融合至少可从以下两种模式开展。

1. 李调元饮食文化遗产与旅游景区、景点的融合

应梳理相关旅游景区、景点资源，加强对旅游从业单位的指导，和不同类型的资源名录相整合，有计划、按步骤地将李调元饮食文化遗产项目打造成为旅游产品，并提供专业旅游服务规范指导。以眉山市丹棱县的幸福古村为例，幸福古村位于丹棱县顺龙乡，古称赵桥，该村的川西民居依山而建，是四川省少有的保存相对完整的古村落，保持着传统的农耕民俗文化传统，以“质朴原乡、精巧石渠、盐铁古道、茶田果树”为其总体景观特色，自然与人文并重，是以乡村文化感知体验、乡野度假休闲为主要功能的参与式综合乡村旅游综合体。自发展乡村旅游以来，幸福古村除了将农事体验、民俗文化、乡村民宿、节庆活动等自然地融入古村之外，还精心地将川菜非遗资源融入古村，构建起幸福古村新乡村生活方式，如打造石磨豆坊、私房菜、文创体验空间等20余处特色业态。其中，最能体现川菜非遗资源融入与运用的是吸引游客的地道丹棱农家美食，如柴火烧鸡、红油凉拌鸡、土豆烧鸡、竹笋烧鸡、石磨豆花、非遗美食丹棱冻粑等。在丹棱幸福古村，川菜非遗资源有机地融入旅游景区，让乡村旅游迸发出勃勃生机。罗江可以总结类似的成功经验，通过“李调元饮食文化遗产＋景区、景点”的模式，将丰富的李调元饮食文化遗产资源引入旅游业，以进一步提升景区和景点的文化内涵，提升文化品位，扩大旅游的影响力，同时促进李调元饮食文化遗产的保护传承和创新发展。

2. 李调元饮食文化遗产与旅游线路的融合

将李调元饮食文化遗产融入旅游线路，不仅可以保护文化遗产，发展相关文化、休闲产业与旅游业，以李调元饮食文化遗产的鲜明文化特征为宣传点，吸引游人，同时还可以为文化遗产保护吸引资金，带动相关产业的发展。在饮食文化遗产资源与旅游线路的融合方面，目前成都市已经有所作为。2019年10月18日，由文化和旅游部非遗司、资源开发司发起的全国非遗主题旅游线路征集活动在第七届成都国际非遗节现场启动，面向全国征集非遗主题旅游线路并进行重点宣传推介，成都市公布了10条“非遗之旅”线路。这10条成都“非遗之旅”线路分别是锦绣之旅、竹藤之旅、茶香之旅、陶艺之旅、醇酿之旅、蜀味之旅、百戏之旅、丝竹之旅、康养之旅、匠心之旅。在这10条线路中，其中有4条线路，即茶香之旅、陶艺之旅、醇酿之旅、蜀味之旅都直接融入了饮食文化遗产资源，取得良好效果。建议可从李调元饮食文化遗产保护传承的创新实践出发，以李调元饮食技艺品种和饮食遗址遗迹为核心，以旅游线路为依托，推进李调元饮食文化遗产资源与旅游线路的融合，设计开发出有吸引力的李调元饮食文化遗产旅游线路，全面提升旅游的文化价值，丰富游客的文化获得，同时促进李调元饮食文化遗产的辐射影响范围。

党的二十大报告明确提出，“加大文物和文化遗产保护力度，加强城乡建设中历史文化保护传承，建好用好国家文化公园。坚持以文塑旅、以旅彰文，推进文化和旅游深度融合发展”。当前，地方经济社会的高质量发展为李调元饮食文化遗产的保护传承提供了良好的基础条件，人民对美好生活的需要也对李调元饮食文化遗产保护提出了更高的要求。我们应该进一步总结成功经验，加强对于李调元饮食文化遗产的整体性研究，扎实做好李调元饮食文化遗产的系统性保护，积极推动李调元文化遗产的创造性转化、创新性发展。

（张茜：四川旅游学院川菜发展与饮食文化研究院研究员、川菜非遗保护和传承研究中心主任）

第七篇

李调元与域外文化的传播

李调元《南越笔记》与清代康乾时期广东域外文化的传播

谢元鲁

清代康乾时期的广东，正处于历史上的辉煌期。从康熙二十三年（1684）实行的开海贸易，以及从乾隆二十二年（1757）开始的广州一口对外通商，以广州为核心的广东，成为当时全国对外贸易的集中地。由于乾隆时期日益严密的闭关政策，中国与外部世界的交往十分微弱，在此几乎封闭的国门之内，仍有一线开放之区广东，成为这一时期中外文化交流的独特窗口。而这一时期的四川，正处于从清初以来的移民高潮已至尾声，整个社会经济文化重建的过程中，城镇的建设，田地的开垦，商业的恢复，社会的重构，是四川社会的主流。域外商品和域外文化，对于绝大多数的四川人，几乎等于天方夜谭般的遥远。当时却有一位四川人以其广东的所见所闻，写出了一部《南越笔记》，为这个封闭的地域，传播了新的信息与新的观念。

《南越笔记》的作者李调元（1734—1802），四川罗江（今属四川省德阳市）人，号雨村，乾隆二十八年（1763）进士，历任翰林编修、广东学政等官职。李调元在乾隆四十二年（1777），八月受命督学广东，十一月到任广东学政，直到乾隆四十五年（1780）七月离任，如果加上他乾隆三十九年（1774）曾任广东乡试主考官，在广东共住了将近三年时间。他任广东学政期间，因巡视全省各州县，得以遍历广东各地，于乾隆四十五年（1780）任满时完成《南越笔记》的写作。他在书序中说：

> 予自甲午典试粤东，惜所游览仅五羊城而止，虽欲征之前贤所记而未逮也。岁次丁酉之冬，复来视学，此古太史辅轩采访之职也，遂得遍历全省诸郡县。……畴见昔人著述，诧为怪怪奇奇，惊心炫目者，至是又不觉知其或失则诬，或当于理而因为之弃取焉。①

《南越笔记》共十六卷，内容广泛，对广东的民风民俗、山川名胜、矿藏物产、动物植物、工艺制作等均有详细的记录。比《南越笔记》较早，清代前期关于广东的民俗文化与地理经济重要著作中，还有屈大均的《广东新语》，吴震方的《岭南杂记》、范端昂的《粤中见闻》等，都不同程度记录了广东山川地理、风土民情的各个方面。李调元从四川来到广东，除了记录山川风物，工艺物产外，对域外知识也颇感兴趣，集中记录于他所著的《南越笔记》之中。这些内容，既有他自己的实地考察，也参照和辑录了上述著作的部分文字，成为这个时期很重要的一部反映岭南对外文化交流情况的文献。

清代前期关于广东人文地理及经济文化方面的重要著作，首推屈大均的《广东新语》。屈大均（1630—1696），字翁山，祖籍广州番禺县人。他最著名的地方史著作，是记载广东政治、经济、天文、地理、风俗、民情、杂记等历史的《广东新语》。全书共二十八卷，约 44 万余字，成书时间约于康熙十九年（1680）。② 屈大均重视民情风俗和社会经济，为后来人编写广东地方志提供了丰富翔实的第一手资料，书中记载更为李调元的《南越笔记》所大量辑引。③

其次是吴震方的《岭南杂记》。吴震方（1642—1712?），字青坛，浙江石门人。康熙十八年（1679）进士，官至监察御史。④《岭南杂记》一书为吴氏游历广东的见闻，大约成书于康熙中期。全书约 6 万字，分上下两卷。本书内容涉及广东清代初期各地的民风民俗、河流山川、动物植物、

① （清）李调元：《南越笔记》书序，丛书集成初编，商务印书馆，1936 年。
② 南炳文：《广东新语成书时间考辨》，《西南大学学报》2007 年第 6 期。
③ 李华：《屈大均和他的广东新语》，《清史研究》1992 年第 1 期。
④ 梁健：《吴震方生平家世及交游考》，《嘉兴学院学报》2019 年第 3 期。

各地物产，尤其重视民生政务方面，对于清代初期岭南地区的史地研究具有一定的参考价值。[①]

再次是范端昂的《粤中见闻》。范端昂，字吕男，广东三水县人，他活动的主要时代是康熙、乾隆时期，生卒年不详。《粤中见闻》成书不会迟于雍正八年（1730）。全书凡三十五卷29万字，记述了广东民风民俗、物产、农业、手工业生产的情况，引用了大量的民间谣谚和故事传说，很有地方特色。《粤中见闻》书中记载也大量征引屈大均的《广东新语》。

以《南越笔记》及屈大均的《广东新语》、吴震方的《岭南杂记》和范端昂的《粤中见闻》相比较，李调元的《南越笔记》成书时间最迟，除了记载广东的民风民俗，植物动物、工艺物产外，李调元对当时广东的西方商人、对外贸易和输入商品的情况有很大兴趣，反映出他对域外文化观察的视角。

对广东与域外的商业贸易，李调元十分重视，记载了负责管理对外贸易的粤海关和十三行的情况：

> 粤东省境，北通西江、东浙、南楚诸处者为太平关，在韶州。其东南接诸洋面及粤西、闽、滇各省海运商贩者为粤海关。各关口俱滨海岸。粤地出产繁多。陈若冲记中所云“人物富庶，商贾阜通，故市中出纳喧阗，盛于他处”。[②]

粤海关署设置在广州城外五仙门内，康熙二十四年（1685）以旧盐政署改建，粤海关监督居于此。乾隆二十二年（1757），清政府撤销了江、浙、闽三海关，仅留粤海关，于是粤海关成为中国唯一的正式海关，历时一百七十四年之久。粤海关负责管理整个广东沿海的对外贸易。[③]

对于广州垄断对外贸易的十三行商人，《南越笔记》记载说：

> 按余靖《志》云，番禺大府，号为都会，海舶贸易，商贾辐辏。今诸番岁携哆啰、哔叽诸物与中土互市，皆毡属也。广州城南，设有

---

① 简天明：《浅谈岭南杂记在明清岭南区域史地研究中的价值》，《岭南文史》2017年第1期。

② （清）李调元：《南越笔记》卷六，丛书集成初编，商务印书馆，1936年。

③ 李金明：《清代粤海关的设置与关税征收》，《中国社会经济史研究》1995年第4期；黄启臣：《清代前期广东的对外贸易》，《中国经济史研究》1988年第4期。

十三行。按十三行今实止八行，为丰进、泰和、同文、而益、逢源、源泉、广顺、裕源云。[①]

十三行是指清政府特许的专门经营海外贸易的广东商人，亦称“洋商”，俗称“十三行”。但“十三行”只是作为经营进出口贸易特有机构的统称。十三行并非正好十三家，数量时有增减。如著名的伍氏家族怡和行，成立于乾隆五十七年（1792），其前身“元顺行”成立于乾隆四十八年（1783）。《南越笔记》中对十三行的记载，应是截至乾隆四十五年（1780），所以书中并未出现怡和行之名。实际上，只有在道光十七年（1837年）才刚好是十三家。[②]

十三行具有半官半商性质，兼具经营对外贸易与经办外交事务的双重职能。他们既是经政府特许而享有广州外贸专营权的商人，也负责代为外国商人缴纳进出口货税，并管理和监督外商在广州的各种活动。[③] 从1685年粤海关建立到1842年《南京条约》签订，在长达157年中，十三行一直是中国与世界贸易和中外交流的重要窗口，其中1757年至1842年的85年间是中西方贸易的唯一窗口。[④]

在18世纪末年以前，通过十三行的贸易，西方商人向中国输出巨量白银，《广东新语》说：“闽、粤银多从番舶而来，番有吕宋者，在闽海南，产银，其行银如中国行钱。西洋诸番，银多转输其中，以通商故。闽、粤人多贾吕宋银至广州。”[⑤] 其中也有大量的西方铸造银币如花边钱，《南越笔记》说：

花边钱以银熔为钱样，面有水草、烛台诸纹，间有作人马形者。边轮有花，俗称花边钱。自洋外来，以便于鬻物，市中多用之。然内地亦能制，故真赝相错云。[⑥]

① （清）李调元：《南越笔记》卷六，丛书集成初编，商务印书馆，1936年。
② 黄启臣：《清代前期海外贸易的发展》，《历史研究》1986年第4期。
③ 江争红、马陵合：《清代广东十三行贸易制度下行商衰落原因探析》，《贵州社会科学》2015年第9期。
④ 徐礼媛、郑重：《广州十三行的商业文化特质》，《商业文化》2019年第6期。
⑤ （清）屈大均：《广东新语》卷一五货语，中华书局，1985年，第406页。
⑥ （清）李调元：《南越笔记》卷六，丛书集成初编，商务印书馆，1936年。

李调元对当时中国唯一允许西洋人居住通商的地区，也是广东对外开放的窗口之一澳门，引用《广东新语》的记载说：

澳门所居，其人皆西洋舶夷，性多黠慧。所造月影、海图、定时钟、指掌柜，亦有裨民事。其风琴、水乐之类，则淫巧诡僻而已。①

康熙、乾隆时期的澳门情况，黄启臣指出，澳门在清初曾一度衰落，康熙二十三年（1684），清政府宣布废除海禁，实行开海贸易，作为广州外港的澳门，再次成为各国商船停泊之所。康熙五十六年（1717），清廷又宣布实行南洋海禁，但独许澳门的葡萄牙人往南洋贸易，从而使澳门垄断了中国与南洋国家之间的转口贸易。乾隆二十二年（1757），清政府宣布撤销松江、宁波、泉州的江、浙、闽三海关，“夷船将来只许在广东收泊贸易”之后，澳门作为广州贸易的外港更加繁荣，成为海外各国对广州进行通商贸易的根据地。②

屈大均《广东新语》对澳门记载十分详尽，尤其对于域外白银的大量输入国内对商品经济发展的作用，有清楚的认识：

嘉靖间，诸番以浪白辽远，重贿当事求蠔镜为澳。……其麓有东望洋寺、西望洋寺。中一寺曰三巴，高十余丈，若石楼，雕镂奢丽。奉耶苏（稣）为天主居之，僧号法王者司其教。……有多宝镜，有千里镜，有显微镜，又有自鸣钟、海洋全图、璇玑诸器。……西洋国岁遣官更治之，诸舶输珍异而至，云帆踔风，万里倏忽，唐有司不得稽也。每舶载白金钜万，闽人为之揽头者分领之，散于百工。作为服食器用诸淫巧以易瑰货，岁得饶益。③

李调元书中对澳门的记录，来源于屈大均《广东新语》，但大为简略，或因李调元未亲自去过澳门的原因。吴震方《岭南杂记》中对澳门的记载说：

① （清）李调元：《南越笔记》卷六，丛书集成初编，商务印书馆，1936年。
② 黄启臣：《明清时期中国政府对澳门海关的管理》，《中山大学学报》1996年第1期。
③ （清）屈大均：《广东新语》卷二地语，中华书局，1985年，第36—38页。

澳门皆鬼子所居，无汉人，离澳设关以稽人口出入。……凡内地所用，犀象、香珀、哆啰、哔吱、羽缎、羽纱、苏木、椒檀、玻璃，种种洋物，皆与之互市。向海禁甚严，……今通洋设立海关，则利归公上矣。①

吴震方在《岭南杂记》中虽记载澳门外洋通商情况，但他却主张实行严厉海禁。认为“滨海诸郡县时有贼帆飘忽往来，内地奸民不无勾引而出洋，船只或被劫掠，不可不预防也”。并引用平湖阁学陆义山写的《通洋宜防倭患议》说：“通洋之利小而害大，利在下而害在上，不可不预为之忧也。……愚谓封疆大吏，能直陈利害，破群情而罢其役，但许滨海细民结筏捕鱼，凡通洋船只一切禁之。则内地之奸谋无自生，海外之邪党无由召，此上策也。”② 这种认为“靠耕作为生，为政府纳赋役者即良民，出远洋贸易者即为无赖，反映出明清之际的海禁政策和重本抑末思想仍深刻地影响着人们的头脑”③，范端昂的《粤中见闻》亦辑录了《广东新语》对澳门的记载。④

屈大均对域外传来的武器非常重视，尤其是火器的运用，在《广东新语》书中有较多的记载，如西洋铜铳：

西洋大铜铳者，重三千斤，大十余围，长至二丈许，药受数石。一发则天地晦冥，百川腾沸，蛰雷震烨，崩石摧山，十里之内，草木人畜无复有生全者。红毛夷擅此大器，载以巨舶，尝欲窥香山澳门，胁夺市利。澳夷乃仿为之，其制比红毛益精，安置南北两台，以守要害。发时以铳尺量之，测远镜度之，无不奇中。红夷乃不敢犯。⑤

又如机铳：

机铳……其制也，小石如豆，啮庋函外，铁牙摩戛，火透函中，盖皆精铁分合而成。分之二十余事，邈不相属，合之各以牝牡橐籥相

① （清）吴震方：《岭南杂记》上卷，丛书集成初编，商务印书馆，1936 年。
② （清）吴震方：《岭南杂记》上卷，丛书集成初编，商务印书馆，1936 年。
③ 简天明：《浅谈岭南杂记在明清岭南区域史地研究中的价值》，《岭南文史》2017 年第 1 期。
④ （清）范端昂：《粤中见闻》卷四，地部一，广东高等教育出版社，1988 年。
⑤ （清）屈大均：《广东新语》卷一六器语，中华书局，1985 年，第 442 页。

茹，纳纽篆而入蜗户，栝转相制，机转相发。外以五六铁箍箍之，大四寸，围长六七寸，以带系置腰间，带有铜圈，可插机铳。[①]

还有鸟枪：

粤人善鸟枪。鸟枪以新会所造为精。……盖沙炮贵长，鸟枪贵轻，而药皆宜干燥也。外有三眼枪者，有置于刀枪之末，本末互用者。有交枪者，其曰爪哇铳者，形如强弩，以绳悬络肩上，遇敌万铳齐发，贯甲数重。[②]

再如沙炮，也是屈大均的着重记载：

其曰沙炮者，以百炼精铁为之，长者一丈五六或二丈，每一发可毙人于三箭地外。其为制也，皮宜厚，腹宜光滑，口宜稍大于身，使弹子易于喷撒。弹子多至升许，一发毙数十百人。[③]

火枪，俗称鸟枪，因其发机处龙头翘起，形似鸟首而得名。清代严禁私造、私藏、私卖鸟枪。清帝多次下旨，严禁民间拥有鸟枪，鸟枪由国家统一管理。康熙四十七年（1708）谕："鸟枪等火器，只当用于搜猎行阵之间，此外一应旗下民间，不得擅用，著严行禁止。"乾隆元年（1736）议准："如非应用地方，有私藏或私造售卖者，将私藏私造之人责四十板，鸟枪入官，失察该管官罚俸一年，若兵丁有藉稽查鸟枪扰害民间者革粮，该管官罚俸一年。"[④] 按屈大均的记载来看，本应严禁的鸟枪，在广东民间普遍使用，显示了广东独特的民情。

李调元在《南越笔记》中，着重辑录了《广东新语》中这些域外传入武器的相关内容。[⑤] 李调元为何重视域外武器的信息，因为直到《南越笔记》成书前四年，即乾隆四十一年（1776）长达五年的四川大小金川之战方结束，官兵死伤逾万人，耗银七千万两，而传统的火炮和冷兵器仍是此

① （清）屈大均：《广东新语》卷一六器语，中华书局，1985年，第444页。
② （清）屈大均：《广东新语》卷一六器语，中华书局，1985年，第441页。
③ （清）屈大均：《广东新语》卷一六器语，中华书局，1985年，第441页。
④ 毛宪民：《清代火枪述略》，《满族研究》2005年第4期。
⑤ （清）李调元：《南越笔记》卷六，丛书集成初编，商务印书馆，1936年。

役中清军的主要武器，这使李调元感到巨大的差异。因此即便是冷兵器中的刀具，他也详细辑录了《广东新語》中记载东西洋各国番刀的特色：

粤多番刀。有曰日本刀者，长者五六尺为上库刀，中者腰刀，短小者解腕刀，……澳门多有之，以梅花钢、马牙钢为贵。其水土既良，锤锻复久，以故光芒炫目，犀利逼人。切玉若泥，吹芒断毛发，久若发硎，不折不缺，……澳夷往往佩之。外有红毛西洋诸刀，镂凿亦异。①

对各种从外域进口的奇巧商品，李调元同样有记载。如自鸣钟和八音钟：

《广州志》：自鸣钟出西洋，以索转机，机激则鸣，昼夜十二时皆然。按自鸣钟每交一时，又有众音并作，今谓之乐钟，又谓之八音钟。②

还有玻璃和眼镜：

玻璃来自海舶，西洋人以为眼镜。儿生十岁，即戴一眼镜以养目光，至老不复昏蒙。又以玻璃为方圆镜，为屏风。③

广东作为清代中期唯一的对外通商口岸，与东南亚和南亚各国有密切贸易联系。在这方面李调元有详细的记载：

诸番之在广东者，曰婆利、曰古麻剌、曰狼牙修、曰占城、曰真腊、曰爪哇、曰暹罗、曰满剌加、曰大泥、曰蒲甘、曰投和、曰加罗希、曰层檀、曰赤土。其直安南者，曰林邑、曰盘盘、曰三佛齐、曰急兰丹、曰顿逊、曰洲湄、曰浡泥、曰阇婆、曰扶南、曰彭亨、曰毗骞、曰天方、曰锡兰山、曰西洋古里、曰榜葛剌、曰苏门答剌、曰古里班卒，是皆南海中大小岛夷。其不可考者，有……佛逝、诃陵、狮

① （清）李调元：《南越笔记》卷六，丛书集成初编，商务印书馆，1936年。
② （清）李调元：《南越笔记》卷六，丛书集成初编，商务印书馆，1936年。
③ （清）李调元：《南越笔记》卷五，丛书集成初编，商务印书馆，1936年。

子、佛朗机诸国，则未尝入贡，懋迁有无者也。[①]

值得注意的是，《南越笔记》中还详细记载了东南亚、南亚诸国包括安南、占城、暹罗、真腊、爪哇、满剌加、三佛齐、浡泥、锡兰、苏门答剌、大泥、急兰丹诸国与广东贸易的商品，除各国出产的各种香料、宝石、药材、动物及布匹外，还有若干标明来自西洋的商品，如爪哇（今印尼爪哇）的西洋铁，满剌加（今马六甲）和浡泥（今文莱）的西洋布等。这些西洋商品，应是西班牙人和荷兰人与东南亚各国交易的商品，通过朝贡贸易再输入到广东。

有学者指出，从康熙六十一年至道光二十年间（1722—1840），除南洋各国外，欧美各国输入中国的商品种类、数量也很多。其中西欧各国的商品有香料、药材、鱼翅、紫檀、黑铅、棉花、沙藤、檀香、苏合香、乳香、没药、西谷米、丁香、降香、胡椒、藤子、白藤、黄蜡、哔叽缎、哆啰呢、羽毛布、自鸣钟、玻璃器皿、玻璃镜、银圆、洋参等数十种[②]，与李调元的记载是十分吻合的。

欧洲及东南亚各国航行到广州的海舶情况，也是《广东新语》中记载的对象，但由于时代的限制，屈大均把海舶商品的输入，归入到朝贡贸易的范畴，李调元《南越笔记》亦引用此条内容[③]：

> 旧例，贡舶三艘至粤，使者捧金叶表，入京朝贡，其舶市物还国。次年三船复至迎敕，又市物还国。三年三贡，或五年一贡。一贡则其舶来往三度，皆以澳门为津市。黄文裕云：往者番舶通时，公私饶给，……广东旧称富庶，良以此。[④]

在欧洲国家来广州的海舶的记载方面，屈大均《广东新语》最为丰富，并对西方海舶航行的仪器有详尽的记载：

> 洋舶之大者，……凡上舶容人千余，中者数百，皆有舵师、历

① （清）李调元：《南越笔记》卷七，丛书集成初编，商务印书馆，1936 年。
② 黄启臣：《清代前期海外贸易的发展》，《历史研究》1986 年第 4 期。
③ （清）李调元：《南越笔记》卷七，丛书集成初编，商务印书馆，1936 年。
④ （清）屈大均：《广东新语》卷一五货语，中华书局，1985 年，第 431 页。

师，然必以罗经指南。罗经者，为一舶司命，毫末分利害焉。每舶有罗经三，一置神楼，一舶尾，一在半桅之间，必三针相对不爽，乃敢行海。……尝有贺兰国舶至闽，有客往观之，谓其舶崇如山岳，有楼橹百十重，内则含伏大佛朗机百位，外则包裹牛革数重。[①]

根据学者的研究，自从康熙二十四年（1685）设置粤海关后，西欧国家到广东各口岸贸易的商船接踵而至。据有关资料统计，康熙二十四年至乾隆二十二年（1685—1757）的72年间，欧美各国到中国贸易的商船有312艘，其中又以英国商船最多，达到198艘，荷兰、丹麦、瑞典、普鲁士等国的商船113艘，[②] 可以印证《广东新语》和《粤中见闻》对欧洲商船来广东贸易情况的记载。[③]

西亚和东南亚的特产如各种香料，李调元《南越笔记》记载较多，如龙涎香[④]、沉香[⑤]、龙脑香[⑥]、伽南香[⑦]、诸香[⑧]、苏合香[⑨]、蔷薇露[⑩]、荼蘼露[⑪]等，书中介绍这些香料均为海舶贩运到广东，其中蔷薇露和荼蘼露，甚至是从远自大西洋国，即葡萄牙进口的商品。李调元对广东自域外输入香料的记载，虽然有部分内容如沉香、伽𠋆等辑录于《广东新语》和《粤中见闻》[⑫]，但内容更为完整。

康熙、乾隆时期，尽管四川社会经济有所复兴，但文教却大大落后于中原及沿海各省，在全国的学术地位一落千丈。人才匮乏、文风凋敝，少有文人真正研究学问，更不会关心域外情况。仅以教育而论，康熙四十三年（1704），四川按察使刘德芳在成都创立锦江书院，为当时四川最高学府。但教学内容以八股制艺为主，以参加科考为主要目的，教学思想如此陈旧，以致学生除时文外不知其余，这样的书院显然无法承担起培养符合

① （清）屈大均：《广东新语》卷一八舟语，中华书局，1985年，第481页。
② 黄启臣：《清代前期广东的对外贸易》，《中国经济史研究》1988年第4期。
③ （清）范端昂：《粤中见闻》卷二四，物部四，广东高等教育出版社，1988年。
④ （清）李调元：《南越笔记》卷一〇，丛书集成初编，商务印书馆，1936年。
⑤ （清）李调元：《南越笔记》卷一四，丛书集成初编，商务印书馆，1936年。
⑥ （清）李调元：《南越笔记》卷五，丛书集成初编，商务印书馆，1936年。
⑦ （清）李调元：《南越笔记》卷一四，丛书集成初编，商务印书馆，1936年。
⑧ （清）李调元：《南越笔记》卷一四，丛书集成初编，商务印书馆，1936年。
⑨ （清）李调元：《南越笔记》卷一四，丛书集成初编，商务印书馆，1936年。
⑩ （清）李调元：《南越笔记》卷一四，丛书集成初编，商务印书馆，1936年。
⑪ （清）李调元：《南越笔记》卷一六，丛书集成初编，商务印书馆，1936年。
⑫ （清）屈大均：《广东新语》卷二六香语，中华书局，1985年，第669－673页；范端昂：《粤中见闻》卷二二物部二，广东高等教育出版社，1988年。

要求的治世人才的重任。这种保守风气直到清代后期，同治十三年（1874）张之洞在成都创立尊经书院后，才开始逐步改善。可以想见比张之洞还早将近百年的李调元，走出闭塞的四川后，接受和介绍新文化是多么不容易。

李调元在《南越笔记》书序中说：

> 时有古今，则物亦有显晦。今即以东粤论，如瓯逻巴之入市献琛，前古所无；南越王之桂蠹火树，于今未有。即此以推，固不可以泥于前古，或志或不志矣。①

序文中的瓯逻巴即今称的欧罗巴，李调元之眼光，已看到欧洲商人与广东的贸易交往是“前古所无”，认为应注意时势变移，不能“泥于前古”，这样的认识，确已超越当时四川的绝大多数士大夫了。虽然《南越笔记》中辑录《广东新语》较多，但考虑到李调元仅在广东不到三年，大多数时间还要履行学政之职，主持全省考试，检查考核各州县士子，真正能够实地考察民情风俗、商贸物产的时间并不多。同时因屈大均为反清遗民，两广总督李侍尧于乾隆三十九年（1774）把屈大均的所有著述均列为禁书，书版一概焚毁，收藏其书者一经发现就要治罪。李调元在《广东新语》被禁后，仍然辑录书中内容传播，在一定程度上也是承继了屈大均的遗愿，范端昂的《粤中见闻》也同样辑录了许多《广东新语》的相关内容。在清代康乾时期文网渐密，信息来源稀少的情况下，李调元和范端昂引用和辑录《广东新语》资料，从客观上来说，起到了传播介绍域外文化信息的作用。

与李调元同时号称“清代四川三大才子”的彭端淑和张问陶相比较，《南越笔记》的主旨与眼光超越蜀中同侪更为明显。彭端淑（1697—1777），四川丹棱人。雍正十一年（1733）进士，彭端淑工诗善文，士林奉为圭臬。张问陶（1764—1814），四川遂宁人。乾隆五十五年（1790）进士，与袁枚、赵翼合称清代“性灵派三大家”，被誉为清代“蜀中诗人之冠”。

在清代四川三大才子中，彭端淑时代早于李调元，亦曾在广东为官。

① （清）李调元：《南越笔记》书序，丛书集成初编，商务印书馆，1936 年。

张问陶与李调元大致同时，也长期在山东、江南为官居住，对当时经济发达区域应有相当了解，但他们的成就主要在吟咏个人遭际及山川花木的诗文方面，对于经济实务和异域文化没有兴趣，仍是传统文人之本色。彭端淑曾主掌成都锦江书院20年，李调元也是他的学生，但锦江书院的教育学习内容保守陈旧，可见彭端淑的思想受到传统限制之深。

从重视实践，发展经济，注重民生，促进社会发展的角度来看，《南越笔记》无疑应是当时和后世应当重视的实学著作，犹然是在域外信息的介绍方面，李调元可谓是康乾时期四川开眼看世界的第一人。乾隆四十七年（1782），李调元在四川刊行《函海》丛书，把《南越笔记》收录其中。但即使在当时四川百废待兴，书籍奇缺的情况下，《南越笔记》却并未得到应有的反响，直到今天，对这部著作仍然少有人作研究。有学者指出："自《南越笔记》问世以后，收录和引用《南越笔记》的书籍、论文很多，然而整体而言，对于《南越笔记》的专门性的研究，在中国至今都没有得到充分的展开，这不能不说是一件非常遗憾的事情。"① 在对清代前中期域外文化传播的研究中，李调元的《南越笔记》和屈大均的《广东新语》，吴震方的《岭南杂记》、范端昂的《粤中见闻》等著作，都具有其独特的价值。《南越笔记》对清代广东与四川文化交流的作用，仍是值得肯定的。

（谢元鲁：四川省人民政府文史研究馆馆员）

① 孙文刚：《南越笔记研究述论》，《中华文化论坛》2014年第12期。

未能为将能为使

——李鼎元出使琉球概说

尹帮斌

罗江“三李”中，李调元因为取得多方面的成就，故而名气最大。作为“三李”之一，人们对李鼎元、李骥元的了解和研究较少，二人的声名都被李调元掩盖了。其实鼎元出使琉球不辱使命、诗文自成一家；李骥元不耻下问、笃厚耽学都是可以启迪后人、足为后世楷模的。本文单说李鼎元不辱使命出使琉球的故事。

李鼎元（1749—1815），字和叔，号墨庄。绵州罗江（今德阳市罗江区）人。他的父亲李化樟，与李调元的父亲李化楠为同胞兄弟。李化樟虽未中举人、进士，仅为绵州诸生，但是李化樟“以兄化楠壬戌（1742）成进士授馆在外，遂绝意进取。一切甘旨独力任之。教弟子尤勤恳不倦。和睦乡邻，持论公正，咸以黄叔度、郭林宗推之”。（张邦伸《锦里新编·孝友·李化樟》）。为了开阔后辈眼界，李化樟在鼎元八岁的时候，亲自带着调元、鼎元一起到浙江李化楠任所求学。第二年，因祖父病逝，鼎元与父亲化樟、从兄调元归蜀，从此居乡读书。《清史列传·李调元传》后附有鼎元小传：“鼎元，字墨庄。乾隆四十三年（1778）进士，改翰林院庶吉士，散馆授检讨，改授内阁中书。嘉庆四年（1799），充册封琉球副使，官至兵部主事。鼎元天才奇伟，筮仕后，以索米不足，远游江海，所过名山大川，每藉吟咏以发其抑郁无聊之气。所为诗风骨高峻，奉使诸作，尤推豪健。兄弟中称白眉焉。青浦王昶见其诗，亦以为三吴士大夫，莫能或之先也。著有《师竹斋》集。”从这段记述，我们可以了解鼎元为宦为文的一些大体情况。

李鼎元出使琉球，是中琉关系史上的大事。琉球作为海外屏藩，中国正史自隋朝开始，即有记载。但是，琉球向我国朝贡，却自明初开始。据明史记载，洪武五年（1372）正月，“命行人杨载以即位建元诏告其国，其中山王察度遣弟期泰等随载入朝，贡方物。”由此时起，明清两代，琉球王一直向我国朝贡，我国朝廷亦如例派遣使臣前往册封，两朝与琉球的友好关系延续了近五百年。据统计，明清两代，共有 24 次册封使遣往琉球。这些封使中，四川人有两位：一位是涪州（今重庆市涪陵区）人周煌（1714—1785）。《清史稿》说，“乾隆二十年（1755），命（周煌）偕侍讲全魁册封琉球国王尚穆，寻迁右中允，再迁侍讲。”另一位就是罗江人李鼎元。周煌出使琉球，留下专著《琉球国志略》，李鼎元留下专著《使琉球记》。这两部著作，都是今天我们研究琉球史的重要著作之一。

李鼎元把这次出使和他十多年前的一个梦联系在一起。在《使琉球记》的开头，有一段这样的记载：“甲辰（1784）之岁，鼎元假游浙江。秋九月四日，泊舟温州城下。其夜，梦乘舟出洋，舟极大，旗帜飞扬，人役甚伙，海天不辨。梦中一无所悸，遥见数山，浮来水面，幽秀奇特，作五律一首。醒时记一句，云‘云养淡螺深’，并记舟牌有‘免朝’字，急捉笔登载。常举以问人，无知者。以为梦也而置之”。这个梦，在《雨村诗话》和《罗江县志》（嘉庆二十年版）中都有记载。其中提到的白螺，李鼎元在出使归来后的 1802 年，曾专门写了一篇题为《右旋白螺记》的文章寄给李调元，说明白螺护航的神奇：“右旋白螺者，西藏入贡供器也。乾隆丁未（1787）春，上命大学士福康安剿台匪林爽文，赐此螺。”当时李鼎元正在翰林院修国史，曾读到乾隆的御制《右旋白螺赞》：“微物而能测天，携以过海，吉祥安稳。”后来福康安赴台，数月而捷音至，“言舟行往来顺利”，“此螺遂奉旨留贮闽督署，备渡海用。”李鼎元对白螺神奇印象深刻，深信不疑。

此次李鼎元奉命出使琉球，心仪白螺之奇。庚申（1800）四月抵闽后，“中丞汪公志伊斋螺至，云‘皇上命督臣玉德奉许供奉封舟’”，李鼎元等“望阙谢讫”后，“启钥审视，螺长五寸六分，参之数得天地之中和。

圆腹混沌，象太极。首尾各长二寸，象两仪。旋四折而止，象四象。螺皆左旋，此独右者，以阴承阳，迎天行也。肤嵌宝石八，合八卦。数色配之，袭云锦五重。重一色取五行相生义，所以养之也。藏以金匮而无极之理备焉！盖造物者生是，非偶也。”李鼎元出使归来后，曾感叹道，“窃惟琉球自前明迄今，册封往来三十有余次。往往中流猝遇飓飓，樯倾柁折，甚者触礁破舟。此行独邀顺利，与福公后先一辙，谓非白螺之神曷克至此！”对于此次顺利出使，赵文楷、李鼎元等皆信白螺庇佑，心存感激。

这次封使到琉球，距离上次全魁、周煌册封尚穆已经过了40余年。乾隆五十九年（1794）年，琉球老国王尚穆薨，世子尚哲先七年卒，世孙尚温于嘉庆三年（1798）遣使进例供，并上表请袭封。嘉庆帝命在内阁大学士、翰林院掌院、都察院、礼部堂官中选取学问优长、仪度修伟者为正、副使。当时入选者14人，嘉庆帝定赵文楷为正使、李鼎元为副使。赵文楷（1760—1808），字逸书，号介山，安徽安庆府太湖县人。嘉庆元年状元，时为翰林院修撰。

据李鼎元自己的记载，这次在琉球国（中山国），勾留五月有余：“（1799）八月十九日引见，得旨，贰修撰赵文楷以行。庚申（1800）二月出都，四月抵闽。……五月七日自闽开洋，十二日抵中山。十月二十五日自中山开洋，十一月朔日归闽。来去皆六日。”

总括来说，李鼎元作为副使出使琉球，襄助正使，圆满完成了出使任务；撰著《使琉球记》，为我们留下中琉交往的珍贵史料；编撰汉琉词典《球雅》，以广声教；这次出使取得了极大的成功。

出使首先遇到的是不明琉球国情、地理。李鼎元“恩命既下，即觅同乡周海山（即周煌）先生前使琉球时所著《志略》，意得有所遵循”。然后又与赵文楷一起去拜会“海内博通掌故”的大学者纪晓岚，详细了解琉球气候、风俗、礼节及出使舆服、仪仗、费用等。

准备停当后，正副使各率从客于庚申（1800）二月二十八日出都。一路或陆或舟，过河北、山东、江苏、浙江、福建，闰四月初八日抵福州，历时70余日。

在福州，封使又作了很多出洋前的准备工作。一是验收白螺，藏以金匮，以护佑封舟；二是选派护兵，验视封舟，确保出洋安全；三是召见通事（翻译），详询琉球情形；四是拜祭天后，筊卜封舟吉凶（均为吉兆），五是再次熟悉册封礼仪，了解册封仪程；六是点验护兵，准备与琉球互市货物；七是准备淡水食物，严申纪律。这样又在福州逗留了近一月，五月七日开洋。

经过六日的海上航行，五月十二日，封舟顺利抵达那霸港。在接下来的五个月中，除完成此行的册封使命外，李鼎元问民俗、食海味、吃热带水果、游佛寺、交琉球文士（共编《球雅》），与琉球王室、士民结下了深厚的友谊。

在琉期间，李鼎元展示了公正无私、依例办事的外交官形象。同来的闽安镇都司陈瑞芳，福建泉州人，五月二十四日病痢，后来“痢痊而病转深”。陈瑞芳自恃壮年（43岁），不服药，屡劝不听。八月三日，陈瑞芳不幸病逝琉球。琉球世孙（时尚温尚未受册封礼）派耳目官（琉球官名）送来安家银五百两。耳目官欲将银两交赵文楷带给陈瑞芳的儿子。李鼎元说，“都司殁于使事，世孙宜具奏，即以此银叙入，渡海后移交督抚转其子，使者礼无私受。”后来耳目官将此事报告世孙，世孙即按李鼎元说的办理。

在回国前夕，琉球国王派法司官（琉球官名）为两位使臣各送来赆仪五千两。赆仪，是临别时赠给人的路费或礼物，取与不取，全在使臣。鼎元与赵文楷商定不取这笔费用，并且把兵役召集到一起，对他们说：“承国王厚意，虽属成例，然使者百事仰给于官，无所用金。况我皇上体恤外藩无微不至，使者尤当仰体。住近五月，已糜费矣，又复多赆，是使者德薄才庸，忠信之心不能见谅于国人，而上负圣天子柔远之恩也，心窃自愧。今故集兵役，并汝等同官，明告以不受之故，非有所嫌疑。归谢国王，无劳往返！”却赆金一事，树立了使团公正廉明的形象，在琉球国内产生了良好的影响。

归国途中，鼎元还与赵文楷指挥了一场海战。十月二十九日，船到温州北杞山海面，看到数十只泊船。大家以为是朝廷的迎护船到了，都皆大欢喜。守备登船后艄了望，惊奇地发现泊船都是海盗船。鼎元镇定地对大家说：“舟已至此，戒兵无哗。速食！备器械！”众皆饱食后，鼎元令“吐者、病者、怯者皆归舱”，登战台与众誓曰：“贼众我寡，尔等未免胆怯。然贼船小，我船大，彼络绎开帆，纵善驾驶，不能并集，犹一与一之势也。且既以遇之，惧亦无益。惟有以死相拼，可望死中求活。此我与汝致命之秋也，生死共之！”众兵勇气顿振，皆曰“惟命！”于是鼎元下令说：“贼船未及三百步，不得放子母炮；未及八十步，不得放枪；未及四十步，不得放箭。如果近，始用长枪相拼。有能毙贼者，重赏。违者按以军法!”在两位封使的指挥下，这次与海盗的遭遇战，使团完胜，不损一人，而海盗被击毙 30 余人。鼎元面对强敌的大无畏勇气，临阵不乱的指挥才能，令正使赵文楷十分钦佩。

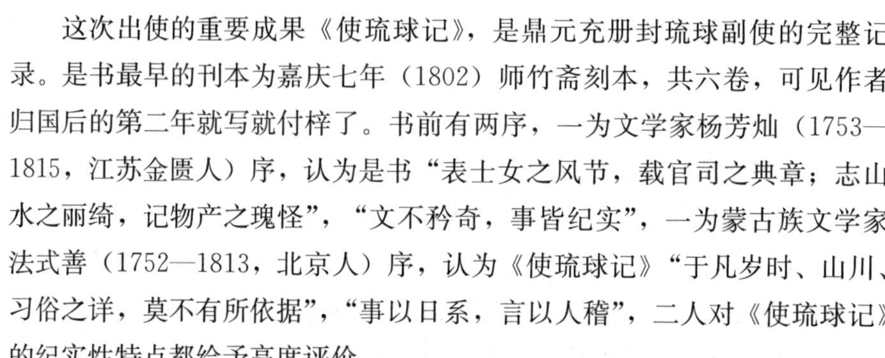

这次出使的重要成果《使琉球记》，是鼎元充册封琉球副使的完整记录。是书最早的刊本为嘉庆七年（1802）师竹斋刻本，共六卷，可见作者归国后的第二年就写就付梓了。书前有两序，一为文学家杨芳灿（1753—1815，江苏金匮人）序，认为是书“表士女之风节，载官司之典章；志山水之丽绮，记物产之瑰怪”，“文不矜奇，事皆纪实”，一为蒙古族文学家法式善（1752—1813，北京人）序，认为《使琉球记》“于凡岁时、山川、习俗之详，莫不有所依据”，“事以日系，言以人稽”，二人对《使琉球记》的纪实性特点都给予高度评价。

2012 年 9 月 17 日，国家图书馆举行了“馆藏钓鱼岛有关文献情况介绍会”。介绍会以大量的历史文献向世界证明：钓鱼岛自古以来就属于中国。在这些珍贵的历史文献中，就有李鼎元纂写的《使琉球记》。

对钓鱼岛、赤尾屿的记录，见于使团出洋的第三日、第四日。“（五月）初九日庚寅，晴。卯刻见彭家山，山列三峰，东高而西下。……申正见钓鱼台，三峰离立如笔架，皆石骨。惟时水天一色，舟平而驶。有白鸟无数，绕船而送，不知所自来。入夜，星影横斜，月光破碎，海面尽作火焰，浮沉出没。”“初十日辛卯，晴。辰正见赤尾屿。屿方而赤，东西凸而中凹，凹中又有小峰”。钓鱼岛是册封使前往琉球的途经之地，有关钓鱼岛的记载大量出现在中国使臣撰写的报告中。李鼎元的生动记录，再一次证明中国最先发现、命名和利用钓鱼岛，钓鱼岛是中国的固有领土。

《使琉球记》是中琉交往的生动记录。书中不但真实地反映了 18 世纪末琉球的政治、经济、文化生活，也生动地记录了李鼎元的异域“出国生活”。李鼎元作为生长于西蜀、为宦于京华的知识分子，琉球国的一切都是新鲜有趣的。球人的食单中有“龙头虾”。鼎元“取视之，长尺余，绛甲朱髯，血睛火鬣，类世所画龙头，见之悚然”。又食“毛鱼”“石距”“海胆”等，以至“连日食海味，腹渐作泄，饬庖人但供时蔬淡粥”。其间又遇到台风：“时楼皆振动，窗纸尽裂。入夜不寐，闻壁间啾啾作雀声。烛而视之，见蝎虎无数，火至俱避入隙”；看到了涨潮：“若云峰万叠，卷海飞来。须臾，腥风大盛，水怪挎风，金蛇掣电；天柱欲折，地轴暗摇；

雪浪溅衣，直高百尺，未敢遽窥。”还有对辣椒的记录：“篱边香椽一。竿发萦绕，若凌霄，子赤，形如僵蚕，味类胡椒。郑得功云，邦人呼为辣荞，花白，子赤，种三，更有小而黄、圆而赤者，食之可以冷气。”还有吃香蕉的感受：“是日食品有蕉食。状如手指，不相属，色黄味甘，瓤如柚，亦名甘露。闻初熟色青，以糠覆之则黄，与中国制柹无异。”又食“龙眼”“荔枝”，因琉球土瘠，李鼎元的感觉是“味不如闽”。这些经历和感受，是当时人难以体验到的。

法式善说鼎元出使琉球：“廉于取而勤于学，严以持己，和以接物，人乐与之游，有所询必以实告。”利用这个难得的出使机会，李鼎元开始研究琉球的语言，并着手编辑汉琉词典《球雅》。尚温知道鼎元之意，非常支持，特派首里四公子向循师、向世德、向善荣、毛长芳来协助。四人中，向循师、向世德、向善荣为王室本支，毛长芳为王妃之侄，年龄都在二十以上，既通球语、球文，也通汉语、汉文，聪明善悟，因此编辑的效率非常高。尚温又派琉球文士杨文凤参稽一切编撰事宜，并在使馆西设专馆作为编辑部。“每人日注数十字来，疑者面议，率以为常。”这样，自五月二十九日至十月四日，历时四月有余，李鼎元主持完成了汉琉词典《球雅》的编撰，成为中琉文化交往史上的佳话。

李鼎元出使琉球的成果还体现在他作的琉球主题诗歌中。“其诗直抒胸臆，豪肆横出，举人所不能达者，悉有以达之（法式善语），”具有自己独特的风格。他的琉球诗歌创作可以和《使琉球记》参照阅读，加深我们对这次中琉政治、经济、文化交流的认识。

这些琉球诗作，收录在鼎元自选诗集《师竹斋集》第12—14卷，从出京《二月二十有八日偕正使赵介山修撰（文楷）奉册出都舆中作》始，到回程《舟行三绝句》止，共计230首，其中在琉球写的诗167首。这些诗歌，以组诗《中山杂诗二十首》、《琉球草木诗二十四首》、《中山土物诗五首》等最为别开生面，为当时的士大夫所未闻未见。兹录《中山杂诗二十首》如下，读者可见一斑。

中山杂诗二十首

（一）

海邦淹使节，问俗最关心。人众土无旷，水多山不深。

有田惟种薯，是树少鸣禽。怪杀蛟龙窟，淳风直到今。

（二）

见说天孙氏，爰开海国图。有神皆帝子，分类异盘瓠。
篡夺几惊世，兼并方剖符。语言通得未，声教日霑濡。

（三）

国有衣冠古，王今雨露偏。兵刑何必备，礼乐未全捐。
济济官犹百，迢迢路几千。可怜共顺意，膜拜学参禅。

（四）

宾至不迎送，率真存古风。酒肴随意设，谈笑许心同。
草靸宽于屐，肩舆小似龙。庶民犹朴陋，赤足首飞蓬。

（五）

一簪男女别，都不着帷裳。贵贱同衣履，供输少稻粱。
渔舟环绝岛，商贩仗危樯。莫问生涯事，生涯在水乡。

（六）

市集皆夷女，蓬头戴货行。曳襟劳两手，稳步注双睛。
物以多为贵，人因贱不争。问男何所事，非钓即躬耕。

（七）

有布少丝罗，球人尽解歌。中山官族盛，久米秀才多。
六六围群岛，重重撼大波。居然称富庶，日本近如何?

（八）

也染繁华习，偏忘相鼠讥。舞僮多丝袖，土妓有朱衣。
但解当筵避，无劳举袂麾。太平歌自好，咫尺凛天威。

（九）

奥山及波上，游览最清奇。石罅潮声透，松阴海气移。
球官垂带立，夷女戴筐驰。须鬓霜如此，来观亦太痴。

（十）

古刹如亭小，禅堂即客堂。僧衣能断俗，席地可无床。
供佛惟花蕊，烹茶半雪糖。此邦殊服食，何以慰愁肠。

（十一）

幸有奇花木，能将远客招。佛桑然似火，铁树挺于蕉。
野径多丛竹，人家隔小桥。昼长无个事，步屧溷渔樵。

（十二）

小艇荡秋风，心清与水同。星光沉处少，山色倒来空。

鹭起晴沙上，鱼飞雪浪中。此时天趣溢，树杪月朦胧。

（十三）

空忆山南北，无人肯伴游。村怜丝满好，湖爱许田幽。
荒草埋城堞，悲风出戍楼。不堪凭吊处，明月照青丘。

（十四）

海气入楼腥，停云肯暂停。檐高惟聚雀，草茂只多萤。
书帙因风乱，诗肠对酒醒。那堪愁夜永，雷雨撼窗棂。

（十五）

僻甚东禅寺，花寻隙地栽。背山松偃仰，对涧竹低徊。
僧少贪嗔气，人无尔我猜。浮生闲半日，万虑一齐灰。

（十六）

已作天涯客，能无世外情。逢僧先说法，选胜即题名。
乘马训番性，陪臣识履声。和光仍混俗，忠信倚于衡。

（十七）

朔望还须盼，烧香趁早晖。球人知孔庙，舟子重天妃。
散步随黄帽，寻芳入翠微。夜游先减从，骑马月中归。

（十八）

多仆翻成累，无书更懒窥。得闲惟赌酒，对客且围棋。
笛向风前吹，花从雨后移。终朝寻乐事，事事入新诗。

（十九）

往事何须说，球阳客未归。暑残蝇渐少，秋浅蟹初肥。
设祭中元近，怀人夕照微。西川云雾里，虽奋不能飞。

（二十）

闻道谢封使，冬舟归路同。翻怜东海客，犹趁朔方鸿。
愁能消眉宇，欢容看仆僮。更从天后祷，先借一番风。

这次出使，既是中琉交往的一段佳话，也是李鼎元一生最独特、最难得的经历。从兄李调元多次赋诗，表达内心的喜悦。李鼎元被派定为册封副使至出海这一段时间，北京以及经行的河北、山东、江苏、浙江、福建等地的友人为其撰写了许多送行诗，古近体达二千余首。李鼎元出使琉球，也成为一段诗坛佳话。

2020 年 12 月，中国国家博物馆举办了“金瓯无缺——纪念台湾光复七十五周年主题展”，客观再现了台湾被迫割让、台湾同胞英勇反抗日本殖民统治、台湾光复回归祖国的历程，反映两岸关系向前发展不可阻挡的时代潮流。在大量珍贵文物和真实史料中，有一件珍藏的清代画卷《南台祖帐图》，惟妙惟肖地描绘了册封琉球使臣李鼎元从福州出发时的场景，成为清代中央政府与琉球交往的生动历史见证。

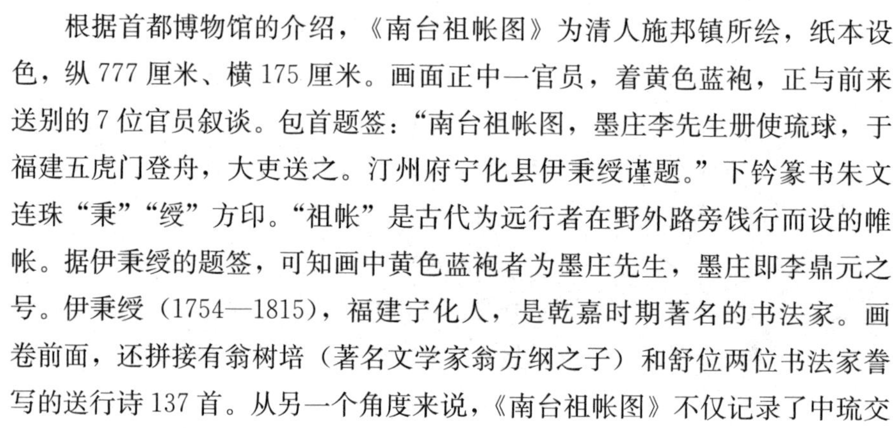

根据首都博物馆的介绍，《南台祖帐图》为清人施邦镇所绘，纸本设色，纵 777 厘米、横 175 厘米。画面正中一官员，着黄色蓝袍，正与前来送别的 7 位官员叙谈。包首题签：“南台祖帐图，墨庄李先生册使琉球，于福建五虎门登舟，大吏送之。汀州府宁化县伊秉绶谨题。”下钤篆书朱文连珠“秉”“绶”方印。“祖帐”是古代为远行者在野外路旁饯行而设的帷帐。据伊秉绶的题签，可知画中黄色蓝袍者为墨庄先生，墨庄即李鼎元之号。伊秉绶（1754—1815），福建宁化人，是乾嘉时期著名的书法家。画卷前面，还拼接有翁树培（著名文学家翁方纲之子）和舒位两位书法家誊写的送行诗 137 首。从另一个角度来说，《南台祖帐图》不仅记录了中琉交往的重大历史事件，也是一件不可多得的艺术珍品。

除《南台祖帐图》外，还有所绘为李鼎元自琉球归程途中景物的《归槎图》。他的同乡好友，著名诗人张问陶在《题李墨庄前辈归槎图》中有“未能为将能为使，也是人间好丈夫”的两句诗，这是对李鼎元出使琉球、不辱使命的高度评价。

（尹帮斌：德阳市罗江区作家协会主席、德阳市罗江区文联副主席）

第八篇

新发现的李雨村《精选幼学对偶读本二集》研究

略论李雨村《精选幼学对偶读本二集》

牛会娟

李调元，字羹堂，号雨村，是清代蜀中博学多才的学者、诗人，晚年长期致力于发展教育和戏曲事业。他不仅自身著述丰硕，亦是当时四川的藏书第一家。近来四川大学藏研所李沛蓉教授带学生在四川省阿坝藏族羌族自治州汶川县雁门乡调研时发现了一本罗江李雨村《精选幼学对偶读本二集》（后文简称《对偶读本》），即李调元选编的幼学童蒙教材。这一发现为李调元研究又提供了新的材料。

一、《对偶读本》在李氏刊刻作品中的收录情况

《对偶读本》原书封面有“万卷楼”三字，下文因纸张破损而无法识读，不过根据李调元其他保留完好的作品如《童山诗集》的封面可知，应为“藏板”二字。“万卷楼藏板”即由李氏万卷楼刻板印行。据学者邓长风、詹杭伦、孙文刚等研究统计，李调元汇编的大型文化丛书《函海》至少有乾隆壬寅初刻本、乾隆甲辰本、乾隆李氏万卷楼本（邓长风称之为乾隆末刻本）、嘉庆本、道光本和光绪本六种版本，其中李氏万卷楼藏本有

绵州李氏万卷楼藏板牌记。[①] 万卷楼坐落于李调元故乡四川罗江县南村坝，是其藏书、刻书之处，也是当时西川规模最大、藏书最多的藏书楼。万卷楼建成于1786年，是李调元落职返乡后在南村旧居所建，1800年四月被“土贼所焚”。据杨懋修《李调元年谱》，“乙巳（1785）四月，至南村，建楼五楹，颜其额曰‘万卷’，贮书四十橱，分经、史、子、集，先生日登楼校雠。”[②] 另李调元晚年的自传作品《童山自记》曾写道：“乾隆五十一年丙午（1786）十一月二十三日，四子书香生，妾王氏出。”[③]《童山诗集》卷二六“丙午”有《十一月二十三日书香生》，诗云：“老病相兼得子徐，宁馨捧出贺充闾。归来万卷楼方落，正要书香似续书。”[④]《童山文集》卷一二亦收录有李调元所写的《西川李氏万卷楼藏书约》，要求后世子孙爱书惜书，不得擅自瓜分、出借或发卖，立此约为后世管理之凭证。《童山文集》卷二〇亦有《万卷楼藏书目录序》。因此，《函海》的李氏万卷楼藏本不应早于1786年，《对偶读本》的刊刻也不应早于1786年。

但查询《函海》各版目录，并未发现《对偶读本》一书。李调元于嘉庆六年（1801）手订的《续函海》六函亦不见此书。从《函海序》可知李调元将历年来搜罗抄录的藏书，整理刊刻，选书包含了晋六朝唐宋元明人的未刊书，四川名士杨升庵的未刊书，以及他自己的作品，意欲选编一套可与《汉魏丛书》《津逮秘书》《知不足斋丛书》相媲美的、能“共列为四部，以炳耀乎宇内”的大型丛书作品，而且不断增删、不断完善。《函海》初刻成书于乾隆壬寅（1782）年间，此后虽增删完善，但大体框架已经成形，收集的主要是罕见之典籍，尤其是其他丛书不录之书，因此这种选编的儿童蒙学作品自然不在他的选择范围内。而《续函海》是万卷楼被焚之后，李调元庆幸于藏于他处的《函海》的无恙，延续曾经的编刻标准，搜检随身所带的钞本以及自己近年的作品，编订了《续函海》。因此，这两部丛书都没有选刊《对偶读本》。

据《续修四库全书总目提要（稿本）》（32）中《续函海补遗十六种》

---

① 孙文刚：《乾嘉才子李调元研究》，中国社会科学出版社，2017年，第56页。

② 詹杭伦：《李调元学谱》，天地出版社，1997年，第76页。

③ 詹杭伦：《李调元学谱》，天地出版社，1997年，第76页。

④ （清）李调元：《童山诗集》（《续修四库全书·集部·别集类》第1456册），上海古籍出版社，2002年，第343页。

的提要所记，此书选刊了《李调元精选对类》一书。[①]

1991年山西教育出版社所出版的《蒙学便读》就节录了李调元的《精选幼学对类读本》。因是节选，所以《蒙学便读》只选了五到二十字的经典对联若干，在题解处说明“这部《精选幼学对类读本》出自《续函海补遗》。《读本》有习对歌、习对定式、切韵谱诀和巧对门四项内容，本书所录仅限于巧对门，这也是《读本》的主要内容。其编例从二字到二十字，依字数多少顺次排列，这之下又各分天文、地理、时令、人物、人事、花木、鸟兽、衣服、珍宝、文史、数目及干支等项”。[②] 而上述这些内容恰好也是《对偶读本》的主要内容（下文还会详述），且《对偶读本》书耳处还印有“精选对类”四字，因此，我们可以基本判断，《精选幼学对偶读本二集》和《精选幼学对类读本》应是同一本书的不同刻本。

二、《对偶读本》与《对类》

该书封面左上角书“罗江李雨村选”，书名为《精选幼学对偶读本二集》，内有139页（缺失第94页），从内容看并未分集分卷，内页耳格均有“精选对类”四字。书本内包括习对发蒙格式、习对歌、习对定式、平仄指掌图、四声字母之图、唐人切韵字谱之图、切韵谱诀等理论分析部分及巧对门的对联示例部分。“习对发蒙格式”全文五百余字简明扼要地讲解了汉字的声调、平仄、虚实死活四大字类，并举例说明了基本的对偶法则；“习对歌”以朗朗上口的口诀形式先从格式和五音的角度说明了作对规则，如“平对仄，仄对平，反切要分明，有无虚与实，死活重兼轻”，“寻义理，辨音声，呼吸习调停，角宫商徵羽，牙齿舌喉唇”以及26种基本的对联门类；“习对定式”则讲了声韵基础知识，包含习对要诀、还对要诀、反字法、先调四声、次明六体、五音所属、四声旨意、五声所属、辨声音要诀等9个部分，并配有平仄指掌图、四声字母之图、唐人切韵字谱之图三幅图谱。“切韵谱诀”分为“切韵六十字诀”与“双声叠韵谱诀”两大部分，“切韵六十字诀”后面还附有《喜雨》（即杜甫《春夜喜雨》）诗的式例，以简单的字诀传授汉字声韵反切的拼读规律；巧对门列举了二字至十六字的各门类对联，严谨工整、数量不等，有“天文、地理、时

① 中国科学院图书馆整理：《续修四库全书总目提要（稿本）》（32），齐鲁书社，1996年，第198页。

② 徐梓、王雪梅：《蒙学便读》，山西教育出版社，1991年，第90页。

令、花木、鸟兽、宫室、人物、人事、身体、衣服、声色、珍宝、饮馔、文史、数目、卦名、干支、通用、叠字”等门类，大致与习对歌所列举的“天文、时令、地理、宫室、国号、人物、身体、衣帛、食馔、器物、珍宝、文史、草木、禽兽、五色、数目、声色、心情、方隅、内外、虚字、如似、重叠、将乍、助辞、勤学”等门类相近。

由封面的“罗江李雨村选”和书名的“精选”可知，该书并非李调元原创，而是由其选辑而成。选辑所依的作品即明代中后期的对类作品。明代流传至今的对类作品主要有未署名的《对类》二十卷，吴勉学的《对类考注》二十卷，另有署名屠隆订正的《缥缃对类大全》及《鼎刻增补注释备便蒙标英对类统宗》《新镌京板全补源流引蒙龙灯会海对类》和《新刻订补注释会海对类》等。但后四本和前两本同中有异，主要是词语条目及顺序不同，以及有无《习对定式》等理论分析部分。《缥缃对类大全》属于《四库全书存目丛书》，没有“习对定式”的内容。据国家图书馆《鼎刻增补注释备便蒙标英对类统宗》残存的12卷（4、7—8、10—14、16—19）来看，词语条目及顺序有所不同，且无巧对卷，因无1—3卷部分所以首卷有无巧对卷和习对歌之类的理论就不得而知了；《新镌京板全补源流引蒙龙灯会海对类》仅二十卷含巧对一卷，首卷前无理论分析部分；《新刻订补注释会海对类》二十卷，卷首题有“新刻订补注释会海对类首卷”，有习对定式、平仄指掌图、四声字母之图、唐人切韵字谱之图、五声所属、辨声音要诀和没有“习对歌”标题的习对歌。后面有十九卷的对联示例，没有“巧对门”一卷，但是每卷上边框下有横栏，列出了相应的“巧联摘锦”和“巧联截句”。

《对类》和《对类考注》，虽书名及序言有所不同，但其主要内容基本一致。《对类考注》前的“益王勿斋自序”则说明此书是因对以往“博而弗精，简而弗详”的闽刻本《对类》不满，而其新得的一部京本“搜集广而款类增，注释详而意义炳”，同时又因为益王的封土（江西）接壤于闽，所以拿去书坊刊刻，希望能让更多的人看到好的版本。所以虽然叫《对类考注》，实际只是二十卷本《对类》的优质刻本而已。而《对类》也属于《四库全书存目丛书》。李调元在京为官时，恰好是有机会目睹四库所收书籍的，他大量藏书也得益于这段经历。

李调元首先选取了《对类》卷首的理论部分，并将其中的次序略作调整——即把“切韵谱诀”和“习对歌”的次序对调，然后又选取最后一卷

（即第二十卷）的经典例联“巧对门”。这样删繁就简，把烦琐的语料库删掉，只选取基本理论和经典对联，就编成了这部蒙学读物。这其实与《声律发蒙》《笠翁对韵》这样的只选现成对语提供给学习者，令其记诵模仿的蒙学读本有异曲同工之妙，同时又把对偶规则的理论知识保留着，所以李氏这本蒙学读本在《续修四库全书总目提要》中曾得到高度评价。

三、对联学习在音韵学及蒙学中的重要性

《续修四库全书总目提要（稿本）》中《精选幼学对类读本》一集一卷（李氏续函海补遗本）的提要，写道：“清李调元选辑。……此书一卷，刊入《函海补遗》中。虽云初学阶梯，实极精审，首列辨四声法、次即对文，其类别分格式、五音、天文、时令、地理、宫室、国号、人物、身体、衣帛、食馔、器物、珍宝、文史、草木、禽兽、五色、数目、声色、心情、方隅、内外、虚字、如似、重叠、将乍、助辞、勤学等门，并附习对定式、四声字母、唐人切韵、字谱之图、辨声切韵、叠韵双声等，于小学文字，颇有禆益。因此集以文字音韵为本，而以联语为例，集《玉篇》《广韵》之精要，在昔日虽属初学，今日则专门之艺也。”[①]《续修四库全书总目提要》是 20 世纪 20 至 40 年代由东方文化事业总委员会在当时的北平组织中国学者编成的一部大型古籍提要目录。从这段提要文字可知，《精选幼学对类读本》里所提及的内容，在清代乾隆年间虽属初学，但在新中国成立前已经不是入门级的简单知识了。

陈寅恪先生在 1932 年曾写过一篇《与刘叔雅论国文试题书》[②]。当时他应清华大学国文系主任刘文典（字书雅）先生之请，代拟了当年大学入学考试题，他匆忙之下拟定普通国文试题，题目为《梦游清华园记》，对对子的题目则拟为“孙行者”，当年唯有冯友兰以“胡适之”应对，通解了其中的音韵及用典。这道对对子的题目在当年因几乎无人答对，引起了轩然大波，让陈刘二人都面临了巨大的压力。在这封信里，他就专门为此次的国文试题和刘先生进行了交流，也是向公众一个解释。首先他和刘先生表达了自己出题阅卷的感受，建议以后的国文试题，应该是“形式简单而涵义丰富，又与华夏民族语言文学之特性有密切关系者”，这样“于阅

---

① 中国科学院图书馆整理：《续修四库全书总目提要（稿本）》（32），齐鲁书社，1996 年，第 200 页。

② 陈寅恪：《金明馆丛稿二编》，三联书店，2001 年，249—257 页。

卷定分之时，有所依据”，又让应试者“无甚侥幸，或是冤屈之事”。而能实现这一切的最好方法，在陈先生看来在当时“藏缅语系比较研究之学未发展，真正中国语文文法未成立之前，似无过于对对子之一方法”。在探讨了当时学界语言学研究的一些问题之后，陈先生认为“所对不逾十字，已能表现中国语文特性之多方面。其中有与高中卒业应备之常识相关者，亦有汉语汉文特殊优点之所在”，可借此来考查投考国文学系之人。又从以下四个方面提出了对对子的测试范围：一是可以测试应试者，能否知分别虚实字及其应用；二是能否分别平仄声；三是测验读书之多少及语藏之贫富；四是测验思想条理。

陈先生在20世纪30年代重视对对子在展现汉语语言文学特征上的功效，而对对子也是古人启蒙之后一种必修的课程。苏洵在《送石昌言使北引》中说“吾后渐长，亦稍知读书，学句读、属对、声律，未成而废”。[①]这里的“属对”就是学习对对子。从这个记载来看，在宋代，属对已经是和句读、声律相提并论的一种基础课程。元代程端礼在《程氏家塾读书分年日程》的卷一曾提到：“《大学》：不得令日日作诗作对，虚费日力。今世俗之教，十五岁前不能读记九经正文，皆是此弊。但令习字演文之日，将已说小学书作口义，以学演文，每句先逐字训之，然后通解一句之意，又通结（疑为‘解’之误）一章之意，相接续作去。明理，演文，一举两得。更令记《对类》单字，使知虚实死活字，更记类首‘天、长、永、日’字。但临放学时，面属一对便行，使略知对偶轻重虚实足矣。”[②]《程氏家塾读书分年日程》是程端礼记录家塾教学程序的作品，第一卷依照朱熹读书法，以八岁为分水岭，说明了开蒙学习的程序。八岁以前读程逢原增广的《性理字训》，自八岁入学之后，读《小学》书正文，然后是《大学》，然后依次是《论语》《孟子》《中庸》《〈孝经〉刊误》，然后才是《易》《书》《诗》《仪礼》《周礼》《春秋》等。上述这段文字正是教读《大学》时的教学指南，也清楚地说明了属对的作用，即教学生属对是为了配合“习字演文”的教学，让学生掌握字的“虚实、死活”，了解对偶的“轻重虚实”。据张志公先生研究，“属对教学，大致就依靠这样一种目的，一直实行到清末”。[③] 所以李调元选编的这本蒙学教材，有案例亦有理论，

① 曾枣庄、舒大刚主编：《三苏全书》，《苏洵集》语文出版社，卷八，6册第112页。
② 程端礼：《程氏家塾读书分年日程》，四部丛刊续编子部版，第83页。
③ 张志公：《传统语文教育初探》，上海教育出版社，1962年，第101页。

篇幅也不长，实在是对类读物中的佼佼者。

四、李调元与《对偶读本》的编选

这本书的编选既与他自幼对诗词对联就饶有兴趣相契合，也与他1786年前后的人生经历相合。在民间传说中李调元被塑造成了一个对联高手：在京城的四川会馆因对联而夺魁；路遇刘举人因对联而胜出；在湖广用对联镇住当地学子，胜任主考；在广东学政任上，有巧补绝联的传说……而现实生活中，李调元五岁开蒙，七岁就能吟诗，对于诗词对联饶有兴趣，所以他在《雨村诗话》里说自己“生平于诗有酷嗜”①。《童山自记》里说自己11岁起在当地随父亲读书，12岁时即“有吟稿名《幼学草》”②；13岁，“初读唐诗，即能属对。一日出对曰：‘蜘蛛有网难罗雀。’余对曰：‘蚯蚓无鳞欲变龙。’”③ 1757年，24岁的李调元随父亲在浙江秀水任上读书，求教于钱香树先生，曾以《春蚕作茧》诗中的“不梭还自织，非弹却成圆”④ 句得钱先生的赏叹。1767年，在京为官的李调元移居梁家园看云楼后，题联“城外远山如岫列，楼前积水当湖看”⑤，被时人传颂。1774年，考差试中作“南国人堪忆，东平语未忘”联得相国于敏中赞赏器重。1788年，李调元去汉州（今四川省广汉市）访友人张邦伸，见其子怀淮（即张玉溪）颇秀颖，遂出对“雨过花初放”试之，张子对以“春来鸟必鸣”。⑥ 大喜之下的李调元当即将自己的四女儿许配给了张玉溪。这些联句记载均出自李调元晚年所写的《童山自记》，一方面说明了他自己对对联的热爱以及作佳对的能力，同时也是民间传说里李调元被塑造成对联高手形象的缘由；另一方面这也说明了他能成为当时优秀的诗人与幼年时良好的对类基础有密切的关系。

我们虽无法得知李调元看到《对类》作品的准确时间，但我们可以发

---

① （清）李调元著、詹杭伦、沈时蓉校正：《雨村诗话校正》，巴蜀书社，2006年，第2页。
② 詹杭伦：《李调元学谱》，天地出版社，1997年，第14页。
③ 詹杭伦：《李调元学谱》，天地出版社，1997年，第14页。
④ 詹杭伦：《李调元学谱》，天地出版社，1997年，第21页。
⑤ 詹杭伦：《李调元学谱》，天地出版社，1997年，第39页。
⑥ 詹杭伦：《李调元学谱》，天地出版社，1997年，第78页。

现他有可能读到此书的一些端倪。青年时代的李调元刻苦攻读，博览群书。1759 年考中举人，次年会试下第，随父亲在保定沧州任上读书。1762 年补国子监崇志堂学录，学录主要职责就是督习学生课业，别人为他降补可惜，他自己却“以学录为成均教官，得温习就业，且腆言为天下诸贡监师”① 而高兴。崇志堂监生以未通四书者为主，按前文《程氏家塾读书分年日程》所讲，正是学习对类的时段，在此督促监生学习的李调元也是有很大机会看到甚或是再次看到对类读本的。1763 年，李调元会试第二，朝考入选庶吉士，从此入仕，后又长期在京城、广东和直隶做官。1776 年因议稿得罪永保，此后几经沉浮，于 1782 年被永保陷害落职下狱，从此结束了官场生涯。

1785 年经历了发遣伊犁，捐银赎归，对官场心灰意冷的李调元，终于带着《函海》的刻板和藏书回到了四川家中，开启了他发展教育和戏曲事业的新人生。此时的李调元可以自由地读书、写书、教书、编剧、排戏，自娱自乐。李调元曾写过《醒园遣兴二首》，其中写道“归来只在梨园坐，看破繁华总是空”；又云：“习气未除身尚健，自敲檀板课童儿。”② 又《雨村诗话》卷九“余自乙巳（1785）归里，居醒园，闭门不出，日以课歌童为乐。”③ 这时万卷楼刚刚落成，潜心教习歌童的李调元自是有时间也有一定的动力去编选一部蒙学教材，以助孩子们学习音韵及对偶知识。而据《童山自记》，1788 年以后就没有了关于教书的记载，而他在四川境内游山玩水、写诗排剧的日程则多了起来。经常外出也不利于教学，所以他应该是在回乡最初的几年以教书为乐，并随手选编了这本教材。

综上所述，《对偶读本》成书时间大概在 1785 年（乾隆五十年）到 1788 年之间。而李调元《对类》中挑选出来《精选幼学对偶读本二集》（或说《精选幼学对类读本》），既有对联的经典范例，又有理论基础，可算是对类童蒙教材中的佼佼者。

---

① 詹杭伦：《李调元学谱》，天地出版社，1997 年，第 28 页。

② （清）李调元：《童山诗集》（《续修四库全书・集部・别集类》第 1456 册），上海古籍出版社，2002 年，第 344—345 页。

③ （清）李调元著，詹杭伦、沈时蓉校正：《雨村诗话校正》，巴蜀书社，2006 年，第 2 页。

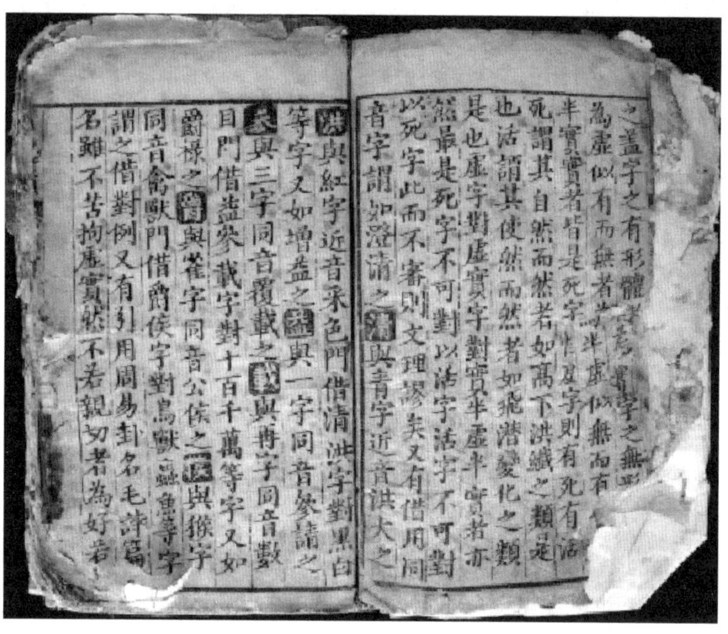
之蓋字之有形體者為實字之無形
為虛似有而無者半虛似無而有
半實實者皆是死字惟虛字則有死有活
死謂其自然而然者如高下洪纖之類是
也活謂其使然而然者如飛潛變化之類
是也虛字對虛實字對實半虛半實者亦
然最是死字不可對以活字活字不可對
以死字此而不審則文理謬矣又有借用同
音字謂如澄清之清與青字近音洪大之
洪與紅字近音采色門借清洪字對黑白
等字又如增益之益與一字同音參請之
參與三字同音覆載之載與再字同音數
目門借益參載字對十百千萬等字又如
爵祿之爵與雀字同音公侯之侯與猴字
同音禽獸門借爵侯字對鳥獸蟲魚等字
謂之借對例又有引用周易卦名毛詩篇
名雖不苦拘虛實然不若親切者為好君

李雨村《精选幼学对偶读本二集》书影

（牛会娟：成都信息工程大学文化艺术学院教师）

清中叶以来内地文化在汶川羌族地区的传播与影响

——以李调元《精选幼学对偶读本二集》及所附手稿为中心

张葳西

隶属于阿坝藏族羌族自治州的汶川县是我国四个羌族聚居县之一，本文以在汶川威州镇雁门乡发现的民间羌族存藏，李调元选编的《精选幼学对偶读本二集》及书后手稿为切入点，尝试探究清中叶时内地文化在汶川羌族聚居区的传播、调适过程以及羌族对此的参与程度，以此来推进岷江上游地区内地化以及内地文化向周边民族地区传播情况的研究。

一、《对偶读本》成书考释及其在汶川羌族地区的传播与影响

李调元是乾嘉年间四川著名文士，与张问陶、彭端淑并称为“蜀中三才子”，于藏书与书法方面颇具声望。[①] 在民间，李调元的形象较为多元，大体来说有川剧作家、川菜理论家[②]以及极擅长对对子的智者三种，最后一种可谓在四川地区家喻户晓。民间流传着诸多版本的李调元通过对对子与人斗智的故事，其中不乏托名附会之事[③]，但亦从侧面反映出李调元在

① “李调元……藏书数万卷……善书法，有倪黄遗韵”。参见薛天沛纂述、林孔翼等校注：《益州书画录》，巴蜀书社，2018 年，第 14 页。

② 文闻子主编：《四川风物志》，四川人民出版社，1985 年，第 443、537 页。

③ 陈之直：《几则失真媚俗的对联故事》，《文史杂志》2012 年第 1 期。

此方面的才能深入人心。

四川省阿坝藏族羌族自治州汶川县威州镇雁门乡地区是羌族聚居区[①]，在此一带发现了羌族存藏的《精选幼学对偶读本二集》（后文简称《对偶读本》），最后一位持有者袁世昌是羌族，生活在晚清民国时期，在他之前此书至少已流传了三代。该书是李调元针对儿童应对和声韵格律教育所选辑的一本蒙学读物，在其本人编辑刊刻的《函海》与《续函海》中都未见此书，不过在乾隆年间刊刻并于嘉庆十六年（1811）补修的《续函海补遗》中辑有《精选幼学对类读本》（后文简称《对类读本》）五种五卷，与《对偶读本》内容完全相同，且《对偶读本》书耳处亦作“精选对类”，故二者实为不同版本的同一部书。《续函海补遗》在乾隆年间编成，故《对偶读本》成书时间也应在乾隆年间。原书封面有“万卷楼”三字，下文因纸张破损而难以识读，根据其他保留完好的刻本可知应为“藏板”二字，意即万卷楼刻板印行。乾隆五十年（1785）建成的万卷楼是四川规模最大、藏书最多的藏书楼，坐落于李调元故乡四川省罗江县（今四川省德阳市罗江区），是他藏书、刻书之处，自刊自藏为万卷楼藏书的一大特色。由此可确定《对偶读本》成书时间应在乾隆五十年到六十年（1795）之间，流入汶川的时间也不会早于乾隆五十年。

《对偶读本》流入汶川羌族聚居区的过程虽难确定，但通过爬梳相关史料可推演出以下两种可能。其一是由迁入汶川的汉族移民携带而来。明清易代时，大量内地人口为躲避战乱迁往岷江上游地区，且因四川人口锐减，清朝初定后还采取了一百多年的移民实川政策，嘉庆以后，大规模的对川移民才宣告结束[②]，其间大量汉族人口突破官方禁令持续迁入羌区。[③]据《汶志纪略》记载，汶川编户分为上水里和下水里，下水里43个村寨全为“汉居”，上水里51个村寨也有17个“汉居”，可见清中叶时迁入汶川定居的汉族移民数量之庞大[④]；其二则是由汶川羌族从成都平原带回。羌族秋闲时南下务工赚取家用的习俗古已有之，这一现象被称为“下坝”。

① “总人口中，以羌族为主，达6590人，占93.1%。”参见中华人民共和国民政部编，李立国总主编，黄明全本卷主编：《中华人民共和国政区大典·四川省卷》，中国社会出版社，2016年，第5299—5300页。

② 林移刚：《川主信仰与清代四川社会整合》，《西南大学学报》（社会科学版）2013年第35期。

③ 罗尔波、段红云：《中国古代民族地区的多元文化教育——以清代羌族地区为中心》，《西北民族大学学报》（哲学社会科学版）2017年第1期。

④ （清）李锡书：《汶志纪略》（卷二），1805年，第6—11页。

随着长期战乱的结束，社会趋于稳定与人口的不断充实，四川经济生产得到恢复，对劳动力的需求也相应增加。于是大量羌族在深秋时节进入成都平原受雇从事砌墙、造屋、淘井、掘堰等工作。[①] 汶川羌族聚居区教育随着国家的安定逐渐恢复，《对偶读本》可能便是由“下坝”的羌族从成都平原带回以供家乡子弟入学开蒙。

回归原文本，封面上“罗江李雨村选”说明该书并非李调元原创，而是由他选辑而成。《续函海补遗》记此书原名为《精选幼学对类读本》，其中提到的《对类》成书于明中叶，是一部诗词（对仗）、对联语词汇编性质的类书。[②] 李调元便是以此为底本，将其中基础的篇目节录为一部蒙学读物。《对偶读本》正文中的“习对发蒙格式”“习对歌”“习对定式”“切韵谱诀”辑自《对类总目》之后未单独成卷的内容。[③]“习对发蒙格式”讲解字音、平仄、“虚实死活”四大字类、对偶法则等内容；“习对歌”介绍作对联的口诀以及28种基本门类；“习对定式”下分为“习对要诀”“还对要诀”“反字法”“先调四声”“次明六体”“五音所属”“四声旨意”“五声所属”，“辨声音要诀”九个部分，并配有“平仄指掌图”“四声字母之图”，“唐人切韵字谱之图”三幅插图，帮助儿童理解熟记平仄与四声。“切韵谱诀”分为“切韵六十字诀”与“双声叠韵谱诀”两大部分，以教初习对者知平仄，识音律。“巧对门”辑自《对类》第二十卷《巧对门》。[④] 与《笠翁对韵》《声律启蒙》等经典蒙学读本以韵来编排对联的体例不同，《巧对门》以字数为经，门类为纬，收录了天文、地理、器物、干支、文史、鸟兽、人事等20个门类的对联。思想情感方面，《巧对门》完全符合帝制时期的正统意识形态，各个门类下以儒学与科举为内涵的对联比比皆是，如：

小人近之不逊远之怨，君子威而不猛恭而安。（人物类）

九重殿上立两班文武官僚，七世庙中列一派祖宗昭穆。（数目类）

无父无君比之于禽兽为不足，离兄离母充之于蚯蚓为有余。（人

① 秦和平：《清代羌族地区的制度改变、经济发展及教育文化交融探讨》，《阿坝师范学院学报》2023年第1期。

② 万久富、杨雪妍：《〈对类〉的版本与词汇史语料价值刍议》，《语文学刊》2021年第2期。

③ （明）佚名：《对类》卷首，明正统十二年（1447）司礼监刻本。

④ （明）佚名：《对类》卷二〇《巧对门》，明正统十二年（1447）司礼监刻本。

事类）

秀才里长役里长不役秀才，父母大人敬大人如敬父母。（人事类）

操数尺管亦不失甲科，挽二石弓何如识丁字。（文史类）

且从文学与艺术水平上看，多数对联或严谨工整，或轻松活泼，富有意趣，可称得上是一部对联大全。清代蒙学教育的基本职能是养正、教化，除了让儿童掌握文字工具和阅读技巧，还需向儿童灌输封建价值观，使其具有良民、孝子、贤孙的忠厚思想。① 而《巧对门》卷的文学性与实用性恰好能够满足以上要求，故李调元将其原封不动地辑入《对偶读本》之中。

除文本本身外，更值得关注的是历代持有者在书后所附的对联手稿。从笔迹上看，手稿为三人所作，内容分为摘抄与原创两种。② 摘抄对联的文本来源大体是以下三类，第一类是一些千古流传的名对，例如“诗书千载荷龙光，礼乐百年贻燕翼”“皇王土圣贤书宜读宜耕，祖宗德父母恩当酬当报”等；第二类是以格言、谚语为主的童蒙书，例如“座上客常满，杯中酒莫空”“诗有未能今（疑为“经”——引者注）我读，事无不可对他言”都出自明代成书的《增广贤文》；第三类是各个时期的诗作，如“王孙草上悠扬蝶，少女风前烂漫花”出自唐代诗人薛逢诗作《长安春日》，“文章到处精神老，学问深时意气平”则出自当时诗人石韫玉之手。不难看出，作者们从各类文本中学习汲取对联知识，并继承了《对偶读本》中重视科举以及儒家思想的内核。

原创对联也多以此为主题，例如“祖宗惟有忠孝羡，家传事业耕读贤”、“大桢祥慈恭孝友，真富贵道德文章”等。其中，手稿所占页数最多的作者作品最为独特。他在一些对联旁标明了主题，为另外两位作者所无。例如，“有服难酬仁义礼，思亲免贺太平春”主题为“孝对”，“万世享明烟，千载绵继述”主题为“祖宗”等。题材选用上，该作者未拘泥于儒学与科举，宗教与民间信仰也被纳入创作主题中。这是所有手稿中最具创新亦是最值得关注的部分，因为《巧对门》中并无相关主题门类，完全是作者通过研习《对偶读本》掌握作对联的基本技法后的自我创新。其中

① 张贵明：《清代蒙学教育教材及其特点研究》，《兰台世界》2014 年第 19 期。

② 《对偶读本》“巧对门”章只列举到十六字对子，后面的书页无界行、板框等古籍基本组成要素，疑为该书原持有者所加，十六字对子之后的书页散佚。

标明主题的既有道教中的文昌“千古文章祖，万世帝王师”、司命“人间福禄主，天上耳目神”、三官大帝“圣帝垂恩远，三元赐福多”，还有地方信仰中的神灵龙王“灵著伏龙长资汶水，神来起风\凤永佑岷江”以及川主。① 以川主为主题的对联最多，共有四副，除了一副上下联字数不整齐且难晓其义外②，分别为：

> 斧辟桃山称大孝，功成灌口立规模。
> 凿石开江高功不在禹下，降龙伏孽大孝堪与舜同。
> 众圣临壇共祝皇图永固，群真赴会祈贺天子万年。

作者活学活用，以对联为载体反映当地社会的精神世界与信仰崇拜，符合《对偶读本》中“凡出对句，无过即是眼前景物为主意”的作对宗旨。值得注意的是，对联中出现的神灵全出自内地文化而非羌族本民族的原始宗教。此外，《对偶读本》长期在羌族聚居区中流传，但除了“灵著伏龙长资汶水，神来起风\凤永佑岷江”“广厦维新辉联汶水，箕裘丕振彩耀岷山”两副原创对联反映了某些乡土情结外，其余对联完全可称得上是内地文化的产物。那么这“眼前景物”便是下文所要探究的重点。

二、清中叶内地文化在汶川的传播情况与羌族文化实践分析

整体来看，儒学与科举、宗教与民间信仰是原创对联中最突出的两大主题，结合蒙学读物面向的人群特点，可以发现原创对联文本表征下的社会本相便是汶川羌族在清中叶时已普遍地接受了内地文化，并将其深度内化于日常生活中。

汶川在西汉元鼎元年（前 116）被纳入中央王朝版图之中，由于地处内地与西南边疆的过渡地带，故历代中央王朝的治汶理念都是将其打造为控扼西南边疆的战略枢纽。明清时期中央政府在岷江上游地区开展了大规模的改土归流活动，国家权力随之不断深入巩固。尤其是乾隆至道光年间逐步推行的全面改流③，不仅强化了朝廷对岷江上游地区的控制力，也使

---

① 原文如此，斜杠为引者所加。

② 原对为：神（疑为貌字）乾坤悠远，威威灵今古思深。

③ “从乾隆至道光一百多年内，羌族地区的土司，除汶川瓦寺土司外，有的全部改流，有的名存实亡，静州、岳希等土司成为仅管三五个寨子的首领了。”参见冉光荣、李绍明、周锡银：《羌族地区的土司制度与“改土归流”》，《四川大学学报》（哲学社会科学版）1980 年第 4 期。

得聚居于此的各非汉族群渐渐结束了与中央王朝的长期对抗并成为国家治下的屯民或编民。① 明代设置的用以抵御“黑虎番”“三娘番”“草坡番蛮”等非汉族群的关隘、堡垒在清代被大量裁撤②，土屯制度的建立等种种现象都是全面改流的直观反映。除了在行政上将边疆过渡地带纳入国家直接掌控外，通过文化涵化促使其内地化，并增强聚居于此的各族群对国家的认同才是王朝最终指归。而清中叶时的全面改流结束了土司统治时期西南地区的封闭状态，促进了各民族政治经济与文化教育的联系交流，为清廷推行“化民善俗”的举措提供了便利。

儒家思想作为几乎贯穿中国帝制时代的意识形态，是历代中央王朝用以整合边疆的重要文化资源。历任汶川知县都将兴学作为“化民首途”，官方亦将兴学成绩视为衡量官员政绩好坏的尺度。③ 清初官方的兴学举措主要是恢复明代原有的教育体系，汶川在明嘉靖年间时曾设置县学，后废弛，由清代首任汶川知县张耀祖恢复。清中叶时，羌区又兴起办书院之风，汶川书院便于乾隆二十五年（1760）由知县李成桂兴办。除书院外，官方还设有义学作为官学的补充，羌区各府州厅的私塾教育也得到恢复与发展。④ 在此时代环境背景下，《对偶读本》从内地流入汶川亦在情理之中。

由于“汶邑无水利，沙田石衬，赋法最轻”“而一年经费三千余金，皆动支司库”⑤，兴学之举之所以不至因缺乏经费而前功尽弃全靠地方官员的苦心操持。乾隆十四年（1749），汶川知县王声銮召集当地绅士、瓦寺土司共同捐资购置学田六十三亩，每岁所得租金都作书院“师生等膏火之费”⑥；嘉庆十三年（1808），知县李锡书又募捐数百金，于灌县购置田产，

① 中国少数民族教育史编委会编，韩达主编：《中国少数民族教育史》（第三卷），广西教育出版社，1998 年，第 1244 页。

② 祝世德纂：《民国汶川县志》（卷四），1944 年，第 80 页。

③ 《汶志纪略》的编撰者李锡书曾担任过汶川县令，他仅在政绩尤嘉的县令名下列举其事迹，其中多位县令因兴学而得此殊荣，如“张耀祖，顺治初任，建学宫文昌祠”；“陆治元，康熙四年任，建大堂，修学宫两庙”；“王声銮，乾隆十三年任……置买学田”；“丁葵籀，嘉庆元年任……详定汶学章程”；“李锡书，嘉庆四年，到任……重修文庙文昌宫，新建学署，明伦堂，启圣祠，奎星阁……”等。参见（清）李锡书纂：《汶志纪略》。

④ 中国少数民族教育史编委会编，韩达主编：《中国少数民族教育史》（第三卷），广西教育出版社，1998 年，第 1252 页。

⑤ （清）李锡书：（嘉庆）《汶志纪略》卷二，蕊石山房藏版刻本。

⑥ （清）王声銮：《书院学田记》，曾晓梅、吴明冉集释：《羌族石刻文献集成》，巴蜀书社，2017 年，第 1290 页。

岁租以供延聘教师。[1] 此外，官方还尽力为士子提供便利。汶川民众穷困，而县学廪生每岁可支饩银三两二钱，遇闰可增二钱六分[2]；“其民间子弟，亦有俊质，往往无力读书，应试之童寥寥”，附近州县之民见有机可乘，往往冒籍入学。为整顿风气，保障本地子弟入学的权利，嘉庆年间官方还专门颁布《非土著人民不得应试章程》，其中申明冒籍者一概不许应试，冒籍、流籍等舞弊行为凡经查出或被举报，一律从重处理，并在衙署门口刻碑[3]；因冒籍而中第者亦会在官方文书中注明[4]，以儆效尤。

官员们除以文治汶外，还通过各种记忆媒介向当地民众夸耀儒学的教化功用。例如《重修文庙碑》中记：

> 康熙壬寅岁，始克重建，规模初具，皆属草创，朔望非不谒也。惟循阶四拜，春秋非不祀也。仅举爵三登，以致菁莪胜地，将同茂草荒区……今汶之有学，辉煌甲于他邑。入其门而赫然以临，登其堂而溧然如见，则从事于圣人之道也。必力于文翁之化，不几先后有同揆耶？[5]

四川自明末以来饱受战争、灾荒与匪患的蹂躏，汶川又“僻处山间，素称贫瘠，交通不便，教化甚微”[6]，文教凋敝。但因“圣人之道”的滋养，仅过数十年，汶川便成为“辉煌甲于他邑”的教化之域。文中不无得意地将官方光学之举比作西汉“文翁化俗”般的功业，同时特别突出了“圣人之道”在化民成俗的过程中所发挥的巨大作用。此碑立于汶川县绵虒文庙前，成为汉羌民族共同参与并重复回忆的社会记忆。

官方兴学之举与来自精英阶层的文化夸耀让汶川羌族认识到，学习儒家经典并在科举上获得成功是最能直接彰显自身为“教化之民”的文化实

---

① （清）李锡书：《买田碑》，曾晓梅、吴明冉集释：《羌族石刻文献集成》，巴蜀书社，2017年，第1381页。

② （清）李锡书：（嘉庆）《汶志纪略》卷二，蕊石山房藏版刻本。

③ 佚名：《非土著人民不得应试章程碑》，曾晓梅、吴明冉集释：《羌族石刻文献集成》，巴蜀书社，2017年，第1346页。

④ 如光绪丙午科拔贡都俞被注明为冒籍，参见祝世德纂：《民国汶川县志》（卷六），1944年，第144页。

⑤ 阙名：《重修文庙碑记》，祝世德纂：《民国汶川县志》卷二，《中国地方志集成·四川府县志辑》（64），巴蜀书社（据民国三十三年影印），2012年，第180页。

⑥ 祝世德纂：《民国汶川县志》（卷三），《中国地方志集成·四川府县志辑》（64），巴蜀书社（据民国三十三年影印），2017年，第64页。

践活动。故此，汶川羌族积极吸收精英阶层与之共享的文化资源，其结果是，汶川羌族科举情况自康熙年间始出现了质的飞跃。汶川在唐宋明三朝中举人、进士者共三人，而单在清朝中举者便有十五人，其中董朝纪更为乾隆三十六年（1771）乡试经魁；在拔贡方面，有清一代十二人；清代“捐官”之风盛行，故“附贡”“增贡”者亦有二十一名。[①] 其中汉羌虽难以完全辨别，但从中仍可找到一些知名羌族文化名流，例如嘉庆时期著名汶川羌族诗人群体高氏五子中高万昆、高万选为明经进士，另一位著名羌族诗人高体全为廪贡。中国有长久的文化与权力相关联的传统，故科举亦为羌族参与国家政治，改变边缘处境的跳板，高体全便因平枭有功保六品顶戴。这些成就固然离不开官方的支持，但更关键的在于羌族自身对此的重视与追求。且科举不仅可以带来个人社会地位的提高，晋升为缙绅阶层的士人还可成为乡里风俗教化情况的象征[②]，故在嘉庆年间，为避免出现俊秀之士因家庭贫困而错失了科考的情况，当地有财力者还捐重金购置学产，作为对应试童子的资助。[③] 可见，科考在清中期时已上升为整个汶川乡里社会共同关注、支持的事业了，原创对联中“安排花月拈毫□，捡（疑为“检”——引者注）点诗书训子时”便是清中期汶川羌族崇学之风的反映。

学校教育和科举考试对羌族地区社会文化风气具有重要的导向作用，除此以外，官方还通过宣讲圣谕等社会教育向川西北羌族民间社会渗透儒家思想。[④] 清中叶时，儒家思想已逐渐内化于汶川羌族精神世界，这直观体现在此一时期出现的宗族建设现象。

自宋以后，儒者便致力于推动儒学思想的文化转型，通过推行宗法、组建宗族来实现儒家“尊祖”“收族”的道德价值与社会功能。[⑤] 乾隆年间，汶川羌族聚居区已出现了对宗族、谱系的相关记载。乾隆三十二年（1767）有《龙溪火坟碑》，记载了同宗六姓子嗣，石碑用界格区分不同家

---

① 祝世德纂：《民国汶川县志》（卷六），《中国地方志集成·四川府县志辑》（64），巴蜀书社（据民国三十三年影印），2017 年版，第 143—147 页。

② 杨国强：《士人政治：科举制度下的权力与文化》，《学术月刊》2021 年第 11 期。

③ （清）李锡书：《买田碑》，曾晓梅、吴明冉集释：《羌族石刻文献集成》，巴蜀书社，2017 年，第 1381 页。

④ 参见李鸣：《羌族法制的进程》，中国政法大学出版社，2008 年，第 105 页；祝世德纂：《民国汶川县志》（卷三），《中国地方志集成·四川府县志辑》（64），巴蜀书社（据民国三十三年影印），2017 年，第 62 页。

⑤ 周兴：《宋明儒者的礼教思想及其礼治实践：以宗族思想为中心》，《安徽史学》2018 年第 6 期。

支，故难以判断成员之间的辈分关系；乾隆五十九年（1794）的《大埃咪张氏家谱碑》，仅一百余字，记张生一房十代子嗣，题名十三人；嘉庆八年（1803）出现了《刘氏百代兴隆碑》这样比较规范的族谱。从碑石柱上所刻的对联“前裕后承宗祧同乾坤悠久，左昭右穆伦序并日月光明”可看出刘氏宗族当时已充分认识到宗族制度与编修族谱的功用与意义。碑文详细记录了明隆庆四年以来刘氏宗族九代近两百人的名字，以“远祖”到“孙”辈来标明世序。不过，该碑依辈分罗列姓名，难以看出各成员所属支房。命名方面，前几世中仍严格遵守羌族父子连名命名制，到了编纂族谱的一辈（长兄，即同辈）出现了以名中带相同字以表示父系血缘兄弟关系做法。[①] 时间再向后推移，光绪十三年（1887）所成的《毛姓家谱碑》中记毛姓十二世连同妻妾共 145 人，并从第二世开始以数字第 X 世的方式来标明昭穆世序。第五世时出现了以三点水旁的字为第六世男子命名以表示同宗关系的做法，从第七世到第十二世，便严格按照“元启万世本泰”的字辈排行给男子起名，不再采用具有羌族特色的父子连名方式。[②]

仅就目前留存所见，随着时间推移，汶川羌族的族谱编修愈加规范、谨严，族谱“纪世系、溯源流，序昭穆、辨亲疏，敬宗祖、明长幼，敦族谊、振家声”的功能也逐渐得以展现。从以上列举也可看出，羌族对于宗族内部世序等级观念从模糊逐渐走向清晰、严格，并减少使用标志血缘，家族的连名制而代之以“别长幼，齐宗族”的字辈，这些变化无不表明在清中叶后汶川羌族宗族意识的不断增强与对中国传统宗族制度的理解由浅入深，故只有在此社会氛围中，《对偶读本》持有者们才会创作出众多诸如“丝粒不忘天地德，基业无负祖宗恩”等以敬宗尊祖、感念祖德为题材的作品。并且，“续先祖箕裘世业，启后人甲弟（疑为“第”——引者注）蜚声”这副对联也提醒着我们，宗族与科举在清中期似乎还出现了结合之势。

官方通过宣扬儒家思想成功促使羌族建构起对内地主流文化的认同并躬行之，故当地羌族除长期保持着本民族以自然崇拜、祖先崇拜和图腾崇拜为主的原始宗教外，也信仰文昌、天官、孚佑帝君、禹王、龙王等神

① 佚名：《刘氏百代兴隆碑》，曾晓梅、吴明冉集释：《羌族石刻文献集成》，巴蜀书社，2017 年，第 1359 页。

② 佚名：《毛氏家谱碑》，曾晓梅、吴明冉集释：《羌族石刻文献集成》，巴蜀书社，2017 年，第 1584 页。

灵，并为其立祠崇祀，在特定时节举办盛大祭典。[①]《对偶读本》手稿中的主题对于这些神灵都有所涉及，进一步佐证了崇祀官方提倡的信仰在清中叶时已成为汶川羌族的日常。同时，改土归流便利了汉羌文化上的交融互通，这也对内地信仰传入羌族聚居区提供了便利。前文已述，作者以川主为题材创作的对联数量最多，而与前述其他神灵不同的是，川主在汶川得到崇祀并非官方主导的结果[②]，更可能是由民间自发形成的。在外来移民及会馆祀神的强烈冲击下，川主作为四川乡土神的典型性被凸显出来，大量川主庙祠都在清代以后兴建。[③] 仅存藏《对偶读本》的雁门乡地区便有三处川主庙，这可能与当地开发较早，人口密集，且为汶川东部门户，接触外来文化十分便利的有关。《索桥村川主庙碑》为目前所见最早一通羌人川主碑。道光年间由村中正募款重修川主庙，道光九年（1829 年）修葺既成，在庙内立《索桥村川主庙碑》记：

> 惟我索桥一村，所建川主神圣之宗庙，自古昭然，由唐宋元明，以至本朝，历有年矣。忆昔顺治年间，已经前任修葺……[④]

碑文中称索桥村自唐朝起便已崇祀川主，但嘉庆年间成书的《汶志纪略》却无此记载。民国《汶川县志》记索桥川主庙为道光八年（1828）建，也未提及顺治及之前索桥川主庙的修建情况。此外，雁门乡另外两处川主庙建成时间都早于索桥川主庙：月里川主庙于康熙三十四年（1695）建，重修后于咸丰六年竣工，刻碑记文以颂此事[⑤]；茨玉村川主庙于乾隆四十四年（1779）建，于道光十一年（1831）立匾，三十年（1850）刻碑记颂。[⑥] 由此可见，至晚在康熙年间后，川主信仰已成为雁门乡羌族信仰世界中的重要组成部分。而索桥之所以会出现碑文所记时间最早而县志中记录的建成时间最晚的情况，可能源于该地为维持与雁门乡中各村寨的

① 祝世德纂：《民国汶川县志》（卷二），《中国地方志集成·四川府县志辑》（64），巴蜀书社（据民国三十三年影印），2017 年，第 20—25 页。

② 汶川地方志中并无官员引进川主信仰的记录。

③ 林移刚：《川主信仰与清代四川社会整合》，《西南大学学报》（社会科学版）2013 年第 5 期。

④ 佚名：《索桥村川主庙碑》，曾小梅、吴明冉集释：《羌族石刻文献集成》，巴蜀书社，2017 年，第 1431 页。

⑤ 赵万嘉：《月里庙宇碑》，曾小梅、吴明冉集释：《羌族石刻文献集成》，巴蜀书社，2017 年，第 1480 页。

⑥ 佚名：《茨玉村川主庙碑记》，曾小梅、吴明冉集释：《羌族石刻文献集成》，巴蜀书社，2017 年，第 1480 页。

对等关系（茨玉村为“汉居”,索桥村为“羌居”[①]），避免沦为文化边缘地位，于是通过兴建庙宇，刻碑记文等文化展演来展现本地区的“不落人后”，并塑造“惟我索桥一村，所建川主神圣之宗庙，自古昭然”的集体记忆来增强展演效果。

汶川羌族虽崇祀川主，但他们对于川主信仰的实际认知究竟如何？在前文所引主题为川主的第二副对联“凿石开江高功不在禹下，降龙伏孽大孝堪与舜同”可能是指李冰父子“凿离碓，辟沫水之害，穿二江成都之中”以及李二郎降伏孽龙的功绩。但第一副对联中描述的川主则明显不是李冰父子，上联“斧辟桃山称大孝”典故来源于神话故事中杨戬斧辟桃山救母一事[②]，而“功成灌口立规模”可能是将李二郎降伏孽龙之事移植到了杨戬身上。第三副对联“众圣临壇共祝皇图永固，群真赴会祈贺天子万年”虽标注“川主”，但文字中并无任何李冰父子的相关线索，且“众圣”“群真”等文化符号都出自道教，杨戬也被认为是道教中的神灵[③]，故若第三副对联真是以“川主”为主题的话，那么“川主”所指只能是杨戬。此外，“皇图永固”虽是对皇家谄媚奉承之辞，但也经常出现在宗教或民间信仰的语境中[④]，作为对封建王朝将其接纳的回应。从“共祝皇图永固”，“祈贺天子万年”之语中亦不难看出，该副对联实际内核是对清朝统治的赞颂。这并非孤例，以宗教与民间信仰为表，赞颂国朝圣德为里的还有“护国佑民全竟（疑为境——引者注）士庶沾圣德，降魔除扶闳村群黎沐神庥”。可见，作者创造动机是为表达对清廷的认可与作为清王朝治下臣民的身份认同。

综上观之，汶川羌族社会在积极接受内地民间信仰的同时，出现了将道教、神话与地方神等多重元素杂糅进一个形象之中的情况。而将杨戬与李二郎混淆的现象并非川西北汶川羌区所独有，整个巴蜀地区也不例外。如乾嘉时人吴大勋在《川主庙记》中记“蜀之大神为川主，询之吏，神为

---

① （清）李锡书：（嘉庆）《汶志纪略》卷二，蕊石山房藏版刻本。

② 如脍炙人口的中国古典小说《西游记》第六回《观音赴会问原因，小圣施威降大圣》中即有孙悟空对二郎神说“记得当年玉帝妹子思凡下界，配合杨君，生一男子，曾使斧劈桃山的，是你么?”所说的即是此事。

③ 彭理福：《道教科范·全真教斋醮科仪纵览》（下），宗教文化出版社，2011年，第708页。

④ 如在众多佛教寺庙、观音阁、观音堂、禅寺、道观、地藏庙、五岳神庙、关帝庙、女娲庙、真武庙等的匾额、石碑以及经文、祭文中有“皇图永固”。

何人，以杨姓对”。[1] 而之所以会存在这种混淆，代表市井文化的小说在整个巴蜀地区的流行是其中重要原因。陈怀仁是乾隆五十一年（1786）举人，后选授四川酉阳州州同，他在《川主三神合传》中的说法可为一证。此文为解决李冰父子与赵昱都有川主封号的现实冲突，提出川主“而实三神焉”，“药王有三，黑神有三，土主且有十六”，“则川主何妨有三”。但提及杨戬亦被奉为川主时则以贬斥《封神演义》的方式来为“正统”正名：

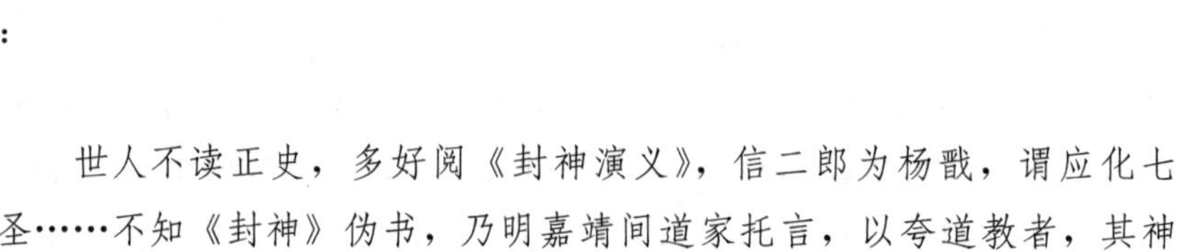

> 世人不读正史，多好阅《封神演义》，信二郎为杨戬，谓应化七圣……不知《封神》伪书，乃明嘉靖间道家托言，以夸道教者，其神怪名姓，大都凿空妄撰，文献无征……[2]

到了咸丰年间，重庆文士韦葆初为《川主三神合传》作序时亦称：

> 我川主神之崇祀灌口也，二千余年矣。人人咸以为神；至问以神为何人，报祀何典？则有茫然莫知者；亦有引《封神演义》妄诞之说，尊之而实以诬之者。[3]

这种普遍与“正统”相左的现象也曾引起过官方注意。咸丰四年（1854），四川学政何绍基曾到过灌县一座江神庙（官场及士人咸称为二郎庙），他惊愕地发现二郎神像“塑作三目，旁列三叉两刃刀及梅山七怪之类”，他询问当地士人后“始知为小说中所载杨二郎故事”。了解原委后，他向咸丰皇帝请旨要求地方官迅速整顿这种败坏国家礼教的行为，“荒诞不经，又混杨为李。而春秋二祭，地方官苟且相沿，行二跪六叩首礼于其前，甚非国家尊崇命祀之意也”，两月后收到“该部议奏”的回复。[4] 但次年何绍基便被罢职，整顿二郎庙之事便不知下文。

---

① 徐兆玮著，苏醒整理：《黄车掌录·卷一》，《徐兆玮杂著七种》，凤凰出版社，2014年，第21页。

② （清）陈怀仁编辑：《川主三神合传》，吴会蓉等主编：《都江堰文献集成·历史文献卷·近代卷》，巴蜀书社，2013年，第68页。

③ （清）韦葆初：《〈川主三神合传〉序》，吴会蓉等主编：《都江堰文献集成·历史文献卷·近代卷》，巴蜀书社，2013年，第68页。

④ （清）何绍基纂，龙震球、何书置校：《请旨更正灌县二郎神庙祀典折》，《东洲草堂文钞》（卷二），岳麓书社，2008年，第668页。

可见，受《封神演义》影响，清中叶时巴蜀地区已有以杨戬取代李冰父子成为“正统”川主之势，这既招致文士的撰文厘正，亦引起了官方的警惕。而汶川羌族的川主信仰情况则体现出与整个巴蜀地区情况相适应的特点。可见，此时汶川羌族已极大地融入巴蜀文化圈之中，汶川的内地化取得了显著进展。

三、结语

中国近现代著名法学家胡次威曾评价汶川为“是邦宜民善俗，布政秩然”[①]，俨然为一片川西北的乐土，亦即表明当时汶川内地化臻于完成。而这一过程取得巨大进展的时期无疑是在清朝。清初以来官方通过行之有效的文化手段，将曾经边疆过渡地带上“青衿寥寥，散处零星”的文化凋敝之处改造为清中叶时“然家敦礼义之行，士鲜游荡之习，入其邑，循循有礼让风也。一切春秋祀典与夫饮宾读法之礼，渐渐而兴”的“教化之域”。[②] 同时，当地羌族也极其主动地向内地文化靠拢并积极开展相关文化实践活动，促进了汶川的内地化。在此特定社会情境下，才会诞生《对偶读本》那样的原创作品：既对现实中的文化现象有所体现，亦表达了对国家的真切认同。

从本文研究的个案也可看出，要铸牢中华民族共同体意识，核心就是要巩固中华文化认同这个思想基础，落实到具体举措上便是必须加强各民族对共同的历史记忆、文化心理的理解和认同，推动各民族坚定对伟大祖国、中华民族、中华文化的高度认同，为实现中华民族伟大复兴的重任凝聚磅礴伟力。

(张葳西：四川大学国际关系学院2023级硕士研究生)

① 胡次威：《续修汶川县志序》，祝世德纂：《民国汶川县志》，《中国地方志集成·四川府县志辑》(64)，巴蜀书社（据民国三十三年影印），2017年，第2页。

② （清）李锡书：（嘉庆）《汶志纪略》卷二，蕊石山房藏版刻本，1805年，第14页。

第九篇

李调元故里面面观

享誉乾嘉文（诗）坛的醒园

赖安海

凡名流入蜀者，莫不至其地。至必有诗。

——乾隆翰林院编修、庚寅四川主考祝德麟《题醒园图诗并序》

清乾嘉时期四川著名私家园林醒园，位于绵州罗江县（今德阳市罗江区）城北20里云龙坝与毛家坝之间与云龙山相连的象山（今属罗江区调元镇百花村）。东滨泞水，南邻云龙坝扁担湾李氏宗祠，西接云龙山万松岭，北眺南村坝（1959年撤罗江县划入安县；1996年罗江复县未划回，今属绵阳市安州区塔水镇乌龙村）。清乾隆罗江县壬戌进士李化楠建，其子、乾隆癸未进士、翰林院庶吉士李调元续建，额为清乾隆庚辰探花、编修、著名书法家王文治书。斯园："避俗离尘，风景擅平泉之胜；背山临水，烟霞绘辋川之图"，为川中士林所景仰。"凡名流入蜀，莫不至其地，至必有诗"。西蜀醒园与金陵诗坛泰斗袁枚所筑随园相媲美，乾隆末四川学政吴树萱有"西川江水六朝山，醒园随园差并偶"诗赞之，更以袁枚赠李调元诗句"醒园篇什随园句，兰臭同心更有谁"而享誉文（诗）坛。

李化楠（1713—1769）字廷节，号石亭，四川绵州罗江县（今德阳市罗江区）人。清代文学家，罗江乡贤、名儒，誉为浙江第一循良、京都"强项令。”乾隆七年（1742）进士，选咸安宫教习力辞不就，回乡建醒园课教乡人子。乾隆十七年（1752）补官浙江。历官浙江余姚、秀水知县，嗣权平湖，迁涿州、沧州、蓟州知州，宣化府、天津北路同知，所至皆有政声，卒于官。又工吟咏，熟韩苏。喜藏书，叹川中书少，多购诸浙江，航于家，为楼贮之。所著有《石亭诗集》《石亭文集》《醒园录》。

图 1　清道光版《石亭诗集》李化楠像

李调元（1734—1803）字羹堂，号雨村、童山、蠢翁等。四川绵州罗江人，清代文学家、戏曲（理论）家、民俗家、诗人，乾嘉时期四川文坛主盟。乾隆二十八年（1763）进士，改翰林院庶吉士，历官吏部主事、广东乡试副主考、吏部考功司员外郎、广东学政、直隶通永道道员。乾隆四十七年（1782）因奉钦差送《四库全书》至盛京，为处置卢龙知县郭隶泰失职，与下属永平知府弓养正相互攻讦遭诬入狱，经新任直隶总督袁守侗保奏，赎归罗江醒园。归乡后，“笑傲山水、潜心著述”，以传承中华文化、复兴蜀学为己任，至死不渝。筑万卷楼，藏书 10 万卷。编刊大型丛书《函海》四十函 165 种 873 卷、《续函海》六函 10 种 62 卷。著述甚丰，遍及四部，达 79 种 661 卷。

一、醒园初筑

乾隆五年（1741），罗江廪生李化楠拔贡，乾隆六年中举，乾隆七年连捷进士。李化楠中进士后初被吏部分发咸安宫任教习，他自小立志要做一个清正廉明、为民请命，造福一方百姓的知县，厌作内务府培养满人官宦子弟之师，辞任回乡教授乡人子弟以待补缺。

秋雨桂开日，长安落叶时。
囊悭为客久，乡远得书迟。
鹤发空相望，龙头负所期。
东蓠曾有约，陶令舍予谁？
（李化楠《京师感怀》）

他给父亲文彩公写了一封长信，谈了自己的打算。在京逗留了一段时间，未待父亲的回信，便毅然归乡。据《李石亭文集》卷五祖父《美实公传》：“公讳攀旺，字美实，罗江县云龙坝人也，生三岁而孤，母王氏再适同邑李云卿。公随母育于李，值流寇张献忠乱，人多逃亡。时李富于财，既死，其仆何駒駒谓公曰：‘子非李氏嫡而受其财，族众忿甚，不去将杀汝。’公于是归，时年二十三矣。至则宗族尽散，无一存者，公孑身无依，随乡里二三人走石泉（今北川县）。是时贼众猖獗，所过杀伤焚掠殆尽，民食无所出，强者杀人而食，弱者幸以身免则匿迹深山，采树皮、草籽为饼充饥……公在石泉二年，值蜀中平定乃归住河村坝……又历十余年粗有积蓄，始娶妻，即吾祖母李氏也，时年四十一矣！厥后移居毛家坝，又十年移居南村坝，子孙今家焉。当时兵燹之后，乡人存者百仅一二，而公族属又无一人。在者，故前后三迁，皆就伴居住，未得复业。”乾隆七年秋，新科进士李化楠辞去所授咸安宫教习职归乡待补。李化楠回乡后，一是于云龙坝复祖业，二是课教乡人子。邻祖宅旧基址，背依象山，前临泞水，避园半亩，筑别墅，寓杜甫《题瀼西赁新草屋》第三章“彩云阴浮白，锦树晓来青。身世双蓬鬓，乾坤一草亭。哀歌时自短，醉舞为谁醒。细雨荷锄立，江猿荷锄立，江猿吟翠屏”诗意，名曰醒园，课教乡人子。词填《生查子·醒园》：

不梦何云醒，醒来犹梦未。只合破梦关，方识梦中味。
有梦谁无醒，醒来犹是梦。为愁梦境多，那见醒人众。

诗吟《赋得行不由径》：

岂缘骨傲不随人，落落孤標自出尘。
空谷有声谁唱和，公庭无事爱闲身。
心中各自分邪正，方外何须问主宾。
他日武城留一笑，原来得士作良民。

又有作《醒园二首》：

岁晚人闲后，幽斋尽日吟。
扫叶随风势，浇花趁日阴。
地偏云自住，山近月来侵。
种树书长把，无人知此心。

半亩园中气味长，独开醒眼识羲皇。
乾坤百事犹天定，善恶千秋自主张。
夏日最宜栽竹好，春来总为看花忙。
黄庭读罢浑无事，坐倚晴窗纳晓凉。

先是，乾隆四年（1740）其妻罗氏诞女小兰（名季兰）后不幸患乳癌去世，长子调元仅五岁，李化楠中进士回乡待补，复祖业另筑醒园别墅毕，续玄吴氏，自课长子调元，曾作《夜坐偶成示调儿》诗记其课读事：

一灯勤教子，诵读莫辞辛。
书是传家宝，儒为席上珍。
志高骞碧汉，笔落动星辰。
受得苦中苦，方成人上人。

乾隆九年（1744）李化楠被罗江张姓乡绅延请于县城明代旧学宫（清初改为丰都庙，乾隆中改三圣宫，为陕西会馆）兴办义学，子李调元亦随其学。再二年，李化楠受聘于绵州州城讲学，从其学者近百人。此一时期，他一边教学，一边营建自己的醒园，临江辟箭道、筑环翠轩，这一时期于醒园所作［黄莺儿·雨］词：

霤霤溜溜送新凉，云去疾，雨来忙。霎时水著窗棂上，隔断花香，掩却山光。

几回闲倚阑杆望。有何妨，乘风弄，正好听笙簧。

从上不难看出李化楠“原来得士作良民”“心中自是分邪正”“善恶千秋自主张”“正好弄笙簧”的仕途观。这期间，李化楠次子谭元（小字龙山）、次女季香（二妹）先后出生于醒园。乾隆十五年（1750），时年16岁的长子

李调元有作《云龙山》诗六首记别墅少年事。乾隆十六年（1751），李化楠接吏部函进京补官，次年外放浙江以知县用。至且充乡试同考官，旋补余姚知县。其子李调元遵父命于醒园苦读，有诗吟醒园《环翠轩》云：

偶从环翠轩中坐，无数琅玕尽绕轩。
云气欲来庭院暗，雨声先向竹林喧。
天光不照因枝蔽，地仄纷争为叶繁。
我本书生思静默，幽禽何事独多言。

乾隆十七年（1752），李调元取为诸生（秀才），次年赴父亲任所，问学浙江。

二、别有乾坤

乾隆二十三年（1758）春，李化楠因官浙江余姚、秀水知县，嗣权平湖县七年颇多建树，百姓称“青天”，巡抚彰为浙江第一循良，上表荐以知府用。不幸因父亲英华公（李文彩）丧，按制辞官回川丁忧。五月，李化楠率子调元于秀水起程，至扬州买舟载浙江所购书籍数万卷航归罗江醒园，令子调元分类标笺，编辑藏书簿，为楼赠之。李化楠精园林营造，在秀水任知县时曾受命以三月之期于嘉兴府低洼处修建了一处接驾乾隆皇帝的园林而受到褒奖。回家丁忧之初，李化楠与族中父老相商，将祖宅改建为祠堂，自己另将醒园背后的象山徐姓牧场购回，于云龙山扁担弯宗祠、先祖墓地与象山醒园之间的山岭广植松树，名曰“万松岭”，将宗祠、祖墓、醒园连成一片，总面积达十数顷之多。接着对醒园进行了重大扩修，山坳栽种梨树二百株，依山就势造亭阁，景区内十亩核心区筑墙垣圈护。乾隆二十四年（1759）秋，在祖宅旧基址新建的李氏宗祠即将告竣，醒园规模亦大具，适遇己卯科乡试，李化楠于醒园送长子调元赴举，诗以嘱：

相携曾上钓鳌台，襟袍当时得好开。
只道鸾笺由蜀产，岂知花样自南来。
登坛旧有穿杨技，叉手新夸作赋才。
多少白袍门外立，看儿夺取锦标回。

（李化楠《送大儿调元赴举》）

榜发，李调元中举第五名。

乾隆二十五年（1760）春，李化楠丁忧期将满，清明节率族人祭祖，作《庚辰清明上先人墓值祠堂落成分韵得人字》：

祠庙初成重所亲，恰逢寒食庆佳辰。
云归远岫天光碧，水绕平川树色新。
香火百年缓后禄，田园再回续前因。
云礽瓜瓞今朝盛，可念当时创业人。

次月，李化楠进京服阕将行，适逢母亲诞辰，设宴为母祝寿兼告别族人，喜作《千秋岁》词云：

桂香飘渺。澹荡轻风绕。月初明，人未老。紫气望中来，文星窗外晓。光皎皎，连城白璧终归赵。

小阳天色好。春酒多倾倒。铺绿草，披绵袄。比阙重师儒，南山祝寿考。知老少，诗奏九如声袅袅。

五月初，李化楠丁忧期满进京补官，作告别诗叮咛二弟化楩、三弟化樟云：

烟雨洗我容，云山荡我胸。
男儿不出路，埋没与死同。
在家亲恩厚，在国君恩重。
慷慨事驰驱，矢志自儿童。
中间曾遭变，乔木摧秋风。
秋风亦已过，此恨终无穷。
我有十亩园，近在祠堂东。
竹树栽已活，灌溉有园公。
无使滋惰玩，废弃长蒿蓬。
归来应迟暮，用此慰衰翁。

（李化楠《绵州沉香铺别其胜、香如两弟用东坡颍州别子由二首韵》）

此知醒园由最初的半亩园扩至十亩，尚未包括醒园连接云龙山李氏祖坟的万松岭，连接扁担弯的李氏宗祠。李化楠抵京，吏部分发直隶（今河北省）以同知用，先后历官沧州、涿州、蓟州知州，宣化府同知、天津北路海防同知。

乾隆二十八年（1763）二月癸未科，长子李调元会试第二；四月，殿试二甲十一名；五月，御试第五，钦点翰林院庶吉士。七月，李化楠母亲逝，复奔丧，再次回川丁忧。丁母忧期间，李化楠除帮助罗江知县杨周冕修建纹江书院（李化楠受杨知县所托撰《纹江书院田房记》，纹江书院后改名双江书院）、奎星阁外，在整理饮食笔记（《醒园录》）食谱的同时，再次对醒园进行了增修，筑土垣以圈之。罗江东山“有柏高百余丈，大四十围，霜皮溜雨”被工匠选作造奎星阁的栋梁，弃其根，李化楠对杨周冕说：“此可斫为床。”杨知县欣然相送。李化楠请工“掘及九仞乃得。庸百夫撵之，溯江舁至醒园。除其沙砾，剥之、剔之，稍加修饰，杈枒蟠结，百窍灵珑，尽作龙凤龟蛇之状，截其顶，登之能容八人，可座可眠，有若生成，故曰天然床。其广一间，屋不能容，置于箭道，以茅亭覆之。亭数为风雨所倾，而柏根坚如铁石，虽风日亦不能剥蚀也”。[①] 遂为醒园的镇园之宝。又于醒园环翠轩课教十六岁的次子谭元（字龙山）、三弟化樟长子十五岁的鼎元。李鼎元有《甲申偕龙山二兄读书环翠轩，每薄暮共持〈乐天诗〉暗诵十首，约过目即掩卷，取灯录之，率为常课，一日大人偶见，笑以为痴，承命口占》记之云：

过目相期诵不遗，朝朝争胜夕阳时。
谁怜一卷开旋闭，父笑双雏黠也痴。
且共挑灯徐对簿，仍留剩墨待吟诗。
诗成忽见月轮上，偷向西墙画竹枝。

李化楠在丁母忧的两年多时间里，精心打理醒园，心境超然，作《一剪梅》咏怀二首：

幽斋静座泊无求。孰与为俦？书与为俦。浑无一事挂心头。山自悠悠，水自悠悠。　　一天书卷白云浮。才听雨鸠，又听晴鸠。得闲

① （清）李化楠：《石亭诗集》《石亭文集》。

游处且闲游。过此春秋，乐此春秋。

几卷诗书乐性天。种我心田，养我心田。自然潇洒远市廛。何事相牵，何物相牵。　　十分意趣在眼前。花也翩翩，鸟也翩翩，酒香茶熟一炉烟。不是神仙，胜似神仙。

复又得《山居即事四首（并序）》喜吟历二十余年陆续建成的醒园：

买地十亩，筑室三楹。避俗离尘，风景擅平泉之胜；背山临水，烟霞绘辋川之图。手栽竹木渐成林，乐哉！斯土，自是园庐多逸性。老矣，归田：散步独游，曲折槛栏花烂漫；凭高远眺，迷离村树屋参差。既适志以安身，亦陶情而悦性。年华易逝，那有仙药驻红颜。富贵何时？肯对灵山辞绿蚁。本来面目，别有乾坤。僻地无邻，岭上白云常在户；高峰有主，自来明月不须钱。登东皋以舒怀，櫜笔成咏；倚北窗而寄傲，薤簟生凉。谓我何求？只向园林寻活计，于心已足，不劳问因缘。作小诗以质同好。

何处堪宜着此身，园林幽敞绝嚣尘。
锄荒结就三间屋，便与烟霞作主人。
山居非吏亦非仙，喜得名花尽日妍。
酒罢长吟无一事，望江亭下水连天。
牵衣直上七层台，眼底乾坤大放开。
林树苍茫村舍远，白云深处有人来。
看看两鬓白如丝，角利贪名到几时。
愿得人皆闲似我，常来共对一枰棋。

又于“园中作大石缸，养金鱼十余尾，缸面坐小石山，山上栽花木数种，苍翠可爱，戏作小诗刻于缸之西偏”。铭诗于石缸：

山一卷，天半落。
水一勺，长不涸。
上承绿树阴，下见红鳞跃。

春色满园林，亭台随地着。
吾心淡无营，吾身欣有托。
何须海外觅三山，此间便是蓬莱阁。

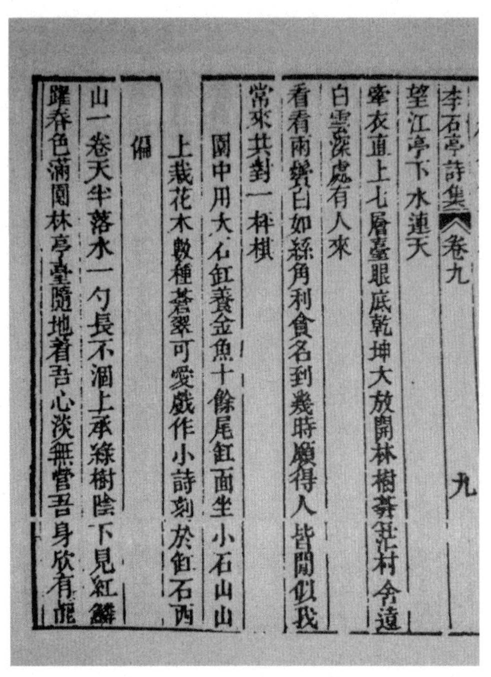
李石亭詩集《卷九　九
望江亭下水連天
褰衣直上七層臺眼底乾坤大放開林樹蒼茫村舍適
白雲深處有人來
看看兩鬢白如絲角利食名到幾時願得人皆閒似我
常來共對一枰棋
園中用大石缸養金魚十餘尾缸面坐小石山山
上栽花木數種蒼翠可愛戲作小詩刻於缸石西
偏
山一卷天半落水一勺長不涸上承綠樹陰下見紅鱗
躍春色滿園林亭臺隨地着吾心淡無營吾身欣有托

图2　清道光二年版李化楠《李石亭诗集》

于醒园随伯父石亭公学，年仅十六岁的侄子（李化楠三弟李化樟长子）鼎元和以诗四首：

小园亲炙趁闲身，抖却衣间一斗尘。
有月有花兼有酒，武陵真合醉鱼人。
扫得闲愁即事仙，春随花鸟醉林泉。
偶来池上观鱼跃，蹙破波心卵色天。
有时望远上层台，畅好云山四面开。
雾散晓溪牛渡去，烟笼晚树鹤归来。
梨花如雪柳如丝，正是蜂狂蝶乱时。
席上每留将进酒，阶前常剩著残棋。
（李鼎元《和伯父山居即事四首》）

乾隆三十一年（1766）秋，李化楠丁忧期满，携家小北上京服阕。长子调元翰林院散馆官吏部主事，次子谭元考入国子监读书。醒园交由三弟化樟管护，已取为诸生的侄子鼎元初就读于纹江书院从大伯好友、罗江知县杨周冕习举子业，亦自读于醒园。是秋乡试李鼎元下第，作《醒园杂诗》八首并序记其醒园事：

余戊子（乾隆三十三年）新春，邀蔡制亭茂才（诸生，亦称秀才）就醒园读书。兴至，辄有吟咏，时方习举子业，不甚收拾。落第后于乱纸中拾得旧稿，因改成八首，以皆作于醒园，目《醒园杂诗》云：

未日客先起，万缘清到心。
莺歌花径滑，蛙鼓稻田沉。
淡淡云生岫，昂昂鹤在阴。
飞腾如有意，为尔一挥琴。
落日淡山影，松杉千丈长。
林鸦喧不定，簷雀噪还藏。
细剪兰心烛，微闻菜甲香。
饱余无个事，待月步东廊。
清明坟墓近，尽室入家祠。
见我翻如客，当仁频让师。
纸灰蝴蝶梦，心事鹡鸰诗。
痛哭泉台下，千茔剩一支。
山缺月轮上，一窗花影疏。
看花神入画，爱月手摊书。
火不因蛾灭，心仍似竹虚。
达摩曾面壁，知我意何如。
夕阳下翠微，缓步出柴扉。
水黑鱼争跃，山清鸟自归。
樵歌得诗趣，牧笛有禅机。
闭户无多日，杨花已乱飞。
朝省南村去，归来日半竿。

愁多书未熟，身健路何难。
望岭云犹合，寻花露未干。
升堂良友问，为报竹平安。
暑气避山林，南风吹我襟。
松涛堂作雨，涧水自鸣琴。
本不因人热，惟堪抱膝吟。
夏畦多病者，何以慰侬心？
独立最高处，目穹千里秋。
山连巴子国，江接越王楼。
逝日真如水，当年早放舟。
会须附鹏翮，南溟续前游。

三、风雅醒园

乾隆三十一年（1766）秋，李化楠丁忧期满入京，暂署霸州、蓟州、宣化府同知，皆不满两月即去任，三十二年四月调任顺天府北路同知，文武兼辖，负责乾隆自京师至承德避暑山庄道路及治安，又领项承建所辖平谷城工，兼署密云县。三十三年木兰秋狝，李化楠因抗军机处不经查实命逮捕被雠人剪发的所属弁员，不惧大吏奏请皇上治罪，据理力争，得乾隆允准，改命李化楠在限期内迅速破案。案破，乾隆嘉以“强项”，众官皆言“开府当在目前，不久将大用”。惜在是冬惩处所辖密云知县任宝坊索贿案时，案犯被其姻亲亦是同党的知府、按察使袒护而翻供，按察使反讽其誉。腊月二十七日，李化楠自刎殉名，实践了他入仕前所云不以“贪夫殉财”，要作“列士殉名”[①] 的壮举。此举震惊朝野，任宝坊被处极刑，袒护者分别革职入狱、充军伊犁。乾隆三十三年（1768）除夕，李调元在保定守制开吊，直隶自藩臬以下皆来祭，有吊云：“可怜身为勤民死”“鸿雪仙踪杳没寻”。三十四年正月初，李调元治父丧毕，因先父平谷城工、密云县两处未交代清楚，令弟谭元扶灵柩送母吴太恭人先回。下第正自读于醒园的侄子李鼎元闻伯父凶信推书哭云：

北雁传凶信，狂风折梁木。

① （清）李化楠：《石亭诗集》《石亭文集》。

推书自百跃，失声惟一哭。
忆我八岁时，远就姚江读。
维伯实爱我，谓我秀而朴。
饮食教诲之，至情胜鞠育。
儿痴不忍嗔，儿愚不忍扑。
中遭祖父忧，但恐儿废学。
择师遍浙右，自越延至蜀。
儿年日以长，伯恩日以笃。
别来近三年，书常月一束。
望儿捷秋闱，相期聚涿鹿。
痛哉愿未谐，弃儿亦何速。
……
纸上雨村血，曷为在我握。
哀哉理不齐，痛矣身虽赎。
如伯循良身，竟未享大禄。
如伯忠恕心，竟不蒙厚福。
……
便拟烧笔砚，守墓逐樵牧。
（李鼎元《闻石亭伯父凶问》）

蹒跚于醒园触景生情涕吟云：

萧萧万木撼柴扉，无限风声怨落晖。
岂料阴成人易逝，尚怜路远柩难归。
将书北雁云生栈，正诉东皇月到帏。
触处愁心无可遣，花前惟有涕沾衣。
（李鼎元《醒园遣怀》）

又题咏醒园十景缅怀伯父：

大观台

松柏围三面，台东俯万山。
江横象鼻岭，云锁鹿头关。
竹影当风净，花光坐月闲。
大观何得似，福地有琅環。

看云楼

楼居山之顶，云生户牖傍。
直疑人坐蜃，独泛海中航。
远岫窗前绿，香粳雨外黄。
最宜秋晚眺，百里树苍苍。

临江阁

清绝临江阁，晨昏偶一窥。
岩寒飞蝙蝠，沙暖晒鸬鹚。
画意云常活，琴心水自知。
知音难再得，掩面哭钟期。

巢云堂

蜗庐当谷口，云人不思飞。
石罅流香乳，松庄闭落晖。
巢由真许卧，若客未须讥。
筑室人何在？归田愿以违。

筒车

架木高千尺，凌空转辘轳。
筒排枯笋出，水作建瓴趋。
在渚闻宵雁，行天速画乌。
良田沾百亩，卧理可忘劬。

天然床

根到九泉香，蛇蟠十丈强。

大材归匠石，余事得匡床。
客至谈棋隐，仙来话醉乡。
天然高卧可，慎勿梦黄粱。

坐花馆

客与花同坐，花清客亦清。
直疑春有恨，未觉日无情。
拟化枝间蝶，兼听柳外莺。
一杯还对舞，来趁月三更。

木香亭

一架酴醾馥，幽然得此亭。
窥人多小鸟，照字有流萤。
径拥松毛赤，阶连石发青。
坐来忘酷暑，漏日见星星。

听涛阁

小阁坐山腰，涛声不待招。
骤闻三伏雨，高枕一江潮。
鹳鹤心常警，风云气倍骄。
有材人自识，何用日嚣嚣。

洗砚池

磨墨人何在？空余洗墨池。
片云潭底黑，碎石雨中缁。
舞镜应无雉，支床尚有龟。
故书犹在壁，读罢泪双垂。

（李鼎元《醒园十咏》）

十一月二十一日，李调元办理父亲顺天府北路同知任内事毕，携眷回川。丁父忧期间，李调元居醒园于环翠轩课弟谭元及从弟鼎元、骥元，长子朝础，族侄朝杰。乾隆三十五年（1770）七月，弟谭元、堂弟鼎元赴成都参加庚寅科乡试，二人行后，李调元独坐于醒园，想起父亲送己赴举的赠诗，遂作诗二首寄龙山（李谭元）、墨庄（李鼎元）二弟励之，令仆专程送至成都旅舍。其一云：

自婴尘世累，每为物所羁。
看花虽独往，何曾不相思。
相思亦无厌，夙与文字期。
龙山才颇豪，蝼蚓杂蛟螭。
青红浮大海，其色难磷缁。
墨庄最嗜古，落笔尚若迟。
每造幽淡处，芳兰茁阶墀。
二子虽远我，其实各有之。
秀密乃吾文，雄放似我诗。
倘能相观善，岂不成全奇。
吾衰无所用，钝拙徒自知。
日从童仆后，背手看花移。
但愿汝曹志，似此扬芬时。
桂子虽月中，何难摘一枝。
持此满我志，曷用空思为。

（李调元《醒园独坐寄龙山墨庄二弟》）

李鼎元接长兄诗亦复《和雨村醒园独坐二首》。是时醒园一株绣球花开，此花已春放，而秋后忽发，李调元奇之。不数日乡试榜发，堂弟、廪生李鼎元中举第三十二名，弟、监生李谭元落第。李调元以为绣球花开乃“墨庄乡闱佳兆乎”，吟云：

春初已见雪成团，又得凌秋一朵看。
不为园中增景色，知从闱里发祥观。
蕊含琐碎星初摘，香缀球珑露未干。
莫道广寒宫尚远，仙娥早赠玉珊珊。

（李调元《绣球已春放矣而秋后独发殆墨庄乡闱佳兆乎》）

鼎元和兄云：

玉为花骨粉为团，记得残春带月看。
忽报秋闱开满树，好同仙桂斗奇观。
翩翩队蝶枝头活，落落繁星岭外干。
举子正忙槐正蕊，一杯相贺洒阑珊。
（李鼎元《绣球秋荣和雨村韵》）

庚寅四川正主考翰林院编修祝芷塘为李调元会试同年，二人最为相契，副主考翰林院检讨邓笔山亦与李调元熟稔。榜发，新科举子拜谢座主，祝芷塘始知新科举子中李鼎元为李调元从弟，乃托李鼎元转告李调元回京过罗江时拜访年兄，兼观醒园。李调元闻说，顿赴成都相见，共游杜甫草堂。祝芷塘庚寅试毕偕副主考邓笔山回京过罗江逾道谒李调元于醒园。

四牡驯驯谬前过，忙开家酿尽千螺。
文章敢诩同人服，谈笑何妨俗物诃。
三载离情今日吐，万山深处使星多。
年来良友晨星散，何意风吹到薜萝。
（李调元《芷塘、笔山枉驾醒园》）

主人之贤、醒园之景、醒园之美食、醒园之自酿酒令祝、邓二人赞叹不已。次日午后，二主考告别，李调元将心爱的醒园银针马送于祝芷塘。不二日，祝芷塘差邮传递《醒园留别用杜工部游何将军山林韵十首》至。李调元作《和编修祝芷塘同年留题醒园用杜少陵游何将军山林韵十首》回寄，李鼎元亦作《祝芷塘邓笔山座主枉驾醒园同用杜子美游何将军山林韵十首》寄呈。

乾隆三十五年冬（1770），李鼎元北上应次春辛卯恩科会试，落第。因三十七年春将举行壬辰科会试，乃寓居北京。在京期间曾于灵山观荷，灵山出灵泉，注处十里荷花，十里香风，清风动云，净气拂林，飞鸟浴潭，这些都未能触动他的心灵，惟“却忆醒园好”，留恋醒园从调元兄学诗、习经史的日子。壬辰科李鼎元仍未中，遂归，回罗江南村老宅，时长兄调元已北上服阕，遂复寓醒园与二兄谭元同读，作《醒园》诗云：

别来花木高三尺，浪走风尘又两年。
故榻尚悬诗在壁，新秋重醉酒如泉。
钓鱼矶冷生苔发，招鹤亭空迸竹鞭。
愿与青山长作主，不教牛马损荪荃。

乾隆三十八年（1773）冬，李鼎元被绵州知州聘为涪江书院主讲（乾隆四十三年中进士入翰林为庶吉士，散馆改检讨）。

其实，李调元在醒园丁父忧的两年多时间里，除课训诸弟及子侄外，还精心整理了父亲的饮食笔记，辑成《醒园录》书稿待梓；著成《醒园花谱》，对醒园景观进行了完善。据李调元丁忧期满回京所作《醒园图记》[①]：山凹筑厅三楹，临溪筑阁、设箭道，竹林造轩。半山建回廊、花厅，植名花异卉，设庖厨、浴室等游宴之地。象山之巅造望江亭，西岭栽万松，筑放鹤亭。下一层为贮风、延月二船房，辟有大观台。出蓬莱门北又有木香亭，酴醾架。下即鱼池、纳凉亭、非鱼亭。再下为清溪草堂、洗墨池，北为雨村书屋、石亭、临江阁。蔚为壮观。

乾隆三十六年（1771）五月，李调元自罗江醒园至邛州访友人曹秋渔，与成都武担山下的才女万氏相识，二人相互倾慕，遂纳为妾，迎娶于醒园。有作成都《艳诗四首》记二人定情新婚事：

人间正色夺胭脂，独有峨眉世鲜知。
家在薛涛村里住，枇杷依旧向门垂。

文园底必用琴挑，无语无言背觉娇。
故借葳蕤通一语，要看樊树露樱桃。

朱履三千客满堂，笙歌如沸拥红妆。
麒麟乍说从天降，笑向流黄帐里藏。

---

① （清）李调元：《童山文集》卷七《醒园图记》，《续修四库全书》1456《集部·别集类》上海古籍出版社，2002年，第542页。

春风恻恻入帘栊，长四微螺感远峰。
一朵海棠初睡起，似经猛雨损花容。

乾隆三十八年万氏产后患恶露卒于京，李调元葬万氏于陶然亭东，悲痛中作《悼亡诗二十首》，又有《杂忆诗十首用元微之韵》忆与万氏之情事，其前五首亦吟定情新婚事：

原无金屋为君开，敢向仙源问渡来。
忆得天台初入对，落花片片委苍苔。

牵来一线岂红丝，正是瓜瓤未绽时。
忆得羞入呼不出，欲前仍旁绣帘倚。

归临几日恨偏生，欲见无因借别名。
忆得隔门通一笑，阿娘厨下已闻声。

雁声九月镇相崔，陌上香车缓缓回。
忆得六亲相见后，共传携得月娥来。

醒园家宴届凉秋，白石栏边俯碧流。
忆得采菱分剥罢，鸳鸯来处一停眸。

又有［临江仙（忆万颐）］：

雪是香腮云是鬓，杏油轻战檀唇。一回相见一回亲。无言推刺绣，有泪怕沾巾。

记得兰闺情定日，楚宫柳样腰身。为她眉黛远山春。自应非蜀客，不解爱文君。

万氏，成都女诗人，善歌舞，有诗集《垂绒小草》传世，清孙桐生《国朝全蜀诗钞》收万氏诗八首，其一《有待》：

满院花如锦，风光别样新。
绿杨三月雨，芳草一年春。
画阁眠初觉，黄莺啭正频。
拈针慵不语，为忆未归人。

三十六年十一月十日，李调元留妻胡氏在家侍奉继母、抚育幼女，《寄内》云：

许国今扬万里鞭，百般家计赖君肩。
……
常使亲朋来有酒，莫教稚女冷无绵。

另作《留别醒园》赠留居自读的谭元弟：

新建楼台倚翠微，排山松柏半成围。
白云似友还相送，明月留人苦劝归。
池内养鱼随变化，亭前放鹤且高飞。
最难别是冬初候，梅正含苞理客衣。

携长子朝础、妾万氏北上京服阕。

四、文苑之珍

乾隆二十九年（1764），李调元京中友人、善书画的朱子颖（孝纯）入蜀任珙县令，李调元托其向在绵州醒园丁祖母忧的父亲问好，并赠诗云“自古诗人例到蜀，好将新句贮行囊”。乾隆三十八年春，升任重庆太守因回避事滞留成都，奉命调任履新职的朱子颖（孝纯）回到北京，朱子颖忆绘醒园图赠李调元。其九年前入蜀道过罗江县时，曾专程拜访居醒园丁忧的李调元父亲、天津北路海防同知石亭公，宴游于醒园，对醒园诸景“故能一一详悉。使见此画者，不啻身在园中。而他日入园中，啻身在画中”。京中名流题诗者众。翰林院编修、庚寅四川乡试主考祝芷塘，忆与翰林院检讨、副主考邓文泮游醒园事，首题前游醒园所作诗十首，赞池台之盛，《序》云：“岁庚寅奉使入蜀时，主人宴卧醒园，子颖方守重庆。试事毕，逾道访旧，流连竟夕，沙竹之胜，鱼鸟之乐得周览焉”“越二载，主人来京，子颖亦改守山东，待觐阙下，别途作画，远近形势如在目前。醒园僻在遐陬，以主人之贤，凡名流入蜀，必至其地。至必有诗。子颖亦亲见者，故写景独真。”余且分别有翰林院编修、吏部主事程晋芳诗：“岭无平势涧无声”“罗江亦有峨眉春。”顺天府尹吴省钦诗：“一楼一阁置妥帖，一花一药罗芳鲜。”翰林院庶吉士、入四库全书馆充纂修官姚鼐诗：“绵州馆毂剑关口，白沙碧水环杉柳。”上书房侍讲学士王懿修诗：“卜筑新堂绿野如，芙蓉溪畔谪仙居。”颍州知府蒋熊昌诗：“花木泉亭千里梦，既茨堂构百年思。”户部主事吴璜诗：“仿佛翠屏过细雨，荷锄闲立听猿吟。”翰林院庶吉士陈墉诗：“云龙之峰似突立，俯瞰众壑如垂肩。”翰林院编修诸廷章诗：“数分花月坐吟啸，结构林亭傍推阜。”太仆寺卿施朝干诗：“命名怀独醒，种树自含真。鸿爪惊游宦，龙吟此窔窀。径开盘纡尽，工鸠次等均。高台览今古，元气接峨岷。”醒园自此名播京师。嗣后，李调元将朱子颖所绘之醒园图寄回，悬于醒园石壁间。

乾隆三十九年（1774），值全国举行甲午科乡试。五月，奉旨，着翰林院庶吉士、上书房侍讲王懿修充任广东乡试正主考，翰林院庶吉士、吏部主事李调元充任广东乡试副主考。按例，主考王懿修分阅《易》二房、《书》二房、《礼》一房，副主考李调元分阅《诗》四房、《春秋》二房。草榜初成，李调元观封落卷叮咛诸房考再次搜阅落卷[①]：

聚奎堂内卷初封，共喜簪缨矢靖共。
鸡肘弃余犹有味，骊珠探尽恐难逢。
从来捞月难盈手，大抵奇云必荡胸。
寄语诸公再披捡，此中恐有爆腮龙。

是科共取广东举子七十人，解元出李调元分阅的《诗经》房。九月初三日出榜，有新科举子某送座师李调元刻有“文苑之珍、紫石之困。归隐林泉，朝夕结鄰。万历丙午春南直王□□”紫石端砚一方，李调元得砚爱不释手，以魂牵梦萦的“醒园”二隶字铭于砚之左侧，遂名“醒园”砚，

① （清）李调元：《童山诗集》卷十六《草榜初成观封落卷箱有感而作示同事诸群》，《续修四库全书》1456《集部·别集类》，上海古籍出版社，2022 年，第 273 页。

斯砚自此相随，后来他编辑的大型丛书《函海》及所撰众多著述之濡墨皆出于此端砚。广东乡试毕，李调元北上回京复命，是秋所取举人、门生陈学滋冒雨相送，李调元赠以诗：

陈子清且奇，笔乃天所授。
白袍五千人，独以古文售。
书鄙东汉还，气压先秦右。
古质色斓斑，绝似老学构。
岂知如逾冠，芝兰方竞秀。
情谊见肝胆，非循酬酢陋。
冒雨来送我，此意良亦厚。
长亭复短亭，欲去迟回又。
勉哉毋久羁，经田好力耨。
鹏搏九万程，一朝便可就。
屈指到京华，相待元宵后。

李调元在京期间，无时不记挂自己的醒园。曾诗《题醒园图有感六首》：

车家山下老农夫，走上长安十二衢。
昨夜乡愁眠不得，呼灯起看醒园图
自分途穷命里该，君平不必太惊猜。
虎头不是封侯相，款假他时归去来。
每到花开踯躅时，故山不见与谁春？
生憎一幅醒园图，付与渔郎去问津。
再向天涯理客衣，回头三十九年非。
蓉溪春色花如锦，不为莼鲈也合归。
烦恼诗人二月天，长安买醉日高眠。
不须怪我朝参懒，梦里醒园只枕边。
故山茅屋傍云龙，欲寄新诗再折封。
寄语儿童墙角外，明年再添几株松。

故将粤东试院所得明万历间王氏“文苑之珍，紫石之困”砚左侧铭以

“醒园”“雨村自识”，朝夕相伴。

乾隆四十一年（1776）二月，李调元随吏部侍郎袁守侗扈驾东巡，深得圣心。次月回京，大学士程景伊保荐其升吏部考功司员外郎。十二月十五日，李调元吏部考功司员外郎任上因补四川制军申报从军的刘培章湖北监利县典史缺，同司议驳，李调元忽又查出前有圣上允准事，复销去已画押，遂与满人掌印郎中永保意见不合发生争执，永保阴报军机处满人大学士阿桂、舒赫德，李调元据理相辩，二大员怒其顶撞，借京察之机以“浮躁”之名免官。按制，京官免职，须得引见皇上后方得离去。李调元等待引见期间，购书五车，作《留别京中诸友》诗告别：“十亩田园归去来，图书万卷手亲开。”旋送六弟声元（过继二叔李化楩，在石亭公三兄弟之子中声元排行第六，不久后病卒）偕同二妹夫之弟何九皋（绵州诸生、诗人）先期回蜀，作归居醒园计，赠［行香子］嘱之：

园月当空。归兴何浓。拼今宵、须倒千钟。烦君归去、传与山童。添屋边桂，坞边竹，涧边松。

名利场中，争看充充。十年来，勘破穷通。从今归去，作个鱼翁。钓一江月，一江雨，一江风。

又作［调笑令］词二首送族兄汝聪归蜀：

君去，君去。正是垂扬飞絮。那堪两鬓风尘。千里迢迢苦辛。辛苦、辛苦。屈指抵家端午。

分付、分付。说与东津渔父。茅庐结傍云山，塞上行人要还。还要、还要，添个石矶共钓。

风搅、风搅，惊散沙边鸰鸟。波平一只飞回，一只独留未归。归未、归未，应识人间风味。

听语、听语，堂上倚门望汝。须知家本孤寒，要把愁怀解宽。宽解、宽解，书看五车亲买。

按制，京察被免官者需引见皇上后方准离京，乾隆四十二年（1777）三月二十八日，京察落职的七人在吏部大臣福隆安带领下入宫面圣，乾隆见京察免职中有李调元，乃问福隆安：“李调元朕素所知，何事填入浮躁?”福隆安以画押顶撞大员事相奏，乾隆着军机处传吏部堂官复查明白回奏。”大学士程景伊复查后回报：“李调元因补缺监利县典史，查出圣上允准事，复销去原所画押，顶撞上官，故被填入浮躁，且该员办事勇往。”旨下：“李调元仍以吏部员外郎任。”八月十六日，李调元奉旨提督广东学政。九月十二日，李调元奉旨自京起程，携前任广东乡试副主考时所得，自己铭以“醒园”二隶字、落款署“万安雨邨氏得于粤东试院自识”十一楷体字、钤铭“雨村”篆印的明万历紫石端砚赴广东学政任，开启了他立志传承中华文化、复兴蜀学的新征程。

图 3　篆印

五、笑傲山水

自从辛卯赴修门，十五年来梦始醒。
今日归家谁是客，鸥来隔浦鹭来汀。
（李调元《独游醒园》）

乾隆辛卯（1771）冬，李调元于醒园丁父忧期满进京服阕。乾隆辛丑

（四十六年）二月，李调元广东学政任满回京，奉旨调任直隶通永道道员。乾隆壬寅（四十七）十二月，李调元遵旨送《四库全书》至盛京时，途中遇雨沾湿黄箱，在处治失职者及袒护官员中，因与下属永平知府弓养正相互攻讦，乾隆帝见直隶总督英廉奏李调元怂恿家人吕福及婿役需索门包，骚扰地方，大怒。旨下，革职收监。乾隆癸卯（四十八年）二月，以李调元虽属失察，与故纵无异，问发伊犁充当苦差，失职者卢龙知县郭隶泰革职，袒护及不听调者永平知府弓养正亦以事出挟嫌反噬并非为公，革职发军台效力赎罪。后经新任直隶总督、熟知李调元的袁守侗面奏圣上，以“彼处称为才子，母亦老，乞许宽免”。乾隆允其以金赎罪，并准于复官。李调元出狱后变卖家产，四处借贷，处境维艰。暂寓通州自己任上捐建的潞河书院教书，续刻壬寅《函海》二十函至二十四函（甲辰本），虽乾隆帝允其捐复，时权臣和珅当道，凡遇捐复者必以贿进，且贿多于捐，李调元虑一贿便入和党，百罪莫赎，归居醒园意决，新号蠢翁，作［贺新郎·怀归］词云：

借得谁家屋。更闲将、旧时经史，剪灯重读。忠孝原皆吾儒事，误我子张干禄。看古今、人情翻覆。已悔亡羊迟未补，又安知失马非为福。燃灰事，思烂熟。

将军恩重难书牍。问何人贤如晏子，解骖为赎。山径蓬蒿荒也未，归去云龙山麓，正故里邻翁酒漉。得失鸡虫何日了，如以为未足今知足。辞去陇，只望蜀。

乾隆四十九年甲辰科会试，四弟李骥元中进士入翰林。李调元长子朝础因父事弃科举。十一月二十九日，李调元得吏部照准于归田。骥元作《送雨村兄归蜀》诗：

著作留天壤，功名付太虚。
行归三亩宅，送老五车书。
故国田园美，全家岁月舒。
别兄无限思，芳草暮春初。

十二月初五日李调元五十一岁生日，四弟作《见祝》诗二首，其二云：

是吾兄也亦吾师，伯氏风流合在兹。
报国文章昆与弟，传家依钵礼兼诗。
运河两载清风播，粤岭三年藻鉴持。
有德自应兼有寿，南山频原祝寿期。

李调元以曾在醒园亲课鼎元、骥元两弟，今皆登进士入庶常馆为傲。时西川罗江李氏四进士、兄弟三翰林，一时成为京师美谈。欣以作《五十一岁和凫塘四弟见祝元韵二首》，其二云：

敢诩曾为两弟师，克传衣钵在今兹。
旧编李氏三昆集，新改童山一册诗。
林下拟敧藤丈坐，水边闲觅钓竿持。
壶中岁月田间富，笑弄儿孙一解颐。

京中友人程渔门诗酒话别云“便教从此休官去，犹有闲居二十年。况先生已为传人，竟作名山不朽业可也”。祝芷塘亦有《送雨村同年归蜀》诗：“罗江瓦鼓趁社墟，锦里角巾收芋栗”“但是世间未见书，付之奇劂成功瞥。金销行见囊橐空，纸贵不愁《巾衍》竭。新都状元金齿戍。蜀士奉若祏主栗。表章补刻册余种，附以著述同不灭。集排二十曰《函海》，策蹇驮来驴背折”“田园丰美太平人，松竹之间乐晚节”。其言赞李调元评点的朝鲜四诗人的《巾衍集》在朝鲜传抄者众，几成朝鲜纸贵，所刻《函海》集多为世间未见书，尤所收明新都状元所著尤多，极可慰其一生。三弟鼎元亦有《和芷塘先生韵》送兄归蜀：“插架图书千万卷，校雠剞半付梨栗”“醒园花鸟正相忆，归与莫溷裈中虱”“名山事业正须忙，石火光阴才一瞥。”

乾隆乙巳（1785）三月，李调元别京中诸友，于二十一日携家小，带上五车书籍及所刻的《函海》（二十四函）板片由通州启程，四月二十九日抵达萦梦已久的元龙山醒园故居。自辛卯年冬离别醒园北上服阕至归乡历十五年，故自叹云：“自从辛卯入修门，十五年来梦始醒。”

李调元归居醒园，时值初夏，天旱无雨，醒园花木失色，李调元于园内仔细探查寻得大观台崖下沙土湿润，欣掘泉池一口，喜而作《凿池》诗以记：

天公久不雨，花容相对愁。
我知枯渴甚，携锄为花谋。
大观台下土，潮润如沙洲。
浸浸傍层岩，似有龙为湫。
面试先规定，始取土一抔。
百篑至丈余，水涌为渠沟。
滋滋一窠泉，微雨点作沤。
试以瓢饮之，已似汲长流。
岂惟供沓爨，兼使萌芽抽。
归来却问花，花亦频点头。

自是，李调元步入“笑傲山水，潜心著述”复兴蜀学的晚年生涯。最初的几年，他于醒园课童教曲，讲学课士。从这一时期他的诗及所作《四桂先生传》中，不难看出李调元在文心画境般的醒园进行了外来剧种和四川本土戏曲的融合，实践他的“发人猛醒”“风醇俗美”“正鼓吹之盛世”“古今一戏场”的戏剧观。

移居醒园四首

出仕囊羞涩，归田食呰謷。
猢狲一朝散，鸿雁半天高。
忽忆先庐在，无烦卜筑劳。
溪边有渔夫，候我入蓬蒿。

不用移文至，先回旧草堂。
友朋游鹿豕，山水奏笙簧。
深柳同莺坐，京松看鹤翔。
沙鸥知我意，江上弄斜阳。

自是山居好，其如识者难。
妻孥愁说隐，父老爱谈官。
但使笙歌续，焉知米甕残。

朝来一鼓吹，又缺半年餐。

尽道居官乐，终年沸管弦。
华筵添一笑，筦库少千钱。
祸福谁能料，功名总听天。
不如闲富贵，可当小神仙。

戏作

世事无非戏，何妨偶作诙。
先生实苏产，弟子尽川孩。
书塾兼伶塾，英才杂俊才。
小中堪见大，此亦费栽培。

醒园晚兴（二首）

寂寞掩柴扉，村雅带夕辉。
牛知望栏返，鸭自认门归。
况有栖迟乐，宁忘倚覆几。
流萤谙引路，先我照前扉。

两边山气和，一派水光曛。
渡口人归晚，溪头犬吠云。
萑苻愁肘腋，机械起妖氛。
安得鹰鹯逐，歼驱乌雀群。

醒园遣兴二首（园中梨林碑刻）

笑对青山曲未终，倚楼闲看打鱼翁。
归来只在梨园坐，看破繁华总是空。

生涯酷似李崆峒，投老闲居杜鄠中。
习气未出身尚健，自敲檀板课歌僮。

李调元归居醒园，办有花雅两个戏班，自编自导外出演出，笑傲山水。假《四桂先生传》自况：

> 四桂先生，不知何许人也，慕五柳先生之为人，因指亭前四桂以号焉。喜种花木，其先人有园一区，日自培灌。好读书，家有藏书，曰万卷楼，每坐楼上，拥书南面，以为专城不足乐也。并绝世交，闻有从城中来者言城中事，辄掩耳而走，以书声乱之。顾性喜丝竹，不能寂居；又工乐府小令，家有数僮，皆教之歌舞。曾畜黑驴一头，亦谙音乐，每遇家僮登台演剧骑之，甫唱便旋转而行，唱完卓然而止，疾徐俯仰，能应节奏，人皆异之。先生性来，辄携数僮，跨黑驴，遍游名山大川，或经年乃归，归则仍独居楼上，不与人见，人或见经年不见黑驴与伶僮之出游也，又多疑其为仙云。赞曰：逍遥自乐之人，其天定也。不为利疚，不为威惕。所谓养其浩然之气而不动于心者乎！托身优伶之内，放荡山水之间，以著书自适，期殆鹿皮抱犊之流欤！

李调元在醒园浇花课僮教曲、放浪山水之间，以养浩然之气的同时，乾隆五十一年（1786）春，又于醒园北南村北南村坝李氏族人聚居地先父石亭公所遗旧屋补过亭筑楼五楹，名曰万卷楼，将十余万卷先父与已所购、所抄书按经、史、子、集四类，分贮于四十橱，中多宋、明之板及濒临失传罕见书。秋闱，五弟李本元（二叔化樟第三子，鼎元、骥元弟）中举。十一月，万卷楼成，二十三日四子书香生，妾王氏出。时年54岁的李调元诗道自己的喜阅之情云：

> 老病相兼得子徐，宁馨捧出贺充闾。
> 归来万卷楼方落，正要书香似续书。

乾隆五十二年，李调元重修醒园。中进士入翰林院为庶吉士的四弟李骥元十分想念"是吾师也是吾兄"归居醒园两年的雨村长兄，及弃科举侍父归居醒园的侄子朝础。诗寄雨村兄告诉自己思念一家三代和睦、子孙孝敬长辈的日子，李调元甚慰；又诗寄已是廪生、候选同知，今却弃科举归乡侍父的侄儿朝础，忆怀十多年前于醒园共同受教于其父、己之长兄时无忧无虑的美好时光。

寄雨村兄

圣言何曾弃浩然，卜屋兄自爱林泉。
半生刚直遭人忌，万卷图书付子传。
清夜相思长入梦，故园归去又经年。
剑关西望潼关隔，那得姜家大被眠。

寄侄朝础

醒园当日共嬉游，采菊东篱趁晚秋。
步月光过延月洞，穿月多上看云楼。
晓逢村媪沽新酒，日伴渔翁戏小舟。
回首故乡千里隔，思君况对别离愁。

乾隆三十四年至三十六年，李调元在丁父忧的日子里于醒园课教二弟谭元、三弟鼎元、四弟骥元、长子朝础。乾隆三十四年，李骥元时年十六，朝础时年十四，同课同嬉戏，情谊甚笃。“姜家大被眠”，此乃用醒园西南五十里孝泉场东汉姜诗“一门三孝”故事。

六、士林景仰

乾隆五十二年（1787），李调元重修醒园，课教门生九人。五十三年，四川总督李世杰聘其主讲锦江书院，力辞之。惜在醒园虽仅课士两年，童生董睿昌、夏之时、颜明典、陆士康、张士慷一年而入庠（秀才），诸生蔡晓声一年而补廪生，族侄李朝杰岁试第一名。李调元有《喜门生董睿昌试得案头》记醒园课士事：

谢却尚书锦江聘，却来村塾振金声。
乘闲小试春风手，高掇难居化雨名。
康海席前皆乐府，马融帐后尽门生。
他年造就若不负，定说真才自我成。

又，曾于醒园从学两年的汉州门生黄友冰戊午科乡试中举。嘉庆三年（1798）十一月二十日黄北赴次春己未科会试，过绵州话别。李调元“回忆醒园两载师友绸缪”，诗以送：

逢冬每苦病加增，乍见吾门喜不胜。
能夺锦标真快士，敢言衣钵有师承。
登龙已见三年化，附骥欣看万里腾。
笑语友冰需努力，官衔恐又一条冰。

李调元有父亲石亭公遗留的象牙韵牌，醒园课士之余他别出心裁，寓教于乐，常与门生或来访士子打韵牌集字作诗。庚申科举人、后官贵州开泰知县，晚年主讲双江书院的冉玉嘉；门生，后课学于乡著有《东坪诗集》的恩贡生颜东坪，皆有《醒园雅集诗牌集字》诗入载清孙桐生《国朝全蜀诗钞》。

冉玉嘉诗

地癖堪留饮，天寒拟著裘。
书楼背山起，茅屋枕江流。
池小园来鸭，波摇渚戏鸥。
依栏凭眺后，落日下帘钩。

颜明典诗

客斋频小集，清兴引朝晴。
野鹭有高志，秋鸿牵远情。
萝痕依槛碧，岫影隔江明。
月上帘初卷，清碪何处声。

乾隆五十四年（1789）春，李调元叔父李化樟卒，翰林院检讨、三弟李鼎元，翰林院编修、四弟李骥元丁父忧，兄弟三翰林相聚于醒园，成醒园一大幸事。李调元诗有庚戌（乾隆五十五年）《醒园杂诗八首同墨庄作》：

大观堂

万松围一台，前荣见千里。
每逢风雨来，涛声亦可喜。

木香亭

回廊深且幽，静室短而敞。
时有幽禽来，作巢树梢上。

栗亭

皱落听儿拾，炉煨任客尝。
安亭最幽处，四来栗花香。

坐花馆

桃李满芳园，天伦多乐事。
痴儿不解花，绕树寻果饲。

清溪草堂

清溪溪水清，照见溪上屋。
幽人正著书，灯光映修竹。

洗墨池

石亭下有池，题诗多石刻。
至今池下鱼，顶上有遗墨。

临江阁

俯视江天青，仰观江月白。
年年江上人，阅尽往来客。

巢云堂

古有巢居者，寥寥不可闻。
忽逢赤松子，长啸入青云。

李调元乾隆五十年春归居醒园后，入川官员、名流多以拜访李调元兼游观醒园为幸事，地方州、县官吏、川中士子，亦以访谒李调元于醒园、宴乐唱和为荣。

乾隆五十一年九月，四川丙午科乡试主考、山东曲阜翰林颜酌山试毕回京过绵州问候归居醒园的京中故友李调元，题隶书联云：

名园傍水多栽竹，小榭听歌好放船。

乾隆五十六年秋，绵州迁治罗江的第十一任知州浙江仁和人潘初斋由富顺知县升任绵州知州，潘早闻是州李调元名望及醒园之雅，抵任不久即往赴云龙山访李调元兼游观醒园，诗题《游醒园》四首：

琴鹤贻远谋，云龙望气佳。
几筵新涕泪，游钓旧生涯。
草色青迷路，苔痕绿上阶。
高台瞰四极，秋意澹人怀。

已陟万松岭，还登万卷楼。
泰山兼土壤，海纳百川流。
滴露晨光起，然藜夜未休。
古香如可挹，欲去更夷犹。

才疏余短发，禄薄仗长搀。
自信心常逸，人嫌骨本凡。
问奇探奥窔，学语仰雕镵。
勿屏门墙外，因风惠一缄。

座上人俱醉，园中人独醒。
鸡群常混迹，鱼服欲潜形。
潺水升卿月，京门颂福星。
主恩不遗旧，名已贮金瓶。

乾隆五十七年二月初一日醒园桃李盛开，绵竹知县裕容斋自带绵竹大曲与安县知县张仲芳同访李调元，宴游于醒园，分韵牌集诗。不数日，绵州知州潘初斋偕参军蒋玉墀亦来醒园赏花，李调元与潘知州各作诗二首：

李调元诗

频年踪迹似踰垣，老病逢春只避喧。
谁使蓬蒿开竹径，顿将桃李比芳园。
乡风共试郫筒酒，往日空游下泽辕。
更有海棠开烂漫，题词应续石湖言。
小屋西边偶凿池，水栽莲芡岸栽桤。
欣闻太守停骖马，顿使山人倒接䍦。
鱼跃青波知迓客，鸟拳风叶听吟诗。
他年着个茅亭子，劝稼来时好拄颐。

潘訒斋诗

文光上彻紫微垣，调进清平早息喧。
为问软红驰北阙，何如浓绿集西园。
诗笺寄与龙吟水，宦况惊心驹在辕。
君已回舆侬叱驭，相看一笑不须言。
欲借清阴阴小池，益州方物木称桤。
风流坐后饶丝竹，疏野人前著接䍦。
久仰群公能作赋，何缘俗吏勉题诗。
不堪草舍多绳缚，五凤楼题妙解颐。

是春，诗人何人鹤自京城归来告之李调元说：“朝鲜正副史者入贡，皆能背诵先生诗，并问其消息。”何人鹤游醒园后，题有五律：

暂作烟霞主，高风寄此间。
春来花笑日，雨过鸟啼山。
书幌随云卷，园扉带月关。
南村新酿熟，一醉破愁颜。

而入川名流仕宦至醒园拜访雨村公李调元，其往往多因李调元出游不遇，只得留题寄书以为撼。据李调元《童山诗集》卷二八载《金雁桥晤湛明府梦蛟之井研任，余视学广东时河源广文也，枉驾醒园不值，邂逅于此，并得湛祖贵、赵希璜二门生书》，卷五载《临安太守张同年阴堂（玉树）由武功携眷自蜀之任过绵枉驾醒园见访不值留诗而去》。

乾隆五十九年（1794）秋闱，李调元四婿张玉溪应乡试，诗题为《赏月延秋桂》，张玉溪得“延”字，有句云：“倚树人如玉，凭风句欲仙。”正、副主考争相击节曰：“此诗人也。”榜发，张玉溪中举，主考余秋室知为李调元婿时叹曰：“渊源自有因也。”遂托新科举子张玉溪向其岳丈李调元代索《函海》一部。李调元《童山诗集》卷三十三载有《甲寅九月十四日中允余秋室（集）、副郎中范摄山（鏊）典试蜀闱榜发，回京道过绵州枉驾见访，适余游中江不值，以书问询，兼寄所画兰扇，并索〈函海〉作二律寄之》，余秋室所画金兰用泥金笔，自题以诗：

墨沼风生翠叶凉，秋光又喜到重阳。
素心不在繁枝叶，三两茎花一国香。

又寄书问候：“老前辈桑梓优游，提倡风雅，想亦多著述，不知付梓几种，甚欲先睹为快”“刻十三日抵州，承惠《函海》，尤深铭感。此书久播艺林，刻下坊间渐少。今得载与归，直不啻珍珠船矣！”是年十二月初五日，婿张玉溪为岳丈李调元祝寿，告之将北上参加乙卯会试，李调元取万卷楼新刊《雨村诗话》（十六卷本）、《新搜神记》送其座师余秋室。余秋室得书后托其从弟、同官的翰林编修李骥元代转翰林前辈李调元信，信中对李调元极尽赞誉之词：“所示近刻，《诗话》则隽永不凡，《搜神》则奇诡可喜。古人云：‘不得异人，当得异书’。集谓得读异书，如见异人，正为老前辈道也。老前辈与随园老人正如华岳二峰，遥遥相峙，风云变幻，两不可测。而老前辈著述既富，兼之好古阐幽，多刻前人遗佚，此又尤胜随园仅刻其家集也。”

乾隆六十年（1795）秋，吏部员外郎吴树萱（寿庭）四川学政三年任满回京，原曾打算拜访李调元于醒园，适其去成都路上，已会于新都。过绵州（罗江）时作《绵州馆驿寄怀雨村观察》诗，句颂李调元：“江山风月作主人，诗名独占千古后”“此邦文献溯丹铅，后二百年传�臼”“我来看遍蜀山春，蜀山尽入先生手”“西川江水六朝山，醒园随园差并偶”。是年岁末，三十年前锦江书院学友，曾官翰林院庶吉士、礼部主事，回川主讲锦江书院的内江人姜尔常荐李调元代己，诗云：

三年奚不到蓉城，高据文坛作主盟。
一席锦江君就否？歌声听罢又书声。

李调元作《寄姜太史尔常劝余主讲锦江书院，诗以辞之》二首，其一：

野鹤山猿孰肯收，兄宜林下任悠游。
平生从未居函丈。老命何须换束脩。
况有笙歌蛙两部，难离奴婢橘千头。
题诗寄与姜夫子，病马如今不受鞦。

李调元晚年，笑傲山水，潜心著述，引领四川文坛、诗坛，其名渐播大江南北，乾隆末至嘉庆七年（1802）李调元辞世止，京中故友，前翰林院编修、御史，辞官主讲云间书院的祝芷塘（德麟）；翰林院庶吉士、四库全书修纂官、桐城古文派“三祖”之一，辞官主讲南京钟山书院的姚鼐（姬传）；翰林院编修、礼部尚书王懿修（春甫），辛巳探花、江右三大家之一，主讲安定书院的赵翼（耘菘）等知其归居笑傲山水，潜心著述消息后多寄信问候。虽一东一西，远隔数千里素未谋面，却神交多年、心心相印的己未庶吉士、性灵诗派三大家之首，辞官定居南京随园的袁枚，得李调元癸未同科进士，去官经商的王心斋红花客船之便，“西川江水六朝山”诗书往来，互赠著作。

乾隆六十年秋乙卯科乡试，李调元侄李朝凯（李鼎元长子）中举三十六名，副主考为庚寅探花王宗诚，出榜毕回京道过绵州代表其父礼部尚书王懿修拜访李调元兼观醒园，园中有竹林，李调元请转告其父题“何须问”三字。嘉庆二年（1897）春，李调元忽接王懿修同其子宗诚书并以《寄怀》诗问询，李调元回云：“余醒园竹林有‘何须问’三字，用王子猷（随性而为的东晋书法家王徽）事，来书以为佳。”再和《寄怀》“竹林实有何须问，乞赐题书到左绵”。嘉庆四年（1799），王懿修寄题李调元醒园竹林“何须问”匾及《寄怀李雨村观察诗四首并序》至。《序》云：“以西蜀之渊云，为南宫之冠冕。翰林风月，吏部文章。秘府抽丝，固早播词头之誉；公庭论事，宁徒署纸尾之名。”其第四首诗云：

绿水青风赤马船，梦中长到竹林边。
三竿作赋词偏好，千户封侯事或然。
画倩文同宜泼墨，诗传卫武自名篇。
匾成丈六书三字，惭愧悬针与裹绵。

其更得性灵诗派三大家之首的袁枚所称引。李调元嘉庆元年（1796）“五月十四日，下江红花客船到，从兴斋（癸巳同年进士王心斋）信，得接袁子才（枚）书，娓娓千言，不啻觌面，兼寄近刻七种，并索《函海》”。李调元回寄新刊《雨村诗话》《童山文集》《童山诗集》《函海》（乾隆六十年万卷楼版三十函本），复《答袁子才先生》附《奉寄》诗二首。袁枚复《奉和雨村观察见寄元韵》二首：

访君恨乏葛陂龙，接得鸿书笑启封。
正想其人白如玉，高吟大作似黄钟。
童山集著山中业，函海书为海内宗。
西蜀多才君第一，鸡林合有绣图供。
（鸡林：朝鲜国别称）

蓬岛仙人粤岭师，栽培桃李一枝枝。
何期小稿蒙刊正，竟示群英谬赏奇。
面与荆州犹未识，音逢钟子已先知。
醒园篇什随园句，兰臭同心更有谁。

嘉庆五年（1800）四月初五，李调元万卷楼突被啯噜贼所焚，一恸几绝。九月三十日，绵州知州刘印全转呈舅舅赵翼新著《陔余丛考》四十三卷及《寄雨村观察书》至，赵翼书中云：“同年至好，一别三十余年，万里相望，无由通问……伏念弟与足下出处人略相同。然足下动笔千言，如万斛泉，不择地涌出……居有园亭声伎之乐，出有江山登览之胜。著书满家，传播四海；提倡风雅，所至逢迎……”李调元始知绵州知州刘印全为其内侄。乃得复通音信，互寄近作。

“醒园随园差并偶”“醒园篇什随园句”。时醒园已代之李调元名而蜚声诗坛、文坛矣。

七、醒园之殇

乾隆五十三年八月十七日李调元移居李氏族人聚居地南村坝祖遗旧宅新筑的万卷楼。从绵州诗人何人鹤《游醒园和李司马园亭即事韵》中不难看出他对李调元移居醒园出现的冷寂深感遗憾：

园林幽敞乐闲身，雨过山村尽洗尘。
二月清明春最好，重游不见种花人。
诗酒家风继谪仙，青春桃李日争艳。
花开花谢长如此，人事凄怆欲问天。
振衣齐步上高台，独立萧条四望开。
风和雨斜亭午后，双双燕子故飞来。
堤前杨柳暗垂丝，魂返春阴日暮时。
寂寞山林谁赌墅，一溪烟雨冷残棋。

乾隆五十四年春，山东泰山知县何人麟之弟、李骥元妻兄、李调元女婿何异斋二伯、绵州诗人何人鹤由京师回乡，重游大嫂李季香之父、前顺天府北路同知石亭公李化楠所筑的醒园。诗人触景生情，作《游醒园和李司马园亭即事韵》四首。司马：清时为同知别称，即副知府。李司马石亭公于二十年前逝世于保定官邸，故园虽在，景色依旧。但诗人眼中的醒园却是一派清冷与落寞。第一首末句“重游不见种花人”道李司马去世、思怀故人；第二首末句“人事凄怆”道醒园第二位主人石亭公李化楠长子李调元之宦途厄运；第三首第二句“独立萧条”引出第四句李化楠长子、翰林院庶吉士李调元，次子、国子监生谭元归居醒园后，今因李化楠三弟李化樟病故，化樟长子、翰林院检讨李鼎元、次子翰林院编修李骥元回家丁忧，兄弟翰林“双双燕归来”，重聚醒园时，醒园却已萧条；第四首末句，诗人明知故问：“寂寞山林谁赌墅，一溪烟雨冷残棋。”此显然是针对李调元移居事。

究其原因，据李调元《童山自记》乾隆五十三年事：时四川啯噜复起，啯噜对告官者报复尤为凶狠。本州（罗江）夏家湾、廖家沟尤多。横行乡里，露刃而行。而夏家啯噜贼居与醒园最近，竟也白昼入劫醒园，窃取衣物，李调元令家丁缚送官。先后寄绵州知州严作敏《论啯噜》三书，

“并请立守望会照十家牌，互相屯保。严见贼势大，不得已，令捕役击毙夏夥贼江姓二人。而余族有从游者，亦以家法处泊之。”再则，先因平定金川之乱，四川各县设有军需局，按粮派夫马钱。李调元归乡居醒园，四邻农户因税赋重，求其购己田，转为佃户，李调元推托不过乃置业购云龙坝、南村坝田尤多。今金川叛乱已平，上已令停收，绵州官府仍循其旧，多次上醒园催收，李调元自是拒交。知州严作敏原为李调元官浙江时的吏目，乃以侄辈相逼，并持《大清律例》相骇，严见骇不动，阴令甲长宋士义弟兄勾结啯噜劫去李调元外出所乘驴及衣被。李调元修书派长子朝础赴成都呈报总督李士杰，蒙批准，交按察司将二宋足锁至省。严恐，五次至省暗中贿托审官劝李调元递悔呈。成都知府承勳欲行罚金，恐李调元不肯，以修罗纹江河堤为名诓李调元长子捐银一千两。不久，知州严作敏被总督李士杰参入大计，革职。是年，李士杰延李调元为锦江书院山长，以修金五百两恐其不来，属两司再加五百两为聘，两司以西藏兴兵为难，李调元遂力辞之。另则李调元二弟谭元，自乾隆三十五年参加乡试不第后，屡试不中，见二伯香如公较自己年少的长子鼎元、骥元皆先后成进士入翰林，今其第三子本元亦中举，至是郁郁寡欢，日以酒为伴。李调元早在乾隆三十四年就劝其戒酒。曾作《示舍弟龙山止酒诗》（李谭元字龙山）：

为圣为贤总祸泉，闲来须读养生篇。
笑他屈杀刘伶妇，不是区区为酒钱。

鉴于谭元本与母亲吴太恭人居南村坝祖遗旧业，看管新筑成的万卷楼，其心却在醒园，李调元思之再三，一是自父丧后谭元屡试不第，意志消沉，本就谦让其弟；二是虑被收监的宋士义兄弟啯噜余党报复，担心万卷楼的安危。乾隆五十二年除夕，乃假与谭元以棋一局为赌约，醒园归赢者，输者居南村旧宅并管护万卷楼。李调元输棋，遂于继母吴恭人所居祖遗旧宅新建的万卷楼处另筑别业（后增其式廓名曰困园），添修函海楼，筹建万卷楼刻书坊。李调元作《丁未除夕示龙山弟》劝其防啯噜贼之骚扰：

得归茅屋已三年，别岁今宵乐事全。
赌弈不嫌输弟墅，好音何惜赐歌田。
醒园住久邻相馈，醉墨书成姥讶颠。

独有好梅清兴在，深防爆竹在林边。

李调元本年诗有五十三年《八月十七日移居南村旧宅》，句云："不是云龙山不好，里仁为美是故乡。"可见移居的原因主要是避开啯噜的骚扰，寻得环境之清静，居万卷楼校书，潜心著述，续刊《函海》。

乾隆五十三年冬，李调元三伯香如公（化樟）卒于京。五十四年三月，从弟李鼎元扶父亲灵柩归。五月初一，李鼎元在调元兄的陪同下探望李谭元重聚于醒园。李调元有《五月初一同墨庄（鼎元）游醒园》诗记云：

久不到醒园，三径荒都遍。
低头碍花枝，每被蛛丝罥。
池作十字裂，草深鱼不见。
酴醾架未支，纵横草间串。
兰花真幽独，细叶干如线。
翻让滋兰图，画出转葱倩。
蓬蒿争雄长，荆棘来相唁。
垣颓蹊为塞，石崩山亦怨。
拌足虺蛇蟠，衢路鸟兽窜。
破窗风飕飕，古屋月艳艳。
借问此胡然？课读失劝谏。
畦人事西畴，新田十双佃。
专力给我私，于公遂失盼。
今朝花木喜，幸识主人面。
伯仲两老翁，相携邀乃眷。
既来必有诗，吟成试听念。
何人具鸡黍，日暮举酒燕。
吾家有阿兴，烹炮难亦擅。
老子兴不浅，一醉目如眩。
回头谓园丁，诫之莫吾慢。

李调元面对迁居不到一年就落寞的醒园，虽然十分心痛，却并未责备二弟，亲自安排园丁，另佃出云龙坝田二十亩解决醒园维护经费。又秋闱将至，诗作《中秋风雨示龙山》：

人事今年又不同，一盘梨栗对衰翁。
已嫌月暗何当雨，早觉秋凉况又风。
菊为闰年开早蕊，桂因子夜落残丛。
隔篱呼取墙头浊，更与龙山一再中。

是科李谭元仍未中，至是颓废不堪。乾隆五十五年（1790）夏，李谭元卒于醒园，回京的李鼎元闻噩耗，哭祭以诗[①]：

青天忽见雁行分，痛苦龙山讣远闻。
李广难封真有数，刘蕡下第岂无文。
（自注：龙山兄富于文而未登科）
墙头风雨千秋业，宅外溪山四尺坟。
记得当年同试日，人传锦市有机云。

鼎元以唐代多才之士刘蕡下第典故喻富于文的二兄谭元。李谭元去世时子朝盘得大伯调元照护，亲为课教，终被取为罗江岁贡。此期间，李调元再次对醒园进行了维修，恢复了昔日风采，亦多于此接待访谒者。李调元晚年多病，李朝盘常侍于大伯左右。嘉庆元年正月二十五日李调元大病初起，困园（由醒园迁居南村所筑别业）诸花盛开，适四婿张玉溪自京回川探望岳翁至，李调元戏拈险韵，令婿玉溪、侄朝盘各赋一花，李朝盘赋得梅花，限牛字韵[②]，诗云：

春信凭谁寄陇头，腊前爱而几登楼。
山边放鹤霜初下，江畔骑驴雪未收。
明月横窗疏影动，清风入座暗香浮。
谁家十里红梅放，误认桃园好放牛。

① （清）李化楠：《石亭诗集》《石亭文集》。
② （清）孙桐生：《国朝全蜀诗抄》。

嘉庆五年（1800）春，白莲教军进攻绵州，李调元避乱成都。四月五日，绵州知州唆使曾因劫取醒园衣物而入狱的甲首宋士义兄弟，趁机伙同二三啯噜纵火焚毁了李调元的万卷楼；李调元与其父两代耗尽心血、倾财力所购十万卷宋以来珍稀书籍及所抄孤本，收藏的字画、古董全部化为灰烬。李调元一恸几绝，建书冢，葬万卷楼灰于其中。嘉庆七年（1802）李调元辞世，蜀中士林多悼以诗，郫县诗人、古文词家孙澈过罗江作《罗江道中吊李雨村先生》诗云：

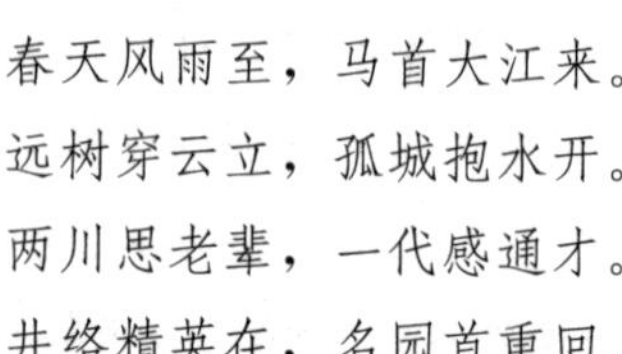
春天风雨至，马首大江来。
远树穿云立，孤城抱水开。
两川思老辈，一代感通才。
井络精英在，名园首重回。

自此后，李调元子嗣衰落，醒园亦渐废。长子朝础（廪膳生员，候选同知）、次子（养子）朝隆因万卷楼失守被贼所焚事已于嘉庆五年被李调元一怒之下逐出家门；三子朝夔致力整理先父遗著；四子朝尧年少，入赘成都前绵州广文杜庆乾家。守于南村家业的李朝夔历二十余年，整理刊刻父亲遗著及《函海》（道光五年《函海》四十函本），无暇顾及醒园。承继醒园的国子监生李谭元子、岁贡生李朝盘亦无多少建树。李调元二叔化樉无子，三叔李化樟有三子：次子翰林院编修、左春房中允李骥元患肺痨早于嘉庆四年（1789）卒于京，子亦殇，无后；长子、翰林院检讨、出使琉球副使、宗人府主事李鼎元，嘉庆十五年（1815）回乡丁母忧校从兄李调元《函海》并重刊，嘉庆十八年游扬州以枕骨疾卒于友人盐运史廖瀛署中；第三子、举人李本元（一名森元），道光九年（1829）79岁卒于贵州清平县任所；李鼎元长子、乙卯举人李朝凯考取咸安宫教习后未回籍，至此李氏家族再无出仕者。据同治四年（1865）《续修罗江县志》卷二十四举人刘正慧《醒园故址序》："后因族人摧残毁折，忽焉萧萦。是时，葆初公（李本元字葆初，道光二年选授贵州清平县知县）远在清平县，闻之骇然。寄书切责，不准断一树，折一枝。然已不可培矣。"醒园右即李氏宗祠，先祖李攀旺生三子，长房文彪公有六子；次房士逵公有二子，三房文彩公有化楠、化樉、化樟三子。乾嘉时李氏"科甲宦迹甲于绵属"，至道光时文运逐渐衰落，继承醒园的李化楠曾孙、贡生李子竣（李调元二弟李谭元之后，岁贡李朝盘之子）因家贫无力修复，为避他人笑，不得已，恭请族中父老商议，“遂将醒园地基及天然床售入李氏宗祠内，意欲培护。历十余年，虽未成规模，而凭高远眺，亦陶情悦性，与烟霞作主人。”咸丰三年（1852）十二月十五日，李氏合族共议镌刻《醒园故址碑记》立于敦本堂后。碑文云：“殆望世世子孙，触目关心，惕然于有基勿坏。夫考古之士，寻幽揽胜，因其碑碣而指之曰：某水某丘，此石亭公钓游地也。长楸高松，此雨村公所培植也。片壤犹存，典型如在。景行前哲之念，有不勃然兴耶。”刘正慧《醒园故址序》于文尾寄希望于李氏后人云：“且吾闻之李氏为邑巨族，后有作者丕振家声，力复旧制，庶几斯园之不朽也夫！”

图4　德阳市罗江区调元镇百花村李氏宗祠遗址咸丰十年《李氏敦本堂存赎》摩崖刻文

图5　《敦本堂存赎》侧“前《醒园碑记》印端、先端、续端经立此”摩崖刻文

岁月悠悠，世易时移。清末至民国初醒园故址阴森的山林尚余残垣断壁和瓦砾。近现代，因历史上的某些原因，旧遗林木已无存，故址被毁，李氏宗祠面目全非，惟祠后仅存的摩崖《李氏宗祠敦本堂存赎》石刻，记录着李氏昔日的荣光。

日月流光，幸哉！1992年至1994年，当地党委政府据李化楠《山居即事》诗并序、李调元《醒园杂诗》（八景）先后分两期重建醒园于云龙山西天然形成的石团堆，园依场镇，滨瀍水，截溪流，拱石桥，掘半亩塘，掏洗墨池，培竹山；择崖阯，辟大观台，砌假山，筑石亭；铺箭道，建清溪草堂，造座花馆、木香亭、雨村书屋、临江阁，设回廊。植华木以养园，觅醒园、李氏宗祠遗物以窥旧，塑李化楠、李调元二公像供谒访者瞻仰。碑廊刻醒园旧有诗文，李化楠及其祖父美实公、父英华传略，李化楠子李调元及侄李鼎元、李骥元、李本元，侄孙李朝凯小传于其上，拓刻咸丰十年《李氏宗祠敦本堂存赎》，书刻同治四年刘定慧《醒园故址序》、今人赖安海《重建醒园序》。斯园虽小，难窥昔之一二，却与文星大桥、远山近水相映成趣，仍不失旧有遗风。李调元诞生于雍正十二年（1734）十二月初五日（公元1734年12月29日），1994年十二月初五日（公元1995年1月5日），德阳市文化局、德阳市教育局、德阳日报社、德阳市市中区政协、中共德阳市市中区委宣传部、市中区文化局、华文研究会、凤翥诗社、中共文星镇党委、文星镇政府（2006年改调元镇）在重建的醒园举行了纪念李调元诞辰260周年盛典，与会150余名文化、教育教界知名人士，作家、诗人参加。宣读纪念先生文，吟诵诗词华章——遗韵流芳馨故里，不尽双江奏笙簧。

1996年罗江复县，1997年县政府公布李氏宗祠遗址《敦本堂存赎》摩崖石刻、重建的醒园（园中大门旧遗清乾隆李氏宗祠大门石鼓、临江阁道光《李氏规戒碑》、木香亭宣统元年云龙小学堂《众议禀定条规》碑，门悬乾隆时期李朝凯“文魁”匾、室藏乾隆罗江知县杨周冕题赠李氏“忠厚开传”匾）为县级文物保护单位。

（赖安海：德阳市罗江区文旅局原局长，四川省民俗学会常务理事）

关于李调元稿《罗江县志》中的几点质疑

杨中俊

罗江，汉为涪县地，西晋时设万安县于梓潼水尾万安故城，南朝梁迁于潺亭，更名为潺亭县，北朝西魏复称万安县。唐天宝元年（742）改为罗江县，以后几经拆并、复设，但县名延续，治所未变，到清乾隆初期，已有建县历史1500余年。李调元鉴于“罗江旧无志，乾隆九年邑令秀水沈公潜延余先君石亭公纂修时兵燹初定，并无书籍可考，又急于卒役，不及细访前代名家著述”。于乾隆五十四年（1790），在原乾隆版《罗江县志》的基础上“取州邑旧治，去其无证，摘其可据，历三寒暑”，完成了三十卷《梓里旧闻》的编写，拟作为《新绵州志》之稿本。嘉庆七年（1802），罗江迁州复县，李调元将《梓里旧闻》再次校核后，以《罗江县志》付梓成书。后人称其为“嘉庆七年版，李调元编《罗江县志》”（以下简称“李调元县志”）。

“李调元县志”纠正了乾隆县志中的一些谬误，如“黑水考证”“罗江与古雒城考”等，为后续修纂《罗江县志》提供了丰富的史料，对后来编纂《四川通志》罗江相关部分，也有一定的影响。但毕竟凭李调元一人之力，对史料的考证和取舍有一定的困难，部分史料取于前人书籍，但未对其不准确处给予纠正；有些史料收集不全，如历任官员名录及政绩均有遗漏；还有少数史料之间相互矛盾，也未解释清楚。加之李调元晚年家中“万卷楼”被烧后，心身受到沉重打击，年老体衰，精力有限，对书稿的审校上也存在一些疏漏。导致“李调元县志”中有诸多疑点。笔者仔细阅读后，梳理出九处质疑，并查阅大量资料，对所质疑的问题进行分析，同时提出纠正意见与同道商榷，并求方家斧正。

一、李调元所编《罗江县志》能否算真正的县志

首先，李调元作为一位文学大家、史学家、进士、翰林院编修，曾参与编纂《四库全书》，完全有能力编写县志。然而能力和资格是两码事，从古至今，编纂志书皆是官府行为。志书虽然推崇以写实为准则，但毕竟是代表所述地方的特色和政治倾向，决不允许以个人好恶去影响官府形象。所以，历来修志写史均由同级政府组织，由地方主官，如县令、知府、知州或总督等领衔挂帅，再抽调一些当地文化名人组成写作班子，前者主要负责审核和组织协调，而后者则负责搜集史料及具体纂写。主编也叫“总纂”必须署地方长官之名，以示为官方正式修纂。地方志完稿后，还得经上级官府的管理部门审核后方准刊刻成书，故书中首先得有上级官府审核官员的署名，称之为“鉴定”，以示负责。如清乾隆十年版《罗江县志》修志姓氏中的“鉴定”是：“署四川绵州印务安县知县加三级记录十次陈汝亨”，纂修定稿为：“原任绵州罗江县知县纪录六次沈潜”；清嘉庆二十年版《重修罗江县志》修志衔名中的“鉴定”是：“特授绵州直隶州知州范绍泗”，总纂为：“特授绵州罗江县知县李桂林”；而同治四年版《续修罗江县志》修志衔名中的“鉴定”是：“特授绵州直隶州知州文棨”，总纂为：“特授绵州罗江县知县马传业”；这即是志书编纂的基本体制。而“李调元县志”中只署李调元一人之名，故不符合编纂县志的体制要求。

其二，各级志书修纂，大都是奉旨而为，均有全国的统一格式，也便于查阅。一般县志的标准格式包括：序言、审核官员名录、编纂人员名录、卷章目录、凡例说明等前文。而正文则按照星野、舆图、建制沿革、疆域、山川地形、城池、署衙、学校、寺观、祠坮庙宇、津梁、道路驿传、市镇、关隘、铺递兵制、古迹、金石陵墓、水利农事、赋岁财政、户口、仓廪积储、仪礼祭祀、历任县令、典史、学政、科第贡举、人物（含名宦政绩、乡绅、节烈、寿民、道释、艺伎等）、艺文。另设附录，收载特产、轶闻趣事、民俗等。然而在“李调元县志”中，前文部分基本缺失，使其缺乏权威性，也给查阅带来不便。且正文中将很多内容按东、南、西、北四乡分片区记载，而未按其属性分类记载，并不符合县志的格式要求。

其三，“李调元县志”有很多内容是继承乾隆版《罗江县志》，但在取舍前志的过程中有些失当。对一些必须传承或补充的内容并未充实，如历任县令、知府及官员名录遗漏不少；水利农事及需官府提供的财政、户口等重要内容大多缺失；沈潜所著农书未予收录；对历任名宦如沈潜、杨周冕等政绩记述颇简；对维修县署、城隍庙、白马关、重修金雁桥、启运桥等大事均未详述，反而把城隍庙祷雨碑内容占大量篇幅转载。而写得更多的是与李氏本家有关的内容。有失县志的完整性。

其四，史志一般的原则是“生不立传”，更不会给作者自己立传，以避免不能如实记载和公正评价。而李调元在人物介绍中将自己立传详述，虽然列于科举卷进士名录中，也无不可，但由自己撰写，则恐失公正，不符合史志的要求。

综上，从严格意义上讲，“李调元县志”只能是李调元为编纂县志准备的部分资料，不能算真正的县志。因李调元回乡后正处于罗江拆县改州和迁州复县期间的特殊时期，该书初写时本名《梓里旧闻》，主要收集了原乾隆版《罗江县志》中未曾收录的碑刻、诗文及坊间传闻，为以后修纂《绵州志》提供资料。谁知书成后不久，又逢罗江迁州复县，匆忙之中，将其改名为《罗江县志》也实属无奈。嘉庆二十年，罗江县令李桂林重修县志，在序中仅回顾了乾隆版《罗江县志》，对十多年前的“李调元县志”只字未提。可见，当时官府并未承认“李调元县志”。李调元也自知其不能作为标准的县志，故署名均为“邑人李调元雨村稿”，即非正式县志之意。李调元在其序中写道：“此书原名《梓里旧闻》，因裁县改州不言县志，今因复设罗江故仍曰县志，但其言稿而不言撰者，盖欲俟诸贤大夫他日纂修古绵总志以备刍荛之一采也。”可见李调元早有自知之明。

二、关于县志中李调元相关年龄的准确性

李调元生于清雍正十二年甲寅农历十二月初五日，殁于清嘉庆七年壬戌农历十二月二十一日，已为学术界公认。李调元的生日在其所编县志中有多处可考，在《童山自记》中也反复提及，不应存疑。而其卒时，在杨懋修所编《李雨村先生年谱》中记载十分准确，按理无须讨论此问题。但

在今人所有关于李调元生卒年月换算为公历时，却忽略了一个常识，即农历的十二月所对应的一般是公历次年的一月份。如雍正甲寅年对应公历应是1734年2月至1735年1月。

“李调元县志”卷九·本朝进士李调元条下记载：“李调元字羹堂号雨村，十八岁补诸生即随先君秀水任读书，……中己卯乡试第五名，癸未会试中第二名进士，殿试第二甲第十一名。”而在其父李化楠条下载：“丙子调秀水，移署平湖”，即李化楠乾隆二十一年丙子年（1756）任秀水令，时年李调元应为21周岁。《童山自记》中道：“壬申赴绵州涪江书院肄业……，州考第一、学考第一，入庠。”从上可知，李调元在县志中对自己的记载有误。而在其所编县志序言中署“嘉庆七年九月重阳前一日，雨村老人李调元年七十”。也不准确。重庆市博物馆保存有乾隆二十八年（1762）的殿试卷，李调元本人所写：“应殿式举人，臣李调元，年二十五岁，四川绵州罗江县人。”更与其真实年龄不符。

按照准确的推算，李调元应生于清雍正十二年十二月初五日（公元1734年12月29日），卒于清嘉庆七年十二月二十一日（公元1803年1月14日），享年68周岁多半月。其生员入庠时17周岁，科考前补禀生为21周岁，乡试中举为24岁半，会试中选贡士并参加殿试获赐进士出身应为27周岁。而“嘉庆七年九月重阳前一日”李调元仅67岁半，按虚岁计算也不到70岁。

三、《绵州歌》是晋代民歌吗？为何县志中有两种写法

《绵州歌》又名《绵州巴歌》，在中国诗歌史上占有独特的地位，被收录于《中国民歌集成》。其作品时间不详，作者不详。有魏晋说、南北朝说、隋代说和唐宋时期说。明嘉靖冯惟讷所编《古诗记》将其时期归入“未详类”，清沈德潜编《古诗源》则将其归入“晋诗”。因早期多为口口相传，故歌词有几个版本。在绵阳一带为：“豆子山，打瓦鼓，扬平山，撒白雨，下白雨，取龙女，织得绢，二丈五，一半属罗江，一半属玄武。”而在罗江、中江一带的歌词则为：“豆子山，打瓦鼓，阳平关，撒白雨，白雨下，娶龙女，织得绢，二丈五，一半属罗江，一半属玄武。”“李调元县志”最早收录了《绵州歌》和明代才子杨慎所写《送余学官归罗江》诗，以后的县志中均有收录。由于明、清选本多持晋代说，可能为杨慎《选诗拾遗》误导所致，故李调元亦将其归为“晋诗”，并以此为据，证明

“今按晋诗一半属罗江，一半属玄武，即江名罗江之名早见于晋不始于唐矣，或者江先名罗，后名县欤”。但按照常识，《绵州歌》中的“一半属罗江，一半属玄武”，不可能是前者说江，后者说县，因二者不存在对应关系。凯江上游罗江段，又名罗纹江或纹江，明代《大明一统志》中称其为“罗江水”。因泞、灈二水于潺亭山下相汇“两水相蹙成罗纹”而名，流入中江县境则称为“五城水”（因中江古称五城县）、“凯江”（因中江曾建凯州）或“中水”（因在涪江与沱江之间又名中江）。如果说龙女织绢二丈五，一半属一条江里，一半属一个县里，这样的诗句根本就说不通。所以，此句诗应当是指一半属罗江县，一半属玄武县，而罗纹江正具有此特点。

据雷磊、王耿《歌谣体诗的新境界》一文考证：“绵州始定名于隋开皇间，唐、宋、明仍之。”此即隋代说的根据。可见，隋代说仅据歌题地名推定。然而，李调元在《罗江县志》沿革中载：罗江县“秦属蜀郡，汉涪县地，晋末置万安县，属梓潼郡，宋齐因之，梁末移治潺亭，改曰潺亭县，西魏复为万安，置万安郡，隋开皇二年郡废，县（万安县）属绵州，唐因之。唐天宝元年改曰罗江，宋、元、明仍旧”。说明晋代至隋，均无罗江县之名；玄武县始定名于隋开皇三年，宋大中祥符五年改名为中江县。绵州、罗江、玄武三个地名同时存在，则见于唐、宋期间（即唐天宝之后，宋大中祥符五年之前），此即为唐宋说之根据。唐宋说显然精确于晋代说和隋代说。《绵州歌》最早收录于宋代禅宗典籍，王文才认为是南宋《五灯会元》中收载的南宋正受编撰的《嘉泰普灯录》，此书正载有法演和尚唱《绵州歌》事。北宋郭茂倩编撰的《乐府诗集》是收录先秦至唐、五代乐府最为完备的总集，但未收《绵州歌》。因此，依据上述文献，更倾向于认为《绵州歌》是北宋民歌。

“李调元县志”中有两处出现《绵州歌》。其卷一沿革中为：“昔绵州歌，豆子山，打瓦鼓，阳平关，撒白雨，白雨下，娶龙女，织得绢，二丈五，一半属罗江，一半属元武。”而在学宫卷中有明杨慎《送余学官归罗江》，诗中全部引用《绵州歌》为：“豆子山，打瓦鼓，阳坪关，撒白雨，白雨下，聚龙女，织得绢，二丈五，一半属罗江，一半属玄武。我颂绵州歌，思乡心独苦，送君归，罗江浦。”两处存在“阳平关”与“阳坪关”，“娶”与“聚”，“元武”与“玄武”的区别。其实古字“平”“坪”相通，“聚”与“取”古时偶可通用，而“取”与“娶”字通假（《通假字大全》)，但这里多是李调元刊印之误，因查阅多处，杨慎此诗原文皆是“娶”字。“玄武”乃古人崇拜的北方之神兽，为龟蛇合体。中江县北部古为五城县，隋改为玄武县，因县治东二里有“玄武山”而名。宋代大中祥符五年（1012)，因避圣祖赵玄朗讳，改玄武县为中江县。玄武神名于宋代也改为“真武”，元、明时期，真武、玄武通用，而清康熙年间，因避康熙皇帝玄烨之讳，玄武又一律改写为“元武”。所以，明代的杨慎可以写成“玄武”，而清乾隆时期的李调元就只能写成“元武”，可见“李调元县志”中的两处《绵州歌》虽有不同，意思却完全一样。

综上述，《绵州歌》不应是晋代诗歌，很可能是唐末或北宋年间流传于罗江县与玄武县之间的一首描绘故乡山川及美好传说的乡土民歌。因罗江县唐宋时期隶属绵州，而玄武县唐宋时期隶属梓州，从歌名推论，《绵州歌》应起源于罗江。罗江江名早于县名，“县因江而名”确有可能，但因《绵州歌》本身的产生年代尚不确定，李调元仅凭《绵州歌》而推论罗江之名始于晋代，则依据不足。

四、罗江裁县改州是在乾隆三十四年吗

“李调元县志”卷一中记载：“乾隆三十四年裁罗江县知县，以绵州移驻。”“知州一：黄叔显，广东连平州进士，由翰林院庶吉士历升绵州知州，乾隆三十五年到任。”以后嘉庆二十年《罗江县志》的沿革中也写到：“乾隆三十二年，涪水大溢，绵州城坏。三十四年，总督阿奏裁罗江县，徙州治于此。”然而在其后的职官卷杨周冕条下又载：“三十五年改州去任”，“乾隆三十五年，裁罗江县，以绵州移驻。”查乾隆《绵州志》及嘉庆《四川通志》均记载是乾隆三十五年，总督阿奏请朝廷裁罗江县，以绵州移驻，以至于罗江裁县改州的准确时间无法肯定。直到2006年8月，原罗江县文体局赖安海先生发现罗江县金山镇谭家坝村尚保存了一块清乾隆三十五年，有关村民自治的《东村六甲七甲堆会合同碑记》后，此问题才迎刃而解。因该碑的落款为“四川直隶绵州罗江县正堂加一级纪录十八次记功二次杨周冕。本甲庠生谭有容书。乾隆三十五年岁次庚寅十月上浣穀旦。”此为杨周冕乾隆三十五年十月还在任罗江县令的实物证据。试想，如果李调元所载乾隆三十四年罗江裁县改州属实的话，为何县令杨周冕乾隆三十五年尚在任，而新任知州也是乾隆三十五年才到任。由此可以判断，罗江裁县改州的准确时间应是乾隆三十五年十月以后。

五、“李调元县志”中历任官员名录遗漏、谬误甚多

“李调元县志”中记载的明代罗江县令仅有盛昶、汪颙、陈尧臣、张纶、钟嘉福、丁泽等6人。而嘉庆二十年《罗江县志》中，所载明代罗江县令汪颙为“汪永”（音同而字异），除以上外还有毛相（天顺间任）、张于吉（万历中由举人任）、姚谟（直隶人，万历三十年任，作《石屏铭》以自儆）、张道振（万历三十二年任）、吴德元（万历间任）、喻言章（万历丁酉年任）夏见明（万历三十九年任）等共计13人。可见李调元遗漏不少。

“李调元县志”中记载的清代罗江县令中，孙法祖乾隆十五年任，在建南塔的记载中还多次写为“孙志祖”。而后面收录的《重修南塔记》中，孙志祖写道：“乙丑（乾隆十年）冬，铨补兹邑”，说明孙法祖到任时间应是乾隆十年冬天。在《四川通志》中也记载“孙法祖，汉军镶红旗举人，乾隆十一年任”。应是李调元记载有误。

另外，杨周冕出任罗江县令应当是乾隆二十七年冬天。因在《杨周冕建书院暨奎阁序》中杨周冕自己写道：“壬午（乾隆二十七年）冬，予莅兹土。”“李调元县志”卷五雒城考证中写道“乾隆二十八年，邑令杨周冕筑城于北寺下古阜，封之为张任墓，更于潺水交流处立桥名金雁桥。”而又在名宦卷中写道：“杨周冕，云南点苍举人，乾隆三十年任。”岂不是自相矛盾。然而此误，一直影响到后来重修的《罗江县志》和嘉庆年间的《四川通志》。

“李调元县志”中对历任典史、武秩、学政等其他文武官员，均未收载。只在学宫卷中记载有余学官，而未作详述，使人易将其误认为是罗江县的学官。笔者在查阅杨周冕资料时偶然发现：余学官本名余本荣，罗江人，是明代出任云南赵州的学正。据明万历《赵州志》卷三“官师志·名宦·学正”卷记载：“自明代嘉靖二年（1568年），四川罗江人，监生，余本荣出任赵州学正以来，‘质实勤慎，教人有道，士风为之丕变’。”明嘉靖三年，杨慎因“大礼议”事件被贬谪至云南永昌卫，后曾寓居赵州，与余本荣交往甚密，余本荣从赵州离任回乡时，杨慎写《送余学官归罗江》一诗送行。

六、芒江堰究竟在灈水河还是射水河

“李调元县志”卷一中载：“知县二，白大信，永徽五年任，引射水灌

田。”卷六中载：“唐令白大信，县北五里有芒冈堰引射水溉田入城，永徽五年，令白大信置。唐书地理志，永徽，高宗年号。”而乾隆十年县志则为：“唐知县白大信筑芒江堰”，“茫江堰，县北五里即官堰，唐永徽五年县令白大信筑，引罗江水灌田。”对比前后县志，对筑芒江堰的时间、地点及主持者皆相同，唯李调元引用唐书地理志中“引射水溉田”，未经甄别。罗江城北只有泞、瀍二河汇于潺亭山下为罗纹江，并无射水。而川西只有绵竹的“三溪河”又名“射水河。”明曹学佺《蜀中名胜记》卷九绵竹县：“三溪河亦名射水河。相传蜀王秀营军于此，乏水。王乃筑台，望三溪山下，发三矢，有三泉从石窦出，遂成河流。”《清一统志·绵州》：射水河“在绵竹县南。源出三溪山，东南流五十里合马尾河，又东南入石亭水”。

凡罗江当地人均知道，芒江堰又名芒冈堰，在县城西北五里水观音对面的瀍水河上，现该处地名为芒江村。李调元生长于泞、瀍河畔，自然知道《唐书》记载有误。而于瀍水河及干河的介绍后面写道：“芒江堰即干河水也”。其实瀍水河与干河在黑牛湾以上就合流，从黑牛湾至云盖山一段河流统称为瀍水河，芒江堰自然应该在瀍水河上。

七、奎星阁及双江书院到底建于哪一年

“李调元县志”卷一·学宫中记载：“纹江书院，今改双江，在治南。乾隆三十一年知县杨周冕建。”“奎星阁在南街，前令杨周冕建。”此后，罗江所有古今文献均公认奎星阁及双江书院建于清乾隆三十一年（1766）。

据嘉庆二十年《罗江县志》收录的《杨周冕建书院暨奎阁序》中记载：“以乙酉年春仲，首建奎阁，示尊也。次及书院。董其事者，明经赵君明远，庠士易君升……鸠工庀材，同心赑赑，甫期而工落成。其高下进深馆谷粮数，俱详载李司马碑记中，不复赘。随于丙戌春孟，延师训迪立之课程”（此文李调元未录入县志）。由此可见，奎星阁修建先于双江书院，而始于乾隆三十年乙酉（1765）仲春，一年之内（“甫期”即刚好一年之意），奎星阁和双江书院均已建成。次年早春，学院已正式开学授课。而“李调元县志”中收录的《李化楠双江书院田房记》中道：“时，余适以忧归里，公命偕诸君董其事。余以罗故有奎星阁在城南，今书院既设，阁亦并举。非但培补风水之云，亦取朱衣文明之兆。公曰：‘然。是予之夙心也！’议既定，一切相度地形规划可否。公为之主，余与二三友人赞

襄其后。甫期年（注：‘甫期年’，即刚刚一年。嘉庆二十年县志中此处为甫明年，误也）大工告竣。”由此可以证明，奎星阁暨书院确在乾隆三十年一年之内完工。而据李调元《童山自记》中记载：“癸未冬，先君由涿州补天津同知。二十九日，丁祖母赵孺人艰，归里。”说明李化楠丁母忧回到罗江正好是乾隆二十八年冬或二十九年春。而乾隆三十一年四月，李调元庶吉士散馆，任吏部文选司主事时“先君服阕来直，……冬，先君署蓟州。”证明乾隆三十一年春，李化楠已回京候补。（当时从四川到京城，一般要两三个月时间）。另据《大清一统志·绵州》学校条下载：“绵州学（在州治东，即旧罗江县学，宋熙宁二年建，本朝雍正九年重建，乾隆三十五年徙州学于此，入学额数十四名），双江书院（在州治，乾隆三十年建）。”

从以上可以证实，奎星阁及双江书院均修建于清乾隆三十年乙酉（1765），而并非乾隆三十一年，同时期罗江还设有县学（即学宫，在治东文庙附近），乾隆三十五年拆县徙绵州时，县学改为绵州州学。

八、重建南塔及文昌宫的县令到底是谁

“李调元县志”卷四，南乡中载：“文笔峰南塔，乾隆十八年知县沈阳孙志祖建”，而在卷一知县名录中记载：“雍正七年复设罗江县……，知县六，孙法祖，字克家，汉军举人，乾隆十五年任，修文峰南塔。”查《四川通志》及嘉庆二十年县志，乾隆时期只有县令孙法祖而并无孙志祖，且为乾隆十年或十一年任。乾隆十八年知县已是谢自铋。应是李调元记载有误。在《知县孙志祖重修南塔记》中载：“城南外里许有天台山，不知起之何时，相传上有南塔焉。通邑文风所关，国初以来，倾塌如平地，由是历八九十年委顿不整。辛酉（乾隆六年）前任王公宰是邦，率邑人建之，二水环流，一峰耸峙。是岁化楠李君乡会联儁，而是科郭大有亦副鹿鸣。自此后未及一岁圮坏如旧，迄今十年诸生落落不偶。任与前等夫塔立而兴也勃焉。”又在《志祖文昌宫碑记》云：“壬申（乾隆十七年）秋修南塔成，偕诸同人并邑绅士父老登高望之，见山麓间有遗址，坌然而高土，人曰此古庙基也，俗呼南塔寺，明季毁于寇，遂成荒芜，予用是慨然曰，此其文昌之宫也哉。爰倡捐募化，即其地构庙三楹，中塑帝君圣像。”由此可以推断：罗江南塔及文昌宫，古已有之，明毁于兵燹。乾隆六年，时任县令王嘉会率众修复南塔，为罗江培补文风，而当辛酉科李化楠中举。一

年后塔再垮塌。乾隆十七年，时任县令孙法祖再次重建南塔，当年秋天，塔竣工后率众登塔望景，见山间有旧南寺遗址，便谓之为“文昌宫”，继尔倡导募捐重建。乾隆十八年孙法祖离任前书碑记此事。李调元以碑文书写之时推断建南塔及文昌宫为乾隆十八年，的确有误。

九、混淆不清的“白马关”与“鹿头关”

“李调元县志”中提及鹿头关有 19 处，鹿头山有 3 处；白马关有 6 处，白马山 3 处。李调元引用了前人很多资料，更有唐、宋、明、清大量文人雅士的相关诗、文，试图说明鹿头关与白马关的历史渊源和相互关系，以及与庞统祠之间的关系。如：“白马山，郡国志云，昔汉高帝乘白马过此，遂有祠（《太平寰宇记》）”，李调元按曰：“白马山今为白马关，考汉魏地理志以下至元和郡县志以上诸书俱不载，白马之名始见于宋乐史《太平寰宇记》，据引《郡国志》则汉高乘白马过此，遂有祠，是白马乃汉遗迹也，今俗传昭烈与庞士元换白马中流矢，乃出自小说《三国演义》，因高帝白马附会其说，不可据也。”《太平寰宇记》又载：“白马关在县西南十里，与鹿头关相对。”由此可知，罗江白马关至宋代起便有关隘和祠，但非庞统祠，而是汉高帝遗迹。且白马关与鹿头关是两个不同的关隘。据“李调元县志”卷二最后载：“罗江县在绵州西南七十里，自县至省一百九十里”，照此推算，白马关应距省 180 里。而在卷五西乡中写道：“鹿头关在成都府汉州德阳县北三十里鹿头山上，南距成都百五十里。”与白马关有 30 里的距离。《唐书》载：“汉州德阳县有鹿头关，关在鹿头山上，南距成都百五十里，高崇文擒刘辟于此。《全蜀总志》：鹿头山，在德阳县治北三十余里。”《四川通志》卷三十关隘德阳县中记载：“鹿头关在县北，唐置，元和初高崇文讨刘辟破之于此。元和志，鹿头戍在县北三十里，旧志关因鹿头山为名。”古代各朝代的路程计算标准并不一致，所以，不同时期的距离可能不同。如乾隆十年《罗江县志》中道：“罗江县南距德阳县五十里”，据此计算鹿头关距离白马关尚有 10 里距离。而民国三十四年著名书画家林散之在其《漫游小记》中写道：“过桥东行三里，又南转二里，为罗江，县城甚整洁。出南门，六里登山，山多土黄色，委蛇转折，所入益邃，凡四里为落凤坡，乃汉庞士元殒命处，有荒店二十余家。已晚，止鲁家店，饭罢，登坡闲眺，山月照凉，微风吹籁，低徊坡上，惧然若失，遂返宿。月未落即起，五里至林坎镇。又五里至鹿头关。又五里至仙人桥。”

以上更能证明，至少在90年前，鹿头关的地名尚存，应在白马关以南德阳县境内的林坎镇与仙人桥之间，其距白马关正好10里。

经考古证实，古汉晋绵竹城旧址在现黄许镇西北6里之土将台一带，据绵水为险，又名绵竹关。三国后期，古绵竹城毁于火灾，绵竹城迁晋熙（现绵竹县城）及阳泉（现孝泉镇）。

《旧唐书·高崇文传》载："成都北一百五十里有鹿头山，扼两川之要，辟筑城以守，又连八栅，张掎角之势以拒王师。是日，破贼二万于鹿头城下，大雨如注，不克登，乃止。明日，又破于万胜堆。堆在鹿头之东，使骁将高霞寓亲鼓，士扳缘而上，矢石如雨；又命敢死士连登，夺其堆，烧其栅，栅中之贼歼焉。遂据堆下瞰鹿头城，城中人物可数。凡八大战皆大捷，贼摇心矣。八月，阿跌光颜与崇文约，到行营愆一日。惧诛，乃深入以自赎，故军于鹿头西大河之口，以断贼粮道，贼大骇。是日，贼绵江栅将李文悦以三千人归顺，寻而鹿头将仇良辅举城降者众二万。"由此可知，高崇文开始在鹿头关城下打败了两万贼军，但因碰上下雨，城池未能攻克。第二天，双方又在鹿头关以东八栅之一"万胜堆"交战。官军前后八战八捷，最终夺下万胜堆。高崇文屯兵于万胜堆上，可见城中情形，但因天气原因和鹿头关城池坚固，迟迟不能取胜，十分焦急。一连三日，见一只大乌龟趴在帅旗之下，高崇文命人将龟抬走后，次日龟又再次爬来。八月壬寅日，河东将领阿跌光颜率领军队奉命与高崇文在行营会师，误期一天，害怕军法制裁，想深入敌营以赎罪，于是沿绵水东岸而下，进军于鹿头关西面大河之口，切断了鹿头关城与对岸绵江栅的联系，也阻断了刘辟的运粮通道。据守鹿头关城的刘辟军队大为惊恐，绵江栅将李文悦首先率三千士卒归顺，继而，鹿头关守将仇良辅也带领鹿头城两万人马投降，经过一个多月的围攻，鹿头关终于不战而破。

可见唐代鹿头关并不在山上，而在山下，且可容二万人马，已是"关城"。关城东临万胜山，西临大河（应为绵水）且距离不远，故"遂据堆下瞰鹿头城，城中人物可数""故军于鹿头西大河之口"。

平叛后，高崇文任东西两川节度使，回想当初龟爬旗下，方晓是将获胜之吉兆。为感谢神龟，他亲自回黄许万胜堆拜祭神龟。后来，高崇文被"改封南平郡王，食实封三百户，诏刻石记功于鹿头山下"。遂奉旨在山下修了"龟胜道场"并立碑记其事。道场又叫"龟胜寺"，万胜堆也改名叫"龟胜山"。到了清中叶，当地百姓忌讳"龟"字就把龟胜山改为海胜山，龟胜寺改为海音寺。

清同治三年马传业编《续修罗江县志·古迹志》中写道："古鹿头关即今黄许镇，杜少陵有鹿头关诗可考，《太平寰宇记》乃谓鹿头山自罗江迤逦入德阳界，隔绵阳江。则非黄许镇矣，疑在白马关西南。"

从上述史籍可知，唐代德阳县境内另设有"鹿头关"和附属的八栅，"绵江栅"为八栅之一，其准确位置不详。按照清代德阳县志舆地图中所标"万胜山"位置推断，唐时鹿头关应在现黄许镇河对面不远的范家山下一带，而"绵江栅"与"鹿头关"有一江之隔，可能在现黄许镇附近。2021年修建成都三绕与成绵高速在黄许交汇的立交桥时，在原龟胜山下不远的工地，挖出了不少五代至北宋的陶瓷生活用具和建筑构件，估计为原"龟胜道场"遗址，也不排除是唐代鹿头关城的遗址。

五代十国时期，唐天佑三年（906），西川节度使王建割据四川，史称"前蜀"。为加强成都的防卫，在绵江栅的旧址重设鹿头关，据绵水为险，设绵阳渡，为进入西川之要津。据《资治通鉴·后唐纪三》载：后唐同光三年（925）唐将李绍琛"进至绵州，仓库民居已为蜀兵所燔，又断绵江浮梁，水深无舟楫可渡。绍琛谓李严曰：'吾悬军深入，利在速战，乘蜀人破胆之时，但得百骑过鹿头关，彼且迎降不暇……'。乃与严乘马浮渡江，从兵得济者仅千人，溺死者亦千余人，遂入鹿头关。"后取汉州入成都，灭前蜀。因此时期金牛官道已改从白马关、林龛镇至绵水渡口，若破鹿头关须先渡绵水，则五代后唐时期的鹿头关，已在绵水以西原绵江栅的位置，大概在现黄许镇附近。

此后，鹿头关逐渐形成集镇。宋时称为"绵水镇"，明中后期，因绵水改称"绵阳河"镇也改叫"绵阳镇"，俗称连山铺；清代早期更名为"黄浒镇"同时也叫"鹿头关"，皆因所临绵水而名和沿用旧名。由于"浒"字易错读为"许"，且百姓为避水灾，把"浒"字的三点水去掉即为"许"字，清中晚期便演变成了"黄许镇"（也有因黄姓、许姓两位官员死于该镇而改名之传说）。清康熙六年（1667）恢复明制，设专管人事、财赋的布政司和专管刑律的按察司，统称两司，黄许镇便成为金牛道上的一个重要集镇和关城。清雍正七年鹿头关废（《四川通志·关隘》）。但百姓仍将鹿头关名延续至民国时期，并在黄许镇北城门上，用瓷片镶嵌了"鹿头关"三个大字（即林散之所见之鹿头关）。

另外，古绵竹关、鹿头关和白马关虽然地理位置相邻，但归属地不同。汉代绵竹关属古绵竹县，而白马关所在的罗江属古涪县地；唐代鹿头关属于西川节度使管辖的汉州德阳县，而白马关所在的罗江县又属东川节度使管辖的绵州。自古以来，跨行政辖区设置关隘皆是不可行的事情，因为会造成利益和管理上的紊乱。

至于庞统祠墓的记载更为混乱。李调元摘自清初顾氏《读史方舆纪要》白马关条下道："白马关，山至险峻，有小径仅容车马，三国时营垒也。其下为落凤坡，凤雏先生庞士元侍昭烈于此卒于流矢，下其葬在鹿头关桃花溪东岸。葬时人见白马逸出。"李调元在其后的按中道："白马关三国时营垒，去雒城七十里，安知非攻雒城时中流矢卒而葬于此否。落凤坡之名想亦后人因凤雏死于此而名之，未必当时有此坡名也。果令有之，何以唐元和郡县志及宋九域志、地与广记、方与胜览、明一统志皆不载其名。"清王士禛《秦蜀驿程记》载："有碑题，汉龙凤二公祠，东鹿头关，即士元墓。"由此可见，落凤坡和白马关均非庞统墓地所在。而庞统墓应在与白马关相对的鹿头关下桃花溪东岸。而唐代杜甫所写《鹿头山》和宋代陆游所写《鹿头关过庞士元墓》诗文均不是现在的白马关，而是当年的鹿头山或鹿头关。

"李调元县志"摘《陇蜀余闻》道："罗江旧县南落凤坡有汉龙凤二师祠，祀武侯庞士元。逆献之乱，其部将孙可望毁之，夜梦士元，为历惧而新之，壮丽倍往日。王屏番乱，蜀祠复毁，今惟一石狻猊尚在。"乾隆十年县志载："古落凤坡，县西十里，汉庞士元中箭处。因葬于此，墓前立祠。武侯靖侯并祀焉。道旁有汉龙凤二师碑，今为白马关。""蜀庞统墓在县西十里白马关即古落凤坡，国朝康熙三十六年巡抚四川部院能泰立碑墓前，题曰汉靖侯庞士元之墓。"此后，"李调元县志"中收录的明清有关鹿头关、白马关、庞统墓祠的诗文，又将鹿头关与白马关混为一谈。如张汉《白马关庞士元祠》、果亲王《白马关龙凤二师祠》、周文麟《庞靖侯祠》、李化楠《谒靖侯祠》，连在县志中一再想证明鹿头关不是白马关，落凤坡是小说故事而庞统墓也不在白马关的李调元自己的诗《李调元鹿头关谒庞靖侯墓祠内并祀武侯》，也将鹿头关与白马关等同。以至于今天人们一直以为白马关就是鹿头关，鹿头山就是白马山。

综上述，可以推断：

——白马关与古绵竹关、鹿头关是不同时期、不同地点、不同辖区设置的 3 个不同的关隘。白马关在罗江县境内，距罗江县城西南 10 里；古绵竹关即古绵竹县城（现黄许镇西北 6 里土将台）；鹿头关在原德阳县境内，距德阳城北 30 里。

——白马关相传为汉高帝（即刘邦）骑白马经过之遗迹，宋即有祠，明末毁于兵燹。鹿头关始建于唐，为原古绵竹城西迁后德阳县境内新设的戍关，其规模大于白马关，能容两万多人。唐代关址估计在现黄许镇对岸范家山下一带。五代时，原鹿头关城毁后，曾经易址重建；明清以后的鹿头关城即为现在的黄许镇。虽然白马关和鹿头关均在鹿头山脉（清末民国时期，曾将整过龙泉山脉称为鹿头山），但二者相距约 10 里，前者在山顶高处，后者在山下低处。

——庞统在雒城中流矢卒后，葬于唐代鹿头关附近的桃花溪东岸。明末清初，张献忠义子孙可望，将白马关旧祠毁后又新建成庞统祠。清雍正中期，该祠被扩建。雍正三十六年，四川总督能泰，在祠内建庞统墓（也可能是将鹿头关附近的庞统墓迁建于祠内，但无从考证）。

——明代以前并无“落凤坡”之名，应是后人根据三国演义故事而臆造。清雍正七年以后，鹿头关废。在罗江清代文人的推动下，后人一直将白马关误认为就是鹿头关，庞统祠即是庞统安葬之所。

“李调元县志”虽然存在着一些疏漏，但瑕不掩瑜。李调元能在晚年独立完成罗江县有史以来的第二部县志，本身就很不容易。他“自归田以来，杜门读书，念日月之已逝，恐文献之无证，取先君所纂旧志遍加考订，又复于登山临水之余，坐小舆，携胥史，由本州五邑山巅水涯，凡有半碣残碑自明以上者，莫不手自摹搨。家故有万卷楼，又复獭祭渔猎，夜以继日，互相校雠”。试想，一位风烛残年的老人，以抱病之躯，焚膏继晷，伏案不辍，历三年方成。而“李调元县志”付梓不久，李调元便与世长辞，足见他对家乡的一片深情。他在浩若烟海的众多文献中摘取精要，为罗江的历史做出了详尽的考证，丰富了家乡的历史文化，为后人提供了宝贵的资源，堪为后世楷模，自当敬仰。唯吾等后辈在使用该书时，应本着实事求是，尊重前贤，尊重历史的精神，去粗取精，去伪存真。避免重蹈谬误之覆辙，方不负前贤潜心修志，拾遗补缺之苦心。

（杨中俊：德阳市诗词楹联学会会员，四川省民俗学会李调元研究会会员）

第十篇
李调元行踪与墨迹

李调元与凌云山

唐长寿

十余年前，得阅什邡罗汉寺主持礼汀于嘉庆二年（1797）刻印的《凌云诗钞》，其卷首录有《凌云诗钞序》一篇，为清代蜀中三才子之一的李调元所撰，甚是欣喜，即抄录在册。其文如下：

凌云山为嘉州山水第一，已酉闰五，余偕弟检讨游峨眉，道出阳江，因得渡江遍游凌云及乌尤、大佛、载酒楼诸胜。餍饫而归。惜碑残石缺，未有将古来名作泐为一编者，殊为不满。去岁，始晤礼汀禅师于什邝罗汉寺，因得借观凌云诗钞。窃喜其搜罗之富而幸成吾之志大有人在也。因作数语以弁其首，并题七律于简端。

嘉州山水甲天下，第一凌云山更佳。
文字已成前后录，编摩尚未丙丁排。
岑参诗喜一朝补，（自注：岑诗楼字韵，向因石阙未全，忽见余藏名胜志内有全诗，不胜狂喜，亲笔录之。）米芾书多万古偕。

他日刊成烦借校，莫教落叶满空阶。

赐进士出身诰授中宪大夫分巡直隶通永道提督广东学政吏部员外郎兼翰林院编修罗江李调元拜撰。

文末有“李调元印（阴文篆刻）”“雨村”（阳文篆刻）印文两方。可知该序还是李调元之亲笔。

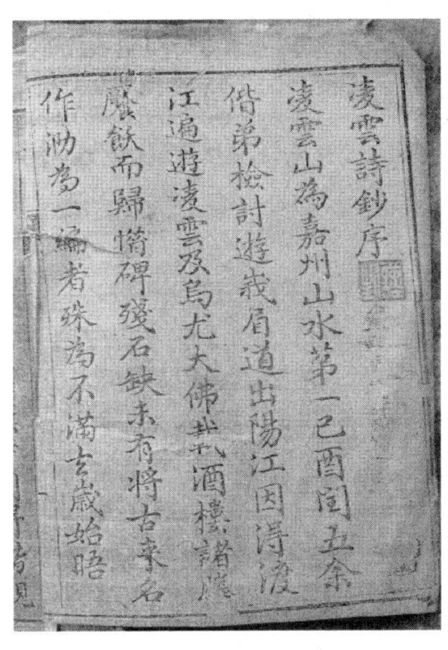
凌雲詩鈔序
凌雲山為嘉州山水第一己酉閏五余
偕弟檢討遊峩眉道出陽江因得泛
江遍遊凌雲及烏尤大佛載酒樓諸勝
歷飲而歸惜碑殘石缺未有將古來名
作彙為一編者殊為不滿去歲始晤

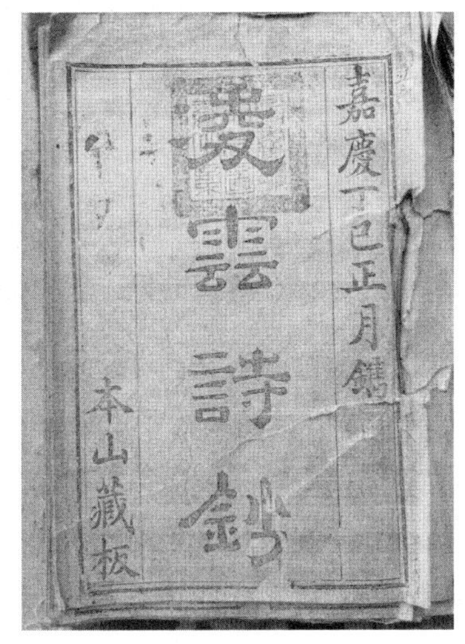
嘉慶丁巳正月鐫
凌雲詩鈔
本山藏板

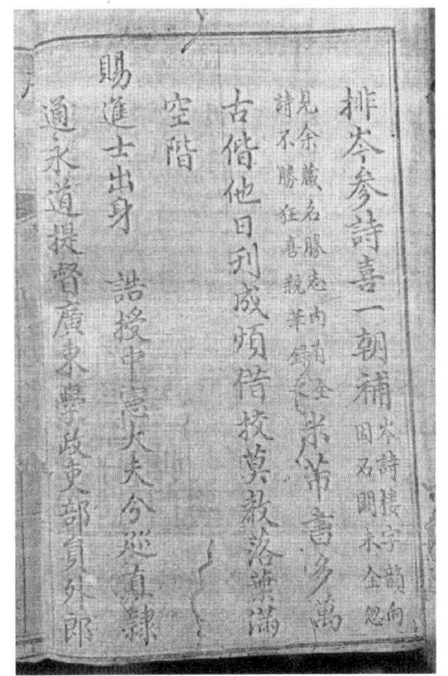
排本參詩喜一朝補本詩樓字韻向因石明未全恕
見余藏名勝志內有全詩不勝狂喜亟鈔之米芾書多萬
古偕他日刊成煩借校莫教落葉滿
空階
賜進士出身 誥授中憲大夫分巡直隸
通永道提督廣東學政吏部員外郎

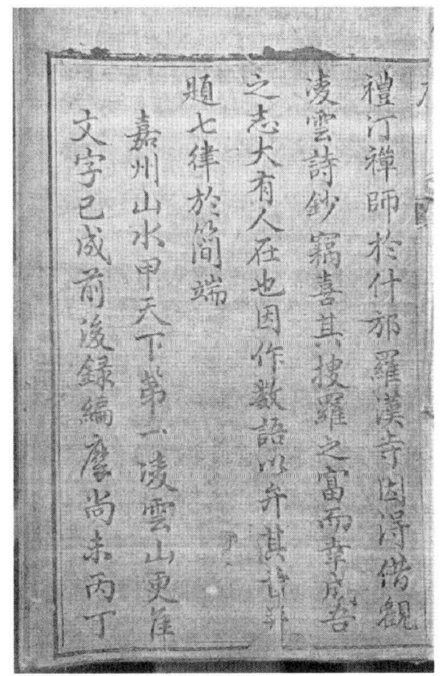
禮汀禪師於什邡羅漢寺因得借觀
凌雲詩鈔竊喜其搜羅之富而幸成吾
之志大有人在也因作數語以弁其首并
題七律於簡端
嘉州山水甲天下第一凌雲山更雄
文字已成前後錄編摩尚未丙丁

《凌云诗钞》李调元撰《凌云诗钞序》书影

礼汀在到罗汉寺之前，曾为凌云山大佛寺主持，“于古今诸贤建辟咏游诗文未尝不披苔剥藓，不忍残碑断碣蔓延荒草间，爰汇集多篇，移之竹简”（礼汀《凌云诗钞跋》）。搜集有关以凌云山为主的唐至清乾隆以前歌咏嘉州山水的诗歌二百余首，编成《凌云诗钞》一部准备印刷而未果。后将书稿带回罗汉寺，于嘉庆二年（1797）在什邡镌版印行。

从李调元《凌云诗钞序》中可知：李调元与其弟李鼎元在“己酉闰五（乾隆五十四年，1789 闰五月）”第一次到嘉州游览，遍游了凌云山、乌尤山胜景，瞻仰了乐山大佛、东坡载酒楼，并特别留意了凌云山上众多的碑刻，并因无人将其汇编成书而感到不满（“惜碑残石缺，未有将古来名作汹为一编者，殊为不满”）。当见到礼汀所编《凌云诗钞》自然喜出望外，也就有了“岑参诗喜一朝补”之举（为礼汀从石碑上所录的岑参《登凌云寺》残诗“亲笔录之”补缺）。

本来，李调此行的目的地是峨眉山，嘉州只是顺路游览。故他在序中说：“游峨眉，道出阳江（大渡河别称，又称铜河）。”即沿阳山江道往峨眉山。

李调元此行另有《青神舟中》诗二首。

其一云：

青神绕郭尽桑枝，唤作蚕神未必非。
少妇卖棉城里去，老婆籴米市中归。

其二云：

三岩云气闻僧说，五渡风声动客愁。
昨夜板桥溪下泊，孤灯同话酒家楼。

诗中的三岩即今青神中岩寺，该地景点有上、中、下三岩之分；五渡疑为虎渡溪，在中岩上游流入岷江；板桥溪即今市中区关庙镇板桥溪，向为岷江水陆要冲，清代设有板桥铺。由之可知李调元此行有一段路程应是从成都坐船顺岷江到嘉州的。

李调元兄弟到嘉州如《凌云诗钞序》之所言，重点游览了凌云、乌尤两山，故李调元有《凌云寺》诗：

清江一筏济中流，直到凌云最上头。
三水奔腾城外合，九峰排列县前收。
信为西南最奇处，独上东坡载酒楼。
尚有兴阑成怅望，芒鞋咫尺隔乌尤。

李调元兄弟坐筏渡岷江登凌云山，游罢凌云山后当天似乎未游乌尤山。而可能是第二天游乌尤山，游完后再坐筏返城，故有《望乌尤》诗一首：

嘉州城外雨油油，短筏中流稳似舟。
三日平羌江上别，回头犹自见乌尤。

平羌江即岷江从平羌三峡至乐山城一段别称。从该诗可知，李调元在嘉州游览了三天之久，这显然是被嘉州山水深深地陶醉了。故得在诗中咏道“信是西南最奇处”。几年后，在《凌云诗钞》中吟出了“嘉州山水甲天下”的名句，把北宋邵博“天下山水之观在蜀，蜀之胜曰嘉州”之说提升了一步。

本来，“嘉州山水”明确提出来是在宋代。北宋杨徽之有诗云：“嘉州山水地，二蜀信为美。”刘伯熊也道：“嘉之山水，号吾蜀冠冕。”（宋王象之《舆地纪胜》）范成大则云：“天下山水窟有二，曰嘉州，曰桂林。”（《舆地纪胜》）把嘉州山水与桂林山水两者相提并论，但是，却不能像桂

林一样，在宋代就得到了“桂林山水甲天下”的评语。

到清代，在文人的笔下，对嘉州山水是这样描绘的：“郡当沫水、雅水、岷水之冲，宜其山骞水骛，上若无天，下若无地矣。而弛之为水，张之为山。其潆洄之，则西津东津也；其蕴藉之，则三龟九顶也，每瘴雨时晴，雪流初涨，登高标以望，则十洲三岛，出没波涛，尽入高明栏槛。若璧月东升，银潢南案，携东岩之酒，泛三峡之船，烟火万家与峨舸大艑掩映金粉城郭，殆亦所谓小蓬莱者矣。”（清同治《嘉定府志·卷四·山川》）如此胜景，终于在李调元口中得到了“嘉州山水甲天下”的评语，这无疑是嘉州之幸。

有趣的是，抗战时就读乐山的外省籍武汉大学学生身处嘉州山水地，也唱出了“乐山山水甲天下”的赞歌，恰与百多年前的李调元心有灵犀一点通了。

也许是嘉州山水固有的永恒的魅力吧，在嘉庆元年（1796）五月，李调元再次到嘉州游览，又登上了凌云山，有《再游凌云寺僧涵池请题句书此应》诗：

老来久弃游山屐，又上凌云陟九巅。
山色恋人难久住，江声恐客渐思旋。
花能解语供勾引，藕为多丝屡断连。
堪笑金人成佛后，葛藤仍自满身缠。

注云：未四句借题发挥，自恨解脱之难也。

时过7年，身心老了一大截，此时的李调元与第一次到嘉州的心情已不可同日而语——尽管“山色恋人”，他还是“渐思旋”，刚到就想打转身回家了。

值得一提的是，李调元在诗中说到了乐山大佛：“堪笑金人成佛后，葛藤仍自满身缠。”由此可知，嘉庆元年的乐山大佛已是满身杂草苍藤，长久没有维修了。这为后人乐山大佛维修史的研究，无疑是提供了一条重要的线索。

（唐长寿：乐山市文化局文物科原科长兼乐山市文物保护研究所所长，四川省民俗学会常务理事）

李调元传世书迹略谈

唐　林

李调元（1734—1803），字羹堂，号雨村，晚年又号童山老人。2020年公布的十位第二批四川历史名人之一。他除了文学家、诗人、戏曲理论家、藏书家、川菜之父、川剧之父等身份之外，他还是一位鲜为人知的书法家。这是因为他的墨迹确实罕见，清嘉庆五年（1800）四月初六，李调元罗江老家“醒园”藏书十万卷的“万卷楼”，毁于一场大火，李调元的众多收藏和手稿付之一炬。不过，他的书迹虽然极少，但仍有留存。那么，他有什么墨迹传世呢？作品现藏于什么地方？他的书法有什么特点？他有什么书画论述？

图1　（清）李调元《韩文公祠诗碑》拓片原石（藏广东省潮州市韩文公祠）

一、粤中诗碑

据《广东金石图志》载，广东省潮州市韩文公祠现有《李调元韩文公祠诗碑》，清乾隆四十三年（1778）书。高 43 厘米，宽 39 厘米。行书。释文：“先生教泽至今闻，济济英才尽不群。官吏尚镌鹦鹉字，儿童能诵鳄鱼文。天留砥柱山长仰，地历回澜水欲分。吏部遗风谁似续，还看满壁走烟云。时乾隆戊戌仲冬督学使者巴西李调元题”。此诗系李调元担任广东学政期间于乾隆四十二年（1778）视学潮州府，观韩公祠而作。韩文公祠位于广东省潮州市城东笔架山麓，始建于北宋咸平二年（999），是中国现存最早的纪念唐代文学家韩愈的祠宇。

韩愈（768—824），字退之，河南河阳（今河南省孟州市）人，唐代中期官员，文学家、思想家、哲学家。韩愈是唐代古文运动的倡导者，被后人尊为“唐宋八大家”之首，与柳宗元并称“韩柳”，有“文章巨公”和“百代文宗”之名，曾被贬为潮州刺史。后人将其与柳宗元、欧阳修和苏轼合称“千古文章四大家”。

韩愈是李调元十分推崇的诗人之一，在其诗文中对韩愈多有提及，如《谒韩文公墓》：“孔孟相传后，唯公是替人。九重争佛骨，万里窜孤身。论语曾笺鲁，文章务去陈。不应推道学，独让宋儒真。”

李调元在广东任职学政期间，对优秀生员的提携成为佳话。譬如，乾隆四十三年戊戌（1778），广东人黎简仅凭《拟昌黎石鼎联句》一诗，让李调元“惊为奇绝，取置第一，补弟子员”，后来黎简成为著名诗人、书画家，一生以诗、书、画、印“四绝”驰名，活跃于清代乾嘉之际的岭南文坛。

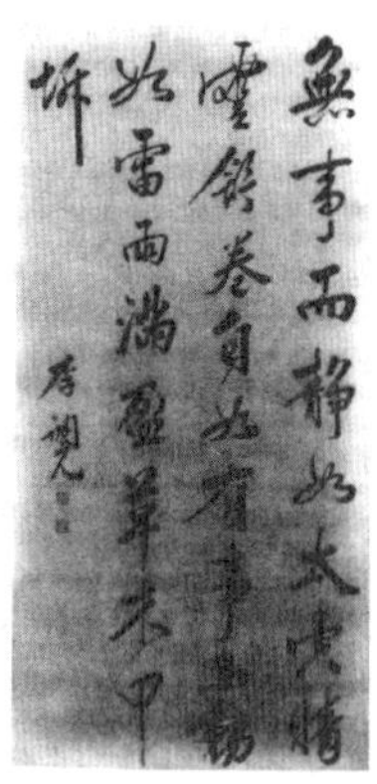

图 2　（清）李调元《无事而静》行书轴（四川省博物院藏）

二、蜀中墨迹

《无事而静》轴，行书，纸本，纵 111.2 厘米，横 53.6 厘米，四川省博物院藏。文字内容如下："无事而静，如太空晴云，舒卷自如。有事而动，如雷雨满盈，草木甲坼"。此文摘自元代欧阳玄所写的《许衡神道碑》碑文。。欧阳玄（1283—1358）元代官员、史学家、文学家、书法家。后世将其与吴澄、虞集、揭傒斯并称为"元四学士"。许衡（1209—1281），金末元初理学家、教育家、政治家，被誉为"百科书式的人物"此轴款署"李调元"，下钤白文篆书"李调元印"、白文篆书"童山"两印。右上角钤朱文篆书"天生我才必有用"一椭圆印。书法遒劲郁勃，结字宽博，笔力雄强，兼有隶意，系李氏晚年佳作。

德阳市博物馆藏有李调元手书对联，"红雨欲飞惊宿鸟，碧波不动待游船"，纵 115 厘米。横 26.5 厘米。白底黑字，朱印。

四川什邡市文管所藏有调元手书对联："不拘乎山水，云阵耶山，月光耶水。有忘乎诗酒，花酣也酒，鸟笑也诗"。

成都市新都区文管所藏有其《法书对联》。成都李劼人故居纪念馆有李调元的书法两幅，均为行书诗文轴。

此外在他所编《函海》各卷的序中，保留有他书写的多篇手写体序言。

现存碑记有：绵阳安县宝林乡距今罗江县文星镇"醒园"十多公里处的李调元手书墓碑。这是清嘉庆七年（1802）二月二十八日李调元为其好友杨世俊去世题写的碑文："清大学生杨公世俊大人墓"。杨世俊为清代四川著名的学者、文学家。罗江县罗真观有李调元题写的诗碑，上刻有李调元亲笔写的诗两首，写于清乾隆五十五年，寺院所刻。

李调元所撰碑文甚多，四川多有遗迹，如，什邡古罗汉寺有李调元所撰《重修罗汉堂五百阿罗汉碑记》，辞句典雅，书文俱慧，为古寺一绝。

还有李调元遗砚，砚背刻李氏自制铭辞，"而今懒写薇垣草，寄傲山林有妙文"，书法清劲洒落。

从现存墨迹中，可知李调元从书虞世南，笔势圆融遒劲，外柔而内刚，无雕饰气；又习王铎《拟山园帖》，书法工整而不落俗套，潇洒而不放纵。字体具有形楷兼备的厚重功底，用笔圆润而有力，形成了具有独特艺术魅力的书法艺术风格。（范小平《李调元和他的书法艺术》）

三、书画著述

书法著述方面，李调元有《六书分毫·叙》《观铁公子草书》等书论。《观铁公子草书歌为冶亭作》收录于《历代书法咏论》。此诗是为铁保而作。铁保（1752—1824），字冶亭，历任两江总督、吏部尚书等，清代中期著名书法家，与刘墉、翁方纲齐名。《观铁公子草书歌为冶亭作》是李调元的一首论书法的长诗，其中“渴马奔河纸尚动，惊蛇入草形初蟠”中的“惊蛇入草”是书印典故。在《六书分毫·叙》里讲：“自字变而楷，古体已失，而钟（钟繇）、王（王羲之）等，以善楷名家，又各逞笔姿，任意增减，沿习既久，笔画多讹。”批评钟、王等书法家为了使所写的汉字美观或别具一格，故意变异字形，增减笔画。撰有《蜀碑记补》十卷，系研究性金石类著作，使用了二十多种典籍资料对四川从汉至宋的金石碑刻加以著录考证，不乏精辟之见。

绘画论著方面，《函海》本有《淡墨录》十六卷，有“协画得父笔法”“墨竹”“指头画”“晴岚花草”“东山山水”“稼轩山水”等。有画著《诸家藏画簿》，见存光绪刊本《函海》第三十函，是书辑录书画各十卷，但评价不高，“李调元的《诸家藏书画簿》，只是摘录他人丛辑中的记录，既无增补，又无校证，就无甚价值可言。”（王伯敏《中国绘画通史》）这说明李调元虽是全才，但在某些方面也有讹误。

李调元与堂弟李鼎元、李骥元先后入翰林，人称“绵州三李”。

李鼎元（1750—1805），字味堂，一字和叔，号墨庄，四川罗江人。乾隆四十三（1778）年进士，授翰林院庶吉士，散馆后擢检讨，改内阁中书，不久升宗人府主事。嘉庆五年（1800）以副使身份出使琉球，回国后升为兵部主事。李鼎元书法宗颜、柳，劲健浑厚，时人称在其兄调元之上。他出使琉球期间，曾与琉球人交流书法技艺，琉球现还保留有他的《直轴》书法，28 字，书于 1800 年，原存于上江洲智元家（具志川村西铭九 00）。

李骥元（1756—1798），字凫塘，号云栈，李鼎元弟，乾隆甲辰（1784）进士，精于大、小篆书。查无作品传世。

李调元是巴蜀文坛巨匠，在清代，其学问著述，与遂宁张问陶、丹棱彭端淑号称“蜀中三杰”，其省外声名，与中江李鸿裔、剑阁李榕号称“蜀中三李”，而在四川省内，又由于与堂弟李鼎元、李骥元先后入翰林，人称“绵州三李”。这些都涉及其才学著述，却少有人研究他的书法艺术，实际上，据《四川美术史》载，李调元是清代中期（乾隆、嘉庆、道光三朝，时间为1736—1850年）四川著名的书法家，在这一时期的本土书法家中排名第四，排在张问陶、龚有融（晴皋）、卓秉恬之后，列在周煌、刘沅等之前。这一点，是李调元百科全书式才子的重要组成部分。

（唐林：四川省社会科学院艺术研究中心主任，四川历史研究院学术委员，西华大学蜀学院学术委员）

编后记

四川省第四届李调元学术研讨会，于2023年10月19日至21日在德阳市罗江区成功举行。

10月20日上午9：00，在罗江主城区金凯利酒店会议中心举行开幕式。在主席台就座的领导有四川省民俗学会名誉会长、原四川省政协副主席章玉钧，四川省民俗学会会长高大伦，四川省社科联党组副书记彭斌、德阳市社科联党组书记、德阳市委讲师团团长罗继林，中共罗江区委常委、宣传部长、白马关景区党工委书记邱先铁，罗江区人民政府副区长彭俊。彭副区长主持开幕式，介绍各位参会代表和嘉宾，大约80来位省内外与会者见证了这次盛会。尤其值得一提的是：罗江区特别邀请了绵阳市安州区文联主席宋玲，安州区文广旅局党组成员、副局长温俊豪等致力于李调元文化研究的专家朋友光临这次研讨会！

邱先铁同志首先致欢迎辞。他深情地回顾罗江区委、区政府近年来抓继承和弘扬李调元文化所走过的历程和取得的成绩。他说："省级历史文化名城罗江，是四川历史名人李调元故里。近年来，罗江区委、区政府高度重视文化工作，继承和弘扬李调元文化，持续擦亮'川菜川剧之乡'名片，建设'文旅活区'。2001年6月，由原文化部代部长贺敬之题写馆名的李调元纪念馆在罗江玉京山成立。2007年11月，经四川省民俗学会批准，四川省民俗学会李调元研究委员会正式在罗江李调元纪念馆挂牌成立，专委会以李调元研究、李调元文化建设为主要任务，成员以罗江本土学者和文化工作者为基础，以省民俗学会强大的专家团队为支撑，自成立以来，取得了丰硕的研究成果。

2006年、2014年、2020年，四川省民俗学会与罗江联合，成功举办了三届李调元学术研讨会，并出版了《李调元研究》论文集三辑。特别是2020年6月，李调元被评为第二批四川历史名人，是对清代全才大学者李调元及其为四川文化作出巨大贡献的充分肯定。作为调元故里的罗江人，我们倍感荣耀，倍受鼓舞，更增强我们传承弘扬李调元文化的信心和决心。”

邱部长坚信，通过这次“学术研讨，将纵深推进李调元文化的研究和阐释，开创李调元文化研究、传承与弘扬的生动局面。”

他说：“集众志可定良策，合众力可兴伟力。我们坚信，有各级领导的关心支持，有各位专家的鼎力相助，有全区上下的团结拼搏，‘蜀道门厅、调元故里’历史文化品牌将不断焕发出新的光彩。”

省社科联党组副书记彭斌在致辞中着重阐发了在当前形势下举办李调元学术研讨会的意义。他说：“中国文化源远流长，中华文明博大精深。总书记指出，文化自信是更基础、更广泛、更深厚的自信，是更基本、更深沉、更持久的力量。”2024年10月7日至8日，全国宣传思想文化工作会议在北京召开。“这是党中央决定召开的一次重要会议。这次会议最重要的成果，就是正式提出和系统阐述习近平文化思想，在党的宣传思想文化事业发展上具有里程碑意义。当前，我省正在深入学习贯彻习近平文化思想，着力推动巴蜀优秀传统创造性转化和创新性发展。李调元学术研讨会已经举办了三届，取得了丰硕的成果。预祝第四届李调元学术研讨会圆满成功!”

四川省民俗学会会长高大伦教授发表了热情洋溢的讲话!

接下来的学术研讨阶段由四川省民俗学会的专家主持，发言内容分为：“李调元研究的时代价值”、“李化楠、李调元家风研究”、“李调元与民俗学和民间文学”、“李调元诗歌研究”、“李调元的经学与理学成就”、“李调元和川剧”、“李调元与川菜”、“李调元的人格分析”、“李调元与域外文化传播”、“新发现的李雨村《精选幼学对偶读本二集》研究”、“李调元与《醒园》和《罗江县志》”、“李调元的行踪与墨迹”共十二个专题，发言的专家学者有谭继和、赖安海、郭建勋、高大伦、徐君、毛若（甘成英、毛晓红）、黄长云（张宇、蔡寒冰）、且志宇、李仁君（罗晓渝）、江玉祥、李祥林、李建中、周明、赵长松、尹波（郭齐）、郑家治、赵厚钧、杜莉、鲍蕾、周荣、尹帮斌、刘平中、张茜、李宜家（李皙）、蔡林、张葳西、杨中俊、唐长寿、唐林共50位。这次研讨会的特点是发言人数多，涉及面广；缺点是时间短，有鸣无争，未能展开充分的讨论。好在会上发了《四川省第四届李调元学术研讨会论文集》，与会代表可以翻阅学习，瞭解发言者的观点，为下一届李调元学术研讨会准备新的材料。

20日下午5：00—5：30，大会举行闭幕式。四川省民俗学会名誉会长、原四川省政协副主席章玉钧作《以调元文化助推罗江振兴》为题的总结发言。他归纳会上发言，谈了四点意见：（一）传承好薪火，让李调元活在当下，助推德阳、罗江经济文化开新篇；（二）鉴于与会专家学者在会上提出了一些好的建议，相信德阳市、罗江区定会“博采精择作规划，人才物配套做项目，一张蓝图绘到底，调元故里变新颜!”（三）李调元一生极富传奇色彩，为专题博物馆建设提供了丰富内容和创意空间。李调元性格正直率真，机智风趣；他与底层百姓平等对话，心心相通，在罗江以及全国各地都留下许多脍炙人口的民间故事和佳联趣对，罗江除了在博物馆中展现乡土四季民俗外，还应学习外地经验，重视徐君教授关于建设李调元民间传说故事村的几点意见，传承和弘扬李调元在“弄谱”中歌咏的民x间艺术，生动活泼地开展群众文化活动，吸引八方游客。（四）李化楠、李调元家风值得进一步深入研究，并广泛宣扬和传承。挖掘、宣扬和传承这些作为国文化基石的家文化，对社会治理、社会教化，尤其是对反腐倡廉，正风肃纪有重要的示范教育作用，在调元故里建设中要把它作为重要内容来发掘和建设。

四川省第四届李调元学术研讨会闭幕一年来，我们和罗江李调元研究专委会的同志主要抓参会论文的修改、精选、出版工作。根据出版社对论文集规模的要求和经费的限制，我们从参会的41篇论文中选出31篇编成《李调元研究》第四辑交四川人民出版正式出版，以广流传。

现在书稿即将付梓，我尚有几句话要说。首先，我要感谢中共德阳市罗江区委、区人民政府的大力支持，感谢中共罗江区委宣传部、罗江区文广旅局的大力支持。自2006年始，十八载岁月里我们两家联手举办了四届李调元学术研讨会，四本《李调元研究》凝聚了四川省民俗学会同罗江的深情厚谊！其次，我要感谢四川人民出版社的社领导和编辑朋友们，感谢你们的辛勤的编校，才使一本又一本装帧美观的李调元研究著作走近读者！最后，我要感谢四川省民俗学会廖伯康、李永寿、章玉钧三位年高德劭的会长，更深切怀念早归道山的冯元蔚名誉会长，在你们亲切的关心和坚强有力的领导下，四川省民俗学会走过了三十四年的历程，举办了十九次大型学术研讨会，其中四次都是在罗江李调元故里举行的。我坚信随着一本本《李调元研究》的问世，罗江声望日隆，山川日新！

值此传统的中秋节之夜，一轮像白玉盘的月亮在湛蓝的天空遊走。月亮走，我也走，“但愿人长久，千里共婵娟。”

江玉祥写于 2024 年中秋节之夜

winshare文轩

四川人民出版社

LI TIAOYUAN YANJIU

李调元研究 第四辑

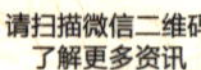

ISBN 978-7-220-13888-1

定价：108.00元